W0058592

Strategische Konzepte

SCHÄFFER
POESCHEL

Rolf Eschenbach / Hermann Kunesch

Strategische Konzepte

Management-Ansätze von Ansoff bis Ulrich

3., völlig überarbeitete
und wesentlich erweiterte Auflage

1996
Schäffer-Poeschel Verlag Stuttgart

Autoren:

O. Univ.-Prof. Dipl.-Ing. Dr. Rolf Eschenbach ist Vorstand des Instituts
für Unternehmensführung an der Wirtschaftsuniversität Wien.

Dr. Hermann Kunesch ist Geschäftsführer der Electroplast Ges.m.b.H.
und Universitätslektor am Institut für Unternehmensführung
an der Wirtschaftsuniversität Wien sowie am Institut für Lebensmitteltechnologie
der Universität für Bodenkultur, Wien.

Die Deutsche Bibliothek – CIP-Einheitsaufnahme

Eschenbach, Rolf:
Strategische Konzepte : Management-Ansätze von Ansoff bis Ulrich /
Rolf Eschenbach ; Hermann Kunesch. - 3., völlig überarb. und wesentl. erweiterte Aufl.
- Stuttgart : Schäffer - Poeschel, 1996
    ISBN 3-7910-1093-X
NE: Kunesch, Hermann:

Gedruckt auf säure- und chlorfreiem, alterungsbeständigem Papier.

ISBN 3-7910-1093-X

Dieses Werk einschließlich aller seiner Teile ist urheberrechtlich geschützt. Jede Verwertung
außerhalb der engen Grenzen des Urheberrechtsgesetzes ist ohne Zustimmung des Verlages unzuläs-
sig und strafbar. Das gilt insbesondere für Vervielfältigungen, Übersetzungen, Mikroverfilmungen
und die Einspeicherung und Verarbeitung in elektronischen Systemen.

© 1996 Schäffer-Poeschel Verlag für Wirtschaft • Steuern • Recht GmbH
Einbandgestaltung: Willy Löffelhardt
Druck und Bindung: Franz Spiegel Buch GmbH, Ulm
Printed in Germany

Schäffer-Poeschel Verlag Stuttgart
Ein Tochterunternehmen der Verlagsgruppe Handelsblatt

Vorwort

> "Strategien entwickeln, sich strategisch verhalten gehört heute zu den am häufigsten zu hörenden Redewendungen in der Praxis. Da inzwischen alles *strategisch* gesehen wird, [...], droht die ursprüngliche Bedeutung dieses Begriffs verlorenzugehen."[1]

Der Begriff der Strategie hat in der Betriebswirtschaftslehre bereits eine lange Tradition. Viele Autoren haben sich intensiv mit Strategie beschäftigt, und zahlreiche Unternehmensberatungsfirmen bieten Strategieunterstützung für Unternehmen an. Dadurch sind in der Vergangenheit viele unterschiedliche Ansätze entstanden, die sich bei oberflächlicher Betrachtung gleichen, bei genauerem Hinsehen aber große Unterschiede aufweisen.

Für den strategieinteressierten Leser ist es sehr schwierig, das für ihn geeignete Werk auszuwählen und mit anderen oder dem Stand der Technik zu vergleichen. Das vorliegende Buch will dabei eine Hilfestellung bieten. In den folgenden Kapiteln wird eine Auswahl moderner strategischer Konzepte systematisch und vergleichend dargestellt (Inhalte, Stärken und Schwächen), um einen Überblick über den Entwicklungsstand des strategischen Managements zu geben. Dem Praktiker steht damit eine Einführung in strategisches Management zur Verfügung, die es ihm ermöglicht, jene Konzepte weiterzuverfolgen, die den jeweiligen Einsatzbedingungen am besten entsprechen. Der Studierende erhält in geraffter Form einen ersten Einblick in die Literatur zum strategischen Management.

Dieses Buch will und kann keine abschließende Darstellung und Wertung der Konzepte vornehmen. Die Darstellung konzentriert sich auf Kernaussagen und grundlegende Annahmen und Sichtweisen. Der Leser soll Anregungen erhalten, sich mit einzelnen Autoren oder Konzepten intensiver zu befassen. Nur eingehende Beschäftigung mit der Originalliteratur (bei englischen Texten in der Originalsprache) ist geeignet, die Konzeptionen zur Gänze zu erfassen.

Das große Interesse an den beiden vorigen Auflagen und breite Zustimmung haben uns in unserer Vorgehensweise bestärkt. Die nunmehr dritte Auflage wurde um weitere Ansätze ergänzt. Dabei wollen wir insbesondere aktuellen Entwicklungen gerecht werden, aber auch in den früheren Auflagen zu kurz gekommene Strategieanschauungen mit einbeziehen. Einige derzeit aktuelle Entwicklungstendenzen wurden ebenfalls aufgegriffen, ohne ihnen aber eigene Kapitel zu widmen. Sie werden im Einleitungskapitel aufgearbeitet.

Wir danken allen Mitarbeitern, die an früheren Auflagen durch Literaturrecherchen mitgewirkt haben.

Rolf Eschenbach, Hermann Kunesch   Wien, März 1996

---

[1] Staehle (Management), S. 561

Inhaltsübersicht

Bedeutung strategischer Konzepte in der Unternehmensführung

Inhaltsverzeichnis

1 Bedeutung strategischer Konzepte in der Unternehmensführung

1.1 Einleitung, Schwerpunkte in der Strategieforschung

Die Wurzeln des Strategiebegriffs leiten sich vom griechischen "stratos" (Heer) und "agos" (Führer) ab. Von Clausewitz verwendet in seiner auch heute noch von Betriebswirten zitierten Abhandlung über die Gesetze der Kriegsführung ("Vom Kriege") erstmals einen exakten Strategiebegriff.[1] In den fünfziger Jahren dieses Jahrhunderts wird der Strategiebegriff im Rahmen eines Business Policy-Kurses an der Harvard Business School in die Betriebswirtschaftslehre eingeführt. Dabei wird er gegenüber dem militärischen Begriff [2] (Mittelwahl zum Erreichen definierter Ziele) ausgeweitet, indem auch die Zielbildung als Teil der Strategie angesehen wird.[3]

Ebenfalls an der Harvard Business School wird – aufbauend auf dem Business Policy-Konzept – ein erstes umfassendes und mehrstufiges strategisches Konzept vorgestellt. In der Folge haben sich verschiedene Autoren der Thematik angenommen und eine Reihe unterschiedlicher Konzepte vorgelegt.

Lange Zeit hat sich dabei die Definition des Strategiebegriffs am Zeithorizont der Planung orientiert. [4] Es ist das Verdienst Gälweilers, daß sich bei der Definition des Strategiebegriffs ein Bewußtseinswandel eingestellt hat. Gälweiler bezieht sich bei seiner Strategiedefinition nicht auf den Zeithorizont, sondern auf das Erfolgspotential. Er erkennt im Erfolgspotential die Voraussetzung für nachhaltigen operativen Erfolg und orientiert daher strategische Planung an dieser Vorsteuergröße operativer Erfolge. Damit wird der Zeithorizont als primäres Unterscheidungsmerkmal zwischen operativer und strategischer Planung verdrängt.

Die Mehrzahl der Autoren hat sich in der Folge explizit, aber oft auch ohne direkt auf Gälweiler Bezug zu nehmen, an das Gedankengebäude Gälweilers angelehnt und darauf Überlegungen zum strategischen Management aufgebaut. Dennoch unterscheiden sich die vorgeschlagenen Konzepte ganz wesentlich voneinander. Insbesondere in Zusammenhang mit der ständig steigenden internen und externen Komplexität schlagen die Konzepte völlig unterschiedliche Wege ein und empfehlen daher auch unterschiedliche Instrumente.

Die entstandene Konzeptvielfalt ist überaus positiv zu bewerten. Die Schwerpunkte der Konzepte sind sehr unterschiedlich und variieren mit dem spezifischen Erfahrungsschatz und dem eingeschlagenen Forschungsansatz des jeweiligen Autors. Es ist nicht verwunderlich, daß bisher keines der Konzepte eine klare Vormachtstellung erreichen konnte, sondern es zeigt

---

[1] ausführliche historische Darstellung vgl. Hinterhuber (Wettbewerbsstrategie), S. 3 ff.

[2] zur Unterscheidung zwischen betriebswirtschaftlichem und militärischem Strategiebegriff vgl. Gälweiler (Unternehmensführung), S. 59 ff.

[3] vgl. Staehle (Management), S. 561 ff.

[4] vgl. Hax, Majluf (concept), S. 2 f.; Horak (Controlling), S. 111

sich, daß bei der Wahl einer bestimmten Konzeption die situativen Rahmenbedingungen des jeweiligen Unternehmens beziehungsweise der spezifischen Entscheidungssituation berücksichtigt werden müssen. Dafür wurde bisher noch kein passender Bezugsrahmen entwickelt.[1] Sicher ist jedoch, daß es geradezu widersinnig wäre, ein einziges strategisches Konzept als Patentlösung für alle Fälle zu suchen.[2]

In den vergangenen dreißig Jahren wurde die Strategiediskussion immer wieder von anderen Schwerpunkten und Modeerscheinungen beherrscht, die jeweils durch eine Vielzahl von empirischen Untersuchungen gestützt wurden.[3] Einer der Urväter strategischer Konzepte ist Ansoff. Im Zentrum seiner ersten strategischen Planungsmodelle stand die Suche nach den Stärken und Schwächen der Unternehmen, die es auszubauen gilt. Demzufolge sind die Ressourcen, über die ein Unternehmen verfügt, der zentrale Motor der Wettbewerbsfähigkeit. Wettbewerbsvorteile kann ein Unternehmen also nur dann aufbauen, wenn es gegenüber den Mitbewerbern eine bessere Ressourcenausstattung besitzt (asymmetrische Ressourcenallokation zwischen den Wettbewerbern) und diese Ressourcen Nutzen am Markt stiften können. Dies ist aber nur möglich, wenn bezüglich dieser Ressourcen ein unvollkommener Markt herrscht. Andernfalls könnten sich die Wettbewerber diese ebenfalls beschaffen und die Wettbewerbsvorteile damit wieder zunichte machen.[4]

Der Unterschied im Erfolg begründet sich nach der ressourcenorientierten Sichtweise somit in den Eigenheiten und Besonderheiten eines Unternehmens, das selbst Ausgangspunkt der Wettbewerbsvorteile ist.

Strategische Konzepte, die dieser Denkweise verpflichtet sind, stellen folgerichtig Instrumente und Methoden in den Vordergrund, mit deren Hilfe die erfolgsrelevanten Ressourcen ermittelt und ausgebaut werden können.

Mit empirischen Untersuchungen wurde versucht, allgemeingültige strategische Erfolgsfaktoren aufzudecken. Bekanntestes Beispiel dafür ist das PIMS-Programm. Auch das Portfoliokonzept, das die eigene Wettbewerbsfähigkeit (dargestellt am relativen Marktanteil oder der relativen Wettbewerbsstärke) dem Marktwachstum beziehungsweise der Marktattraktivität auf der Ebene der strategischen Geschäftsfelder gegenüberstellt, ist dieser Denkweise verpflichtet. Das Portfoliokonzept hat das strategische Management nachhaltig beinflußt und die letzten 20 Jahre geprägt.

Durch die Arbeiten Porters rückte in den achziger Jahren der ressourcenorientierte Zugang in den Hintergrund. Porter beurteilt die Branche und die strategische Gruppe in der ein Unternehmen mit seinen strategischen Geschäftseinheiten agiert, als den bedeutendsten Einflußfaktor für die Rentabilität des im Unternehmen investierten Vermögens. Diese Überlegungen fußen auf der Structur-conduct-performance-Hypothese, die in den Umfeldbedingungen die Ursache von Rentabilitätsunterschieden sieht (industrieökonomische Sichtweise).

---

[1] Solche Überlegungen bespricht Siller im Zusammenhang mit Fragen der Planungsphilosophie; vgl. Siller (Grundsätze), S. 63 ff.

[2] vgl. Siller (Grundsätze), S. 177

[3] vgl. Knyphausen (Firms), S. 771 ff.; Rasche, Wolfrum (Unternehmensführung), S. 501 ff.; Berger, Kalthoff (Kernkompetenzen), S. 168 ff.

[4] vgl. Rasche, Wolfrum (Unternehmensführung), S. 502 ff.

Ressourcen werden nicht als geeignet angesehen, langfristige Wettbewerbsvorteile zu sichern. Die Instrumente der Stärken-Schwächen-Analyse werden in weiterer Folge nicht aufgegeben, treten aber gegenüber der Umfeld- und Branchenanalyse in den Hintergrund. Die Unternehmensressourcen gelten zwischen den Unternehmen innerhalb einer Branche als austauschbar und allgemein verfügbar. Langfristig lassen sich damit keine Rentabilitätsunterschiede erzielen. Bestenfalls das nationale Umfeld im Sinne wettbewerbsfördernder Rahmenbedingungen kann für ein Unternehmen strategische Vor- oder Nachteile bieten. Die Begründung von Rentabilitätsunterschieden liegt in der Branchenattraktivität; innerhalb einer Branche oder strategischen Gruppe lassen sie sich damit aber nicht erklären und werden daher auch weitgehend bestritten oder dem Zufall zugeschrieben. Unterschiede zwischen den Unternehmen sind für deren Rentabilitätserwartungen daher belanglos, einziger Einflußfaktor ist die Branche. Der Handlungsspielraum für Unternehmen wird dabei nicht eingeschränkt, sondern auf eine andere Ebene verlagert: Die Branchenwahl und die Abstimmung des strategischen Repertoires auf die jeweilige Branchensituation stehen im Vordergrund.

In den neunziger Jahren scheint sich abermals eine Kehrtwendung zu vollziehen. Die bereits als abgeschlossen betrachtete Diskussion über die Unternehmensressourcen wird ausgehend von der Diskussion über Kernkompetenzen wieder neu aufgenommen. Die – ausgelöst durch das Portfoliomanagement – entstandenen Mischkonzerne suchen nach Konzepten, ihre strategischen Geschäftseinheiten neu zu ordnen und Synergiepotentiale zu nutzen. Auf die mangelnde Abstimmung der strategischen Geschäftseinheiten auf Gesamtunternehmensebene wird bereits seit längerem hingewiesen. Erste Ansätze für diese neue Strömung sind bei Itami zu finden. Aber erst Hamel und Prahalad gelingt es, mit dem Konzept der Kernkompetenzen einen neuen Weg der Abstimmung strategischer Geschäftseinheiten einzuschlagen. Sie greifen dabei auf die Unternehmensressourssen zurück und leiten aus diesen die Wettbewerbsstellung ab.

Trotz der wesentlichen Unterschiede in der Begründung von Wettbewerbsvorteilen und Rentabilitätsunterschieden kommen sich die einzelnen strategischen Ansätze in der praktischen Ausgestaltung näher, als man auf den ersten Blick vermuten würde. Ressourcenorientierte Ansätze erkennen Branchenunterschiede als relevante Einflußfaktoren ebenso an, wie industrieökonomische Ansätze bei der Begründung brancheninterner Rentabilitätsunterschiede auf die Unternehmensspezifika zurückgreifen. Beide Denkrichtungen verfügen darüber hinaus eine breites empirisches Beweismaterial. [1] Es ist daher nicht verwunderlich, wenn sich beide Denkschulen in dieselbe Richtung weiterentwickeln: Sowohl in den structure conducts performance- als auch in den ressourcenorientierten Ansätzen tritt immer stärker die Unternehmenshistorie als wesentliche strategische Triebkraft in den Vordergrund. Damit versuchen die Autoren der immer häufiger geäußerten Kritik der zu statisch orientierten Strategieplanung entgegenzuwirken, was sich in unterschiedlicher Form äußert: Drucker spricht von der im Zeitablauf gebildeten Geschäftslogik, Hamel und Prahalad sprechen von der auf der Vergangenheit fußenden Entwicklung von Fähigkeiten und Ghemawat vom auf der Unternehmensgeschichte fußenden Commitment.

Daneben sind die letzten Jahre von einer Reihe von Managementtrends geprägt, die ausgehend von einer Kritik am traditionellen Strategie- und Managementverständnis den Fokus der

---

[1] vgl. Knyphausen (Firms), S. 774

Manager auf neue Aspekte lenken möchten. Da einige dieser Trends in den Veröffentlichungen der letzten Jahre schnell zu hohem Ruhm gekommen sind, werden sie hier kurz dargestellt. Nicht alle Konzepte sind bereits voll ausgereift oder bei näherer Betrachtung als Strategiekonzept anzusehen. Dennoch sollen die wesentlichen Instrumente und Entwicklungsperspektiven in den folgenden Kurzdarstellungen präsentiert werden.

Warnen muß man vor einer unreflektierten Übernahme von Modetrends. Die letzten Jahre haben gezeigt, daß sich Strategiekonzepte sehr häufig zu Markenartikeln von Beratungsinstituten entwickeln, die einen dafür typischen Produktlebenszyklus durchlaufen. Diese Zyklen werden immer kürzer, und die Strategieautoren sind daher gezwungen, immer neue Ideen zu präsentieren, auch wenn diese beim genaueren Hinsehen keine wesentlich neuen Erkenntnisse bringen. Viel zu oft wird dabei, aus rein populistischen Gründen, Altbewährtes kritisiert und verworfen.

Ohne Zweifel bedarf auch die Unternehmensstrategie immer wieder neuer Ideen, weil sich auch das Unternehmensumfeld laufend wandelt. Aber strategische Konzepte dürfen nicht zum Modeartikel werden.

Individualisierung des Unternehmens

In einer vielbeachteten Harvard Business Revue-Artikelserie haben Christopher Bartlett (Harvard Business School) und Sumatra Goshal (London Business School) ihre Kritik am klassischen Strategieverständnis artikuliert und Lösungsmöglichkeiten vorgeschlagen. Ihre Hauptkritik richtet sich gegen die Entpersonifizierung der Organisation und gegen die Top-down-Strategiefindung in Konzernzentralen. Klassische Strategiemodelle, aber auch neuere Ansätze wie jener von Hamel und Prahalad, der heftig kritisiert wird, vertreten die "Strategie-Struktur-System"-Sichtweise: Eine klare, zentral formulierte Strategie ist mit der Unternehmensstruktur in Einklang zu bringen und durch ein entsprechendes Kontrollsystem zu überwachen.

Seit den neunziger Jahren zeigt sich laut Bartlett und Goshal, daß einem derartigen Managementverständnis kein Erfolg beschert ist. Derartige strategische Planungen sind nach ihrer Ansicht entweder wirklichkeitsfremd oder vollkommen schwammig und unpräzise. Divisionsleiter und Mitarbeiter werden durch sie eher entmutigt als gefördert.

Die Lösung der damit einhergehenden Probleme sehen sie nicht im partizipativen Ansatz der letzten zwanzig Jahre (der zwar einen Bottom-up-Planungszyklus installierte, aber die Entscheidungskompetenzen über die endgültige Planung nicht verlagerte) sondern in einem neuen Rollenverständnis der Topmanager. [1]

Manager müssen bei ihren Mitarbeitern Aufmerksamkeit und Interesse wecken, für Schwung sorgen und die zentralen Werte verankern. Insbesondere das Kommunizieren der Werte ist wichtig und schwierig zugleich. Es beschränkt sich nicht auf die Formulierung und Veröffentlichung von Visionen, sondern bedarf tiefer Überzeugung und eines Sendungsbewußtseins des Managers, der der ständig zentrale Werte vermitteln muß. Dazu gehört aber auch ein abgestimmtes Kontrollsystem, denn die indirekte Wirkung der gewählten Erfolgsmaßstäbe steht allzu oft im Widerspruch zu den zentralen Werten und unterminiert sie damit.

---

[1] vgl. Bartlett, Goshal (Purpose), S. 81 ff.

Im weiteren soll das Management nicht selber Strategien, sondern "key people" entwickeln, mit deren Hilfe das Unternehmen direkt ohne zentrale Planungsvorgaben beeinflußt werden kann. Dadurch lassen sich auch das Kontrollsyste lockern und formale Informationssysteme durch informelle Kommunikationsbeziehungen ersetzen.[1]

Manager, die ihre Aufgabe auf diese Weise begreifen, sehen ihr Unternehmen nicht mehr als hierarchische Organisation, sondern als System von dynamischen Prozessen:[2]

- **Unternehmerischer Prozeß** (entrepreneurship) – externe und chancenorientierte Grundeinstellung der Mitarbeiter.

- **Kompetenzbildend Prozeß** – Offenheit für Entwicklung von (Kern-)Kompetenzen durch die Mitarbeiter selbst und Diffundierung durch das gesamte Unternehmen. Dazu müssen die Mitarbeiter zu horizontalen, informellen Beziehungen motiviert werden. Dies gelingt nur, wenn ein faires und gerechtes Klima herrscht, da nur dann die Mitarbeiter bereit sind, Erfahrungen mit ihren Kollegen auszutauschen.

- **Erneuerungsprozeß** – Dieser soll eine ständige Herausforderung für die Mitarbeiter darstellen, die Unternehmensstrategie und deren Rahmenbedingungen zu neuen Perspektiven zu öffnen.

Grundlagen dieser Überlegungen sind:[3]

- Mitarbeiter sind grundsätzlich initiativ, und ihr Unternehmertum muß entwickelt und gefördert werden.

- Mitarbeiter haben Gemeinschaftsgefühl und möchten es ausbauen.

- Dem Menschen ist ein natürliches Lernbedürfnis eigen.

Bartlett und Goshall bringen mit diesen Überlegungen eine Vielzahl interessanter Diskussionspunkte in die Strategieliteratur ein, ohne dabei dem Fehler vieler humanorientierter Managementtheoretiker zu verfallen, vollständig von den Tagesproblemen des Managements abzuheben. Es bleibt zu hoffen, daß sie ihre Überlegungen weiter vertiefen und dem Praktiker konkrete Hilfestellungen an die Hand geben. In ihrem Grundgedanken sind sie Mintzberg ähnlich, weil auch sie eine zentrale Strategieentwicklung durch eine aus dem Unternehmen entstehende Strategie ersetzen möchten.

Hyperwettbewerb

Eine ebenfalls kürzlich erschienene Arbeit von D'Aveni stimmt in die laufend geäußerte Kritik der zu statischen Betrachtungsweise der Strategieliteratur ein.[4] Die heute von vielen Autoren artikulierten Erfolgsfaktoren Zeit, Qualität, etc. haben schon immer eine Rolle im Wettbewerb gespielt, aber durch die Dynamik des Wandels eine neue Dimension erhalten. D'Aveni versucht diesem Problem auf eine neuartige Form Herr zu werden: Er zeichnet Szenarien von Wettbewerbsentwicklungen auf, wobei – ausgehend von einer Aktion eines Marktpartners –

---

[1]   vgl. Bartlett, Goshal (People), S. 135 ff.

[2]   vgl. Bartlett, Goshal (Processes), S. 88 ff.

[3]   vgl. Bartlett, Goshal (Prozesses), S. 96

[4]   vgl. D'Aveni (Hyperwettbewerb), S. 20 ff.

die Reaktionsmuster der Wettbewerber analysiert und anhand mehrer Reaktionsszenarien prognostiziert werden.

Damit ist D'Aveni der erste, der dynamische Strategievorschläge nicht aus der derzeitigen Situation, sondern aus dem prognostizierten Reaktionsmuster der Wettbewerber ableiten möchte.

D'Aveni kommt bei seinen Reaktionsszenarien zu sehr wesentlichen Erkenntnissen:[1]

- Unabhängig von der Ausgangssituation, führt das Wettbewerbsverhalten der Konkurrenten im Zeitablauf immer zu einem Zustand annähernd vollkommener Konkurrenz, ohne diese je zu erreichen. Dies geschieht durch ständig steigende Wettbewerbsintensität.

- Wettbewerbsvorteile auf der Basis von Produktpositionierung (Qualität, Zeit, Eintrittsbarrieren, Segmente etc.) werden im Zeitablauf zunichte gemacht. Die Entwicklung endet immer beim Preiswettbewerb (bezogen auf den Gesamtmarkt und auch auf einzelne Marktsegmente).

- Jeder Versuch, aus einem Preiskrieg auszubrechen und einen neuen Wettbewerbsschauplatz (z. B. Qualität) zu erzeugen, ist nur von beschränkter zeitlicher Wirksamkeit. Es kommt in weiterer Folge wieder zum Preiskrieg, jedoch auf einem neuen Nutzenniveau für den Abnehmer. Der ehemalige Differenzierungsvorteil wird zum Standard für die gesamte Branche.

Aufbauend auf diesen Erkenntnissen, entwicklte D'Aveni Analysemethoden, mit deren Hilfe die zukünftigen Reaktionsmuster eines Marktes analysiert werden können, um Strategien abzuleiten, die sich ganz wesentlich vom traditionellen Verständnis unterscheiden. Traditionelle Strategien versuchen stets das Unternehmen von seiner Konkurrenz abzugrenzen und damit den Wettbewerb zu verringern. Dies geschieht durch die Marktpositionierung oder durch den Aufbau von strategischen Erfolgsfaktoren. D'Aveni empfiehlt dagegen das genaue Gegenteil: die bewußte Erhöhung der Rivalität und das Vorantreiben des Wettbewerbs bzw. des Wettbewerbszykluss.[2] Dadurch soll der Wettbewerber gebannt und in seiner Aktion gehemmt werden. Wettbewerbsvorteile basieren demnach nicht primär auf den strategischen Erfolgsfaktoren Qualität, Zeit etc. (diese sind vielmehr das Vehikel zur Destabilisierung der Marktverhältnisse), sondern auf der Paralyse des Wettbewerbers, der bei der dynamischen Entwicklung des Marktes nicht mithalten kann. Durch das laufende Zerstören der Marktbedingungen (der Geschäftslogik) kann ein dauerhafter Wettbewerbsvorteil erzielt werden, der auf der Fähigkeit beruht Wettbewerbsentwicklungen vorherzusehen und Marktverhältnisse kontinuierlich zu verändern. Letztlich ist jenes Unternehmen erfolgreich, dem es gelingt seine Wettbewerber durch dauernde Dynamik in Schach zu halten:[3]

---

[1]   vgl. D'Aveni (Hyperwettbewerb), S. 92 ff.

[2]   vgl. D'Aveni (Hyperwettbewerb), S. 253 ff.

[3]   vgl. D'Aveni (Hyperwettbewerb), S. 375

Vier Wettbewerbsschauplätze (Erfolgsfaktoren) erlauben eine nachhaltige Destabilisierung des Marktes:

- Kosten,
- Zeit/Know-how,
- Aufbau von Hochburgen,
- Finanzielle Stärke.

Für das destabilisierende Unternehmen erstreckt sich Strategieplanung auf drei Elemente:[1]

- **Vision** – Lnagfristige Ziele für die Entwicklung neuer Möglichkeiten die Interessengruppen zu befriedigen.
- **Ressourcenplanung** – Aufbau von Fähigkeiten in bezug auf Schnelligkeit und Überraschungseffcktc.
- **Taktiken der Schrittfolge** – Abfolge der Änderung der Marktspielregeln, Signale und Vorstöße.

Fraglich bleibt in diesem Zusammenhang, ob derartig agierende Unternehmen längerfristig überhaupt möglich sind. Dauerndes Agieren und Weiterentwickeln kostet viel Kraft und Energie. Darüber hinaus wirkt diese Vorgangsweise auch destabilisierend und verunsichernd auf die eigenen Mitarbeiter. Wieweit die konzeptionell bestechenden Ideen von nachhaltiger praktischer Relevanz sind, muß noch geprüft werden. Die vielen Analysebeispiele, die D'Aveni einarbeitet, sind alle retrospektiv und können diese Frage daher nicht beantworten.

Shareholder-Value-Analyse

Ausgelöst durch die Arbeiten Alfred Rappaports, hat der Shareholder-Value als strategisches Bewertungsinstrument Eingang in die strategische Literatur gefunden. Mit Hilfe der Shareholder-Value-Analyse können mehrere Strategiealternativen anhand ihrer Wirkung auf den Unternehmenswert miteinander verglichen werden. Dabei liegen folgende Überlegungen und Vorgehensweisen zugrunde:

Strategische Entscheidungen müssen Wettbewerbsvorteile für ein Unternehmen generieren und nachhaltigen Kundennutzen stiften, um erfolgreich zu sein und somit den Unternehmenswert zu steigern. Jede strategische Alternative beeinflußt die betrieblichen Werttreiber, die wiederum die zentralen Einflußgrößen des Unternehmenswertes darstellen. Auf dieser Grundlage wird der zukünftige freie Cash-flow ermittelt, der zusammen mit dem Diskontsatz zur Berechnung des Unternehmenswertes dient:

---

[1]   vgl. D'Aveni (Hyperwettbewerb), S. 364 ff.

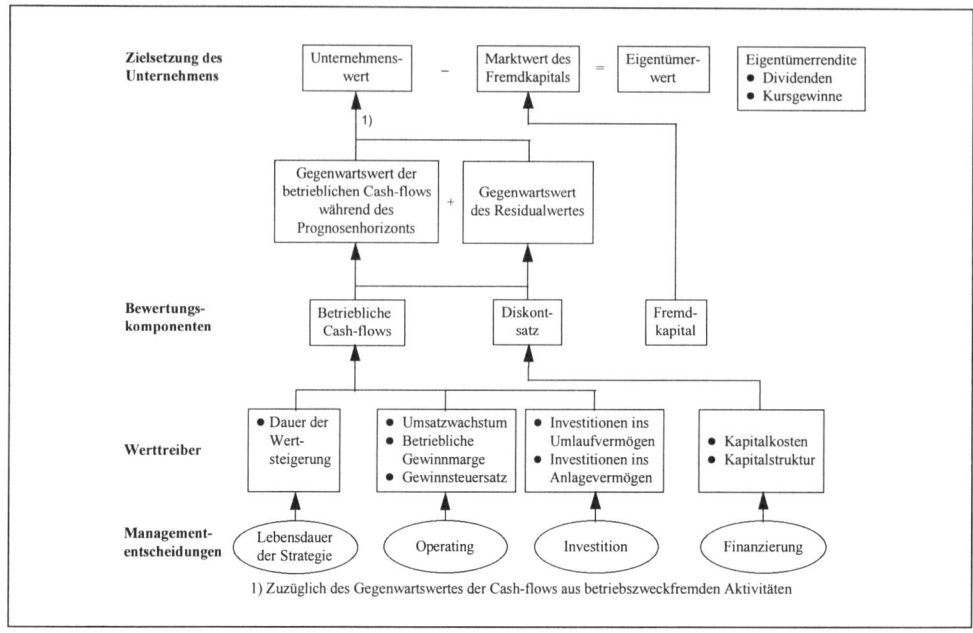

Abb. 1.1: Das Gefüge der Wirkungszusammenhänge der Wertsteigerungsanalyse[1]

Durch die Bewertung der Strategiealternativen mit Hilfe des Unternehmenswertes kann eine auf einem komplexen Rechenmodell basierende quantitative Strategiebewertung erfolgen. Traditionelle Methoden der Strategiebewertung gehen dagegen nur qualitativ vor. Lediglich das PIMS-Programm (das im Exkurs ausführlich beschrieben wird) bietet eine Reihe von quantitativen Bewertungsmaßstäben. Im Vergleich zu anderen Formen der Strategiebewertung läßt sich der Shareholder-Value-Ansatz folgendermaßen positionieren:

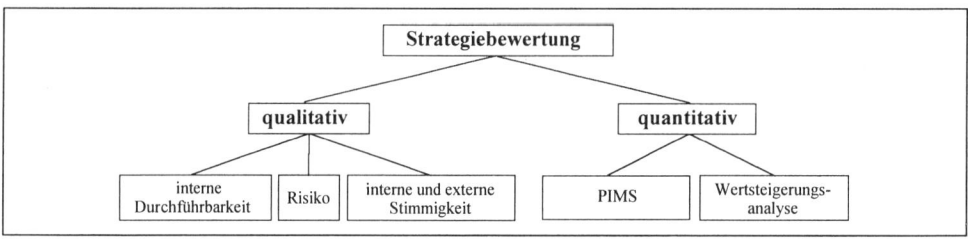

Abb. 1.2: Instrumente der Strategiebewertung[2]

Obwohl es sich beim Shareholder-Value-Ansatz um einen nicht zu unterschätzenden Entwicklungsschritt im strategischen Management handelt, stellt er kein eigenständiges strategisches Konzept dar. Vielmehr ist er eine notwendige und überaus sinnvolle Ergänzung zumeist

---

[1]   Hoffmann, Klien, Unger (Strategieplanung), S. 303

[2]   Hoffmann, Klien, Unger (Strategieplanung), S. 220

planungsorientierter strategischer Konzepte, die die entwickelte Strategie keiner oder nur unzureichender Prüfung unterziehen.

Reengineering, Zeitmanagment, Prozeßmanagment

Eine weitere – derzeit vieldiskutierte Managemententwicklung hat ihren Ausgang in der bereits legendär gewordenen MIT-Studie von Womak, Jones, Roos[1] genommen. Es handelt sich dabei um Konzepte wie business process reengineering und um Zeitmanagement (time based competition). Business process reengineering wurde vor allem durch Davenport[2] sowie Hammer und Champy[3] geprägt, time based competition durch Stalk und Hout[4]. Alle diese Konzepte setzen unterschiedliche Schwerpunkte, sind jedoch im Kern miteinander verwurzelt.

Die im Unternehmen ablaufenden Prozesse werden hinsichtlich ihrer Zeit, Qualität und Kosten analysiert und grundlegend neu gestaltet. Dabei ist folgendes zu berücksichtigen:

- Analyse der derzeit durchgeführten Prozesse hinsichtlich Art, Form und Ablauf,
- Darstellung der Abläufe (Prozeßin- und -outputs),
- Unterteilung in Prozesse, die durchgeführt werden müssen, und Prozesse, die auslagerbar sind (make or buy). Erkennen von Doppelarbeiten etc.,
- grundlegender Neuaufbau der Prozesse (Umdenken) statt Schnittstellenoptimierung bei alten Prozessen,
- innerbetriebliche und außerbetriebliche Teambildung zur Abstimmung der Prozeßschritte.
- Nutzen des EDV-Einsatzes für eine Systemneugestaltung, statt bestehende Abläufe abzubilden.

Schlußendlich läuft alles auf eine Komprimierung der Wertschöpfungskette hinaus. Darunter versteht man die zeitliche und komplexitätsbezogene Umgestaltung der Wertschöpfung. Ziel ist es, die wesentlichen Schritte der Wertschöpfung zeitlich möglichst nahe an den Zeitpunkt der Übergabe an den Kunden zu koppeln, die Wertschöpfung also erst spät zu erbringen. Dadurch werden Kosten der Vielfalt und der Lagerhaltung eingespart und die Flexibilität des Systems erhöht.

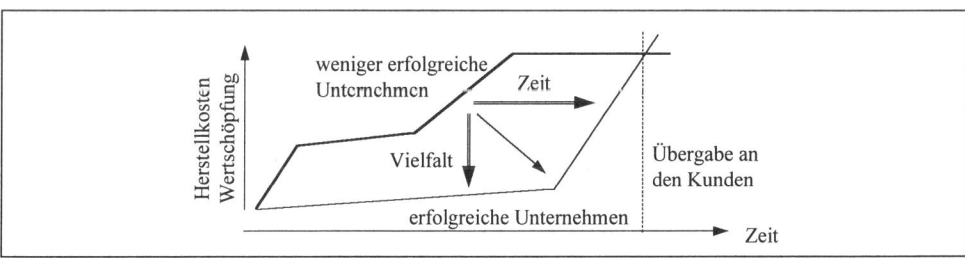

Abb. 1.3: Komprimierung der Wertschöpfungskette

---

1   vgl. Womak, Jones, Roos (Revolution)

2   vgl. Davenport (Reengineering)

3   vgl. Hammer, Champy (Reengineering)

4   vgl. Stalk, Hout (Zeitwettbewerb)

Die Komprimierung der Wertschöpfung kann hinsichtlich zweier Größen erfolgen:

Zeit verkürzen

Die Abläufe werden von unnötigen Stillstandszeiten bereinigt. Sämtliche Wertschöpfungs-schritte, die nicht unbedingt sequenziell erfolgen müssen, werden parallel organisiert. Da-durch wird es möglich, den Wertschöpfungsprozeß später als vor der Umgestaltung zu begin-nen.

Es gibt eine Reihe von typischen Problembereichen, die Qualität und Durchlaufzeit von Pro-zessen beeinträchtigen:

- Nichtwertschöpfende Prozesse – Prozesse, die nicht direkt der Wertschöpfung dienen, ver-zögern in der Regel den Wertschöpfungsprozeß. Sie sollten möglichst getrennt von den wertschöpfenden Prozessen ablaufen und auch organisatorisch unabhängig sein.

- Schnittstellen – Jede unnötige Schnittstelle führt zu Abstimmungsaufwand, aber insbeson-dere auch zu Fehlerquellen und Zeitverzögerungen.

- Medienbrüche – Ähnlich wie Schnittstellen wirken Übergänge unterschiedlicher Datenver-arbeitungsmedien. Manuelle Eingabe von Formularen oder manuelle Datenschnittstellen zwischen unterschiedlichen Softwarepaketen verursachen Verzögerungen und Fehler.

- Prozeß-Fit – Interne Leistungsersteller orientieren ihre Leistungen in der Regel am an-spruchsvollsten internen Kunden. Da aber innerhalb eines Unternehmens keine homogenen Bedürfnisstrukturen vorliegen, erzeugen Serviceeinrichtungen in der Regel viel Überquali-tät.

- Sequenzielle Abläufe – Oft werden in Unternehmen parallel bearbeitbare Prozeßschritte sequenziell abgearbeitet. Durch Parallelbearbeitung von Prozessen, die nicht aufeinander aufbauen kann Zeit eingespart werden.

Vielfalt verringern

Die kundenspezifische Anpassung der Produkte erfolgt in der Wertschöpfungskette möglichst spät, indem die Variantenvielfalt erst kurz vor der Fertigstellung erzeugt wird (Verschiebung des Freeze-Point). Dadurch läßt sich die Flexibilität hinsichtlich der unterschiedlichen Varian-ten lange aufrechterhalten, und variantenbedingte Lagerstände können abgebaut werden. Den Ausgangspunkt derartiger Bestrebungen bildete die Standardisierung der Beschaffungsgüter, die Verschiebung des Freeze-Point kann aber noch viel stärker betrieben werden.

Problembereiche, die zu einer frühzeitigen Differenzierung der Produkte führen sind bei-spielsweise:

- Beschaffungsgüter sind nicht standardisiert, wodurch unterschiedliche Endprodukte auch zu unterschiedlichen Beschaffungsgütern führen.

- Forschung und Entwicklung nehmen im Rahmen von Produktentwicklungen keine Rück-sicht auf bestehende Produkte. Bevor vorhandene Komponenten eingesetzt werden, führt man Neuplanungen durch.

- Die Produktionszeiten lassen kundenindividuelle Anpassung in letzter Minute nicht mög-lich erscheinen.

- Althergebrachte Produktionsverfahren nehmen auf vielfaltabhängige Kosten noch keine Rücksicht und sind daher nicht geeignet, eine späte Differenzierung sicherzustellen.

- In stagnierenden Märkten sind Unternehmen dazu verleitet, Marktnischen zu suchen und mit speziell angepaßten Produkten zu bedienen. Die meist höheren Deckungsbeiträge als bei Massengütern verleiten das Management zu einem Unterbewerten der Komplexitäts-kosten.

Das beschriebene Vorgehen soll die Wettbewerbsfähigkeit der Unternehmen radikal verbes-sern und zu neuen strategischen Möglichkeiten führen. Insofern hat bussines process reengi-neering bedeutenden Einfluß auf die strategische Position eines Unternehmens, insbesondere, da immer deutlicher zu Tage tritt, daß die Dichotomie Porters – „Kostenführerschaft" versus „Differenzierung" – in Zukunft im Wettbewerb mit asiatischen Anbietern nicht mehr auf-rechterhalten werden kann, die eindrucksvoll beweisen, daß hohe Qualität auch zu ver-gleichsweise geringen Kosten möglich ist.[1]

Das business process reengineering hat Bewegung in den von der Betriebswirtschaftslehre seit jeher vernachlässigten Bereich der Ablauforganisation gebracht.[2] Als strategisches Konzept können diese Ansätze allerdings nicht bezeichnet werden.

1.2 Strategische Konzepte – Systematisierungsansätze

Malik unterscheidet zwei grundlegende Ausrichtungen der Managementtheorie – die systemisch-evolutionäre und die konstruktivistisch-technomorphe. Beide Extremformen sind typisch für ihre spezifische Art im Umgang mit der Komplexität:[3]

Das konstruktivistische Paradigma

Die Vorstellungswelt des konstruktivistischen Denkens ist die klassische Mechanik und Logik, wobei Hilfestellung für die Wirtschaftspraxis im Vordergrund steht. Unter Berück-sichtigung bewiesener Zusammenhänge werden mit vorhandenen Methoden und Theorien schrittweise Modelle konstruiert, die die als wichtig erachteten Probleme abbilden sollen. Nichtbewiesene Annahmen und nicht auf logischer Ableitung beruhende Zusammenhänge werden bewußt ausgeklammert. Das Ergebnis sind Reflexions- oder Erklärungshilfen, die das Verständnis für die beschriebenen Zusammenhänge erleichtern sollen. Dabei wird unterstellt, daß besseres Verständnis der Zusammenhänge die Qualität der abgeleiteten Entscheidungen erhöht. Komplexität wird somit durch zweckgerichtete Planung und ein Ordnungssystem zur Zielerreichung beherrscht, unter der Annahme ausreichender Informationsversorgung.[4]

Das Ergebnis ist ein ausgereiftes Modell zur Komplexitätsbeherrschung. Die innere Kom-plexität des Unternehmens wird mittels bewußt gestalteter Organisation gesteuert, die äußere

---

1   vgl. Seidenschwarz (ÖCI-Kongreß)

2   vgl. Osterloh (Reengineering), S. 27 f.

3   vgl. Malik (Strategie), S. 37 ff.

4   vgl. Braun (Betriebswirtschaftslehre), S. 1 ff.

Komplexität durch eine umfassende Umfeldanalyse mit nachfolgender Informationsverdichtung verringert. Ein strenges Rationalitätsprinzip leitet das Vorgehen.

Die konstruktivistische Planungstheorie versteht strategische Konzepte folgerichtig als Planungshilfen.

Typische konstruktivistische Modelle basieren daher alle auf dem gleichen Prinzip:

- Definition der grundlegenden Unternehmensziele,
- Umfeldanalyse (Chancen und Risiken),
- Unternehmensanalyse (Stärken und Schwächen),
- Strategiefindung,
- Operationalisierung und Durchsetzung.

Aufbauend auf diesem Grundschema, haben verschiedene Autoren unterschiedliche Konzepte entwickelt, die das Management bei der Strategiefindung unterstützen sollen. Der strategische Planungsprozeß und allgemeingültige Musterstrategien verstehen sich als Gebrauchsanweisungen, mit deren Hilfe sich das Management in neuen Situationen zurechtfinden kann.

Den Modellen liegen dabei folgende Prämissen zugrunde:[1]

- Die Strategiefindung muß gesteuert und strukturiert werden.
- Strategische Entscheidungen müssen auf einer umfassenden Analyse der Ist-Situation aufbauen.
- Die Verantwortung für die Strategiefindung liegt beim Topmanagement.
- Die Modelle müssen möglichst einfach sein, um handhabbar zu bleiben.
- Die abgeleitete Strategie muß kreativ und einzigartig sein, um sich von der Konkurrenz abzusetzen.
- Am Ende des Strategiefindungsprozesses müssen die Strategien vollständig erarbeitet und formuliert sein.
- Als letzter Schritt muß die Strategie durchgesetzt werden.

Der klassische Konstruktivismus baut auf der objektiven Erkenntnis durch umfassende Analyse auf. Der radikale Konstruktivismus geht einen Schritt weiter und bestreitet die Möglichkeit der objektiven Erkenntnis. Das Erfassen des Umfelds ist vielmehr eine selbstreferierende Bedeutungszuweisung, bei der den Eindrücken bekannte Denkmuster zugeteilt werden. Ein System konstruiert sich gleichsam seine eigene Wirklichkeit, "in der bestimmte Dinge möglich, andere unmöglich sind".[2] Erfahrungswelt und innere Struktur eines Systems determinieren somit dessen zukünftige Erkenntnis und Entwicklung.

Diese Abwendung von der Objektivität der Erkenntnisse – hin zur Erfahrungswelt der Personen – ist auch in der Strategieliteratur nachvollziehbar. Eine Reihe von Autoren stellt Einbindung der Mitarbeiter und Nutzung ihrer Erfahrungswelten immer mehr in das Zentrum ihrer

---

[1]   vgl. Mintzberg (Rise), S. 38 ff.; Schreyögg (Unternehmensstrategie), S. 133

[2]   Watzlawik (Management), S. 369

Überlegungen. Für sie werden im Unternehmen und im speziellen innerhalb des Topmanagements gemeinsame Erfahrungswelten im Rahmen der strategischen Planung geschaffen. Die Interaktion bildet gemeinsame Ordnungsmuster heraus und vermittelt den Eindruck geringerer Komplexität. Das Management sieht nur das Bild seines Umfelds, das es aufgrund der Erfahrung sehen kann.

Eine Reihe von konstruktivistischen Planungskonzepten hat sich in diese Richtung weiterentwickelt und stellt die Abstimmungswirkung innerhalb des Managements in den Vordergrund, um eine gemeinsame Wirklichkeit zu schaffen, an der man sich bei der Strategieimplementierung orientieren kann. Die Grundgedanken, nicht jedoch die daraus abgeleiteten Instrumente weisen schon in Richtung Systemtheorie.

Das systemische Paradigma

Im Mittelpunkt der systemischen Ansätze stehen die Interdependenzen eines Systems (Unternehmen) mit dessen Umfeld. Systeme sind beim Management dieser Interdependenzen immer bemüht, durch die Bildung einer inneren Struktur ein Komplexitätsgefälle zum Umfeld zu erzeugen. Die gewählte Systemstruktur führt zu geringer wahrgenommener Umfeldkomplexität und damit zu leichterem Umgang mit dem Umfeld unter Inkaufnahme möglicher Überraschungen (die wegen der inneren Struktur nicht wahrgenommen und daher gefiltert wurden). Darüber hinaus wird das monokausale Ursache-Wirkung- beziehungsweise das Mittel-Ziel-Denken verworfen. Dagegen tritt die Lenkung des Gesamtsystems (da isolierte Betrachtung von Detailausschnitten auf Grund der Komplexität nicht sinnvoll ist) unter Akzeptanz der Komplexität und damit verbundener Unvollständigkeit der Information und des Systemverständnisses in den Vordergrund. Die innere Struktur kann ebenfalls nicht bewußt unter Beachtung aller Zusammenhänge gestaltet werden. Vielmehr liegt dem systemischen Paradigma eine sich selbst generierende Ordnung zugrunde, die zweckrational sein kann, jedoch nicht zielorientiert gestaltet wird.

Im Mittelpunkt der systemisch orientierten strategischen Konzepte stehen die Erfassung der Systemstrukturen und der Hinweis auf verschiedene Verhaltensmöglichkeiten.[1] Die radikale Systemtheorie folgert daraus die Unmöglichkeit von Steuerung, Regelung und Kontrolle. Strategie reduziert sich auf eine Steuerung auf Metaebene im Sinne einer Steuerung der operativen Anpassungsbereitschaft. Nicht alle Vertreter der Systemtheorie kommen zu derart radikalen Schlußfolgerungen. Die gemäßigte Systemtheorie verneint nur die Möglichkeit einer detaillierten, zentralen Steuerung, Regelung und Kontrolle des Gesamtsystems, was zu einem Postulat der kleinen Schritte dezentraler Subsysteme führt, bei dem die jeweils wirksam werdenden Rückkoppelungen beachtet werden müssen.

Im Gegensatz zu Malik erscheint es nicht sinnvoll, dem systemischen Ansatz unabhängig vom situativen Rahmen den Vorzug zu geben, besonders weil die dargestellten Extreme von Malik selbst als Vergröberung des tatsächlichen Erscheinungsbilds bezeichnet werden. Bestimmte strategische Konzepte sind demnach nicht entweder systemisch oder konstruktivistisch, sondern tendieren in unterschiedlichem Ausmaß in die eine oder andere Richtung.

---

[1] vgl. Malik (Strategie), S. 173 f.

Das deskriptive Paradigma

Ähnlich wie die Systemtheorie nimmt die empirisch geleitete (deskriptive) Strategieforschung Kritikpunkte am konstruktivistischen Paradigma zum Ausgangspunkt ihrer Überlegungen. Die Ergebnisse empirischer Strategieforschung weisen alle

- auf ein Auseinanderklaffen betriebswirtschaftlicher Modelle und betrieblicher Praxis[1] und

- auf eine Reihe von Mängeln traditioneller strategischer Konzepte[2] hin.

Aus einer Diskrepanz zwischen Theorie und Praxis kann zwar logisch noch nicht auf ein Versagen der Theorie geschlossen werden[3], doch müssen derartige empirische Ergebnisse zu denken geben. Der Großteil der Modelle ist zwar logisch bestechend, scheint aber das Wesen strategischer Planung nicht hinreichend wiederzugeben. Als Mängel drängen sich auf:

- Glaube an die Formalisierbarkeit des strategischen Managements,

- Inflexibilität und rigide Grundhaltung,

- Illusion der Steuer- und Kontrollierbarkeit des Systems,

- Glaube an die Vorhersagbarkeit der Zukunft,

- Trennung von strategischem und operativem Management,

- Motivations-, Akzeptanz- und Durchsetzungsprobleme.

Vertreter der deskriptiven Strategieforschung versuchen diese Probleme durch empirische Forschung zu überwinden. Das Resultat dieser Bemühungen ist eine Vielzahl von empirischen Ergebnissen, die sich nur schwer systematisieren lassen und in der Regel nicht zu aussagekräftigen Konzepten führen. Der Grund dafür liegt in der Unterschiedlichkeit der Ausgangspunkte verschiedener Autoren. Alle Forschungsergebnisse zeigen jedoch, "daß das faktische Verhalten von Personen, Gruppen und Organisationen erheblich andere, "irrationalere" Formen annimmt, als dies das Planungsmodell vorschreibt".[4]

Einer der bedeutendsten Vertreter dieser Forschungsrichtung ist Mintzberg. Zum Unterschied von vielen seiner Kollegen gelingt es ihm, die Ergebnisse seiner Studien mit der Organisationsforschung in Zusammenhang zu bringen und Ansatzpunkte für eine strategische Führung zu zeigen.

---

1   vgl. Schreyögg (Unternehmensstrategie), S. 221

2   vgl. Schreyögg (Unternehmensstrategie), S. 141; Mintzberg (Rise), S. 159 ff.

3   Unzulänglichkeiten und Probleme in der Praxis sind in vielen Fällen vielmehr der Ausgangspunkt für die Erstellung von Konzepten und Planungshilfen, die die Praxis unterstützen sollen.

4   Schreyögg (Unternehmensstrategie), S. 215

Inkrementales versus synoptisches Vorgehen[1]

Eine weitere Klassifikation strategischer Konzepte ist in der zugrundeliegenden Planungs-philosophie zu sehen: synoptisches oder inkrementales Vorgehen. Der synoptische Planungs-ansatz ist von einem revolutionären Gestaltungsanspruch gekennzeichnet: Im Vordergrund steht die Wahl eines strategischen Ziels im Sinne einer Umgestaltung, die Umsetzung bezie-hungsweise Machbarkeit ordnet sich diesem Ziel unter.

Demgegenüber dominiert die Machbarkeit das Vorgehen der inkrementalen Planung. Die strategische Auswahlentscheidung orientiert sich nicht an einem generellen strategischen Ziel, sondern an der strategischen Orientierung akuter Teilprobleme. In diesem Sinne ist inkremen-tales Vorgehen eine Strategie des "Durchwurstelns", das heißt, strategisches Management ohne umfassendes strategisches Ziel. Das Machbare dominiert die strategische Planung.

Einige Zeit schien sich, ausgehend von der Kritik holistischer Systemplanung durch Popper[2] – das inkrementale Denken immer mehr durchzusetzen. Insbesondere die systemorientierten Ansätze verneinen die Möglichkeit einer ganzheitlich-rationalen Problemsicht. Aber auch diese Unterscheidung stellt sich in der Praxis nicht als Dichotomie dar.

Die Veröffentlichungen der neunziger Jahre haben die Orientierung an großen Zielen wieder modern gemacht. Visionen und große Pläne werden geschmiedet, um selbständig agierenden Mitarbeitern Motivation und Orientierungshilfe im Alltagsgeschäft zu bieten.

Problemlösungsanspruch

Neben den beiden bisher dargestellten konzeptionellen Systematisierungsansätzen eignen sich auch inhaltliche Schwerpunkte der Konzepte als Unterscheidungsmerkmale. Generell können Total- und Partialmodelle unterschieden werden, wobei unter Totalmodellen alle jene zu ver-stehen sind, die von der Analysephase bis zur Durchsetzung der Unternehmensstrategie sämt-liche Aspekte strategischen Managements behandeln. Solche Totalmodelle beinhalten insbe-sondere Instrumente der Umfeld- und Unternehmensanalyse, Modelle zur Unterstützung der Strategiefindung und Methoden zur Durchsetzung und Kontrolle vereinbarter Strategien. Da-bei ist es unerheblich, ob derartige Systembestandteile als Phasenkonzept des strategischen Managements aufeinander aufbauend konzipiert und dargestellt sind oder ob die einzelnen Aufgabengebiete simultan behandelt werden, wie es speziell bei systemorientierten Ansätzen der Fall ist.

Im Unterschied dazu beschränken sich Partialmodelle mehr oder weniger ausführlich auf ein-zelne Ausschnitte aus diesem System. Als Partialmodelle lassen sich beispielhaft die Arbeiten von Mann anführen, der sich auf Unternehmensanalyse und Strategiefindung konzentriert, und die Arbeiten von Drucker und Porter, die auf Durchsetzung und Kontrolle nur geringes Augenmerk legen. Auch die Veröffentlichungen Mintzbergs sind dieser Gruppe zuzurechnen, da er sich auf die Frage des Wesens der Strategiefindung beschränkt.

---

[1]   vgl. Siller (Grundsätze), S. 62 ff.; Hinterhuber (Wettbewerbsstrategie), S. 72 ff.; Staehle (Management), S. 488 ff.

[2]   vgl. Staehle (Management), S. 488

Wissenschaftliches Ziel

Ein weiteres Unterscheidungsmerkmal sind die wissenschaftlichen Ziele des Autors. Eine Reihe von Autoren versucht mit ihren Arbeiten das Wesen strategischen Managements analytisch und konzeptionell aufzuarbeiten. Die Ergebnisse sind von wissenschaftlichem Interesse und Ausgangspunkt für weitere wissenschaftliche, vor allem aber auch praxisorientierte Forschungsarbeiten. In der Regel lassen sie sich aber nicht direkt in der Unternehmenspraxis umsetzen.

Besonders jene Autoren, die selbst als Unternehmensberater auftreten, stellen in ihren Arbeiten Praxisorientierung in den Vordergrund, indem sie möglichst konkrete Gestaltungsanweisungen, Checklisten, Musterformulare etc. anbieten. Diese Arbeiten haben aber in den meisten Fällen einen deutlich eingeschränkten konzeptionellen Rahmen.

Eine derartige Unterscheidung soll nicht den Eindruck erwecken, die Veröffentlichungen wissenschaftlich orientierter Autoren seien für Praktiker und praxisorientierte Literatur nicht von Interesse. Vielmehr muß durch ausgewogene Beschäftigung mit beiden Polen des Spektrums eine sinnvolle Ergänzung erreicht werden, die klares Verständnis für strategisches Management erzeugt, aber nicht in theoretischen Überlegungen verharrt.

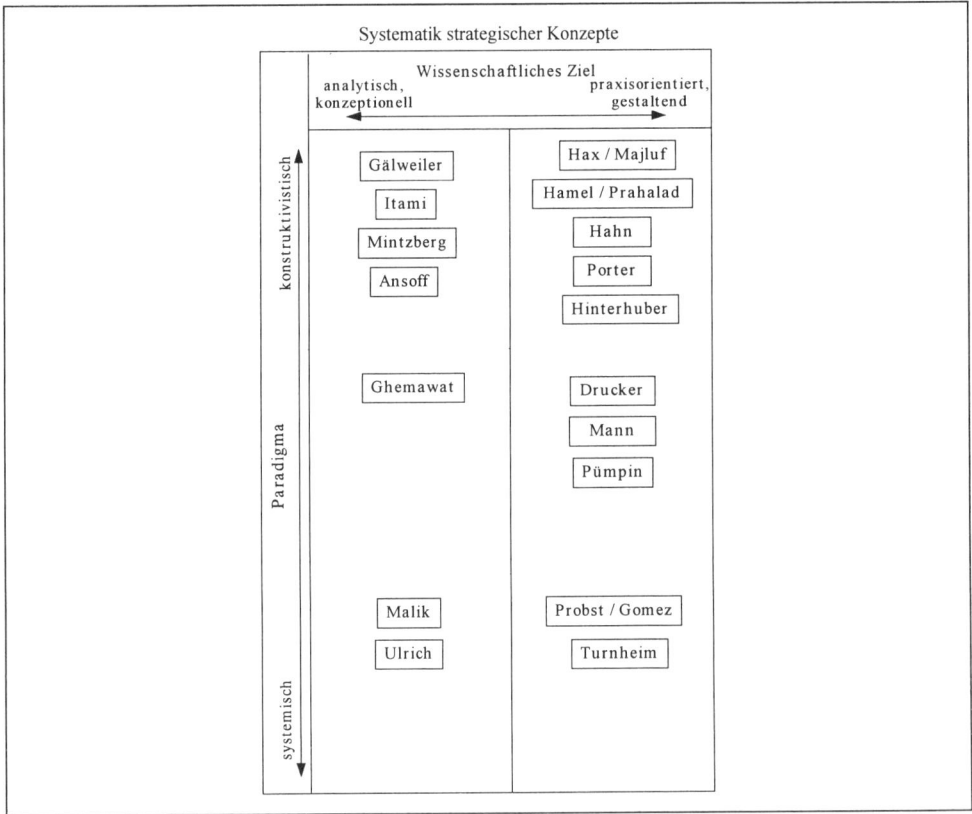

Abb. 1.4:   Systematik strategischer Konzepte

Autor	Inhalt	Zentraler Gedanke/ Bekenntnis	Stärken	Schwächen
Ansoff	Organisiertes Erkennen von schwachen Signalen und Maßnahmen zur Steigerung der Reaktionsbereitschaft	Schwache Signale	Förderung von Flexibilität	Aufgeschlossenheit des Managements notwendig
Drucker	Die wichtigsten strategischen Fragen, die sich ein Unternehmen stellen muß, werden aufgeworfen und diskutiert.	Verständnis für Strategische Aufgaben erzeugen	Leichte Verständlichkeit	Hilfsmittel und Instrumente insbes. für die Strategieauswahl fehlen
Gälweiler	Grundsystematik des strategischen Managements und dessen Verknüpfung mit operativen Steuergrößen	Strategische Vorsteuergrößen	Integration eines Gesamtmodells	Die einbezogenen Orientierungsgrößen sind umstritten
Ghemawat	Erklärung der strategischen Wahl (Festhalten an strategischen Entscheidungen oder Flexibilität) aus der Vergangenheit bzw. früheren strategischen Weichenstellungen.	Commitment	Unternehmensgeschichte wird beachtet	theoretisch, wissenschaftlich; schwierig umzusetzen
Hahn	Planungs- und Kontrollsystem des strategischen Managements, verknüpft mit dem operativen Management.	Integriertes Planungs- und Kontrollsystem	Verknüpfung von Operation und Strategie	technokratisch
Hamel, Prahalad	Neudefinition der strategischen Rahmenbedingungen vor dem Hintergrund zukünftiger strategischer Wettbewerbsvorteile	Kernkompetenzen, Strategic Intent	Anstoß zu strategischen Herausforderungen	normativ

Autor	Inhalt	Zentraler Gedanke/ Bekenntnis	Stärken	Schwächen
Hax/Majluf	12-Stufenkonzept der Strategieentwicklung unter Verwendung bekannter strategischer Instrumente wie Szenariotechnik, Portfolio, etc.	Prozeßablauf der Strategieplanung	leicht verständlich; Einbeziehung aller Unternehmensebenen	bürokratisch
Hinterhuber	Struktur und Ablaufprozeß des strategischen Managements unter besonderer Berücksichtigung der Vision und der Unternehmenskultur.	Ablaufprozeß des strategischen Managements	klare Struktur; Durchsetzung wird ausführlich behandelt	Abgrenzung der Bestandteile ist teilweise unklar
Itami	Darstellung unsichtbarer Vermögenswerte als Grundlage von Wettbewerbsvorteilen sowie Darstellung interner und externer strategischer Stimmigkeit.	Unsichtbare Vermögenswerte	Orientierung an den Menschen	nur Beispiele aus Japan, daher nur bedingt übertragbar
Malik	Möglichkeiten der Komplexitätsbewältigung im lebensfähigen System und die Lenkung des Unternehmens im Metasystem.	Problemlösungsverhalten; Lebensfähigkeit von Systemen	Interdisziplinäre Betrachtung	hohes Abstraktionsniveau
Mann	Instrumente des strategischen Controlling; Vision und Erfolgspotentiale bilden die Grundlage.	strategische Instrumente; Visionsfindung	instrumentelle Unterstützung; Anschaulichkeit; Praxisorientierung	normativ

Autor	Inhalt	Zentraler Gedanke/ Bekenntnis	Stärken	Schwächen
Mintzberg	Aufgezeigt werden die unterschiedlichen Formen der Strategiefindung und deren Zusammenhang mit der Organisationsstruktur.	Schwache Signale	Empirisch geleitete, praxisorientierte Analyse	kein in sich geschlossenes Gesamtkonzept, das direkt einsetzbar ist
Porter	Erarbeitung von Wettbewerbsstrategien auf Geschäftsfeldebene; Systematik zur Erklärung und Gestaltung von Wettbewerbsvorteilen.	Branchenanalyse; Wertschöpfungskette	Anschaulichkeit	Datenbeschaffung und Operationalisierung wirft oft Probleme auf
Probst/ Gomez	Geschlossener Prozeß des systemischen Managements.	Netzwerk; Papiercomputer	leicht verständliches, in sich geschlossene Methodik	Gefahr der Simplifizierung
Pümpin	Aufbau und Weiterentwicklung strategischer Erfolgspositionen und Dynamik im Unternehmen zur Bewältigung von Komplexität.	Strategische Erfolgspositionen; Unternehmens-Dynamik	Praxisbeispiele; der Durchsetzung wird breiter Raum gewidmet	Umfeldorientierung kommt zu kurz
Turnheim	Aufruf zu neuen Denkweisen und neuen Methoden des Managements auf der Basis der Chaostheorie.	Chaos-Management; Unternehmensspiele; Sanierungsstrategien	konkrete Hilfestellungen für die Praxis	beschränkt auf Großunternehmen
Ulrich	Darstellung eines systemorientierten Managementmodells.	Begründer der St. Gallener systemischen Managementschule	Interdisziplinärer Ansatz	schwierig umzusetzen; keine konkreten Hilfen

Abb. 1.5: Überblick über strategische Konzepte

1.3 Kritische Erfolgsfaktoren für den Einsatz strategischer Konzepte

Mittelständische Unternehmen, die in der strategischen Planung noch nicht auf langjährige Erfahrung zurückgreifen können, stehen vor dem Problem der Auswahl für sie geeigneter strategischer Konzepte oder Instrumente. Darüber hinaus ist für sie die Frage nach Erfolgsfaktoren der Konzeptanwendung besonders bedeutend, da einmal gemachte Fehler aufgrund der geringen zeitlichen und finanziellen Ressourcen nur schwer wiedergutzumachen sind.

Strategische Konzepte für mittelständische Unternehmen müssen die Charakteristika und spezifischen Stärken, aber auch die Restriktionen solcher Unternehmen berücksichtigen. Daher sind folgende Anforderungen zu stellen:

- Gruppenorientierung,

- Partizipation,

- Einfachheit,

- Intuition und Hemdsärmeligkeit,

- Aktionsorientierung und rasche Durchsetzbarkeit,

- Geringe Ressourcenbindung (finanziell und personell),

- Organisationsentwicklungsperspektive.[1]

Generell treffen diese Kriterien in erster Linie auf jene Konzepte zu, die als humanorientiert konstruktivistisch, gestaltungsorientiert zu bezeichnen sind.

Aus den Erfahrungen bei der Anwendung solcher Konzepte läßt sich eine Reihe von kritischen Erfolgsfaktoren ableiten, von denen man annehmen kann, daß sie in direktem Zusammenhang mit dem Erfolg der Strategieentwicklung stehen.[2]

---

[1] vgl. Ulman (Strategieentwicklung), S. 51 ff.

[2] vgl. Ulman (Strategieentwicklung), S. 81 ff.

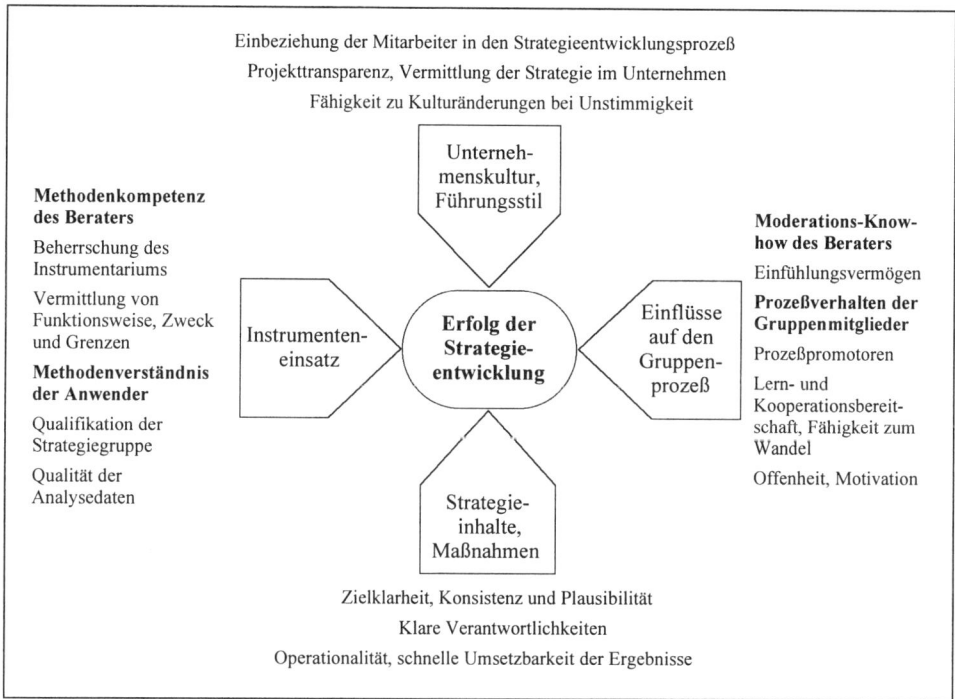

Einbeziehung der Mitarbeiter in den Strategieentwicklungsprozeß

Projekttransparenz, Vermittlung der Strategie im Unternehmen

Fähigkeit zu Kulturänderungen bei Unstimmigkeit

Unterneh-menskultur, Führungsstil

Methodenkompetenz des Beraters

Beherrschung des Instrumentariums

Vermittlung von Funktionsweise, Zweck und Grenzen

Methodenverständnis der Anwender

Qualifikation der Strategiegruppe

Qualität der Analysedaten

Moderations-Know-how des Beraters

Einfühlungsvermögen

Prozeßverhalten der Gruppenmitglieder

Prozeßpromotoren

Lern- und Kooperationsbereit-schaft, Fähigkeit zum Wandel

Offenheit, Motivation

Instrumenten-einsatz

Erfolg der Strategie-entwicklung

Einflüsse auf den Gruppen-prozeß

Strategie-inhalte, Maßnahmen

Zielklarheit, Konsistenz und Plausibilität

Klare Verantwortlichkeiten

Operationalität, schnelle Umsetzbarkeit der Ergebnisse

Abb. 1.6   Kritische Erfolgsfaktoren

Gliedert man den Strategieentwicklungsprozeß in vier Phasen – Start und Analyse, Alternativensuche, Strategieformulierung, Implementierung –, so zeigt sich in den jeweiligen Phasen unterschiedliche Bedeutung der Erfolgsfaktoren. Während berater- und kulturbezogene Erfolgsfaktoren vornehmlich in den ersten beiden Phasen Einfluß haben, wirken anwenderbezogene Erfolgsfaktoren während des gesamten Prozesses. Erfolgsfaktoren der Strategieinhalte und Maßnahmen werden dagegen erst in den letzten beiden Phasen wirksam.[1]

1.4 Strategische Einflußgrößen

Trotz der vielfältigen Unterschiede greifen die meisten Konzepte in unterschiedlicher Intensität auf strategische Gesetzmäßigkeiten und allgemeingültige Einflußfaktoren zurück, die sich im Laufe der Jahr als Basiskonzepte durchgesetzt haben. Insbesondere die strategische Erfolgsfaktorenforschung kann auf eine Reihe von Erfolgen verweisen. In der Regel wurde diese Forschung durch empirische Untersuchungen gestützt, vor allem im PIMS-Programm.

---

[1] vgl. Ulman (Strategieentwicklung), S. 117 ff.

Das Ergebnis sind strategische Erfolgsfaktoren, die man bei der Strategiefindung beachten sollte. Die wichtigsten dieser Konzepte sind:

- PIMS,
- Erfahrungskurve,
- Produktlebenszyklus,
- Substitutionszeitkurve.

1.4.1 Das PIMS-Programm (Profit Impact of Market Strategies)[1]

Seit den siebziger Jahren werden vom Strategic Planning Institute, ausgehend von General Electric, mit Unterstützung von Statistiken empirische Daten über strategische Geschäftseinheiten ausgewertet. Ziel der Analyse ist es, Einflüsse auf den Erfolg (definiert als ROI) zu identifizieren beziehungsweise generelle Marktgesetze zu finden.

Das PIMS-Programm berücksichtigt eine Vielzahl von Erfolgsfaktoren. "Mit Hilfe dieser Faktoren ist PIMS in der Lage, 75 bis 80 Prozent des Unterschiedes im ROI zwischen zwei Geschäftseinheiten zu erklären. Der verbliebene Rest kann bislang mit Hilfe der von PIMS benützten Methode nicht erklärt werden."[2]

Die Grafik soll einen groben Überblick über die verwendeten Faktoren geben:

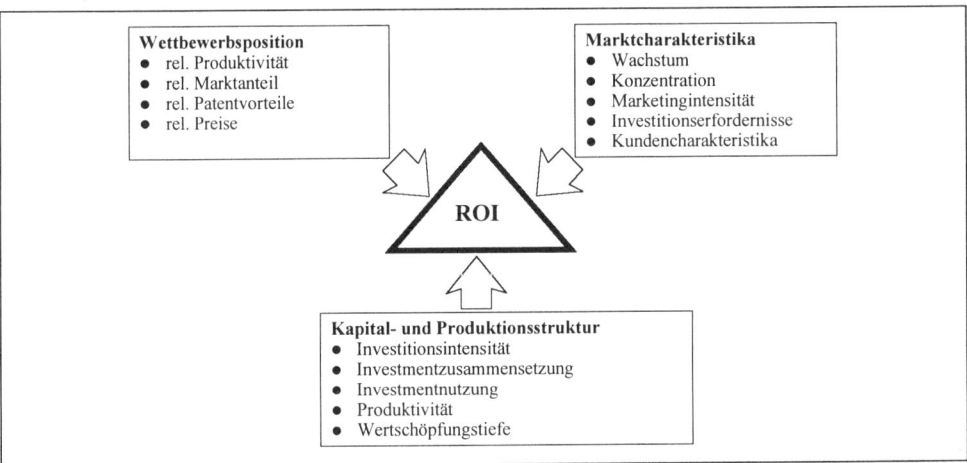

Abb. 1.7:   Die wichtigsten Bestimmungsfaktoren des ROI[3]

PIMS filtert durch die Sensitivitätsanalyse jene Faktoren aus der Vielzahl der Erfolgsfaktoren heraus, deren Auswirkungen auf den Erfolg am höchsten sind. Dadurch erfolgt eine Redukti-

---

[1]   Eine detaillierte Darstellung erfolgt im letzten Kapitel.

[2]   vgl. Neubauer (Portfolio), S. 184

[3]   Luchs, Müller (Strategien), S. 85

on der Komplexität auf empirischer Basis. Die 37 gefundenen Faktoren werden in sieben Haupteinflußgrößen verdichtet:[1]

- Attraktivität des Markts (z. B. Marktwachstum),
- Stärke der Wettbewerbsposition (z. B. Marktanteil),
- Investitionsintensität (z. B. Kapazitätsausnutzung),
- Produktivität (Wertschöpfung je Mitarbeiter),
- Innovation, Abgrenzung von Konkurrenten (z. B. neue Produkte),
- Produktqualität (aus Sicht der Kunden),
- Vertikale Integration (Wertschöpfung zu Umsatz).

Insbesondere die Variablen Marktwachstum und Marktanteil werden in strategische Modelle übernommen. Trotzdem darf nicht übersehen werden, daß sich der Erklärungswert auf das gesamte Variablenset bezieht und daher eine Isolation einzelner Einflußgrößen methodisch nicht haltbar ist.

Das sind jedoch nicht die einzigen methodischen Probleme, mit denen das PIMS-Konzept konfrontiert ist. Empirisch erkannte Korrelationen dürfen keinesfalls mit gesetzmäßigen Kausalitäten gleichgesetzt werden. Korrelation kann auch entstehen, wenn sich Fehler ausgleichen oder wenn die beiden auf ihre Korrelation untersuchten Variablen jeweils mit einer dritten Variablen korrelieren. Zusätzliche methodische Schwächen liegen in der hohen Korrelation der unabhängigen Variablen sowie in der Beschränkung auf Durchschnittswerte bei der Auswertung, in der Beschränkung auf den ROI als Erfolgsindikator und im hohen Anteil (20 %) nichterklärter Streuung.[2]

1.4.2 Die Lern- und Erfahrungskurve

Ebenfalls empirisch belegt ist das Phänomen der Lern- und Erfahrungskurve. Ursprünglich wurde ein Zusammenhang zwischen Lohnkosten und kumuliertem Fertigungsvolumen empirisch festgestellt (Lernkurve). In der Folge konnte beobachtet werden, daß sich Erfahrungseffekte darüber hinaus auf den gesamten Wertschöpfungsanteil der Stückkosten einstellen.[3] Daher kann folgendes Erfahrungsgesetz formuliert werden: Mit jeder Verdoppelung der kumulierten Ausstoßmenge entsteht ein Stückkostensenkungspotential von 20 bis 30 %.[4]

Als Ursachen für diesen Erfahrungseffekt werden verschiedene Gründe genannt:[5]

- Lerneffekte,
- Größendegression,
- Technischer Fortschritt,
- Rationalisierung.

---

[1] vgl. Staehle (Management), S. 602

[2] vgl. Kreilkamp (Management), S. 398 ff.; Staehle (Management), S. 603; Barzen, Wahle (PIMS), S. 109

[3] vgl. Dunst (Portfolio Management), S. 68 ff.

[4] vgl. Gälweiler (Kontrolle), S. 217

[5] vgl. Horvath (Controlling), S. 476

Die "Gesetzmäßigkeit"[1] der Erfahrungskurve bezieht sich sowohl auf einzelne Produkte, Produktgruppen, Bauteile, strategische Geschäftseinheiten etc. als auch auf die gesamte Branche und ist lediglich ein Potential, das vom Unternehmen genutzt werden muß.

Für die strategische Positionierung eines Unternehmens ist es von vorrangiger Bedeutung, die Summe seiner Teilerfahrungskurven und die bestehenden Interdependenzeffekte (mehrfach verwendete Bauteile etc.) zu erkennen.

Die strategischen Konsequenzen der Erfahrungskurve sind vielfältig:

- Die Bedeutung des Marktanteils als kritischer Erfolgsfaktor wird unterstrichen. Nützen alle Anbieter eines Produkts die Erfahrungskurve optimal aus, so bestimmt der relative Marktanteil die relative Kostenposition eines Unternehmens. Das Unternehmen mit dem größten relativen Marktanteil verfügt damit ständig über die größte potentielle Gewinnspanne.

- Hohes Marktwachstum macht rasche Nutzung von Erfahrungseffekten möglich. Dieser Zusammenhang unterstreicht die Bedeutung einer Investition in wachsende Märkte, da in diesen Märkten Erfahrungseffekte schnell genutzt und Marktanteile vergleichsweise leicht errungen werden können.

- Im Bereich des Kostenmanagements führt die Erfahrungskurve zu besserem Verständnis der Kostenentwicklung und zur Abschätzung von Zukunftstrends – sowohl für das eigene Unternehmen als auch im Rahmen der Konkurrenzanalyse für einzelne Wettbewerber oder die Branche. Einsparungspotentiale und Preisentwicklungen können errechnet werden.

Ein Kritikpunkt liegt darin, daß das Konzept der Erfahrungskurve weit weniger empirisch belegt ist als etwa das PIMS-Programm, wodurch breite Überprüfung des Ansatzes noch nicht möglich ist. Die Aussagekraft wird auf ein "Rationalisierungspotential" beschränkt, das vom Unternehmen aktiv auszuschöpfen ist, daher wird das Erfahrungskurvenkonzept zu einer nicht empirisch überprüfbaren (falsifizierbaren) Tendenzaussage.[2] Darüber hinaus ist der – in der Regel – diskontinuierliche Verlauf des technischen Fortschritts mit ein Grund, daß die Prognosefähigkeit des Konzepts nur über längere Zeiträume hinweg Gültigkeit hat. Ebenso problematisch ist die Entscheidung über geeignete Bestimmung des Ausgangspunkts der kumulierten Erfahrung und über die Abgrenzung des Gebiets (der Branche), auf die sich die Erfahrungsansammlung bezieht.[3]

1.4.3 Produktlebenszyklus

Studien über Umsatz- und Absatzentwicklungen einzelner Produkte lieferten ein typisches Verlaufsmuster (Lebenszyklus). Nach Glättung und Bereinigung von Sondereinflüssen lassen sich idealtypische Produktlebenszykluskurven entwickeln.

In der Regel werden diese Kurven in vier Phasen eingeteilt:

---

[1]   Es handelt sich strenggenommen nicht um ein Gesetz, da eine exakte Beurteilung oder Berechnung des Degressionseffekts auf Basis der Einflußfaktoren nicht möglich ist. Vgl. Dunst (Portfolio Management), S. 68 f.

[2]   vgl. Kreilkamp (Management), S. 350; zum methodologischen Problem der Falsifizierbarkeit vgl. Raffée (Grundprobleme), S. 37

[3]   vgl. Hax, Majluf (Strategisches Management), S. 142 f.; Staehle (Management), S. 600 f.

- Einführung (geringe Wachstumsraten),
- Wachstum (hohe Wachstumsraten),
- Reifephase (Übergang von Wachstum zu Rückgang),
- Sättigungsphase (Schrumpfung).

Die erkannten Verlaufsmuster des Lebenszyklus sind im Vergleich zu den schon behandelten strategischen Einflußgrößen deutlich weniger empirisch und theoretisch abgesichert. Der Verlauf läßt sich auch leicht von absatzpolitischen Instrumenten beeinflussen und in der Regel nicht vorhersagen. Die klassisch S-förmige Lebenszykluskurve kann als empirisch falsifiziert angesehen werden, es existiert eher eine Reihe von Verlaufstypen, deren Verhalten von spezifischen Einflußfaktoren geprägt wird: besonders vom Käuferverhalten und vom eingesetzten Marketinginstrumentarium.[1]

Trotz dieser Einschränkung wird in der Praxis häufig mit dem Lebenszykluskonzept gearbeitet, indem differenzierte Strategien je nach Lebenszyklusphase erstellt werden. Die Lebenszyklusphasen werden mit dem Portfoliokonzept verbunden, wobei die einzelnen Phasen den Feldern in der Vier-Felder-Matrix entsprechen.

1.4.4 Substitutionszeitkurve

Eine Vielzahl empirischer Untersuchungen hat die These bestätigt, daß in der Regel das Ersetzen von bisherigen Technologien durch neue technologische Lösungen beziehungsweise die Ablösung von bisherigen Produkten durch neue (auch bei sehr unterschiedlichen Substitutionszeiten) einem nahezu gleichförmigen Verlaufsmuster folgen.[2]

Der Substitutionsverlauf ergibt graphisch meist eine typisch S-förmige Kurve, die zunächst exponentiell bis zum Wendepunkt (bei 50 % Marktsättigung) ansteigt, dann wieder exponentiell abflacht und einem Sättigungswert zustrebt.

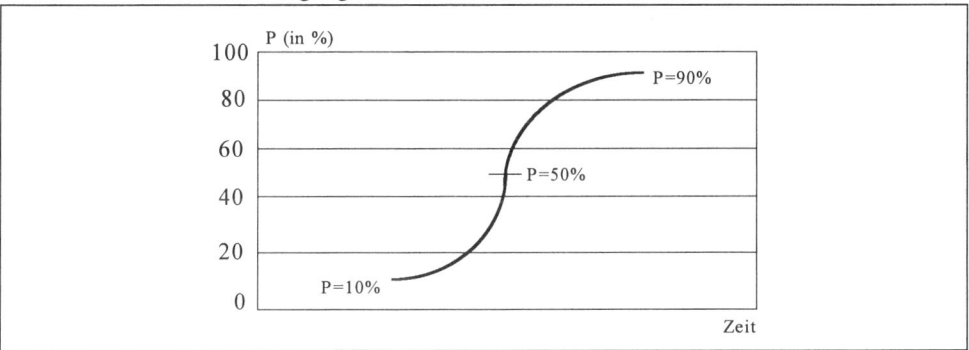

Abb. 1.8:   Der Substitutionsverlauf [3] (P = %-Anteil des neuen Produkts am Gesamtmarkt)

---

[1]   vgl. Kreilkamp (Management), S. 337 ff.

[2]   vgl. Malik (Management), S. 137 ff.

[3]   Gälweiler (Unternehmensführung), S. 49

Der Gesamtmarkt ist durch die Anwenderprobleme definiert, für die das neue Produkt eine bessere Lösung bringt als das alte. Gälweiler interpretiert die Erkenntnisse der Substitutionszeitkurve so, daß selbst intensive Marketinganstrengungen – sei es zur Verlängerung von Lebenszyklen oder zur positiven Beeinflussung des Marktwachstums – den vorgegebenen Substitutionsverlauf nicht wesentlich beeinflussen können.[1] Konzeptionell lassen sich gegenüber der Substitutionszeitkurve ähnliche Kritikpunkte anführen wie gegenüber dem Produktlebenszyklus.

1.5 Das Portfoliokonzept im Dienste der Strategieentwicklung

Das Anfang der siebziger Jahre unter Mitarbeit der Boston Consulting Group (BCG) entwickelte Portfoliokonzept hat sich rasch verbreitet und wurde mittlerweile bereits vielfach modifiziert. Die Grundidee geht auf die Portfolio Selection Theory zurück, deren Gegenstand die optimale Zusammensetzung eines Wertpapierportefeuilles unter Ertrags- und Risikoaspekten ist. Analog dazu wird das Unternehmen als Gesamtheit von Anlagemöglichkeiten ("strategische Geschäftsfelder") mit bestimmten Ertragsaussichten, Chancen und Risiken betrachtet.[2]

Ein strategisches Geschäftsfeld ist eine Gesamtheit von

- isolierbaren Aktivitäten des Betätigungsfelds des Unternehmens,
- die mit bestimmten Chancen und Gefahren in Zusammenhang stehen,
- unter spezifischen Wettbewerbsbedingungen ablaufen und
- eigenständige Strategien erfordern und ermöglichen.[3]

Ausgangspunkt des Portfoliokonzepts ist die Überlegung, daß unterschiedliche strategische Geschäftsfelder in unterschiedlichen Wettbewerbspositionen mit unterschiedlichen Wachstumsmöglichkeiten auch unterschiedlicher Strategien bedürfen. Jedes strategische Geschäftsfeld muß entsprechend seiner strategischen Position und seiner Marktaufgabe entweder Finanzmittel abwerfen oder zugewiesen bekommen. Ziel dieses am Cash-flow orientierten Portfoliomanagements ist Stärkung der langfristigen Ertragskraft des Unternehmens durch Ausgewogenheit zwischen mittelfreisetzenden und mittelverzehrenden strategischen Geschäftseinheiten.[4]

Das Portfolio ist eine in der Regel zweidimensionale Matrix, deren Achsen Umfeldfaktoren (nur beschränkt beeinflußbar) und unternehmensinterne Faktoren (beeinflußbar) darstellen. In den verschiedenen Portfolioversionen werden bei beiden Achsen jeweils unterschiedliche Dimensionen verwendet.

---

[1] vgl. Gälweiler (Unternehmensführung), S. 49

[2] vgl. Staehle (Management), S. 603 f.

[3] vgl. Kreilkamp (Management), S. 316 f.

[4] vgl. Kreilkamp (Management), S. 448 ff.

Das **Portfoliokonzept der Boston Consulting Group** verwendet folgende Dimensionen: [1]

- **Reales Marktwachstum** (wichtigster Umfeldfaktor)

  Das Marktwachstum gibt an, um wieviel sich das Marktvolumen innerhalb eines bestimmten Zeitraums verändert. Es kann im allgemeinen vom eigenen Umsatz nicht oder nur marginal beeinflußt werden. Das Marktwachstum gilt als hoch, wenn es über dem Wachstum des Bruttosozialprodukts liegt.

- **Relativer Marktanteil,** gemessen am stärksten Konkurrenten (wichtigster unternehmensinterner Faktor)

  Der Marktanteil kann mengenmäßig oder wertmäßig bestimmt werden. Dazu ist zunächst der absolute Wert des Gesamtmarkts sowie der Anteil des Unternehmens und des größten Konkurrenten festzustellen. Aus dem absoluten Marktanteil wird der relative Marktanteil in Prozent ermittelt. Er gilt als hoch, wenn er über dem Marktanteil des wichtigsten Konkurrenten liegt

Um SGF mit ähnlichen Charakteristika und Strategieerfordernissen zusammenzufassen, wird das Portfolio mit zwei Hilfslinien in vier Quadranten geteilt.

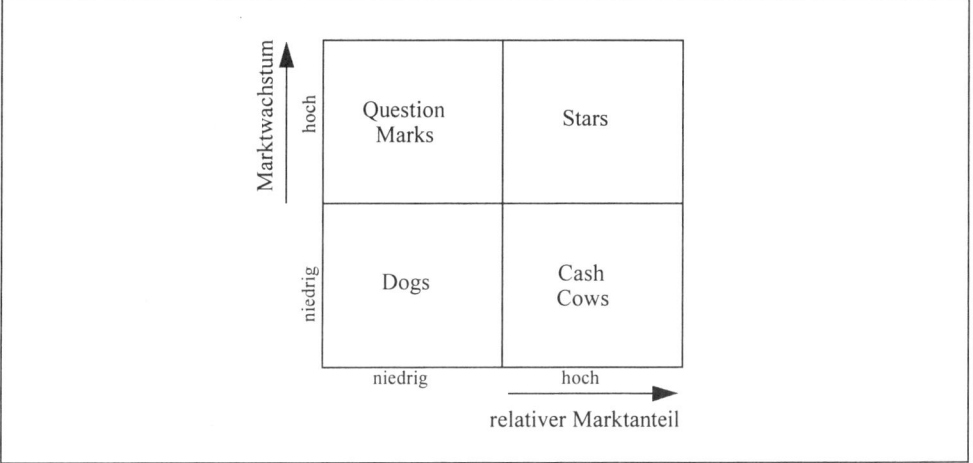

Abb. 1.9:   BCG-Portfolio

Die Positionierung eines strategischen Geschäftsfelds in der Portfoliomatrix erfolgt mit Hilfe von Kreisen, deren Größe die relative Bedeutung für das Unternehmen darstellen. Als Maß kann können Umsatz, Deckungsbeitrag, Höhe des gebundenen Kapitals oder Cash-flow dienen.

---

[1]   vgl. Kreilkamp (Management), S. 448 ff.

Die vier Quadranten der Matrix werden folgendermaßen beurteilt:[1]

- **Question Marks** – Niedriger relativer Marktanteil, hohes Marktwachstum, in der Regel Produkte in der Einführungsphase. Nachwuchsprodukte haben hohen Finanzmittelbedarf, dem nur geringe Einnahmen gegenüberstehen. Renditechancen und Risiken sind sehr hoch.

- **Stars** – Hoher relativer Marktanteil, hohes Marktwachstum, in der Regel Produkte in der Wachstumsphase. Sie benötigen noch finanzielle Mittel, werfen aber kaum Finanzmittelüberschüsse ab.

- **Cash-Cows** – Hoher relativer Marktanteil, geringes Marktwachstum, in der Regel Produkte in der Reifephase. Cash-Cows sind die Hauptquelle von Gewinn und Cash-flow im Unternehmen.

- **Dogs** – Niedriger relativer Marktanteil, niedriges Marktwachstum, in der Regel Produkte in schrumpfenden beziehungsweise stagnierenden Märkten. Sie erwirtschaften keinen Finanzmittelüberschuß mehr.

Drei Normstrategien lassen sich unterscheiden:

- Wachstumsstrategie (z. B. ein Nachwuchsprodukt soll zu einem Starprodukt werden),

- Haltestrategie (z. B. ein Starprodukt soll möglichst lange erhalten bleiben),

- Schrumpfungsstrategie (z. B. ein Problemprodukt soll aus dem Markt genommen werden).

McKinsey entwickelte das Portfoliokonzept weiter, indem die einzelnen Dimensionen angereichert und die Positionierung verfeinert wurden. Es entstand eine **Neun-Felder-Matrix** mit den Dimensionen Marktattraktivität und relativer Wettbewerbsvorteil, die beide zusammengesetzte Faktoren sind.[2]

Wesentliche Bestimmungsfaktoren der relativen Wettbewerbsvorteile sind die Marktposition, das Produktionspotential, das Forschungs- und Entwicklungspotential und die Qualifikation der Mitarbeiter. Als Komponenten der Marktattraktivität finden Marktwachstum und Marktgröße, Marktqualität, Energie- und Rohstoffversorgung sowie die Umfeldsituation Verwendung. Diese Faktoren werden im Lauf des Bewertungsverfahrens noch in weitere Subkriterien unterteilt und je nach ihrer situativen Relevanz gewichtet.[3]

---

[1]   vgl. Kreilkamp (Management), S. 452 f.

[2]   vgl. Kreilkamp (Management), S. 487 ff.

[3]   vgl. Hinterhuber (Unternehmungsführung), Band 1, S. 114 ff.

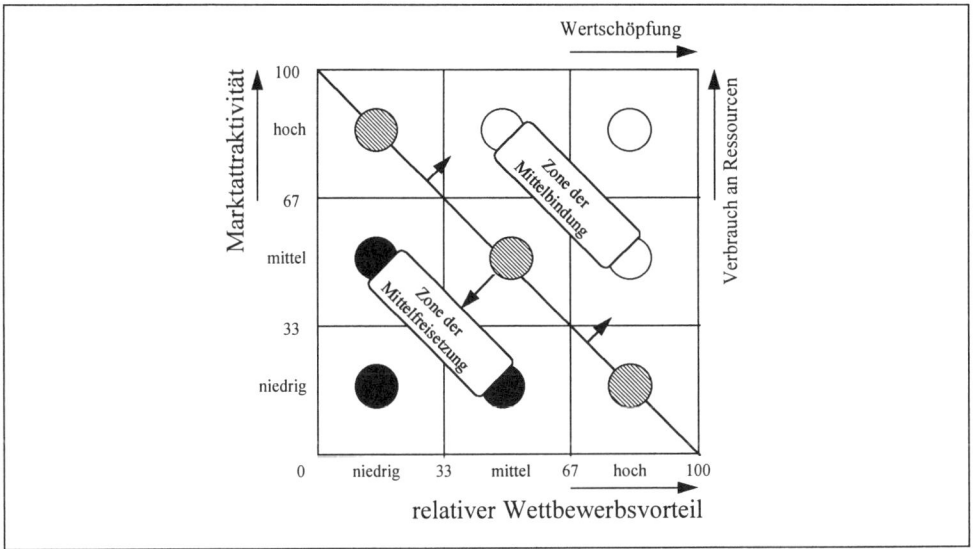

Abb. 1.10:   Die Neun-Felder-Matrix mit Normstrategien[1]

Je nach ihrer Positionierung in der Matrix ergeben sich für die strategischen Geschäftseinheiten spezifische strategische Stoßrichtungen, sogenannte Normstrategien. Man unterscheidet dabei grundsätzlich:[2]

- Investitions- und Wachstumsstrategien,

- Abschöpfungs- und Devestitionsstrategien,

- Selektive Strategien.

Investitions- und Wachstumsstrategien werden bei strategischen Geschäftseinheiten eingesetzt, deren Marktattraktivität und relative Wettbewerbsvorteile jeweils mittlere bis hohe Ausprägungen aufweisen; sie sollen die zukünftigen Gewinne des Unternehmens erwirtschaften. Daher werden ihnen Ressourcen zum Ausbau und zur Festigung ihrer Marktposition zugewiesen.

Für strategische Geschäftseinheiten, die in Feldern mittlerer bis niedriger Marktattraktivität positioniert sind und über mittlere bis niedrige Wettbewerbsvorteile verfügen, sind Abschöpfungs- und Devestitionsstrategien vorgesehen. Da es sich hier zumeist um schrumpfende Märkte handelt, gelten in diesem Fall Investitionen als nicht gerechtfertigt: In der Regel wird es nach Ausschöpfung des Rationalisierungspotentials zu einem stufenweisen Rückzug aus diesen Marktsegmenten bei einer Maximierung des Cash-flow kommen. Strategische Geschäftseinheiten, die sich in den Diagonalfeldern der Matrix befinden, verlangen Anwendung selektiver Strategien, die in Offensiv-, Defensiv- und Übergangsstrategien unterteilt werden.

---

1   Hinterhuber (Unternehmungsführung), Band 1, S. 109

2   vgl. Kreilkamp (Management), S. 495

Neben diesen beiden bekanntesten Formen der Portfolioplanung existieren noch weitere, zumeist funktional orientierte Portfoliokonzepte (Innovationsportfolio, Beschaffungsportfolio etc.).[1] Bedeutung und Verbreitung dieser Konzepte sind aber deutlich niedriger als bei den schon dargestellten Formen, daher sind sie im Rahmen von strategischen Konzepten auch nur selten anzutreffen.

Grundsätzlich sind sämtliche Portfoliokonzepte darauf ausgerichtet, eine heterogene Masse von strategisch gesondert zu behandelnden Planungseinheiten zu systematisieren und in einen Bezugsrahmen einzubetten. Dadurch kann das Management sich auf das Wesentliche beschränken und Detailstrategien auf das Geschäftsfeldmanagement übertragen. Im Rahmen der strategischen Konzepte wird unterschiedlich intensiv auf die Portfoliotechnik verwiesen. Teilweise handelt es sich um zentrale Instrumente (Hinterhuber, Hax/Majluf), in manchen Fällen wird die Portfoliotechnik nur als eine Möglichkeit der Planung angeboten (Porter). Unterschiedlich ist auch die Bevorzugung einzelner Konzeptionen: Eine Reihe von Autoren wählt eine bestimmte Portfoliomatrix (Hinterhuber), andere lassen dem Anwender Freiheit oder verweisen auf die Notwendigkeit, unterschiedliche Konzepte parallel einzusetzen (Hax/Majluf).

Kritisch ist anzumerken, daß beim Einsatz von Portfoliokonzepten einige Erfolgsfaktoren (insbesondere der Marktanteilr) überbewertet werden, dessen eigenständige Erfolgswirkung nicht empirisch gesichert ist. Durch Beschränkung auf einzelne Faktoren wird die Komplexität reduziert. Synergien und Interdependenzen zwischen den Geschäftseinheiten werden außer acht gelassen. Die abgeleiteten Normstrategien sind vage und bergen die Gefahr von nicht ausreichend hinterfragten Rezepten.[2]

Eine Reihe von Gründen spricht dafür, daß das Portfoliodenken und damit das Denken in strategischen Geschäftseinheiten der modernen Realität nicht mehr vollständig gerecht wird. Die wichtigsten dieser Gründe sind:

- Durch die immer kürzer werdenden Produktlebenszyklen wird es zusehends schwieriger, Strategien auf bestehende und in Konstruktion befindliche Produkte aufzubauen. Strategische Entscheidungen müssen auf den dahinterliegenden Kernfähigkeiten des Unternehmens fußen.

- Am Marktanteil der Endprodukte gemessene Marktanteile verzerren das Bild, wenn der Großteil der Hersteller dieser Endprodukt entscheidende Komponenten von nur einem oder wenigen Vorlieferanten zukaufen. Canon hat beispielsweise bei Tischkopierern nur einen vergleichsweise geringen Marktanteil, ist aber der Kopieraggregat-Lieferant von 85 % der auf dem Markt befindlichen Geräte.

- Die Aufteilung eines Unternehmens in strategische Geschäftseinheiten führt zu innerbetrieblicher Konkurrenz um knappe Ressourcen. Dies verhindert eine Gesamtunternehmensstrategie und den Aufbau von Fähigkeiten, die für alle Geschäftseinheiten gemeinsam Nutzen stiften. Darüber hinaus verschließt eine derartige Struktur den Blick für neue Märkte, die mit den derzeitigen Fähigkeiten bedient werden können.

---

[1]   vgl. Kreilkamp (Management), S. 530 ff.

[2]   vgl. Hopfenbeck (Managementlehre), S. 632 f.; Staehle (Management), S. 606

Igor Ansoff

"This book is, above all, an exercise in the comprehension of complexity."

Inhaltsverzeichnis

2 Igor Ansoff

2.1 Zur Person des Autors

Igor Ansoff wurde 1918 in Wladiwostok geboren. Nach Abschluß eines Mathematik- und Physikstudiums war er bis 1963 als Vice President und General Manager für Planung bei der Lockheed Electronics Company tätig. Danach wurde Ansoff Professor an der Carnegie-Mellon Universität in Pittsburgh und an der Vanderbilt Universität in Nashville. Heute ist er Professor für strategisches Management an der United States International University of San Diego und am European Institute for Advanced Studies in Management sowie in Brüssel und Stockholm.

2.2 Grundlagen[1]

Umfeldveränderungen zwingen Unternehmen dazu, ihr strategisches Verhalten ständig an neue Bedingungen anzupassen. Ansoff beschreibt den Entwicklungsprozeß, den strategische Managementsysteme seit Beginn des Jahrhunderts – ausgelöst durch Umfeldveränderungen – durchgemacht haben. Darüber hinaus belegt er durch empirische Erhebungen, daß es nicht eine in allen Unternehmen unter allen Umfeldbedingungen am besten geeignete Erfolgsbedingung gibt.

Beobachtet man die Erfolgsfaktoren, die im 20. Jahrhundert von Bedeutung waren und sind, erkennt man folgende Entwicklung:[2]

- Vor 1930 waren die Branchen produktionsgetrieben. Erfolgreiche Unternehmen beherrschten den Fertigungsprozeß besser als ihre Konkurrenten. Legendäres Beispiel in diesem Zusammenhang ist Henry Ford.

- Seit 1930 fand ausgehend von der Konsumgüterindustrie – zunehmend eine Veränderung in Richtung marktgetriebener Branchen statt. Ein Pionier marktorientierter Strategien war Alfred Sloan.

- Ab ca. 1940 kam es zu einer Weiterentwicklung in Richtung innovations- und technologiegetriebener Branchen.

- Der letzte Entwicklungsschritt, der mit zunehmender Umfeldkomplexität einhergeht, begann nach 1950 und mündete in umfeldgetriebenen Branchen. Dies scheint zumindest vorläufig der letzte Entwicklungsschritt zu sein, der zu einem turbulenten Unternehmensumfeld geführt hat, das neue Managementtechniken erforderlich macht.

---

[1] vgl. Stachle (Management), S. 568 ff.; Ansoff (Implanting), S. 12 ff.

[2] vgl. Ansoff (Paradigm), S. 37 ff.

Im Zusammenhang mit den betrieblichen Umfeldveränderungen diagnostiziert Ansoff vier markante Entwicklungsstufen, die jeweils mit einem spezifischen Grad an Umfeldkomplexität korrespondieren:

- Management by Control (stabiles Umfeld),

- Management by Extrapolation (instabile Märkte),

- Management by Anticipation (handhabbare Märkte),

- Management by Flexible/Rapid Response (unvorhersehbare Überraschungen).

Straegische Planung verliert vor diesem Hintergrund nicht ihre grundsätzliche Bedeutung, muß aber hinsichtlich ihres Stellenwerts revidiert werden, da sie nicht die einzige Erfolgsbedingung darstellt. Drei weitere Aufgabenfelder des strategischen Managements müssen als wichtig akzeptiert werden:

- Real time-Reaktion auf Umfeldveränderungen (Strategic Issue Management)

- Frühzeitiges Erkennen von Trendbrüchen (Weak Signal Management)

- Institutionalisiertes Krisenmanagement, wenn keine Zeit bleibt, mit strategischen Maßnahmen auf Veränderungen zu reagieren (Response Management).

Ansoff nimmt damit die kritische Haltung gegenüber einer starren strategischen Planung bereits vorweg, die in den letzten Jahren im Zusammenhang mit dem Systemansatz und der Chaosforschung – aber z. B. auch von Minzberg – artikuliert wurde. Grundlage für eine derartige konventionelle strategische Planung sind jährliche Planungszyklen, in denen sich das Management mit der Strategievereinbarung beschäftigt. Diese Planung stützt sich auf zwei Prämissen:

- Inhaltlich **konkrete Daten** stehen

- **rechtzeitig** zur Verfügung.[1]

Diese Anforderungen stellen in einem statischen Umfeld keine Probleme dar, da es leicht möglich ist, ausgehend von Vergangenheitswerten auf die Zukunft zu schließen. Bei ständigen Veränderungen des Umfelds basiert die strategische Planung jedoch auf Daten der Gegenwart, die zum Zeitpunkt der Planausführung bereits überholt sind. Die Stärken und Schwächen, Chancen und Risiken sowie die zur strategischen Entscheidung geführt haben, können sich bereits in ihr Gegenteil gekehrt haben.

---

[1] vgl. Ansoff (Surprise), S. 22

2.3 Inhalt des Konzepts

2.3.1 Strategieentwicklung im Rahmen der dritten Entwicklungsstufe strategischen Managements

Für die strategische Planung entwickelte Ansoff 1966 ein Schema, das im wesentlichen dem typischen Phasenablauf der strategischen Planung entspricht. Parallel zur Entwicklung der Wettbewerbsstrategie (competitive strategy) wird eine Diversifikationsstrategie erarbeitet. Damit läuft die Entwicklung der Geschäftsfeldstrategie und der corporate strategy, aufbauend auf denselben Umfelddaten, simultan und nicht nacheinander ab.[1]

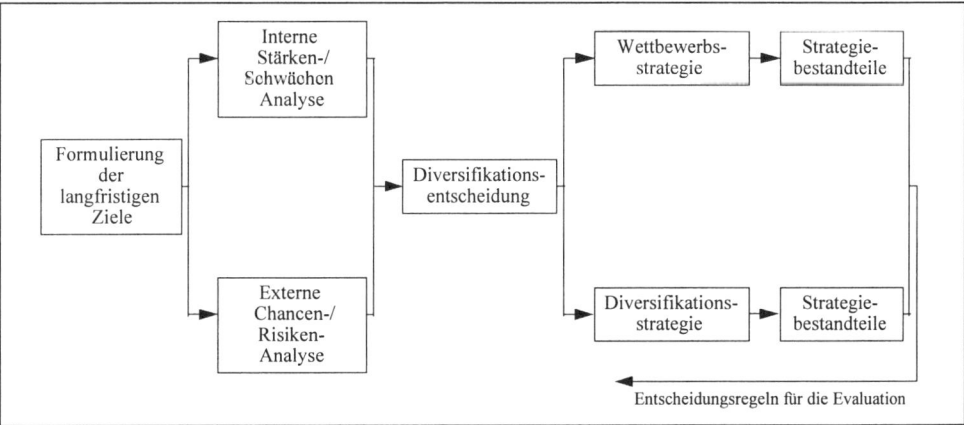

Abb. 2.1:   Entscheidungsregeln für die Evaluation

In weiterer Folge erstellt Ansoff die Produkt-/Markt-Matrix (Ansoff-Matrix) zur Formulierung der Diversifikationsstrategie. [2]

---

[1]   vgl. Ansoff (strategy), S. 21 ff.

[2]   vgl. Ansoff (strategy), S. 131; Staehle (Management), S. 612

Produkt	Markt	
	gegenwärtig	neu
gegenwärtig	Marktdurchdringung Konzentration auf den bestehenden Markt	Marktentwicklung Erschließung neuer Märkte
neu	Produktentwicklung Erstellen neuer Produkte für den traditionellen Markt	Diversifikation horizontale, vertikale oder laterale Ent- fernung vom angestammten Geschäft

Abb. 2.2: Ansoff-Matrix

2.3.2 Strategic Issue Management[1]

Strategic Issue Management ist auf die schnelle Reaktionsfähigkeit des Unternehmens gerichtet. Die Hauptbestandteile des Issue Managements sind die ständige Überwachung des Umfelds und eine Senior Management Group, die bei Diskontinuitäten sofort einschreitet. Die Übertragung der Verantwortung für das Strategic Issue Management auf eine Senior Management Group erklärt sich aus der Notwendigkeit, prompt und ohne hierarchiebedingte Verzögerungen einschreiten zu können und Zugang zu ausreichenden Ressourcen zu haben.

Wenn notwendig, übergeht und durchkreuzt das Strategic Issue Management die Hierarchie, um Maßnahmen sofort an jenen Stellen ansetzen zu können, bei denen sie die größten Erfolge versprechen.

Strategic Issue Management ist somit keine Maßnahmen"planung", sondern eine maßnahmensetzende Funktion.

Das System des Strategic Issue Managements wird von drei Gruppen getragen, die jeweils unterschiedliche Phasen des Issue Managements betreiben:[2]

- Staff Group – hat die Aufgabe, das Umfeld zu überwachen, Veränderungen zu erkennen und auftretende Probleme zu orten.

- General Management Group – beurteilt das Ausmaß der Erfolgsbeeinflussung, die verbleibende sowie die benötigte Reaktionszeit und legt Prioritäten fest.

- Workers – führen die Maßnahmen aus. Nur in seltenen Fällen sollte es auf dieser Ebene zu einer Planung kommen.

---

[1]   vgl. Ansoff (Implanting), S. 369 ff.

[2]   vgl. Ansoff (Implanting), S. 371 f.

2.3.3 Weak Signal Management

Die zweite Anforderung, die sich neben der "real-time"-Reaktionsfähigkeit aus einem sich schnell ändernden Umfeld ergibt, ist die Fähigkeit, Chancen und Risiken möglichst rasch zu erkennen. Aus dieser Forderung leiten sich (verglichen mit der Situation im stabilen Umfeld) höhere Anforderungen an die Informationsversorgung ab:[1]

* Signale aus dem Unternehmensumfeld müssen "real time" aufgegriffen werden.

* Informationen müssen kontinuierlich gesammelt und sofort analysiert werden – und nicht erst, wenn ihre Zuverlässigkeit sichergestellt ist.

Vor diesem Hintergrund entwickelt Ansoff das "Konzept der schwachen Signale". Unter "schwachen Signalen" versteht er Informationen, die hinsichtlich ihrer Herkunftsquelle und Auswirkung nicht genau klassifizierbar sind. In der Regel sind schwache Signale auch höchst unbestimmt und unsicher.[2]

Schwache Signale eignen sich nicht dafür, die durch sie angezeigte Chance oder Bedrohung nach ihrer Art, Auswirkung oder gar nach den nötigen Reaktionsmöglichkeiten vollständig und richtig zu beurteilen. Häufig kann zunächst nicht einmal bestimmt werden, ob durch ein schwaches Signal eine Chance oder eine Bedrohung angekündigt wird: Es wird nur das Gefühl für bevorstehende Diskontinuität vermittelt.[3] In der Regel sind folgende drei Dimensionen einer Diskontinuität nicht völlig determiniert:

* Die Stärke ihrer Ausprägung,

* die Sicherheit ihres tatsächlichen Eintreffens und

* die Möglichkeiten der Reaktion auf die darauf.[4]

Im Zeitverlauf konkretisieren sich schwache Signale und entwickeln sich zu starken Signalen bevorstehender Chancen und Risiken, zu deren Bewältigung konkrete Maßnahmen erarbeitet werden können. Die folgende Abbildung zeigt die einzelnen Phasen der Entwicklung von schwachen zu starken Signalen:

---

[1] vgl. Ansoff (Implanting), S. 370

[2] vgl. Simon (Signale), S. 18 ff.

[3] vgl. Ansoff (Surprise), S. 23

[4] vgl. Ansoff (Implanting), S. 383 ff.

Informationsgehalt	Ungewißheitsgrade				
	(1) Anzeichen der Bedrohung oder Chance	(2) Ursache der Bedrohung oder Chance	(3) konkrete Bedrohung oder Chance	(4) konkrete Reaktion	(5) konkretes Ergebnis
Überzeugung, daß Diskontinuitäten bevorstehen	JA	JA	JA	JA	JA
Bereich oder Organisation als Ursache der Diskontinuität ist bekannt	NEIN	JA	JA	JA	JA
Merkmale der Bedrohung, Art der Wirkung, allgemeiner Wirkungs-grad, Zeitpunkt der Wirkung	NEIN	NEIN	JA	JA	JA
Reaktion festgelegt: Zeitpunkt, Handlung, Programme, Budgets	NEIN	NEIN	NEIN	JA	JA
Wirkung auf Gewinn und Folgen der Reaktionen sind errechenbar	NEIN	NEIN	NEIN	NEIN	JA

Abb. 2.3:   Stadien der Ungewißheit[1]

Der durch die Dimensionen der Ungewißheit gekennzeichnete Ausprägungsraum visualisiert die dem jeweiligen Stand der Information entsprechenden Reaktionsmöglichkeiten (grauer Bereich). Es ist nicht möglich, nur aufgrund der Vermutung einer Gefahr einen Maßnahmenkatalog zu ent-werfen. Die Gefahr kann aber beobachtet und eine eigene Stärken-Schwächen-Analyse bezüglich der Reaktionsmöglichkeiten durchgeführt werden.[2]

Ansoff entwickelt mit dem Strategic Issue Management ein System zur ständigen Überwa-chung, das über mehrere Analysephasen zur Auswahl von Reaktionsstrategien führt. Die wichtigsten Bestandteile des Systems sind:

- Chancen-/Anfälligkeits-Analyse,

- Erkennen möglicher Reaktionsstrategien,

- Analyse der Reaktionsbereitschaft,

- Chancen-Risiken-Analyse,

- Festlegen der Prioritäten.[3]

---

[1]   Ansoff (Surprise), S. 135; Ansoff (Bewältigung), S. 241

[2]   vgl. Ansoff (Surprise), S. 135 f.

[3]   vgl. Simon (Signale), S. 72 ff.

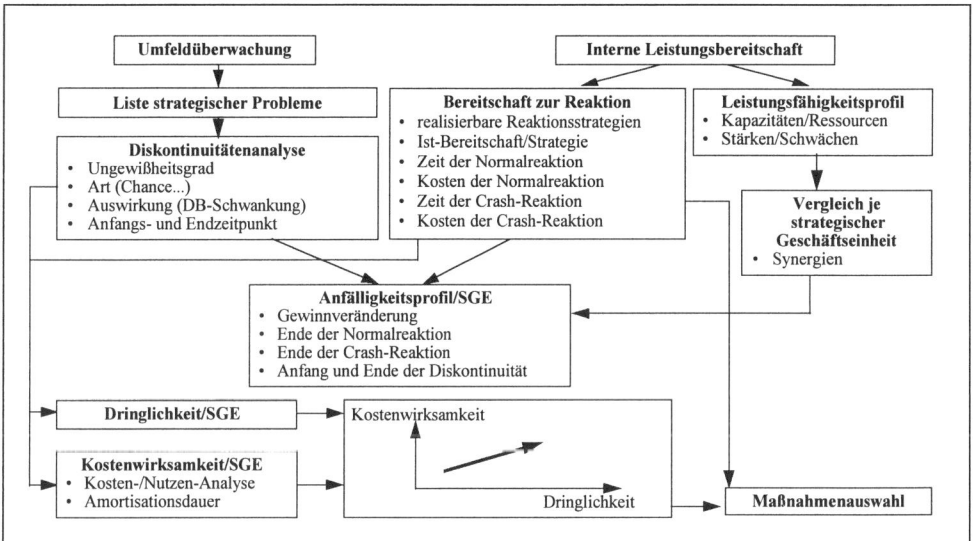

Abb. 2.4: Das System des Strategic Issue Management[1]

Chancen-/Anfälligkeits-Analyse

Ein wichtiger Bestandteil im Strategic Issue Management ist die Chancen-/Anfälligkeits-Analyse, mit der Auswirkungen schwacher Signale untersucht werden, um angemessen reagieren zu können. Die Genauigkeit des Ergebnisses der Analyse ist abhängig vom Stadium der Ungewißheit der Information. Diese Analyse läuft in fünf Phasen ab:[2]

- Identifikation der strategisch relevanten Ereignisse, die bedeutenden, anhaltenden Einfluß auf das Unternehmen haben.

- Einstufen eines identifizierten Ereignisses als Chance oder Bedrohung.

- Schätzen der Auswirkungen auf den Unternehmenserfolg beziehungsweise Gewinn.

- Prognose des frühesten und spätesten Eintrittszeitpunkts dieser Chance/Bedrohung.

- Einschätzen des gegenwärtigen Wissensstandes über diese Chance/Bedrohung.

Reaktionsstrategien

Erst wenn die Auswirkungen von Ereignissen weitgehend bekannt sind, kann ein Unternehmen operationale Maßnahmen formulieren. Vorbereitende Maßnahmen sind aber auch schon bei schwachen Signalen möglich. Die folgende Abbildung verdeutlicht die alternativen Reaktionsstrategien in Anbetracht der zur Verfügung stehenden Informationen. Dabei kann zwi-

---

[1] Simon (Signale), S. 74

[2] vgl. Ansoff (Surprise), S. 24 f.

schen Gestaltung der Beziehung zum Umfeld und Gestaltung der internen Konfiguration unterschieden werden:[1]

Reaktionsstrategien			
	Direkte Reaktion	Flexibilität	Aufmerksamkeit
Reaktion — Beziehung zum Umfeld	**„External Action"** Die "External Action Strategy" stellt direkte, ausformulierte Maßnahmen zur Bekämpfung der Bedrohung bzw. Maßnahmen, um Chancen wahrzunehmen, dar.	**„External Flexibility"** Die "Flexibility Strategy" soll die zukünftigen Reaktionspotentiale des Unternehmens erhöhen. Die externe Flexibilität wird insbesondere durch Differenzierung erreicht, um Abweichungen vom erwarteten Mittelwert sicher auffangen zu können.	**„Environmetal Awareness"** „Environmetal Awareness Strategies" zielen darauf ab, durch Prognosen das Bewußtsein des Unternehmens auf mögliche Diskontinuitäten zu lenken. Im Zentrum stehen Szenarien, Umfeldmodelle, Prognosen etc.
Bereich der — Interne Konfiguration	**„Internal Awareness"** Die "Internal Awareness Strategy" ist die Vorstufe und Unterstützung der "External Action Strategy". In dieser Phase werden die zur Durchführung der Reaktionen erforderlichen Ressourcen, Strukturen und Kenntnisse bereitgestellt.	**„Internal Flexibility"** Die "Flexibility Strategy" soll die zukünftigen Reaktionspotentiale des Unternehmens erhöhen. Intern müssen sich Manager auf Diskontinuitäten vorbereiten und mit strategischer Planung umgehen lernen.	**„Self Awareness"** Die "Self Awareness Strategy" hilft, Diskontinuitäten im eigenen Unternehmen zu erkennen. Zum Einsatz gelangen alle bekannten Formen der internen operativen und strategischen Analysen.

Abb. 2.5:   Alternative Reaktionsstrategien[2]

Welche dieser Strategien als Reaktion auf Diskontinuitäten eingesetzt werden kann, hängt von Menge und Qualität der zur Verfügung stehenden Informationen ab, nach Ansoff vom "state of ignorance".

Jede einzelne dieser Reaktionsstrategien leistet ihren spezifischen Beitrag zur Reaktionsbereitschaft des Unternehmens, wobei das entscheidende Kriterium ihrer Wirksamkeit der rechtzeitige Einsatz ist. Während es eine bestimmte Zeit in Anspruch nimmt, auf die Auswirkungen einer Diskontinuität zu reagieren, kann die Reaktionszeit durch vorbereitende Maßnahmen zu einem Zeitpunkt, zu dem die Auswirkungen erst latent vorhanden sind, wesentlich verkürzt werden.[3]

---

[1]   vgl. Ansoff (Implanting), S. 388 ff.

[2]   Ansoff (Implanting), S. 388 ff.

[3]   vgl. Ansoff (Implanting), S. 389 f.; Ansoff (Bewältigung), S. 246 f.

Reaktionsstrategie	Ungewißheitsgrade				
	(1) Anzeichen der Bedrohung oder Chance	(2) Ursache der Bedrohung oder Chance	(3) konkrete Bedrohung oder Chance	(4) konkrete Reaktion	(5) konkretes Ergebnis
Umfeld-wahrnehmung					
Selbst-wahrnehmung					
interne Flexibilität					
externe Flexibilität					
unternehmensinterne Bereitschaft					
direktes Handeln					

Abb. 2.6: Möglicher Einsatz alternativer Reaktionsstrategien[1]

Ansoff unterscheidet in diesem Zusammenhang drei Reaktionstypen:[2]

- Normal Response,

- Ad-hoc-Crash Response: Es wird alles Notwendige gemacht, um den "normalen" Ablauf der Reaktion zu beschleunigen,

- Pre-planned Response: Durch Vorbereitung und Steigerung der Flexibilität können selbst Ad-hoc-Crash Responses noch schneller durchgeführt werden.

Bereitschaftsdiagnose

Zur Analyse der Reaktionsbereitschaft und der erforderlichen Vorbereitungsmaßnahmen setzt Ansoff das Instrument der Bereitschaftsdiagnose ein.

Sie wird in erster Linie dazu verwendet, um festzustellen, für welche der sechs Reaktionsstrategien zusätzliche Vorbereitungsmaßnahmen notwendig sind. Weiters können die mit den jeweiligen Reaktionstypen (Normal oder Crash Response) in Verbindung stehenden Kosten erfaßt werden.

---

[1] Ansoff (Bewältigung), S. 248

[2] vgl. Ansoff (Surprise), S. 28

Bei der Bereitschaftsdiagnose werden für jede der sechs Reaktionsstrategietypen folgende Fragestellungen untersucht:[1]

- Status: Angemessenheit der Reaktionsstrategie für das Problem (in % von 100)
- Relative Wichtigkeit: Bedeutung der Reaktionsstrategie für das Gelingen der Reaktion
- Kosten: Kosten der Strategie jeweils bei Normal oder Crash Response
- Zeit: Zeitbedarf für die Umsetzung der Strategie jeweils bei Normal oder Crash Response.

Chancen-Risiken-Analyse

Das Chancen-Risiken-Profil verknüpft die Ergebnisse der Chancen-Risiken-Analyse mit der Bereitschaftsdiagnose:

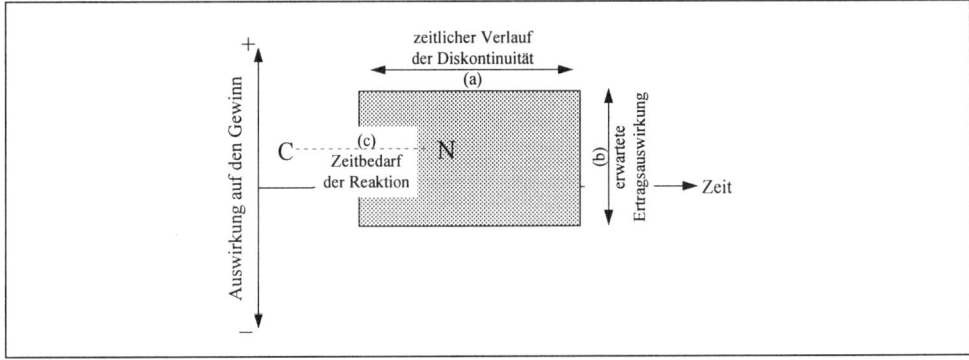

Abb. 2.7:   Chancen-Risiken-Profil [2]

Graue Rechtecke im Chancen-Risiken-Profil umspannen die "Regionen eines wahrscheinlichen Eintretens der Diskontinuität". Die horizontale Achse zeigt die zeitliche Komponente (a), die das wahrscheinliche Eintreten und den Verlauf der Diskontinuität verdeutlicht. Die vertikale Achse zeigt die durch die Diskontinuität erwarteten Ertragsveränderungen (Gewinn oder Verlust) (b). Die gepunktete Linie gibt das erwartete Ende von "Crash"- beziehungsweise "Normale Response"-Strategien an (c). Aus der Kombination der Rechtzeitigkeit eines Normal (N) oder Crash (C) Response mit den Kosten dieser Reaktion und den erwarteten Ertragsauswirkungen der Diskontinuität kann entschieden werden, welche Reaktion der betreffenden Diskontinuität am ehesten gerecht wird.[3]

Der Prozeß endet vorläufig mit der Festlegung der Prioritäten der einsetzbaren Maßnahmen und der Maßnahmenauswahl entsprechend ihrer Priorität und dem Unsicherheitsgrad.[4]

---

[1]   vgl. Ansoff (Surprise), S. 29

[2]   Ansoff (Bewältigung), S. 252

[3]   vgl. Ansoff (Managing Surprise), S. 146

[4]   vgl. Simon (Signale), S. 79 f.

2.3.4 Krisenmanagement[1]

Das Strategic Issue Management hilft, erkannte Diskontinuitäten zu beherrschen. Trotzdem ist es möglich, daß Diskontinuitäten übersehen werden, die Krisensituationen im Unternehmen auslösen. Für diesen Fall müssen Vorbereitungen getroffen werden, die eine rasche und adäquate Reaktion gewährleisten. Ansoff gibt Anleitungen, wie diese Vorbereitungen zur Krisenbewältigung im Rahmen des Surprise Managements erfolgen können. Weiters untersucht er die Gründe für die Widerstände, denen ein Krisenmanagement ausgesetzt ist.[2]

Krisenkommunikationsnetz

Kern des Krisenbewältigungssystems ist ein Krisenkommunikationsnetz. Da der Zeitfaktor bei Überraschungen meist allerhöchste Bedeutung hat, muß die Reaktionszeit des Unternehmens möglichst kurz gehalten werden. Ansoff schlägt für den Überraschungsfall vor, ein eigenes Kommunikationsnetz zu schaffen, mit dessen Hilfe alle von der Reaktion betroffenen Stellen direkt miteinander in Verbindung treten können.[3]

Aufgabenverteilung in der Krise

Ansoff empfiehlt folgende Aufgabenverteilung, wenn Überraschungen eintreten:[4]

- Eine Gruppe sorgt für die Weiterführung des täglichen Geschäfts,

- eine zweite für die Erarbeitung und Umsetzung der Antwort auf die Überraschung und

- eine dritte für die "Aufrechterhaltung der Moral".

Die letzten beiden Gruppen arbeiten über das angeführte Krisenkommunikationsnetz.

2.4 Stärken des Konzepts

- Ansoff lenkt die Blickrichtung strategischen Managements in den Problembereich ungerichteter Flexibilität. Im Gegensatz etwa zu ungewißheitstheoretischen Ansätzen geht das Strategic Issue Management nicht von einer vorgegebenen Problemdefinition aus, sondern lenkt die Aufmerksamkeit auf den Bereich der Crisis Preparedness.[5]

- Ansoff stellt den zeitlichen Ablauf notwendiger Verhaltensweisen bei der Bewältigung auftretender Diskontinuitäten dar. Dabei legt nicht das Entscheidungsproblem den Informationsbedarf fest, sondern verfügbare Informationen determinieren realisierbare Ent-

---

[1] vgl. Ansoff (Implanting), S. 357 ff.

[2] vgl. Ansoff (strategy), S. 205 ff.; Ansoff (Management), 186 ff.

[3] vgl. Ansoff (Implanting), S. 22 ff.

[4] vgl. Ansoff (Implanting), S. 22 f.

[5] vgl. Hillmer (Unternehmensflexibilität), S. 234 f.

scheidungen.[1] Je schwächer die Informationsbasis ist, desto mehr muß mit ungerichteten Flexibilitätsüberlegungen gearbeitet werden.[2]

- Wesentlicher Bestandteil des Konzepts ist das Verständnis für die Abläufe bei der Informationsbeschaffung und deren Bedeutung. Das Unternehmen muß genauso ausführlich analysiert werden, wie der Markt, in dem es tätig ist.

- Das Konzept reicht bis zur Darstellung der Durchsetzungsproblematik. Die Formulierungen sind allerdings zumeist allgemein gehalten.[3]

- Ansoffs Konzept ist auch gut geeignet, die Stärken und Schwächen des eigenen Unternehmens im Vergleich zu seinen Wettbewerbern festzustellen. Auf dieser Grundlage kann die Fähigkeit beurteilt werden, strategische Schritte einzuleiten. Gegebenenfalls müssen Maßnahmen gesetzt werden, um diese Fähigkeit zu verbessern.[4]

2.5 Schwächen des Konzepts

- Ansoff schränkt den tragenden Gedanken ein, daß Diskontinuitäten prinzipiell vorhersehbar sind und weist auf die Lückenhaftigkeit der Früherkennung hin. Unternehmensintern wird diese Problematik durch den Filterungsprozeß verstärkt, da in der Regel nicht die Entscheidungsträger selbst mit der Erfassung der Signale aus dem Umfeld befaßt sind, sondern Mitarbeiter an der Peripherie des Unternehmens, die den Entscheidungsträgern Berichte vorlegen müssen. Dadurch werden den Entscheidungsträgern Unsicherheiten in der Lagebeurteilung, abweichende Meinungen, vom Empfänger falsch eingeschätzte Signale etc. nicht bewußt.[5]

- Die Funktionen von Strategic Issue Management und Strategic Surprise Management hängen stark von der Kritikfreudigkeit, Flexibilität und "Offenheit" für abweichende Wirklichkeitsmodelle ab. Im Unternehmen muß vor der Implementierung eines solchen Systems ein hoher Entwicklungsstand hinsichtlich Unternehmenskultur und Führungsstil erreicht werden.[6]

- Ansoff behandelt ausführlich die Bedeutung der Flexibilitätserhöhung. Der Zusammenhang zwischen Flexibilitätserhöhung und den dadurch verursachten Kosten, der veränderten Organisationsstruktur und der Unternehmenstechnologie wird aber nicht betrachtet.[7]

- Ansoff beschreibt vorwiegend Abläufe und Zusammenhänge. Er zeigt die Rahmenbedingungen einer Implementierung seines Systems auf. Sein Konzept ist aber dennoch kein umfassendes

---

[1]   vgl. Ansoff (Surprise), S. 150

[2]   vgl. Ansoff (Surprise), S. 147

[3]   vgl. Hillmer (Unternehmensflexibilität), S. 258 ff.

[4]   vgl. Ansoff (Managementstrategie), S. 98 f.

[5]   vgl. Simon (Signale), S. 177

[6]   vgl. Simon (Signale), S. 178

[7]   vgl. Arnold (Unternehmensführung), S. 292

System des strategischen Managements (Ansoff selbst grenzt Strategic Issue Management von strategischer Planung ab).[1]

- Das Konzept der schwachen Signale unterstellt, daß die Anwender in der Lage sind, noch unspezifischen Signalen einen spezifischen – wenn auch vagen – Informationsgehalt zuzuschreiben. Sind die Empfänger dazu nicht fähig, werden sie keine schwachen Signale registrieren, sondern lediglich ein unspezifisches "Rauschen" vernehmen.[2]

- Der zentrale Begriff der schwachen Signale wird nur unzulänglich erörtert und nicht operationalisiert. "Es könnte sein, daß schwache Signale lediglich jene Informationsmengen darstellen, die ex post als schwache Signale identifiziert werden können."[3]

- Der Aufbau von Strategic Issue Management/Strategic Surprise Management (Ausschau und Vorbereitung auf mögliche Diskontinuitäten) verleitet zu Überreaktionen des Systems. Dies geschieht einerseits durch falsch signalisierte Änderungen und andererseits durch falsche Bewertung dieser Änderungen.[4]

2.6 Bedeutung für die Unternehmensführung

Ansoffs Konzepte des strategischen Managements finden in der Literatur breiten Widerhall. Sein Buch "Corporate Strategy" wurde in 13 Sprachen übersetzt. Seine Überlegungen haben die Entwicklung der strategischen Unternehmensführung nachhaltig beeinflußt.

Die direkte Implementierung des Konzepts ist schwierig, da Ansoff keine konkret umsetzbaren Handlungsanweisungen, sondern lediglich Anregungen gibt. Wertvoll sind besonders die Hinweise zur Vorbereitung und zum Training der Entscheidungsfindung.

2.7 Empfohlene Literatur

Ansoff, I.: Implanting Strategic Management, London 1991, 500 Seiten. Umfassende Darstellung des strategischen Managements und dessen Entwicklung. Fragen des Portfolimanagements werden ebenso dargestellt wie Fragen zur Internationalisierung, strategiegerechten Struktur, Technologie etc. Breiter Raum ist dem Modell der Schwachen Signale gewidmet.

Ansoff, I.: The New Corporate Strategy. New York 1988, 245 Seiten. Überarbeitete Neuauflage des Buches aus dem Jahr 1965. Stellt die Grundlagen des strategischen Managements dar.

---

[1] vgl. Ansoff (Surprise), S. 151

[2] vgl. Arnold (Unternehmensführung), S. 292

[3] vgl. Arnold (Unternehmensführung), S. 292

[4] vgl. Simon (Signale), S. 210

Peter Drucker

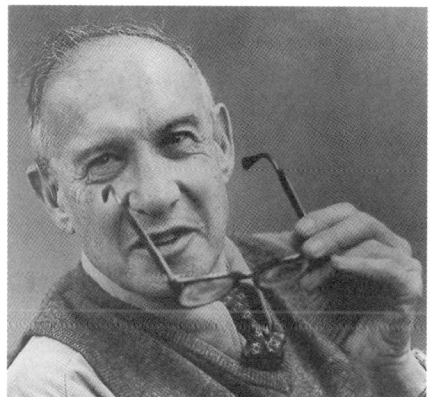

„Effectiveness is the foundation of success – efficiency is the minimum condition for survival after success has been achieved. Efficiency is concerned with doing things right, effectiveness is doing the right things.“

Inhaltsverzeichnis

3 Peter Drucker

3.1 Zur Person des Autors

Peter Drucker, geboren 1909 in Wien, wanderte nach seiner Matura nach Deutschland aus. In Frankfurt am Main arbeitete er als Journalist und begann daneben ein Rechtsstudium, das er 1931 mit dem Doktorat abschloß. Danach wechselte er als Wirtschaftsfachmann zu einer international renommierten Bank mit Sitz in London. 1937 ging er in die Vereinigten Staaten, unterrichtete zunächst Wirtschafts- und Sozialwissenschaften am Sarah Lawrence College, dann Politische Wissenschaft am Bennington College und schließlich Wirtschafts- und Sozialwissenschaften an der New York University.

Bis heute ist Drucker, inzwischen Professor für Sozialwissenschaften und Management an der Claremont Graduate School, als Unternehmensberater tätig.

3.2 Grundlagen

Peter Drucker hat in einer Vielzahl von Veröffentlichungen zu Problemen des Managements Stellung genommen, sein Managementkonzept in den letzten 35 Jahren ständig erweitert und entwickelt, jedoch nie versucht, sein Gesamtwerk zusammenzufassen. Bestimmte Schwerpunkte lassen sich durch seine gesamte Schaffenszeit verfolgen: Unternehmertum, Innovation, Leadership, Menschenführung.

Zu Fragen des strategischen Managements nimmt er in allen seinen Veröffentlichungen Stellung. Als legendär kann man seine Strategiedefinition bezeichnen:

Doing the right things.

Dagegen behandeln operative Entscheidungen das Problem: „doing things right".

Die ersten Aussagen zu Strategie stammen bereits aus den fünfziger Jahren und sind beispielsweise in „Die Praxis des Managements" zu finden. Kernprobleme des strategischen Managements und insbesondere der strategischen Analysen und Entscheidungen werden später in „Managing for Results" behandelt. Innovation, alternative Innovationsstrategien und die Bedeutung der Innovation für das strategische Management bilden die Grundlage von „Innovation and Entrepreneurship". In den letzten Jahren beschäftigt sich Drucker in erster Line mit Nonprofit-Organisationen. Hier stellt er die Mission in das Zentrum strategischer Überlegungen.

3.3 Inhalt des Konzepts

3.3.1 Die Geschäftslogik – „the theory of the business" [1]

Ein Unternehmen entwickelt im Zeitablauf eine individuelle Theorie des Geschäfts, die die unternehmerischen Handlungen leitet. Diese Geschäftslogik setzt sich aus drei Teilen zusammen:

- Annahmen über das **Umfeld** – Gesellschaft, Technologie, Markt und Kunde; für welche Leistungen das Unternehmen „bezahlt" wird,

- **Mission** –gesellschaftliche Begründung des Unternehmens; was Sinn für das Unternehmen macht,

- Beurteilung der **Kernkompetenzen** – worauf sich das Unternehmen zu konzentrieren hat, um erfolgreich zu sein.

Annahmen über das Umfeld

Drucker hat von Beginn an Überlegungen zum betrieblichen Umfeld, der Branche beziehungsweise „Geschäft", in dem ein Unternehmen tätig ist, und zu den Kunden ins Zentrum seiner Untersuchungen gestellt. Zuletzt hat er sie in „Assessment for Nonprofit Organisations" im Rahmen von fünf Fragen formuliert:[2]

What Is Our Business?

Who Is Our Customer?

What Does The Customer Consider Value?

What Have Been Our Results?

What Is Our Plan

Das Geschäft oder die Branche darf nicht anhand bestehender Produkte und Wettbewerber definiert werden. Vielmehr nimmt der Kunde beziehungsweise das Kundenproblem eine zentrale Stellung ein. Kunden kaufen nicht Produkte, sondern Problemlösungen. Ausgangspunkt einer strategischen Orientierung muß daher die Frage nach dem Kundenproblem sein.

Die Mission[3]

Die Mission ist das unternehmerische Selbstverständnis – was das Unternehmen zur Gesellschaft beitragen will. Sie bestimmt Zweck und Auftrag der Organisation. Die Bedeutung der Mission als Grundlage des Zielsystems ist insbesondere durch die Beschäftigung mit Nonprofit-Organisationen erkannt worden, da diese hinsichtlich ihrer grundlegenden Ziele Besonderheiten gegenüber Unternehmen aufweisen.[4]

---

[1]   vgl. Drucker (Theory), S. 95 ff.

[2]   Drucker (Foundation); Drucker (Self-Assessment Tool), S. 1

[3]   vgl. Drucker (Non-Profit), S. 3 ff.

[4]   vgl. Horak (Controlling), S. 166

Drucker nennt drei Kriterien einer erfolgreichen Mission:

- Ausrichtung auf die Stärken und Kompetenzen der Organisation durch Konzentration auf die Kernaufgabe. („Welche unserer Stärken können wir weiter ausbauen?")

- Vollständiges Kommitment aller Stakeholder und besonders der Mitglieder für die Mission. („Woran wir glauben.")

- Die Mission muß die Möglichkeiten und die emotionale Bindung darstellen. („Wo wir einen Unterschied machen können, der Relevanz hat.")

Kernkompetenzen

Ausgangspunkt für die Analyse der Kernkompetenzen sind die Stärken und Schwächen des Unternehmens. Langfristig erfolgswirksam sind jene Stärken, denen kritische Erfolgsfaktoren (Schlüsselfaktoren) gegenüberstehen. Derartige Schlüsselfaktoren beziehen sich meist auf Größen, die einen „signifikanten Beitrag zum wahrgenommenen Kundennutzen liefern", und lassen sich als Teilwertschöpfungsschritte des Wertschöpfungssystems darstellen.

Drucker nennt vier Anforderungen, denen eine Geschäftslogik zu genügen hat:

- Alle vier Bestandteile der Geschäftslogik müssen der Realität standhalten.

- Die Bestandteile der Geschäftslogik müssen zueinander passen.

- Die Geschäftslogik muß im Unternehmen bekannt sein und verstanden werden.

- Die Geschäftslogik muß ständig auf ihre Gültigkeit geprüft werden.

Der Grund für viele Schwierigkeiten, denen Unternehmen gegenüberstehen, liegt in mangelnder Erfüllung dieser Anforderungen, insbesondere an einer im Zeitablauf obsolet gewordenen Geschäftslogik. Um dies zu verhindern, bedarf es eines Früherkennungssystems, das die Geschäftslogik ständig auf Relevanz testet. Dies kann mit Hilfe zweier Meßgrößen erfolgen:

- **Verzicht** – Etwa alle drei Jahre sollte sich eine Organisation die Frage stellen: „Wären wir noch nicht in diesem Markt (Distributionskanal, Produkt-, Dienstleistungssegment, Politik etc.), würden wir heute eintreten? Solange das Bestehende als gerechtfertigt angesehen wird, wird die Geschäftslogik nicht in Frage gestellt. Erst wenn Bestehendes in Frage gestellt und aufgegeben wird, wird auch die Geschäftslogik überdacht.

- **Nichtkunden** – So gut wie alle strategischen Ansätze erkennen einen zentralen Erfolgsfaktor: „den Kunden kennen". Dabei werden die Nichtkunden übersehen, von denen aber in aller Regel die Veränderungen des Geschäfts ausgehen. Die Begründung, weshalb Nichtkunden keine Kunden werden, gibt Aufschluß über die Marktgegebenheiten und deren Veränderungen.

3.3.2 Das Strategieprogramm

Das Treffen konkreter strategischer Entscheidungen ist ein weiterer Schritt im strategischen Management, der auf einer Analyse des Unternehmens und seines Umfelds aufbaut.[1] Im Rahmen seines Self-Assessment Tools spricht Drucker von „What Have Been Our Results" und „What Is Our Plan".[2]

Analyse der Result-Areas[3]

Die Analyse der Result Areas teilt sich in drei Bereiche, die einer gemeinsamen Betrachtung unterzogen werden müssen:

- Produkt,

- Markt,

- Distribution.

Die Analyse beginnt mit der Definition des Produkts. Im Unternehmen muß keine Einigkeit über das Wesen des Produkts erzielt werden, es ist aber wichtig, daß die Ansichten aller Unternehmensbereiche artikuliert werden. Schwieriger als die Bestimmung des Produkts ist die Lokalisierung des Markts und die Analyse der Distribution, da diese außerhalb des Unternehmens liegen. Für die Analyse können folgende Fragen herangezogen werden:[4]

- Wer ist der Kunde?

- Wie kauft der Kunde?

- Was kauft der Kunde?

- Worin besteht der Wert für den Verbraucher?

- Welche Wünsche haben Verbraucher, die mein Produkt nicht kaufen?

- Wie soll sich das Produkt entwickeln?

Nach Beantwortung der Fragen ist es notwendig, die einzelnen Produkte, Märkte und Distributionskanäle zu klassifizieren. Dazu wird von Drucker ein Raster angeboten, dem sämtliche Produkte, Märkte und Distributionskanäle zugeordnet werden können. Der Raster kann in folgender Form zusammengefaßt werden:

---

[1]   vgl. Drucker (Managing), S. xii

[2]   vgl. Drucker (Self-Assessment Tool), S. 1

[3]   vgl. Drucker (Managing), S. 17 ff.

[4]   vgl. Drucker (Praxis), S. 69 ff.

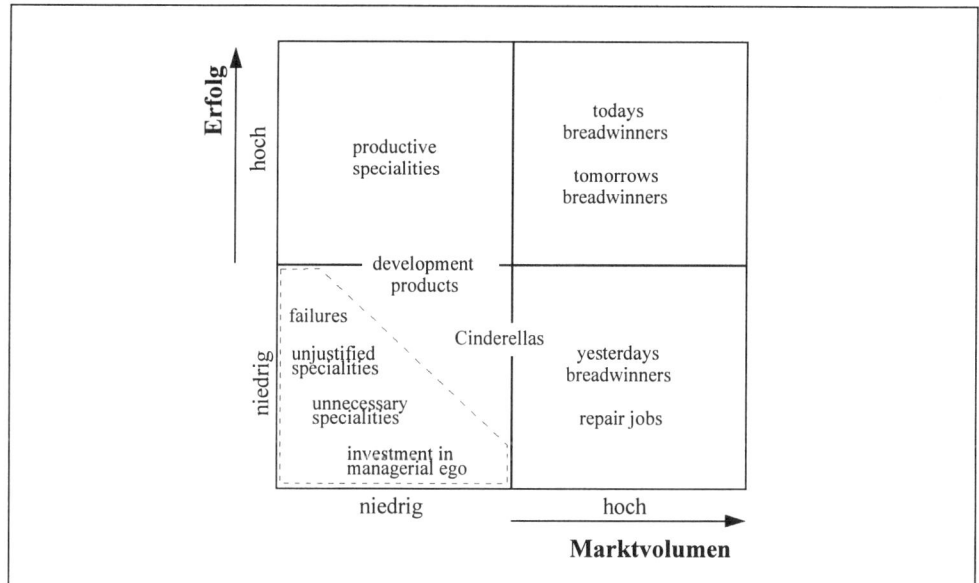

Abb. 3.1:   Analyseraster

Die Einordnung der Result-Areas in den Analyseraster ist aber noch zu wenig; es müssen auch eintretende und zu erwartende Veränderungen erkannt werden. Dazu sind die Abweichungen der Produkterfolge im Vergleich zu den Erwartungen und die Stellung der Produkte im Produktlebenszyklus festzustellen.[1]

Analyse der Kosten und Kostenstrukturen

Drucker definiert Kosten als den Betrag, den ein Kunde bereit ist, für das Produkt zu bezahlen. Damit werden Kosten zu einem außerhalb des Unternehmens definierten Tatbestand. Der Konsument ist nicht am Fertigungsverfahren, an der Fertigungstiefe oder anderen Kosteneinflußgrößen interessiert. Er orientiert sich eher an Substituten und am Wert, den ein Produkt für ihn hat. Der Preis, den der Konsument zu zahlen bereit ist, entspricht damit den Zielkosten, die das Unternehmen erreichen muß, um erfolgreich zu sein.

Kostenplanung und -kontrolle verlieren aber nicht an Bedeutung. Drucker formuliert in diesem Zusammenhang drei Anforderungen an das Kostencontrolling:[2]

- Kosten sind dort zu steuern, wo sie anfallen.
- Unterschiedliche Kosten bedürfen auch unterschiedlicher Behandlung.
- Kosteneinsparungen können nachhaltig nur durch Einsparung von Aktivitäten erzielt werden.

Mit der Orientierung an den Aktivitäten nimmt Drucker bereits 1964 einen Trend vorweg, die Ende der achtziger Jahre vor dem Hintergrund steigender Gemeinkosten zur Entwicklung des

---

[1]   vgl. Drucker (Managing), S. 64

[2]   vgl. Drucker (Managing), S. 69

Activity-Based-Costing geführt hat. Drucker definiert „cost points" als „simply the few acti-vities within a cost center that are responsible for the bulk of its costs".[1]

Analyse der Kunden

Drucker stellt bei der Darstellung der Kundenanalyse die typischerweise behandelten Themen jenen gegenüber, die in der Regel fälschlicherweise nicht in die Analyse einbezogen werden, da sie sich auf Bereiche beziehen, die für das Unternehmen als irrelevant betrachtet werden.

Fragestellungen der klassischen Kundenanalysen
Wer ist der Kunde?
Wo ist der Kunde?
Wie kauft er?
Worauf legt der Kunde Wert?
Welche Wünsche befriedigt das Produkt beim Kunden?
Welche Rolle spielt das Produkt beim Kunden?
Wie wichtig ist das Produkt für den Kunden?
Wann hat das Produkt keinen Wert für den Kunden?
Wer sind die Konkurrenten?
Wie verhalten sich die Konkurrenten heute und in der Zukunft?
Fragestellungen, die in der Regel unberücksichtigt bleiben
Wer ist der Nicht-Kunde?
Wie sieht der gesamte Warenkorb des Kunden aus?
Was kaufen Kunden und Nicht-Kunden von anderen?
Welches (existierende oder mögliche) Produkt erreicht die Zufriedenheit des Kunden?
Was hilft dem Kunden, ohne das Produkt auszukommen?
Was sind die bedeutenden Bestandteile des Produkts, die der Kunde honoriert?
Wer sind die Nicht-Konkurrenten – und warum?
Wessen Nicht-Konkurrent ist das Unternehmen?

Abb. 3.2:   Kundenanalyse

Analyse der Fähigkeiten[2]

Wie bei der Marktanalyse muß bei der Analyse der Fähigkeiten eine Reihe von Fragen beant-wortet werden:

---

[1]   vgl. Drucker (Managing), S. 78

[2]   vgl. Drucker (Managing), S. 118 ff.

- Existieren die richtigen Fähigkeiten, und werden sie auf erfolgversprechende Bereiche konzentriert?
- Wie effektiv und effizient werden die Fähigkeiten genützt?
- Gehen unsere Fähigkeiten ausreichend in das Produkt ein?
- Wie können wir unsere Fähigkeiten ausbauen?

Strategieplanung[1]

In Übereinstimmung mit den Leitungsfunktionen des Managements können zwei Hauptstoßrichtungen strategischer Führung unterschieden werden:

- Verbesserung bestehender Produkte,
- Innovation.[2]

Ausgangspunkt der Formulierung konkreter Strategien ist immer die Suche nach versteckten Erfolgspotentialen. Entwicklungsbarrieren, die in den ökonomischen Bedingungen einer Industrie, in den Verfahren und in der Marktstruktur liegen, müssen durchbrochen werden. Jede dieser Entwicklungsbarrieren kann überwunden und zu einer Stärke ausgebaut werden.

Weiters müssen Umfeldveränderungen möglichst frühzeitig antizipiert werden, wobei insbesondere auf schleichende Veränderungen zu achten ist. Nicht zuletzt bedarf es der Vision und des Willens, das Umfeld und die Zukunft zu gestalten - eines Entrepreneurs.

Der Prozeß der Strategiefindung durchläuft drei Bereiche:[3]

- Formulierung eines Leitbilds,
- Suche nach Spitzenleistungen,
- Setzen von Prioritäten.

Strategiealternativen[4]

Drucker unterscheidet drei Strategiealternativen:

- Spezialisierung,
- Diversifizierung,
- Integration.

Entscheidend ist, daß die Konzentration auf nur eine dieser Alternativen zum Mißerfolg führt. Für eine erfolgreiche Strategie muß ein Gleichgewicht zwischen notwendiger Spezialisierung (Konzentration der Kräfte) und Diversifizierung (Größe des Marktes) gefunden werden.

---

[1]   vgl. Drucker (Managing), S. 131 ff.

[2]   vgl. Drucker (Managing), S. 146 f.

[3]   vgl. Drucker (Managing), S. 196 ff.

[4]   vgl. Drucker (Managing), S. 208 ff.

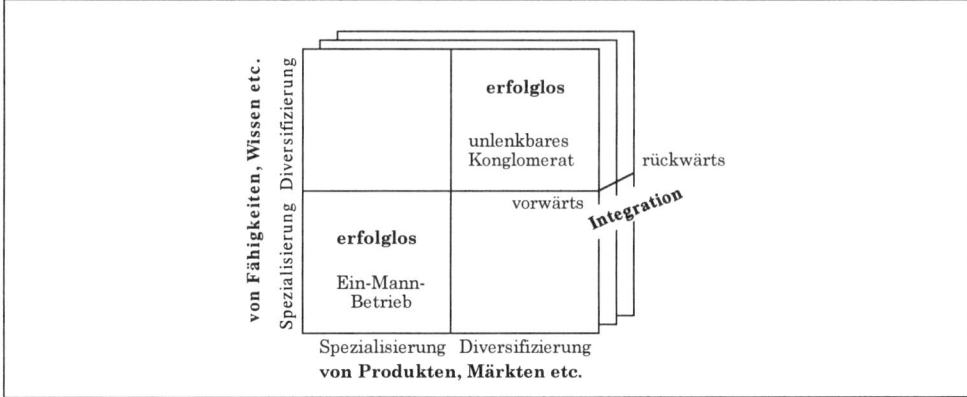

Abb. 3.3:   Strategiealternativen

3.3.3 Self-Assessment Tool

Im Rahmen seiner Arbeiten für Nonprofit-Organisationen hat Drucker eine für ihn bisher untypische Konkretisierung seiner Überlegungen durchgeführt und einen Praxisleitfaden für die Strategieplanung erarbeitet, der neben Informationen für den Strategieworkshopleiter eine Vielzahl von zu behandelnden Fragen umfaßt. Diese sind zwar für Nonprofit-Organisationen verfaßt, lassen sich aber problemlos auf Unternehmen übertragen und können Vorbereitung und Durchführung von Strategieklausuren unterstützen. Der Leitfaden ist nach den bereits dargestellten Fragen gegliedert und umfaßt einzelne Worksheets zu folgenden Punkten:

What Is Our Business?
Was versuchen wir zu erreichen?
Welche spezifischen Ergebnisse streben wir an?
Was sind unsere Stärken und Schwächen?
Muß die Mission überarbeitet werden?
Who is Our Customer?
Welche sind unsere Hauptkunden?
Welche sind unsere B- und C-Kunden?
Haben sich die Kunden verändert?
Sollten zusätzliche Kunden gefunden oder Kunden abgebaut werden?

What does the Customer Consider Value?
Was stellt für unsere Hauptkunden Wert dar?
Was stellt für unsere B- und C-Kunden Wert dar?
Wie gut stellen wird das her, was für Kunden Wert stiftet?
Wie können wir das, was den Wert stiftet, effizienter herstellen?
Welche Zusatzinformationen benötigen wir?
What Have Been Our Results?
Wie definieren wir Erfolg in unserer Organisation?
In welchem Ausmaß haben wir unsere Ziele erreicht?
Wie gut nutzen wir unsere Ressourcen?
What Is Our Plan?
Was haben wir gelernt?
Worauf sollen wir unsere Anstrengungen konzentrieren?
Was sollten wir anders machen?
Welche Schritte setze ich, um die Ziele meines Verantwortungsbereichs zu erreichen?
Welche Schritte setze ich, um die Ziele der Organisation zu erreichen?

Abb. 3.4: Worksheets des Self-Assessment Tools

3.3.4 Innovation als Vorsorge für die Zukunft

Das Innovationsmanagement nimmt für Drucker neben dem Absatz bestehender Produkte eine bedeutende Stellung in der Unternehmensführung ein. Der Auslöser innovativer Tätigkeit ist für Drucker nicht die Suche nach neuen Produkten und Technologien, sondern der Wille zur Veränderung des Umfelds. Damit wird die Fähigkeit eines Unternehmens zur innovativen Arbeit zu einer Funktion des Managements. Die Notwendigkeit des Managements der Innovationen wird zwar von jeder Unternehmensleitung betont, aber nur wenige organisieren die innovative Tätigkeit als eigenständige und wichtige Aufgabe. Manager befassen sich hauptsächlich mit der administrativen Funktion des Managements, bereits Bekanntes und Erprobtes in Gang zu halten und zu verbessern.

Innovation ist harte Arbeit und nur durch konsequente Konzentration auf die eigenen Stärken erfolgversprechend.[1]

---

[1]   vgl. Drucker (Innovation), S. 138 ff.

Erfolgs- und Mißerfolgsfaktoren des Innovationsmanagements

Erfolgreiche Innovationen sind von folgenden Faktoren abhängig:[1]

- Systematische Analyse der Chancen: Neue Produkte verlangen auch nach einem veränderten Unternehmensumfeld.

- Wahrnehmen der Bedürfnisse und Einstellungen der Kunden: Forschung darf nicht im „Elfenbeinturm" stattfinden.

- Einfache und spezielle (fokussierte) Lösungen: Komplexität erhöht die Gefahr von Anlaufschwierigkeiten.

- Erfolgreiche Innovationen sind keine „grandiosen Ideen". Revolutionierende Ideen sind in der Regel nicht praktikabel.

- Ohne Willen zur leadership kann sich eine Innovation nicht durchsetzen.

Für Mißerfolge sind verantwortlich:[2]

- Der Versuch besonders raffinierter Lösungen: Die Innovation muß von „Durchschnittsmenschen" verwendet werden und deren Anforderungen entsprechen. Was darüber hinaus geht, ist kontraproduktiv.

- Die Zersplitterung der Kräfte: Eine Innovation durchzusetzen erfordert die gesamte Kraft.

- Der Wunsch, für die Zukunft und nicht für die gegenwärtigen Bedürfnisse zu innovieren: Jede Innovation benötigt von Beginn an Einsatzmöglichkeiten.

Erfolgsmaßstäbe[3]

Auch innovative Leistungen müssen erfaßt und beurteilt werden. Da sie im klassischen System der Erfolgsmessung nicht berücksichtigt werden, muß ein eigenes Bewertungssystem aufgebaut werden.

Im ersten Schritt werden Innovationsprojekte geplant und die erreichten Zahlen mit dem Plan verglichen. Damit kann man sowohl die Planungsqualität als auch das Innovationsprojekt kontrollieren.

Im nächsten Schritt wird das gesamte Feld innovativer Tätigkeiten in einem Unternehmen integriert betrachtet, um Prioritäten setzen zu können. Zu diesem Zweck werden auch die Innovationsstrategien der Wettbewerber analysiert.

Im dritten Schritt werden mehrjährige Pläne und Budgets erstellt.

Organisationsstruktur[4]

Die Erforschung neuer Projekte und Aufgabengebiete sollte gesondert von den übrigen Managementaufgaben organisiert werden: Man kann nicht gleichzeitig Neues schaffen und sich um

---

[1]   vgl. Drucker (Innovation), S. 134 ff.

[2]   vgl. Drucker (Innovation), S. 136 ff.

[3]   vgl. Drucker (Innovation), S. 158 ff.

[4]   vgl. Drucker (Innovation), S. 161 ff.

das Tagesgeschäft kümmern. Daher organisieren innovative Unternehmen die Forschungsarbeit in separaten Einheiten, die sich ausschließlich damit befassen, Neues zu schaffen.

In einer innovativen Organisation weiß man auch, daß die innovative Arbeit von Anfang an nicht als Funktion, sondern als Unternehmen oder Projekt organisiert werden muß. Das heißt, daß die herkömmliche chronologische Anordnung, bei der zuerst Forschung, dann Entwicklung und Fertigung und zuletzt der Absatz zu organisieren sind, aufgegeben werden muß. Die innovativen Organisationen betrachten diese funktionalen Bereiche als Bestandteil ein- und desselben Prozesses in der Entwicklung eines neuen Aufgabenbereichs. Wann und wie solche Bereiche im einzelnen mit einbezogen werden, ergibt sich aus der jeweiligen Situation. Daraus leitet sich ein weiteres Gestaltungsprinzip innovativer Tätigkeiten ab: das Team, das außerhalb der bestehenden Strukturen als autonome Einheit errichtet wird.

Innovationsstrategien[1]

Drucker unterscheidet vier Innovationsstrategien, die einander allerdings nicht ausschließen, sondern beliebig kombinierbar sind:

- Schnellstens und stärkstens handeln,
- ökologische Nischen besetzten,
- in die Lücke stoßen,
- Veränderung der Wert- und Wirtschaftlichkeitsmerkmale anstreben.

Jede dieser Innovationsstrategien eignet sich für unterschiedliche Innovationsvorhaben und hat ihre speziellen Chancen und Risiken.

---

[1]   vgl. Drucker (Innovation), S. 209 f.

Strategietyp	Vorgehen und Einsatzbedingungen
Schnellstens und stärkstens handeln[1]	Bei der Strategie „schnellstens und stärkstens handeln" muß ein Unternehmen versuchen, eine selbstkreierte Innovationschance so gut zu nutzen, daß der Aufbau eines neuen Industriezweigs gelingt. Das Ziel muß die Beherrschung dieses neugeschaffenen Markts sein. Grundlage ist das sorgfältig geplante, zielgerichtete Vorhaben, der Innovationschance zum absoluten Durchbruch zu verhelfen. Zeichnen sich die ersten Anfangserfolge ab, darf der Ressourceneinsatz nicht gedrosselt werden. Im Gegenteil, der Innovator muß in dieser Phase größten Einsatz zeigen, da er andernfalls den Markt nur für die Konkurrenz aufbereitet hat.
	Der Unternehmer muß darauf achten, daß sein Produkt durch seine eigene, nächste Entwicklung überholt wird und nicht durch Entwicklungen der Konkurrenz. Der Innovator muß derjenige sein, der die Preise für seine Produkte oder Verfahren systematisch senkt. Hochpreispolitik würde lediglich Schutz und Schirm für die gegenwärtigen Konkurrenten bedeuten und potentielle Wettbewerber auf den Plan rufen.
	Die Strategie „schnellstens und stärkstenshandeln" ist allerdings riskant und schwierig, so daß sie nur bei Innovationen von überragender Bedeutung einsetzbar ist. Sie ist vor allem dann zum Scheitern verurteilt, wenn die Ressourcen nicht ausreichen, um den eigenen Erfolg voll ausnutzen zu können.
	Da diese Strategie auf die Schaffung von wirklich Neuem und Andersartigem ausgerichtet ist, haben Laien und Außenseiter oft mehr Erfolg als Fachleute und Branchenkenner.
Ökologische Nischen besetzen[2]	Wer sich für die Strategie entscheidet, nach ökologischen Nischen zu suchen, will einen Markt oder eine Branche beeinflussen und nicht dominieren. Die Strategie der ökologischen Nischen strebt ein Fast-Monopol in einem kleinen Markt an. Ziel ist es, wettbewerbsbestimmend zu werden.
	In den erfolgreichsten Strategien dieser Art hat es sich bewährt, so unscheinbar wie möglich zu bleiben, obwohl das Produkt für ein bestimmtes Verfahren unentbehrlich ist. Das Unternehmen plaziert sich im Hintergrund, es erscheint potentiellen Konkurrenten als so harmlos, daß keiner der Wettbewerber auf die Idee kommt, eine Konkurrenzposition einnehmen zu wollen. Die notwendige Begrenztheit der Märkte macht ein Wachstum der Unternehmen unmöglich.
	In ökologischen Nischen unterscheidet man drei verschiedene Strategien:
	• *Schlagbaum-Strategie*
	• *Spezialkönnen-Strategie*
	• *Spezialmärkte-Strategie.*

---

[1] vgl. Drucker (Innovation), S. 209 ff.

[2] vgl. Drucker (Innovation), S. 233 ff.

Strategietyp	Vorgehen und Einsatzbedingungen
In die Lücke stoßen[1] *Kreative Nachahmung*	Angelpunkt dieser Strategie ist die Tatsache, daß ein Unternehmer die Bedeutung seiner Innovation nicht richtig verstanden hat. Diesen Umstand kann sich ein „kreativer Nachahmer" zunutze machen, indem er die Innovationschance besser als der Innovator vermarktet. Der Nachahmer schafft also nicht neue Nachfrage, sondern befriedigt die bestehende auf wirksamere Art und Weise, indem er das Produkt um ein Merkmal ergänzt, für das die Kunden bereit sind, eine Preisprämie zu bezahlen. Kreative Nachahmer kommen oft in Versuchung, ihre Kräfte zu zersplittern, um alle Marktmöglichkeiten auszunutzen, oder sie mißinterpretieren den Trend und ahmen nach, was sich letztlich doch nicht als erfolgreich herausstellt.
Unternehmerisches Judo	Ein Innovator hat zwar ein technisch ausgereiftes neues Produkt oder Verfahren entwickelt, aber auf kaufmännischer Seite schwerwiegende Fehler begangen. Ein anderes Unternehmen kann die Innovation aufgreifen und sich durch schonungsloses Ausnutzen der vom Innovator gemachten Fehler an die Marktspitze vorkämpfen. Unternehmerisches Judo birgt unter allen unternehmerischen Strategien, die auf Führungs- und Vormachtstellung in einem Wirtschaftszweig oder Markt abzielen, das geringste Risiko und die größte Erfolgswahrscheinlichkeit: Unternehmen halten nämlich meist auch dann an ihren schlechten Gewohnheiten fest, wenn sie schon einmal aufgrund vergangener Fehler von einem ihrer angestammten Märkte verdrängt wurden. Deshalb geht man immer nach dem gleichen Schema vor: Suchen nach schlechten Angewohnheiten der etablierten Unternehmen, Entwickeln eines für ein gegebenes Marktsegment spezifischen und optimalen Produkts, um die alteingesessenen Unternehmen zu überflügeln.
Veränderung der Wert- und Wirtschaftlichkeitsmerkmale anstreben[2]	Das Produkt, also der Innovations„träger" als solcher, kann schon lange existieren. Die Strategie macht aus diesem Produkt etwas Neues, indem der Nutzen oder Wert verändert wird. Physisch ändert sich nichts, aber wirtschaftlich handelt es sich um eine Neuheit. Diese Strategie bietet vier Möglichkeiten: • *Nutzen für den Kunden schaffen* • *Preisgestaltung* • *Adaption an die soziale und ökonomische Situation der Kunden* • *Dem Kunden das geben, worauf er Wert legt.*

Abb. 3.5: Innovationsstrategien

---

[1] vgl. Drucker (Innovation), S. 220 ff.

[2] vgl. Drucker (Innovation), S. 243 ff.

3.4 Stärken des Konzepts

- Drucker hat die Fähigkeit, komplexe Ideen und Zusammenhänge einfach und elegant darzustellen und empfängerorientiert zu kommunizieren. Darüber hinaus unterstreicht er seine
  Überlegungen mit einer Vielzahl von Fallbeispielen.

- Drucker sensibilisiert seine Leser dafür, Änderungen des Umfelds und Auswirkungen auf
  das Unternehmen systematisch zu erforschen und zu antizipieren.

- Drucker zeigt, daß das Unternehmen als offenes System in ständiger Wechselwirkung mit
  seinem Umfeld steht. Bei der Formulierung seiner Unternehmensstrategien geht das Management vom Umfeld aus (dem Kunden mit seinen Wünschen, Vorstellungen, Erwartungen
  etc.). Über die Innovation wirkt das Unternehmen wieder auf das Umfeld ein. Dem Leser
  wird klar, daß alles im Gesamtzusammenhang gesehen werden kann und isolierte Betrachtungsweise zu Fehleinschätzungen und schließlich zum Scheitern führt.

3.5 Schwächen des Konzepts

- Drucker stellt eine Reihe von Strategiealternativen dar. Er verabsäumt dabei völlig, dem
  Unternehmer Hilfestellung bei der Beantwortung der Frage nach der zum jeweiligen Unternehmen passenden Strategie zu geben. Schließlich eignen sich nicht alle Unternehmen
  gleich gut für die Umsetzung bestimmter strategischer Überlegungen.

- Drucker hat in seiner langen Schaffenszeit immer wieder strategische Ansätze veröffentlicht, aber im Gegensatz zu vielen anderen Autoren nie den Versuch unternommen, all diese Arbeiten zu einem konsistenten, komprimierten Gesamtwerk zu verarbeiten. Daher ist es
  schwierig, sich einen Überblick Druckers strategische Ideen zu verschaffen.

- Drucker stellt den Lesern in keinem seiner strategischen Ansätze Instrumentarien zur Verfügung, mit deren Hilfe sich die Umsetzung und Kontrolle der gewählten Strategien erleichtern ließe. Er bietet keinen Service für jenen Personenkreis, der sich bei der Auseinandersetzung mit bestimmten Sachverhalten gerne von visuellen Hilfsmitteln leiten läßt
  (Portfolios, Checklisten etc.).

3.6 Bedeutung für die Unternehmensführung

Drucker wird insbesondere in der englischsprachigen Literatur häufig zitiert. Da er aber kein
umfassendes, abgeschlossenes Konzept vorlegt, beschränken sich die Zitate zumeist auf einzelne Erkenntnisse und nicht auf sein Gesamtwerk.

3.7 Empfohlene Literatur

Drucker, P.: Innovation and Entrepreneurship, New York 1986. Bekenntnis zum Unternehmertum und Innovationsdrang. Gut verständlich, mit vielen Beispielen angereichert.

Drucker, P.: Managing for Results, New York 1986, 240 Seiten. Einfach lesbare Praktikerlektüre, die mit vielen Beispielen illustriert ist.

Aloys Gälweiler

„Erfolgspotentiale sind die Möglichkeiten, die man haben muß, ehe es ans Erfolge Realisieren geht. Was im Potential nicht drin ist, kann man nicht realisieren."

Inhaltsverzeichnis

4 Aloys Gälweiler

4.1 Zur Person des Autors

Aloys Gälweiler (1922-1984) war nach dem Studium der Volks- und Betriebswirtschaft an der Universität Mainz (Promotion 1953) von 1950 bis 1956 bei der Zellstoffabrik Waldhof, Wiesbaden, beschäftigt, zunächst als Mitarbeiter in der betriebswirtschaftlichen Zentralabteilung, später als deren Leiter. Von 1957 bis 1966 stand er an der Spitze des Zentralbereichs Betriebswirtschaft bei Brown, Boveri & Cie. in Mannheim und wurde 1967 Generalbevollmächtigter und Direktor des Zentralbereichs Unternehmensplanung.

Daneben engagierte er sich in Forschung und Lehre. Gälweiler lehrte als Honorarprofessor für Unternehmensstrategie an der Universität Köln und als Honorarprofessor für Unternehmensplanung an der Fachhochschule Ludwigshafen, als Dozent an mehreren Universitäten, darunter in Gießen, an der Technischen Akademie Wuppertal, an der Hochschule St. Gallen und am Management-Zentrum St. Gallen. Gälweiler war Vorsitzender des Vorstands der agplan-Gesellschaft für Planung e.V., Beiratsmitglied und Leiter des Arbeitskreises Planung der Schmalenbach-Gesellschaft/Deutsche Gesellschaft für Betriebswirtschaft e.V.[1]

4.2 Grundlagen

Die von Gälweiler entwickelte allgemeine Grundsystematik ist durch „bestechende Logik"[2] gekennzeichnet. Sinn und Bedeutung dieser Darstellung liegen darin, zu zeigen, welche Problemfelder bei der Entwicklung einer Strategie zu beachten sind.

Das Modell ist bewußt allgemein gehalten, um es leicht an die spezifischen Gegebenheiten der einzelnen Unternehmen anpassen zu können.

---

[1]   vgl. Töpfer, Afheldt (Unternehmensplanung), S. 547

[2]   Malik (Planungsmanagement), S. 188

4.3 Inhalt des Konzepts

4.3.1 Strategie versus Operation

Führung besteht für Gälweiler aus

- strategischen (Produkte und Märkte betreffenden) und
- operativen (Umsetzung und Effizienz betreffenden) Entscheidungen.[1]

Von Bedeutung ist die zeitliche und sachliche Rangfolge dieser Entscheidungen. Sie impliziert, daß Versäumnisse bei strategischen Entscheidungen nicht durch nachfolgende organisatorische operative Anstrengungen aufgeholt werden können.[2]

Gälweiler stellt nicht auf die herkömmliche Dreiteilung in kurz-, mittel- und langfristige Unternehmensplanung ab, sondern verwendet diese Einteilung nur als Überbrückungshilfe zwischen zeitlichen und aufgabenbezogenen Konzepten.

Strategische Führung ist für Gälweiler „die Suche, der Aufbau und die Erhaltung hinreichend hoher und sicherer Erfolgspotentiale unter Berücksichtigung der damit verbundenen langfristigen Liquiditätswirkungen".[3]

Die operative Führung ist auf unmittelbare Erfolgserzielung ausgerichtet, auf bestmögliche Realisierung der gegebenen Erfolgspotentiale, ohne dadurch langfristig ergiebige Erfolgspotentiale zu schädigen.[4]

4.3.2 Vorsteuergrößen

Sowohl operative als auch strategische Führung benötigen spezifische Orientierungsgrundlagen (Orientierungshilfen). Strategische Orientierungsgrundlagen (im Sinne von verläßlich geltenden Erfolgsfaktoren) sollen Sicherheit schaffen, die den Entscheidungsträgern zukunftsorientierte Vorsteuerung von Erfolg und Liquidität erleichtert.[5]

---

[1] vgl. Gälweiler (Unternehmensführung) S. 25 ff. Anfänglich unterschied Gälweiler zwischen operativer, taktischer und strategischer Führung. Vgl. Gälweiler (Divisionalisierung), S. 60

[2] vgl. Gälweiler (Divisionalisierung), S. 60

[3] Gälweiler (Unternehmensführung), S. 28

[4] vgl. Gälweiler (Unternehmensführung), S. 28

[5] vgl. Gälweiler (Unternehmensführung), S. 241

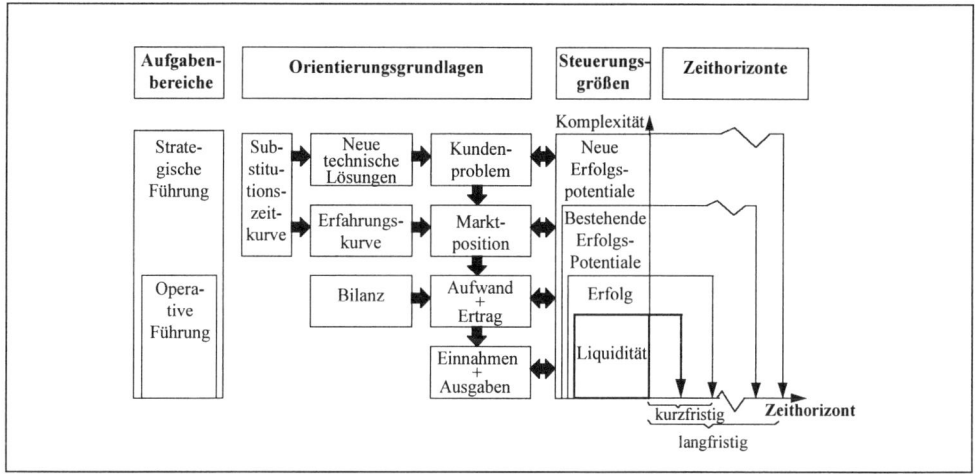

Abb. 4.1:   Aufgabenbereiche der Unternehmensführung mit ihren Steuerungsgrößen und der zunehmenden Komplexität der jeweiligen Orientierungsgrundlagen[1]

Aus diesem Grund fügt Gälweiler den operativen Führungs- beziehungsweise Steuerungsgrößen eines Unternehmens – Liquidität und Erfolg – eine neue strategische Steuerungsgröße hinzu: das „Erfolgspotential". Von der Liquidität über den Erfolg bis hin zu den Erfolgspotentialen werden diese Größen zunehmend abstrakter und komplexer. Vorgelagerte Steuerungsgrößen (z. B. Erfolg im Sinne von Gewinn) üben auf nachfolgende Steuerungsgrößen (z. B. Liquidität) Vorsteuerungsfunktion aus. Gälweiler spricht in diesem Zusammenhang von der Vorsteuerungsfunktion des Erfolgs für die Liquidität. „Vorsteuern heißt, etwas frühzeitiger zu bemerken und sein Verhalten danach ausrichten."[2]

Liquidität und Erfolg[3]

Liquidität ist die Fähigkeit eines Unternehmens, jederzeit betrags- und termingerecht seinen Zahlungsverpflichtungen nachkommen zu können. Ist die Liquidität nicht ausreichend, ist die Existenz des Unternehmens gefährdet. Daraus folgt, daß kurzfristig gesehen die Aufrechterhaltung der Liquidität am wichtigsten ist.

Der Erfolg ist der Überschuß der Erträge über die Aufwendungen. Er ist zwar Voraussetzung für ausreichende Liquidität, gibt aber keine Sicherheit. Es bedarf daher einer laufenden, separaten Überwachung beider Größen.

Die Liquidität und der Erfolg sind die Führungs- und Steuerungsgrößen der operativen Führungsebene.

---

[1]   Gälweiler (Unternehmensführung), S. 34

[2]   Gälweiler (Unternehmensführung), S. 29

[3]   vgl. Gälweiler (Unternehmensführung), S. 29 ff.

Erfolgspotentiale[1]

Erfolgspotentiale üben auf den Erfolg eine analoge Vorsteuerfunktion aus, wie Erfolg auf die Liquidität. Sie sind eine notwendige, aber nicht hinreichende Bedingung für operativen Erfolg. Unter „Erfolgspotential" versteht Gälweiler „das gesamte Gefüge aller jeweils produkt- und marktspezifischen erfolgsrelevanten Voraussetzungen, die spätestens dann bestehen müssen, wenn es um die Erfolgsrealisierung geht."[2] Gälweiler beschreibt in diesem Zusammenhang:[3]

- Marktanteil und Erfahrungskurve,

- Anwender- und Kundenproblem,

- Innovationen,

- Substitutionszeitkurve.

Der Aufbau von Erfolgspotentialen benötigt eine relativ lange Zeit, die grundsätzlich nicht beliebig verkürzt werden kann.[4] Der Aufbau von Erfolgspotentialen bedarf produkt- und marktspezifischer Zeitkonstanten. Dazu gehören die Entwicklungsdauer für neue Produkte, die Zeit für den Aufbau von Produktionskapazitäten, Marktpositionen und einer kostengünstig funktionierenden Organisation, die Länge der Produkt- und Marktlebenszyklen, die Substitutionszeit (wenn neue technische Lösungen an die Stelle bisheriger treten), die Produktionszeit usw.[5]

Gälweiler differenziert weiters zwischen bestehenden und neuen Erfolgspotentialen. Maßgebliche Gründe dafür sind, daß auch die Erfolgsvorsteuerung mittels der bestehenden Erfolgspotentiale Grenzen hat, und zwar dort, wo es aufgrund von technologischen Änderungen, Substitutionseffekten und Änderungen des Nachfrageverhaltens zu Umstrukturierungen kommt. Das erzwingt den Aufbau neuer Erfolgspotentiale, was sich immer auf die Schaffung neuer Produkte und/oder neuer Märkte bezieht.

Orientierungsgrundlage für bestehende Erfolgspotentiale ist die momentane Marktposition, gemessen am relativen Marktanteil, als Basis für Erfahrungskurveneffekte. Neue Erfolgspotentiale können durch die Berücksichtigung von Kundenproblemen aufgebaut werden. Das Kundenproblem bewirkt neue technische Lösungen und steht damit im Zentrum der strategischen Vorsteuerung. Neue technische Lösungen beeinflussen die Substitutionszeit, die wiederum auf Erfahrungskurve und Marktposition wirkt.

---

[1]   vgl. Gälweiler (Unternehmensführung), S. 26 ff.

[2]   Gälweiler (Unternehmensführung), S. 26

[3]   vgl. Gälweiler (Unternehmensführung), S. 37 ff.

[4]   vgl. Gälweiler (Unternehmensführung), S. 26

[5]   vgl. Gälweiler (Zeithorizont), S. 207 ff.

Aus den Überlegungen zur Vorsteuerfunktion von Erfolgspotentialen leiten sich folgende Aussagen über strategische Führung ab:[1]

- Die strategische Führung hat die Aufgabe, Erfolg und Liquidität vorzusteuern.

- Strategische Führung mit Erfolgspotentialen kann nur Voraussetzung mit hohen Erfolgschancen, aber keine Sicherheiten für spätere Erfolge schaffen.

- Erfolgspotentiale stellen Obergrenzen für den realisierbaren Erfolg dar.

- Erfolgspotentiale hat jedes Unternehmen, bewußt oder unbewußt.

- Strategische Steuerung ist nur innerhalb der Grenzen des langfristigen, freien Cash-flows (Liquidität) möglich.

4.3.3 Grundsystematik strategischer Planung

Gälweiler baut auf seinen Überlegungen zur Vorsteuerfunktion eine Grundsystematik von strategisch relevanten Problemfeldern auf. Ziel dieser Systematik ist es, strategisches und operatives Management miteinander zu verbinden und dabei die strategischen Problemfelder und die bereits beschriebenen Orientierungsgrundlagen mit zu berücksichtigen.[2]

Ausgangspunkt für das strategische Management ist das Kundenproblem, das unabhängig von existierenden Lösungen (Technologie) formuliert werden muß. Es steht in enger Beziehung zu Technologie und Innovation, die wiederum die Marktentwicklung nachhaltig beeinflussen.[3] Gälweiler unterscheidet in seiner Systematik beeinflußbare und unbeeinflußbare Größen, die miteinander verknüpft werden und über die interne und externe Planungsprämissen gebildet werden. Aus der (unbeeinflußbaren) Marktentwicklung muß das Unternehmen Marktanteilsziele ableiten. Um diese erreichen zu können, müssen Marketingziele festgelegt und eigenes Wachstum erzielt werden. Dieses Wachstum gründet sich wiederum auf Erfahrungskurveneffekte (Einsparungspotentiale) und Investitionen. Schlußendlich mündet alles im freien Cashflow (Mittelflußsaldo), der den Rahmen der durchführbaren Maßnahmen absteckt.

Im Zentrum der Systematik stehen die strategischen Geschäftseinheiten. Darunter versteht Gälweiler gedankliche Gebilde, deren Zweck die Erarbeitung von langfristig tragfähigen Zielen ist.[4] Dazu müssen die gesamten Unternehmensaktivitäten in jeweils strategisch geschlossen zu betrachtende Arbeitsgebiete oder Geschäftsfelder aufgegliedert werden.[5]

---

[1] vgl. Gälweiler (Unternehmensführung), S. 29 ff.

[2] vgl. Gälweiler (Unternehmensführung), S. 29 ff.

[3] vgl. Gälweiler (Unternehmensführung), S. 31

[4] vgl. Gälweiler (Unternehmensführung), S. 276

[5] vgl. Gälweiler (Unternehmensführung), S. 51

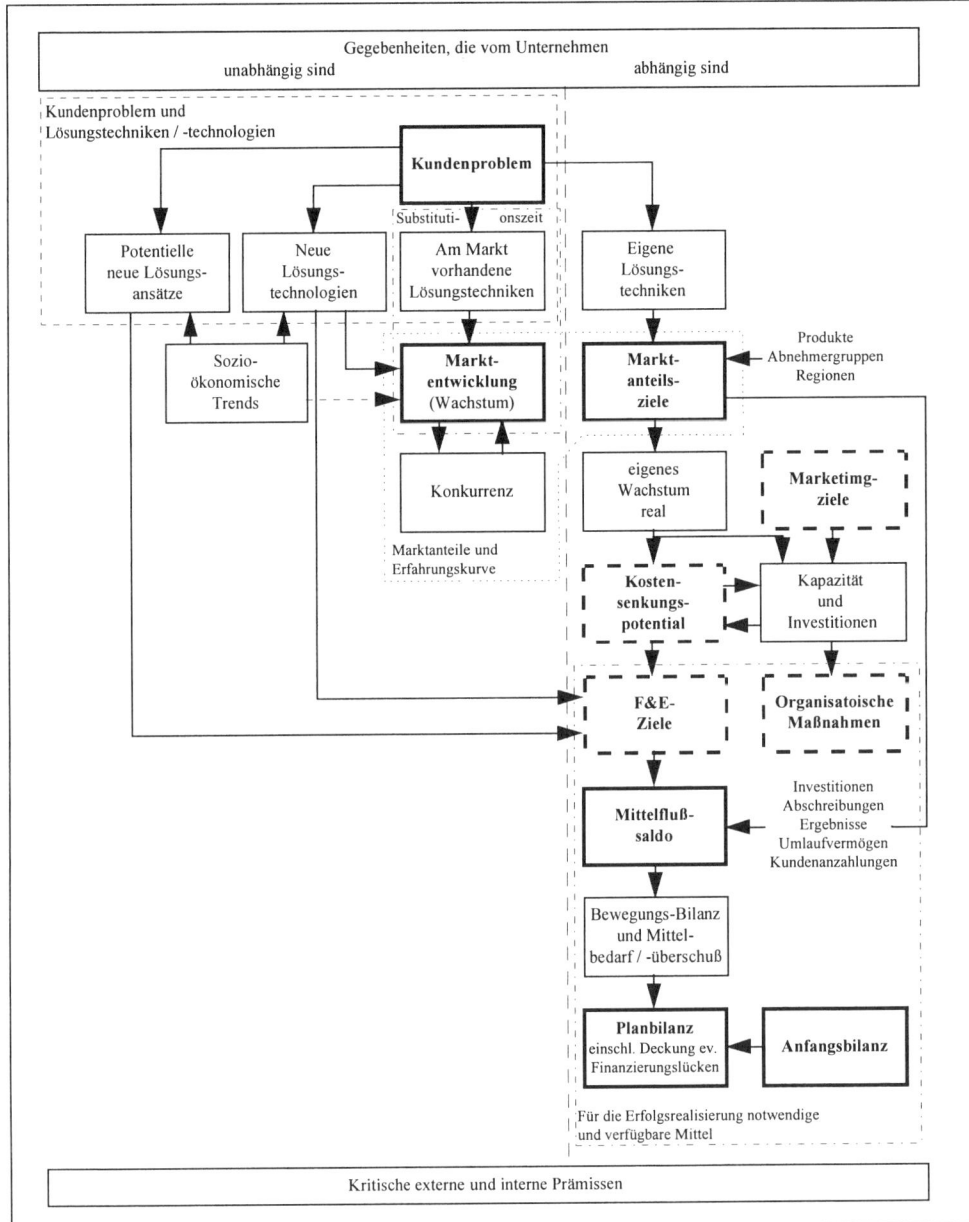

*Abb. 4.2:   Allgemeine Grundsystematik der für strategische Planung relevanten
             Problemfelder und ihre Verknüpfungen[1]*

---

1   Gälweiler (Unternehmensführung), S. 31

Nach Gälweiler ist dabei nicht nur auf Märkte und Produkte Bezug zu nehmen, sondern es sind auch funktionale Stärken eines Unternehmens (z. B. F&E, Marketing, Produktions-Know-how) zu berücksichtigen.[1]

Gälweiler verwendet das Instrument der Portfoliotechnik, das er ausführlich erläutert, um die strategischen Geschäftseinheiten zu beurteilen und funktionale Strategien in Übereinstimmung mit dem Finanzierungspotential abzuleiten.[2]

Eine umfassende Checkliste bezieht sich auf sämtliche Problemfelder und deren Verknüpfung (Vernetzung). Sie bildet auch einen wesentlichen Bestandteil der strategischen Kontrolle bei der Überprüfung der Vollständigkeit und Konsistenz der Planung.[3]

4.3.4 Geschäftspolitische Grundsätze[4]

Geschäftspolitische Grundsätze sind Führungsmittel, mit deren Hilfe der laufende Geschäftsbetrieb auf allen Entscheidungsebenen auf die strategischen Unternehmensziele orientiert wird. Derartige Grundsätze sollen das Unternehmen in die Lage versetzen, in alltäglichen, wiederkehrenden Entscheidungssituationen mit strategischer Tragweite einheitliches Entscheidungsverhalten im Unternehmen zu praktizieren. Dazu müssen die geschäftspolitischen Grundsätze schriftlich dokumentiert werden. Wirksam werden solche Grundsätze allerdings erst durch Akzeptanz und ständige Berücksichtigung im Unternehmen.

Inhaltlich orientieren sich strategische geschäftspolitische Grundsätze an der gegenwärtigen und künftigen Marktposition beziehungsweise an den Produkten und Märkten, an denen das Unternehmen interessiert ist. Sie umfassen beispielsweise:[5]

- Produkte, Leistungen und Anwenderprobleme,

- Marktanteile,

- Qualitätsniveau,

- Produkt- und Verfahrenstechnologien etc.

Geschäftspolitische Grundsätze sind der Rahmen für Unternehmenspolitik und -planung.

---

[1] vgl. Gälweiler (Unternehmensführung), S. 265

[2] vgl. Gälweiler (Unternehmensführung), S. 80 ff.

[3] vgl. Gälweiler (Unternehmensführung), S. 208 ff.

[4] vgl. Gälweiler (Unternehmensführung), S. 96 ff.; Gälweiler (Unternehmensplanung), S. 163 ff.

[5] vgl. Gälweiler (Unternehmensführung), S. 113

4.3.5 Der Planungsprozeß

Die historische Entwicklung der Planung im Unternehmen durchlief sechs Entwicklungs-stufen[1]:

Die Urform der Planung ist unstrukturiert und findet ausschließlich im Kopf des Unterneh-mers statt. Planung und Ausführung werden von derselben Person durchgeführt.

Kennzeichen der zweiten Stufe ist die Niederschrift der Pläne.

In der dritten Stufe erhalten Pläne die Aufgabe eines Kommunikationsmittels zwischen Pla-nendem und Mitarbeiter. Der Unternehmer ist weiterhin alleiniger Ersteller der Pläne.

In der nächsten Stufe werden Ziel- und Ausführungsplanung gedanklich getrennt. Die Aus-führungsplanung wird weitgehend strukturiert, die Zielplanung bleibt unstrukturiert.

In der fünften Phase wird auch die Zielplanung strukturiert und an konkreten Erfolgsgrößen ausgerichtet. Es entsteht lang-, mittel- und kurzfristige Planung.

Den Höhepunkt erreicht die Entwicklung mit der Differenzierung zwischen operativer und strategischer Planung. Strategische Planung erfordert völlig neue Begriffswelten und Denk-gebäude. Strategische und operative Entscheidungen bedürfen einer getrennten Planung, da jeweils unterschiedliche Rahmenbedingungen und Steuerungsgrößen beachtet werden müs-sen.

In beiden Fällen gliedert sich der Planungsprozeß in vier Grundphasen:[2]

- Analyse,
- Zielbildung,
- Strategiebildung,
- Ausführungsplanung.

Die Analysephase wird von Gälweiler ausführlich behandelt, da er hier das geringste Pro-zeßwissen vermutet. Er trennt diese Phase in eine interne und eine externe Analyse und schafft damit eine Struktur für eine Potentialanalyse (Stärken/Schwächen – Chancen/Risiken). Die Ergebnisse verknüpft er mit dem Markt (Kundenproblem) und dem Leistungsumfang des Unternehmens.[3]

---

[1] vgl. Gälweiler (Unternehmensplanung), S. 45 ff.

[2] vgl. Gälweiler (Unternehmensplanung), S. 187 ff.

[3] vgl. Gälweiler (Unternehmensplanung), S. 193 ff.

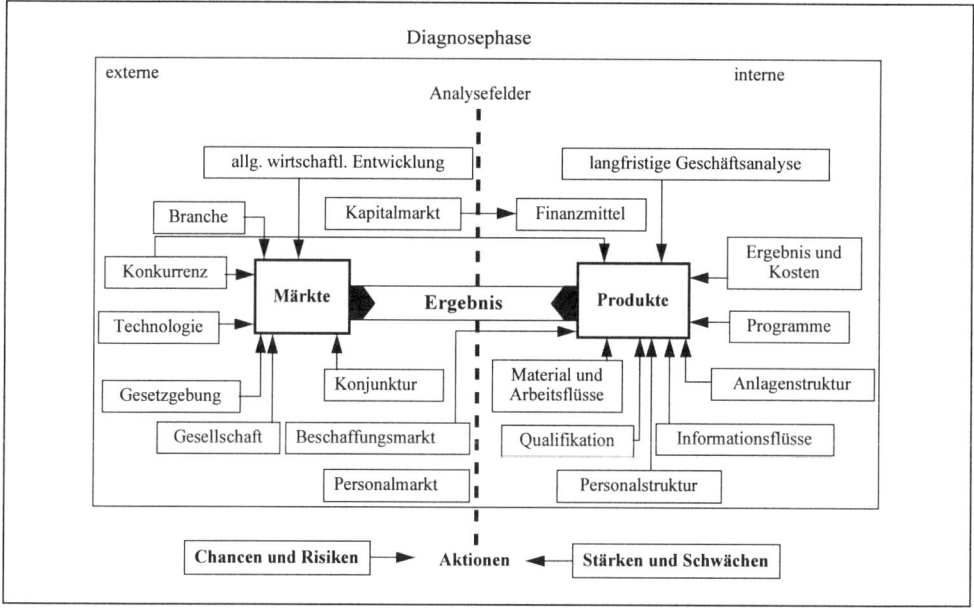

Abb. 4.3:   Beziehungsgefüge externer und interner Analysefelder[1]

Die Qualität des Planungsergebnisses wird von drei Faktoren maßgeblich beeinflußt, die vom Unternehmen gestaltet werden können:[2]

- Qualifikation des Planungsträgers,

- Planungssystem (Systematik),

- Qualität der in den Plan eingehenden Informationen.

4.3.6 Strategische Kontrolle

So wie die strategische Planung andere Orientierungsgrundlagen und Instrumente braucht als die operative Planung, so muß auch die strategische Kontrolle anderen Anforderungen als die operative Kontrolle genügen. Bestandteile einer strategischen Kontrolle sind:[3]

- Kontrolle der Vollständigkeit und Konsistenz der Planung,

- laufende Überwachung der Planungsprämissen,

- terminliche Überprüfung der Strategieentwicklung und -umsetzung (Meilensteine),

- laufende Beurteilung der Auswirkungen operativer Entscheidungen auf die Strategie,

[1] Gälweiler (Unternehmensplanung), S. 198

[2] vgl. Gälweiler (Unternehmensplanung), S. 207 ff.

[3] vgl. Gälweiler (Unternehmensführung), S. 208

- regelmäßige strategische Analyse und periodische Prüfung der Abgrenzung strategischer Geschäftseinheiten,

- periodische Kontrolle der Verhaltensgrundsätze.

4.3.7 Die Evolution des Planungssystems

Gälweiler betont, daß für langfristiges Überleben ständige Anpassung an die sich verändernden Umfeldeinflüsse notwendig ist. Im Unterschied zu vielen modernen Autoren, die diese Überlegungen mit einer Analogie zur Naturwissenschaft begründen, betont Gälweiler die Unterschiede zwischen Natur und Unternehmen.

Der naturwissenschaftliche Evolutionsbegriff ist von Anpassung an bereits eingetretene Veränderungen geprägt. Zukünftige Entwicklungen und noch nicht offenkundig gewordene, nur latent vorhandene Trendwenden können im Rahmen der naturwissenschaftlichen Evolutionstheorie nicht zu Anpassungsmaßnahmen der Organismen führen. Darüber hinaus stellt sich der evolutionsbedingte Wandel zwar als zielgerichtet dar, nicht jedoch als bewußt gesteuerter und beeinflußbarer Prozeß.

Damit liegt der Unterschied zur Unternehmensführung, die anpassenden Wandel als zukunftsorientierte sowie bewußt gestaltende Aktivität ansieht und die auch noch nicht eingetretene, aber bereits erwartete Umfeldeinflüsse antizipiert. Auch hier hat das Kundenproblem herausragenden Stellenwert im Wirkungsgefüge.[1]

4.4 Stärken des Konzepts

- Gälweiler gelang es, die strategischen und operativen Führungsaufgaben in Verbindung mit ihren spezifischen Orientierungsgrundlagen und zeitlichen Wirkungshorizonten in einem integrierten Gesamtkonzept klar darzustellen.

- Gälweiler wies als erster auf die logische Verknüpfung der Liquiditäts- und Erfolgsicherung hin. Er plädierte für Berücksichtigung einer der Erfolgssteuerung vorgelagerten zusätzlichen Steuerungsgröße, des Erfolgspotentials. Die Bedeutung der Vorsteuerung besteht nicht nur in der Erweiterung des zugänglichen sachlichen und zeitlichen Wirkungshorizonts, sondern auch in ihrem Charakter als Vorübung der Unternehmenssteuerung. Je besser die Vorsteuerung beherrscht wird, um so leichter wird die Steuerung.

- Die von Gälweiler entwickelte Grundsystematik der Unternehmenssteuerung enthält „in genialer Einfachheit alle wesentlichen Sachverhalte.“[2] Sie bildet eine solide Basis für Orientierung und Steuerung aller Unternehmensaktivitäten.

- Ein weiteres Verdienst Gälweilers ist, daß der strategischen Unternehmensführung anstelle eines zeitlichen (kurz-, mittel- und langfristig) ein funktional bestimmter Ansatz zugrunde

---

[1]   Gälweiler (Unternehmensführung), S. 310 ff.

[2]   vgl. Malik (Planungsmanagement), S. 185

gelegt wird. Damit hat Gälweiler die deutschsprachige Strategiediskussion in Wissenschaft und Praxis nachhaltig beeinflußt.

4.5 Schwächen des Konzepts

- Gälweiler verwendet in seinem Konzept Orientierungsgrößen, deren Erfassung in der Praxis oft auf Schwierigkeiten stößt und die zum Teil auch theoretisch kritisiert werden.

- Das Personal wird im strategischen Konzept Gälweilers nicht ausdrücklich berücksichtigt. Der Autor gliedert die Schlüsselfaktoren für Planungsprobleme beziehungsweise - entscheidungen in strategische, organisatorische und operative.[1] Zu den organisatorischen Schlüsselfaktoren (struktur- und systemgestaltende) zählt er unter anderem das Personal. Dadurch entsteht der Eindruck, daß Gälweiler den Menschen in seinem Konzept nicht als Erfolgspotential betrachtet, vor allem auch deshalb, weil er in seinen späteren Arbeiten die organisatorische Ebene ausgegliedert hat.

4.6 Bedeutung für die Unternehmensführung

Das strategische Konzept von Gälweiler wird von den Autoren des deutschsprachigen Raums weitgehend akzeptiert. Sein Konzept findet sowohl in einschlägiger neuerer Literatur als auch in der Lehre Widerhall.[2]

Die Erhaltung von bestehenden und die rechtzeitige Schaffung von neuen Erfolgspotentialen als Führungs- und Steuerungsgröße unter Berücksichtigung der damit verbundenen langfristigen Liquiditätswirkungen wird weithin als Kernaufgabe der strategischen Planung beziehungsweise Führung angesehen.[3]

4.7 Empfohlene Literatur

Gälweiler, A.: Strategische Unternehmensführung, Frankfurt/Main 1990, 330 Seiten. Umfassende Darstellung der Entwicklung und Konzeption der strategischen Planung und strategischen Steuerungsgrößen. Den Instrumenten der strategischen Planung wird breiter Raum gewidmet.

---

[1] vgl. Gälweiler (Unternehmensplanung), S. 341 ff.

[2] vgl. Hopfenbeck (Managementlehre), S. 544 ff.; vgl. Malik (Planungsmanagement), S. 166 ff.

[3] vgl. Hopfenbeck (Managementlehre), S. 544

Pankaj Ghemawat

„Sie haben die ganze Literatur über Wettbewerbsvorteile gelesen, die besten Ideen und Strategien in
die Tat umgesetzt und schließlich den angestrebten
Vorsprung erreicht. Doch können Sie ihn auch behaupten? Denn vermutlich haben die Wettbewerber
die gleichen Bücher gelesen und ähnliche Konzepte
verwirklicht."

Inhaltsverzeichnis

5 Pankaj Ghemawat

5.1 Zur Person des Autors

Pankaj Ghemawat studierte in Harvard angewandte Mathematik und erhielt 1982 den Ph. D. in Betriebswirtschaftslehre. Danach arbeitete er zwei Jahre als Berater für McKinsey & Company in London und kehrte 1983 nach Harvard zurück. 1991 wurde er zum jüngsten Professor in der Geschichte der Harvard Business School ernannt. 1993 bis 1994 war er Gastprofessor an der IESE Barcelona.

5.2 Grundlagen

Der Industrial organization-Ansatz der strategischen Unternehmensführung geht davon aus, daß der Wettbewerb die Rentabilität verschiedener Wettbewerber innerhalb einer Branche angleicht. Tatsächlich bestehen aber auch weiterhin Rentabilitätsunterschiede. Den Grund dafür sieht Ghemawat in der Bindung des Managements durch strategische Entscheidungen in der Vergangenheit.

Ghemawat versucht, die statisch ausgerichtete Strategiekonzeption zu dynamisieren. Er berücksichtigt bei strategischen Fragestellungen auch frühere strategische Entscheidungen, die den derzeitigen Handlungsspielraum einschränken.

Konzeptionell geht Ghemawat von der Kritik an Strategieansätzen aus. Er kritisiert aber auch die klassische industrieökonomische Strategietheorie. Beide Theoriegebäude geben aus seiner Sicht keine zufriedenstellende Erklärung für Ertragsunterschiede von Unternehmen. Industrieökonomische Ansätze, wie jener von Porter, können Profitabilitätsunterschiede zwischen verschiedenen Branchen erklären, bieten aber keine hinreichende Begründung für unterschiedliche Profitabilität einzelner Unternehmen.

Ressourcenorientierte Ansätze basieren auf kritischen Erfolgsfaktoren einer Branche. Weiters wird implizit unterstellt, daß die Kosten für den Aufbau von auf diesen Erfolgsfaktoren beruhenden Wettbewerbsvorteilen geringer sind als der Nutzen dieser Wettbewerbsvorteile. Diese Kosten-Nutzen-Imparität konnte allerdings bisher weder empirisch noch logisch bewiesen werden.

5.3 Inhalt des Konzepts

5.3.1 Commitment und strategische Wahl[1]

Commitment ist das Festhalten an eingeschlagenen strategischen Richtungen. Commitment ist ein im Zeitverlauf wirkender (also dynamischer) Zwang zu einer strategischen Entscheidung. Für sich betrachtet kann dieser Zwang sowohl positive als auch negative Effekte für ein Unternehmen haben. In der Terminologie der Wahrscheinlichkeitsrechnung bedeutet das:[2]

$$P(X_t = A \mid X_{t-1} = A) > P(X_t = \overline{A} \mid X_{t-1} = A)$$

Commitment besteht, wenn die (bedingte) Wahrscheinlichkeit für die Wahl der strategischen Alternative A, sofern in der Vergangenheit bereits A realisiert wurde, höher ist als die Wahrscheinlichkeit für eine andere Alternative.

Gedächtnislosigkeit beschreibt dagegen eine Situation, bei der – unabhängig von der Strategie in der Vergangenheit – alle Alternativen die gleiche Wahrscheinlichkeit aufweisen.

Ghemawat nennt folgende Gründe (sticky factors) für das Festhalten an bereits früher eingeschlagenen Strategien:

Lock-In (Austrittsbarrieren) – Durch das Anhäufen von dauerhaften, spezialisierten und nicht frei handelbaren (Produktions-)Faktoren wird das Revidieren einer eingeschlagenen Strategie unattraktiv. Die Gründe dafür sind: hohe sunk costs, immaterielle Vermögensgegenstände, „fortgeschrittene" Faktoren wie speziell ausgebildetes Personal etc.

Lock-Out (Wiedereintrittsbarrieren) – Wenn durch den strategischen Wechsel (Produktions-) Faktoren aufgegeben werden, die zu einem späteren Zeitpunkt nicht mehr beschafft werden können, bindet dies das Unternehmen an die bestehende strategische Alternative. Derartige Wiedereintrittsbarrieren sind beispielsweise nach einer Werkschließung wieder neu zu beantragende Betriebsanlagengenehmigungen etc.

Lag (Zeitverzögerungen) – Der Erfolg einer Strategie läßt sich in der Regel erst einige Jahre nach der strategischen Entscheidung beurteilen. Bis zu dieser Beurteilung ist das Unternehmen auf die eingeschlagene Strategie festgelegt.

Inertia (Organisationsträgheit) – Neben diesen harten Faktoren der Festlegung auf eine strategische Alternative existieren auch psychische und soziale Gründe für das Festhalten an altbekannten Strategien.

Unternehmen, die unterschiedlich mit diesen sticky factors ausgestattet sind, geraten unweigerlich auf unterschiedliche strategische Entwicklungspfade und realisieren somit auch verschiedene Rentabilitäten. Über längere Perioden hinweg verlassen Unternehmen ihre Entwicklungspfade nicht. Innerhalb dieser Zeit ist die Festlegung auf eine strategische Alternative wirksam.

---

[1] vgl. Ghemawat (Commitment), S. 13 ff.

[2] vgl. Ghemawat (Commitment), S. 15

Diese kontinuierliche Entwicklung ist aber von revolutionären Sprüngen durchbrochen, die einen Wechsel des Entwicklungspfades ermöglichen. Es sind dies die strategischen Schlüsselentscheidungen, die dem Unternehmen wiederum für eine längere Periode eine Festlegung auf eine Strategie bescheren: Sie erzeugen Commitment. Gerade auf diese commitmentintensiven strategischen Schlüsselentscheidungen muß im Rahmen der Strategieentwicklung geachtet werden.

5.3.2 Positionierung – Analyse der strategischen Option[1]

Bevor strategische Schlüsselentscheidungen getroffen werden, muß eine Reihe von Analysen angestellt werden. Zu Beginn ist es sinnvoll, die Produkt-/Marktposition aufzuarbeiten. Dazu eignet sich folgende Vorgehensweise, die mit der Analyse der Produkt-/Marktposition startet und als Ergebnis den Wert der Position (Positionswert) ergibt. Dieser Wert besteht in der höchstmöglichen Kombination aus Gewinnspanne und Absatzvolumen.

Die Einflußfaktoren des Positionswertes werden durch economies of scale, Lerneffekte, Synergieeffekte, Know-how sowie durch den Zugang zu Absatz- und Liefermärkten beeinflußt. Diese Faktoren sind die notwendigen Voraussetzungen für langfristige Wettbewerbsfähigkeit.[2]

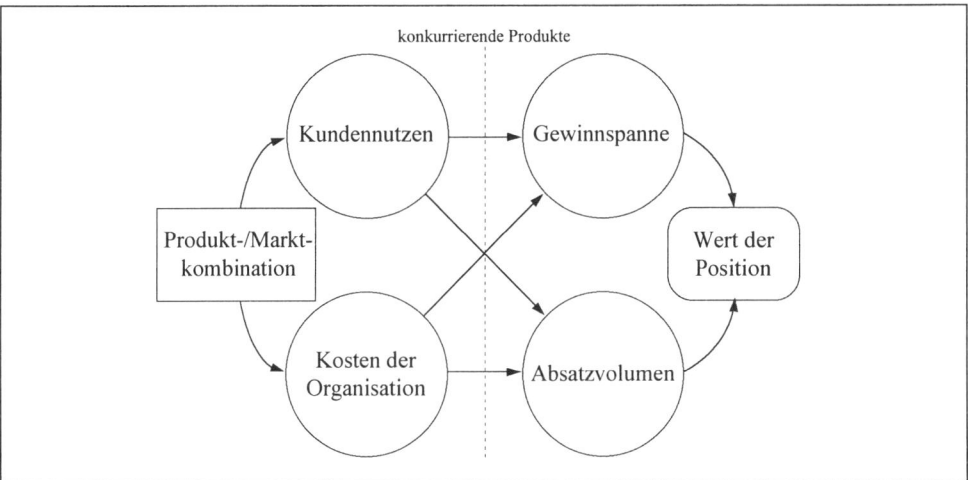

Abb. 5.1: Positionierungsanalyse[3]

---

[1]   vgl. Ghemawat (Commitment), S. 53 ff.

[2]   vgl. Ghemawat (Wettbewerbsvorteile), S. 105 ff.

[3]   vgl. Ghemawat (Commitment), S. 59

Produkt-/Marktposition

Bei der Analyse der Produkt-/Marktposition müssen folgende Punkte beachtet werden:

- Alle Bereiche, die mit der Leistungserstellung in Zusammenhang stehen (F&E, Produktion, Marketing etc.) müssen funktionsübergreifend analysiert werden, da der Wettbewerb die gleiche Leistung auch in einer anderen Kombination der Funktionen erstellen kann.

- Produkte, die mehrere Märkte bedienen, sind als separate Produkt-/Marktkombinationen zu erfassen und getrennten Analysen zu unterziehen.

- Sämtliche möglichen Substitutionsprodukte sind einzubeziehen.

- Die Analyse muß auf das externe Umfeld und die bestehende Organisationsstruktur achten, um die Informationsversorgung sicherzustellen.

Kosten der Organisation

Die Kosten der Organisation müssen ebenfalls funktionsübergreifend betrachtet und in Kostenkategorien unterteilt werden. Für jede dieser Kostenkategorien müssen die relevanten Kostentreiber gefunden werden.

Nutzen für den Kunden

Bis auf wenige Ausnahmefälle (reine Commodities) hat die Analyse des Kundennutzens weit höhere Bedeutung als die Kostenanalyse. Die Analyse muß auf den charakteristischen, möglichst objektiv bestimmbaren Produktmerkmalen aufbauen, die für die Kaufentscheidung bestimmend sind. Dazu muß die Verwendung durch den Kunden untersucht werden; daneben müssen aber auch subjektive Kaufmotive betrachtet werden.

Kombination von Gewinnspanne und Absatzvolumen

Aus den möglichen Kombinationen von Gewinnspanne und Absatzvolumen lassen sich verschiedene Positionierungen im Vergleich zum Wettbewerb ableiten: hohe Gewinnspanne für geringes Absatzvolumen (Differenzierung) oder niedrige Gewinnspanne für hohes Absatzvolumen (Massenprodukt). Immer wenn sich Unterschiede in der zeitlichen Abfolge der Zahlungsströme unterschiedlicher Positionierungsalternativen ergeben, ist eine dynamische Betrachtung (Diskontierung der Cash-flow-Ströme) vorzunehmen.

5.3.3 Reaktionsanalyse[1]

Strategische Maßnahmen lösen beim Unternehmensumfeld – insbesondere bei den Wettbewerbern – Reaktionen aus, die den Erfolg der gewählten Strategie zu untergraben versuchen. Wettbewerbsvorteile gegenüber der Konkurrenz können nur durch die bereits beschriebenen sticky factors aufrechterhalten werden. Sie werden in diesem Fall zu Erfolgsfaktoren der Branche, für die kein vollkommener Markt existiert, der auf die Wettbewerbsvorteile und die mit diesen in Zusammenhang stehenden Rentabilitätsunterschiede nivellierend wirken würde.

Commitment ist aber keine ausreichende Begründung für das Fortbestehen von Wettbewerbsvorteilen. Die relevanten Erfolgsfaktoren müssen auch in Zukunft knapp, aber dem Unter-

---

[1]   vgl. Ghemawat (Commitment), S. 67 ff.

nehmen zugänglich sein. Will ein Unternehmen Wettbewerbsvorteile langfristig sichern, müssen die relevanten Faktoren aufgedeckt und hinsichtlich Knappheit und Verfügbarkeit analysiert werden. Im ersten Schritt der Analyse ist herauszufinden, welcher Wettbewerber von einer strategischen Entscheidung am meisten betroffen wird. Danach können die Reaktionsmöglichkeiten betrachtet werden, die dem Wettbewerber offenstehen.

Die Konkurrenz hat folgende Möglichkeiten zu reagieren, die ebenfalls in die Analyse einbezogen werden müssen:

Imitation – Durch Imitation kann die Knappheit beseitigt werden. Im Rahmen der Analyse muß daher die Gefahr einer Imitation bewertet werden. Einer Imitation stehen entgegen: geheime Informationen, economies of scale, geschützte Rechte und Verträge, angedrohte Vergeltungsmaßnahmen, Reaktionszeit des Imitators.

Substitution – Durch Substitution wird die Bedeutung der Erfolgsfaktoren verringert, die sich auf das ursprüngliche Produkt bezogen. Dagegen werden neue Erfolgsfaktoren relevant. Substitution ist gefährlich, weil sie in aller Regel nicht von direkten Wettbewerbern ausgeht.

Raub – Wenn der Eigentümer eines Erfolgsfaktors in seiner Kontrolle über diesen Erfolgsfaktor eingeschränkt wird (Verträge, Abhängigkeiten, gesellschaftliche Normen etc.) können sich Fremde Zugang verschaffen.

Slack – Ineffizienzen in der Verwendung von knappen sticky factors reduzieren den möglichen Wettbewerbsvorteil eines Unternehmens.

Es sollten daher immer jene Strategiemöglichkeiten gewählt werden, die langfristig gegenüber der Konkurrenz Bestand haben, von dieser also nicht kopiert oder zunichte gemacht werden können. Derartige Strategien haben hohen Nachhaltigkeitswert.

Die Gründe für die beschränkte Reaktionsfähigkeit der Konkurrenz sind:[1]

- **Staatliche Interventionen** – Kartellrecht, Patentrecht, Wettbewerbsrecht etc. – beschränken die Möglichkeiten einzelner Wettbewerber.

- **Defensives Verhalten** – Wettbewerber, die noch mit (Fehlern) der Vergangenheit beschäftigt sind, verabsäumen in der Regel rasch auf Aktivitäten der Konkurrenz zu reagieren.

- **Beharrungstendenzen** – Viele Unternehmen unterliegen starken (psychologischen) Beharrungstendenzen und reagieren daher sehr langsam.

5.3.4 Flexibilität[2]

Flexibilität ist die Möglichkeit, eine früher getroffene strategische Entscheidung wieder zu verändern. Flexibilität ist immer dann wichtig, wenn zu einem späteren Zeitpunkt zusätzliche Informationen auftauchen, die für die strategische Entscheidung relevant sind. Je höher die Flexibilität ist, desto leichter läßt sich eine Strategieänderung durchführen.

---

[1] vgl. Ghemawat (Wettbewerbsvorteile), S. 107 ff.

[2] vgl. Ghemawat (Commitment), S. 109 ff.

Jeder strategischen Entscheidung entspricht ein Flexibilitätswert. Der Wert einer strategischen Alternative A (zum Zeitpunkt t_0) errechnet sich aus vier Komponenten:

- Wert von A zwischen t_0 und t_1 (neue Informationen) (A t_0)
- Wert von A ab t_1 (Strategie wird beibehalten) (A t_1)
- Wert von Alternative B ab t_1 (Strategieänderung) (B t_1)
- Revisionswahrscheinlichkeit (R).

Der Wert für das Beibehalten von A (Nachhaltigkeitswert) errechnet sich folgendermaßen:

$$\text{Wert von A} = R \times (\text{Wert von B } t_1 - \text{Wert von A } t_1)[1]$$

Da eine derartige Bewertung nicht für alle denkbaren Strategiealternativen möglich ist, sollte man die Flexibilitätsanalyse anhand zweier Extremszenarien durchführen. Diese sollen denkmöglich, in sich stimmig und geeignet sein, das gesamte Strategiespektrum abzudecken.

Flexibilität erscheint somit primär positiv. Hohe Flexibilität ist aber oft mit einem geringen zu erwartenden Wettbewerbsvorteil gekoppelt, da sie im Gegensatz zu Spezialisierung steht.

5.3.5 Strategiebeurteilung

Um eine Strategie anhand ihres Wertes beurteilen zu können, müssen Positionierungs-, Flexibilitäts- und Nachhaltigkeitswert addiert werden. Die Strategie mit dem höchsten Gesamtwert ist zu wählen.

5.3.6 Strategische Fehler

Auch bei der besten strategischen Analyse kann es zu Fehlentscheidungen kommen. Die Gründe dafür sind:

- Überschätzung des Wertes einer Strategie,
- Tendenz zur positiven Szenarioerstellung,
- Beschränkte Informationssuche und -verarbeitung,
- Mangelnde Prüfung von erhaltenen Informationen und schlechte Auswertung von Mehrdeutigkeiten.

Fehler können durch Erfahrung vermieden werden. Erfahrungen sind subjektiv und daher auch fehleranfällig. Es gibt aber auf Erfahrung beruhende Grundregeln, die die Erfolgswahrscheinlichkeit von strategischen Entscheidungen erhöhen:

- Kompetenz (Stärken) – Strategien, die auf Kompetenzen eines Unternehmens aufbauen, sind anderen Strategiealternativen vorzuziehen, da hier bereits Vorteile gegenüber der Konkurrenz bestehen, die schwer nachahmbar sind.

---

[1]   vgl. Ghemawat (Commitment), S. 119 ff.

- Finanzielle Ausgewogenheit – Langfristig sollte durch eine Strategie Ausgewogenheit zwischen externer und interner Finanzierung angestrebt werden.

- Struktureller Kontext – Organisation, Führungssystem etc. müssen mit der Strategie kompatibel sein.

Versäumnisfehler versus Ausführungsfehler[1]

Versäumnisfehler entstehen, wenn grundsätzlich richtige strategische Entscheidungen verabsäumt werden. Ausführungsfehler entstehen durch die Realisierung einer falschen Strategiealternative. Beide Fehlertypen hängen eng miteinander zusammen. Werden etwa aus Angst keine strategischen Entscheidungen getroffen, reduziert sich die Wahrscheinlichkeit des Ausführungsfehlers, während die Wahrscheinlichkeit des Versäumnisfehlers ansteigt.

Große bürokratische Organisationen tendieren zum Versäumnisfehler. Durch straffe Strukturen prüfen sie die Möglichkeit und Auswirkungen von Ausführungsfehlern, versäumen dabei aber viele strategische Chancen.

Dynamische Unternehmerorganisationen nehmen dagegen Ausführungsfehler in Kauf, weil sie jede Idee weiterverfolgen. Sie verringern dadurch die Wahrscheinlichkeit des Versäumnisfehlers. Derartige Organisationen sind in einem dynamischen Umfeld erfolgreicher als bürokratische Organisationen, die sich eher für statische Umfeldbedingungen eignen.

5.4 Stärken des Konzepts

- Ghemawat versucht eine wissenschaftliche Aufarbeitung und Weiterentwicklung des strategischen Managements. Dies ist zu begrüßen, insbesondere weil der Strategieliteratur sehr oft Unwissenschaftlichkeit vorgeworfen wird.

- Er versucht, die statische Betrachtung der strategischen Wahl zu überwinden, indem er die Vergangenheit und die Festlegung für die Zukunft (Flexibilität) explizit in die Auswahlentscheidung miteinbezieht.

- Ghemawat baut weitgehend auf dem traditionellen strategischen Theoriegebäude auf und kann daher für den interessierten Leser weitere Einsichten vermitteln.

- Die Ableitung der Überlegungen sind ganz im Sinne der angloamerikanischen Strategieliteratur anhand vieler Beispiele illustriert.

5.5 Schwächen des Konzepts

- Das Hauptwerk von Ghemawat ist leider schwer lesbar und mit vielen Formeln und Ableitungen angereichert. Für Praktiker eignet sich die Primärliteratur daher nur sehr eingeschränkt.

- Die Umsetzung der Ideen ist nur beschränkt möglich, insbesondere da Ghemawat keine direkt anwendbaren Instrumente anbietet.

---

[1] vgl. Ghemawat (Commitment), S. 135 ff.

5.6 Bedeutung für die Unternehmensführung

Ghemawat hat durch seine Arbeit an der Harvard Business School insbesondere in den USA einen sehr guten Ruf gewonnen. Seine Veröffentlichungen werden aufgrund ihrer primär theoretischen Orientierung aber bisher nur beschränkt in der Unternehmensführung berücksichtigt.

5.7 Empfohlene Literatur

Ghemawat P.: Commitment, New York 1991, 178 Seiten. Wissenschaftlich interessantes Buch, für den praxisorientierten Leser aber nur bedingt geeignet. Leider zur Zeit nur in englischer Sprache verfügbar.

Dietger Hahn

„Ziel der strategischen Planung ist es, durch Generierung und Auswahl entsprechender Strategien den kapitalwertoptimalen Entwicklungspfad der Unternehmung zu bestimmen – in Abstimmung mit allen übrigen Teilplanungen."

Inhaltsverzeichnis

6 Dietger Hahn

6.1 Zur Person des Autors

Dietger Hahn ist Professor für Industriebetriebslehre an der Universität Gießen, darüber hinaus Mitglied des Vorstands der Schmalenbach-Gesellschaft und Kuratoriumsmitglied des Frauenhofer Instituts für Produktionsanlagen und Konstruktionstechnik. Er ist weiters Honorarprofessor der TU Berlin und Ehrendoktor der Universität Lodz. Vor seiner Habilitation war er in der Thyssen-Gruppe beschäftigt. Er hat mehrere Aufsichtsrats- und Beiratspositionen inne und ist als Unternehmensberater tätig.

6.2 Grundlagen

Dietger Hahn rechnet sich selbst den Anhängern des entscheidungsorientierten Ansatzes der Managementforschung – ergänzt durch Erkenntnisse der Systemtheorie – zu.[1] Der entscheidungsorientierte Organisationsansatz fußt auf der Frage nach dem Ziel unternehmerischen Handelns und wurde wesentlich von Edmund Heinen geprägt.[2] Die Betriebswirtschaftslehre ist eine angewandte Wissenschaft und muß den Entscheidungsträgern in der betrieblichen Praxis Handlungsempfehlungen für ihre Entscheidungsfindung geben. Heinen und mit ihm andere Vertreter des entscheidungsorientierten Ansatzes versuchen, die Zielfindung und den Entscheidungsprozeß selbst zu systematisieren und damit nachvollziehbar zu machen. Darauf aufbauend, bieten sie Instrumente, die in den einzelnen Phasen als Hilfsmittel verwendet werden können. Die von Heinen vertretene Dreiteilung des Entscheidungsprozesses in

- Anregungsphase,
- Suchphase,
- Optimierungsphase,

die später um eine

- Kontrollphase

ergänzt wurde, hat viele betriebswirtschaftliche Untersuchungen nachhaltig geprägt.[3] Hahn behält diese grundlegende Unterteilung bei, spaltet jedoch die Optimierungsphase weiter auf:

- Problemstellungsphase,
- Suchphase,
- Beurteilungsphase,

---

[1] vgl. Hahn (PuK), S. 3 f.

[2] vgl. Heinen (Grundlagen)

[3] vgl. Heinen (Grundlagen), S. 17 ff.

- Entscheidungsphase,

- Realisationsphase,

- Kontrollphase.[1]

Betrachtet man diese Systematisierungsversuche, verwundert es nicht, daß in der betriebswirtschaftlichen Forschung Planungs- und Kontrolltätigkeiten vorerst voneinander isoliert betrachtet wurden und zum Teil noch werden. Diese Trennung zwischen Planung als unternehmerischer Tätigkeit und Kontrolle als notwendigem Übel zur Hintanhaltung menschlicher Unzulänglichkeit hat sich aber besonders in der Praxis tief eingeprägt. Es ist ein Verdienst der „Controllingwelle" in Europa, daß diese Trennung wieder rückgängig gemacht wurde. Dazu hat Hahn mit seinen Arbeiten über Planung und Kontrolle einen wesentlichen Beitrag geleistet.

Er beschäftigt sich mit dem Planungs- und Kontrollprozeß sowohl auf operativer als auch auf strategischer Ebene und versucht, diese eng miteinander zu verknüpfen. Analyseinstrumente und Methoden zur Entscheidungsunterstützung nehmen natürlich eine zentrale Rolle ein. Hahn greift auf klassische Instrumente der Strategieplanung wie Lebenszyklus, Portfolio etc. zurück und versucht sie weiterzuentwickeln, um damit den rational handelnden Manager bei seiner Arbeit zu unterstützen.

Strategische Planung und Kontrolle (im Sinne von strategischem Controlling) wird dabei nicht als ein für sich allein stehendes Aufgabengebiet gesehen. Es ist vielmehr in ein Gesamtsystem der Planung und Kontrolle eingebettet. Die folgende Grafik verdeutlicht die Zusammenhänge:

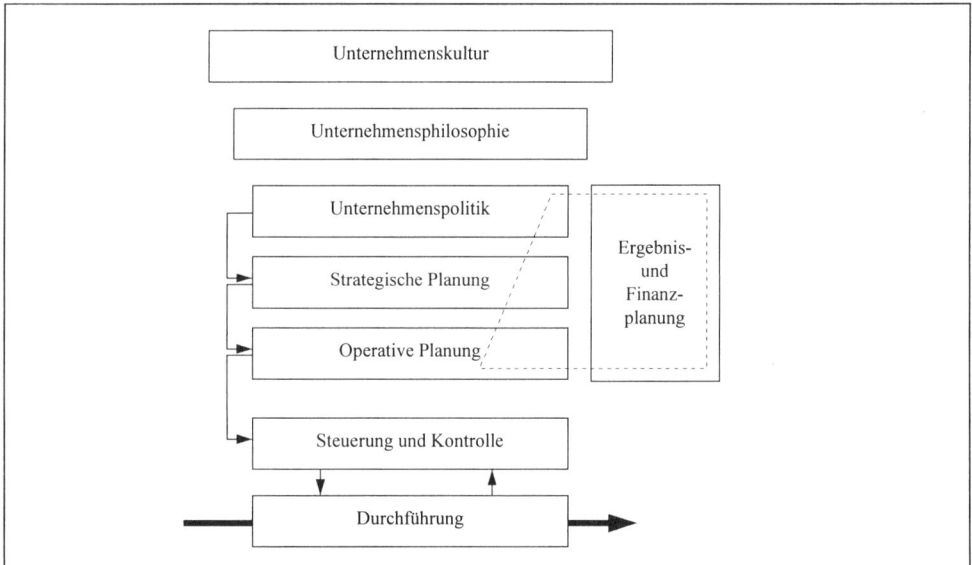

Abb. 6.1:   Teilplanungskomplexe eines Planungs- und Kontrollsystems

---

[1]   vgl. Hahn (PuK), S. 38

Die strategische Planung liegt zwischen der Unternehmenspolitik und der operativen Planung eingebettet. Unternehmensphilosophie und -kultur überlagern das System. Hier werden Ähnlichkeiten zu anderen Strategiemodellen erkennbar. Wichtig ist, daß Hahn Steuerung und Kontrolle losgelöst betrachtet und sie nicht entsprechend der Planung untergliedert, was ihn von vielen anderen Autoren unterscheidet.[1]

Als weiterer interessanter Aspekt ist die Stellung von Ergebnis- und Finanzplanung zu nennen. Sie erhält über die operative Planung hinaus auch Bedeutung für die strategische Planung und Kontrolle. Ein Gedanke, der schon von Gälweiler immer wieder hervorgehoben wurde und seit den Arbeiten von Rappaport wesentlich an Bedeutung gewonnen hat. Dem Gedanken der ertrags- und finanzwirtschaftlichen Vernetzung von strategischer und operativer Planung versucht Hahn auch durch entsprechende Instrumente Rechnung zu tragen. Dadurch soll versucht werden, strategische Entscheidungen quantifizierbar zu machen.[2]

6.3 Inhalt des Konzepts

6.3.1 Zielsystem und Aufgabenkomplexe der strategischen Planung und Kontrolle

Das zentrale Ziel des Unternehmens ist seine Erhaltung und erfolgreiche Weiterentwicklung. Die Realisierung dieses Ziels wird von einer Vielzahl von Interessengruppen und Rahmenbedingungen beeinflußt und beschränkt. Die aus diesem Ziel abgeleiteten Unterziele lassen sich in drei Kategorien systematisieren:

- Sach- und Leistungsziele (Produktprogramm),
- Wertziele (Gewinn, Liquidität),
- Sozialziele (Mitarbeiter, Gesellschaft).[3]

---

[1] vgl. Hoffmann (Aufgabenfelder), S. 171 f.

[2] vgl. Hahn (PuK), S. 56 ff.

[3] vgl. Hahn (Unternehmungsführung), S. 40

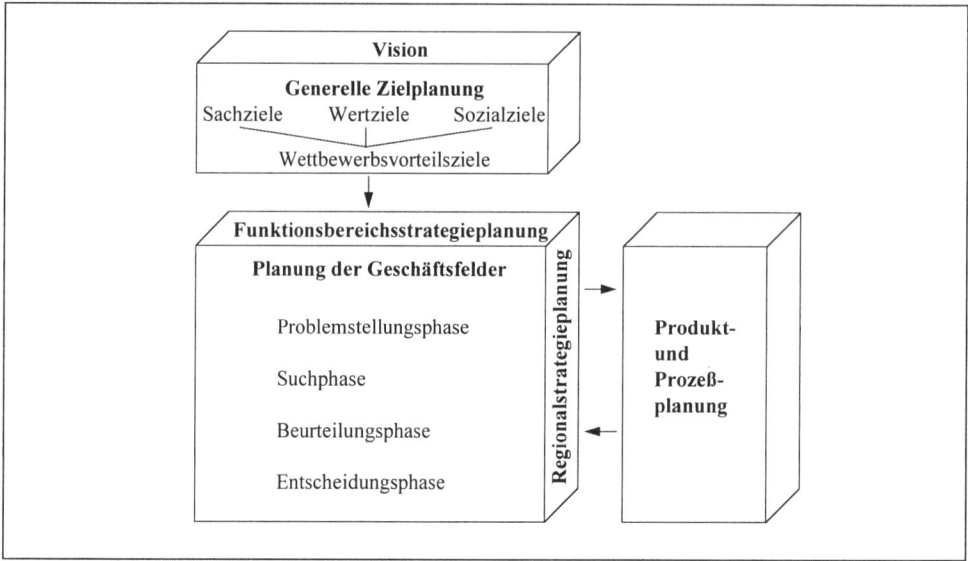

Abb. 6.2:   Integriertes Planungssystem[1]

Werden im Rahmen der Unternehmenstätigkeit Überschüsse erwirtschaftet, so können diese im Sinne dieser Systematik zwischen den Eigenkapitalgebern, den Mitarbeitern, der Gesellschaft und der strategieorientierten Thesaurierung aufgeteilt werden. Insofern stehen strategische Entscheidungen immer in Konkurrenz zu anderen Formen der Überschußverwendung. Sinnvollerweise kommt es bereits vor der Gewinnaufteilung zwischen den Interessengruppen zur Bildung von strategisch notwendigen Rücklagen.

Die strategische Ausprägung des Sachziels führt zu den Aufgabenkomplexen der strategischen Planung und Kontrolle:

- Geschäftsfeldplanung,
- Führungskräfteplanung,
- Organisationsplanung.[2]

---

[1]   Hahn (PuK), S. 5

[2]   vgl. Hahn (Stand), S. 9

6.3.2 Geschäftsfeldplanung und -kontrolle

Die Geschäftsfeldplanung ist seit dem Aufkommen der Portfoliokonzepte und der PIMS-Untersuchungen das Herzstück jeder strategischen Planung. Im Rahmen der Geschäftsfeldplanung müssen Produktprogramm(Sortiments)- und Kapazitätsentscheidungen getroffen werden. Dabei stehen drei Alternativen zur Verfügung:

- Erweiterung (Produktmengen- oder Produktartenwachstum bzw. Investition),
- Erhaltung (inkl. Umstrukturierung),
- Bereinigung (Schrumpfung bzw. Devestition).

Alle drei Alternativen beziehen sich auf das Kerngeschäft (im Sinne von Haupterfolgsträger) und Spezialgeschäft (im Sinne von Nebenerfolgsträger).

Für jedes Geschäftsfeld ist eine Strategiealternative zu wählen. Hahn greift dabei auf die Dichotomie von Porter zurück und unterscheidet zwischen Kosten- und Leistungsführerschaft (als anderer und zweifellos besserer Begriff für die von Porter beschriebene Differenzierung).

Bei der Kostenführerschaft wird der Wettbewerbsvorteil gegenüber der Konkurrenz aus der besseren Kostenposition erzielt. Bei der Leistungsführerschaft resultiert der Wettbewerbsvorteil aus der im Vergleich zur Konkurrenz besseren Befriedigung von Kundenbedürfnissen.

Neben den Geschäftsfeldstrategien müssen auch Funktionsbereichs- und Regionalstrategien entworfen werden. Funktionsbereichsstrategien dienen der Konkretisierung der Geschäftsfeldplanung in den einzelnen funktionalen Teilbereichen des Unternehmens. Regionalstrategien beziehen sich auf Regionen oder Länder. Auch sie müssen im Einklang mit der Geschäftsfeldplanung stehen, sind aber nicht so eng mit ihr verzahnt wie die Funktionsbereichsstrategien.[1]

Problemstellungs- und Suchphase

Im Rahmen der Problemstellungsphase geht es um die Ableitung eines strategischen Handlungsbedarfs im Sinne einer Gap(Lücken)analyse: Welche Lücke entsteht zwischen gewünschtem und operativ erreichbarem Ziel? Diese Lücke muß mit strategischen Maßnahmen der Geschäftsfeldplanung geschlossen werden. In der Problemstellungsphase werden in der Regel Portfoliokonzepte als Instrumente eingesetzt. Ihr Nutzen ist aber nicht auf diese Phase beschränkt. In der Suchphase werden alternative Produkt- und Marktstrategien entwickelt, um auf die Umfeldentwicklungen zu reagieren. Diese Umfeldentwicklungen lassen sich anhand der Szenariotechnik erfassen. Zur Alternativensuche verwendet Hahn die Ansoff-Matrix.

Hahn[2] entwickelt ein mehrdimensionales Portfoliokonzept, das versucht, über die übliche Absatzmarktorientierung hinauszugehen. Es betrachtet die Entwicklung unterschiedlicher unternehmerischer Umfelder ebenso wie die jeweiligen unternehmerischen Potentialbereiche:[3]

---

[1]   vgl. Hahn (PuK), S. 269 f.

[2]   vgl. Hahn (Zweck), S. 221 ff.

[3]   vgl. Hahn (Stand), S. 14 ff.

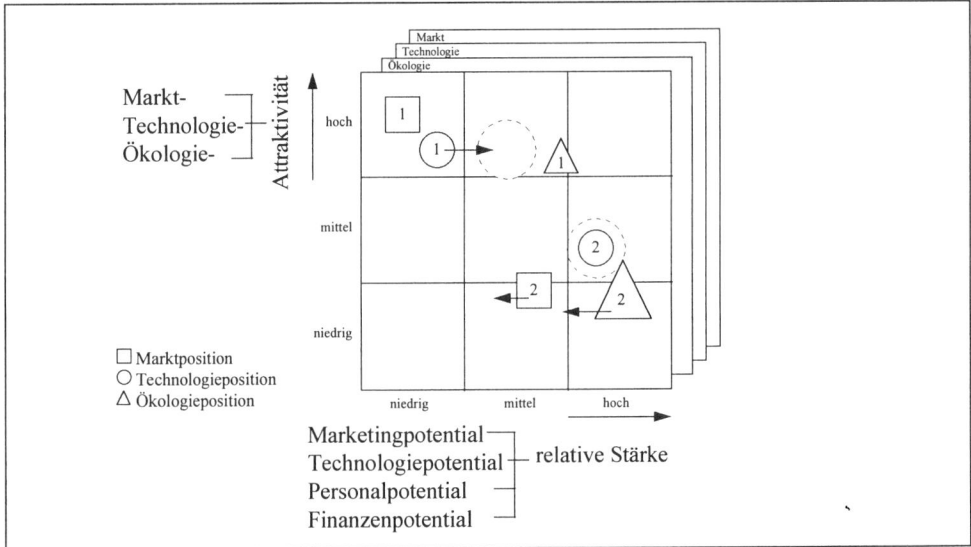

Abb. 6.3:   Mehrdimensionales Portfolio

Wesentliche Erkenntnisse für die Strategieentwicklung ergeben sich in der Folge aus dem Vergleich der Positionen in unterschiedlichen Portfolios. Eine gute Marktposition im Vergleich zu einer schlechten Technologieposition gibt Anlaß, über Innovationsmanagement und strategische Allianzen nachzudenken etc.

Ein weiteres Instrument der Problemstellungs- und Suchphase ist die Szenariotechnik. Sie ist den Früherkennungsinstrumenten zuzurechnen. Bei der Szenariotechnik werden die wesentlichsten Faktoren zusammengetragen, die die Umfeldsituation des Unternehmens beschreiben. Danach wird für jeden Faktor anhand von zwei Extremen der Möglichkeitsraum für Zukunftsentwicklungen aufgespannt. Diese Prognosen werden in zwei in sich stimmige Szenarien zusammengefaßt – ein positives und ein negatives –, die die tatsächlich zu erwartenden Zukunftsbilder abdecken.

Szenarien sind auch für Entwicklung und Überprüfung von Strategien nützlich. Bei der Strategieentwicklung zeigen sie mögliche Umfeldveränderungen auf. So können Strategien gesucht werden, die bei möglichst vielen zukünftigen Umfeldsituationen zu guten Ergebnissen führen. Wurden im Rahmen der strategischen Planung mehrere alternative Strategien erarbeitet, können diese auf ihre Stimmigkeit mit den Szenarien untersucht werden (Umfeld-fit einer Strategie). Dieser Vorgang ist aber bereits der Beurteilungsphase zuzurechnen.

Beurteilungsphase

Über den Einsatz von Szenarien hinausgehend sollten, Strategien EDV-gestützt beurteilt werden, indem eine integrierte, mehrperiodige Ergebnis-, Bilanz- und Finanzplanung simuliert wird. Dadurch ist es möglich, den Kapitalwert für jede Strategiealternative – bezogen auf das Gesamtunternehmen – zu berechnen.[1] Da aber neben der Rentabilität auch noch andere unter-

---

[1]   vgl. Hahn (Stand), S. 16 f.

nehmerische Ziele wirksam sind, ist es für die Strategiebeurteilung unbedingt notwendig, eine klare und eindeutige Unternehmenszielplanung und Visionsfindung durchzuführen.

Diese Überlegung fußt auf der Tatsache, daß sich sämtliche strategisch Entscheidungen in Investitionen „in die Zukunft" oder in Devestitionen niederschlagen. Demnach lassen sich alle strategischen Entscheidungen in Form von Investitionsrechnungen darstellen und quantifizieren. Anhand des Kapitalwerts oder des internen Zinsfußes können mehrere Alternativen miteinander verglichen und einzelne Alternativen auf ihre finanzielle Sinnhaftigkeit geprüft werden.[1]

Der Kapitalwert spiegelt den Überschuß der diskontierten Nettorückzahlungen gegenüber den Investitionsausgaben einer Strategiealternative wider. Diskontiert wird mit Hilfe eines Kalkulationszinsfußes, der die Verzinsung einer alternativen Verwendung der Investitionsbeträge repräsentiert. Gegebenenfalls muß dieser um einen Risikozuschlag erhöht werden.

Da Strategien für einen langen Zeithorizont beziehungsweise ohne zeitliche Limitierung getroffen werden, muß sinnvollerweise ein Kapitalwert bei unbegrenzter Lebensdauer verwendet werden.[2]

Der Kapitalwert kann darüber hinaus auch für das Gesamtunternehmen errechnet werden. Damit lassen sich alle denkbaren Auswirkungen einer strategischen Entscheidung auf das Unternehmen einfangen. In der neueren Strategieliteratur wurde dieses Vorgehen durch die Berechnung des Shareholder Value bekannt.[3] Der Shareholder Value (Eigentümerwert/Eigenkapitalwert) und der Fremdkapitalwert ergeben zusammen den Gesamtunternehmenswert. Übersteigt der Shareholder Value den vertraglich vereinbarten Anspruch der Eigentümer, entstehen residuale Überschüsse, die einer Überschußverwendung zugeführt werden können.[4]

Gesamtkapitalwert

– Fremdkapitalwert

= Shareholder Value

– Vertraglich vereinbarte Zahlungen

= Residualer Unternehmenskapitalwertresidualer

Wird ein Unternehmen auf diese Weise vor und nach (prognostizierter) Durchführung einer Strategiealternative beurteilt, läßt sich Wertzuwachs beziehungsweise der Wertverzehr einer Strategie messen.

So bestechend diese Beurteilungssystematik wirkt, so schwierig ist sie in der Praxis durchzuführen, wenn für eine strategische Alternative Ein- und Auszahlungsprognosen über mehrere Jahre hinweg erstellt werden müssen.

Ein weiteres Instrument der Strategiebeurteilung ist das Entscheidungsbaumverfahren. Dabei werden die Wirkungen einer Entscheidung auf künftige, nichtbeeinflußbare oder nichtvorher-

---

[1]   vgl. Hahn (PuK), S. 295 ff.

[2]   vgl. Hahn (PuK), S. 304 ff.

[3]   vgl. Rappaport (Value)

[4]   vgl. Hahn (PuK), S. 319

sehbare Entwicklungen aufgezeigt. In einem Baumdiagramm werden Entscheidungen und deren Ergebnisse in Rechtecken und Umfeldsituationen in Kreisen miteinander verknüpft. Durch Berechnung aller ertragsmäßigen Ergebnisse der Strategiealternativen – sie können an den Endpunkten des Entscheidungsbaums abgelesen werden –, lassen sich unterschiedliche Entscheidungen miteinander vergleichen. Jene Alternative mit dem höchsten Ergebniswert kann herausgefunden und weiterverfolgt werden.[1]

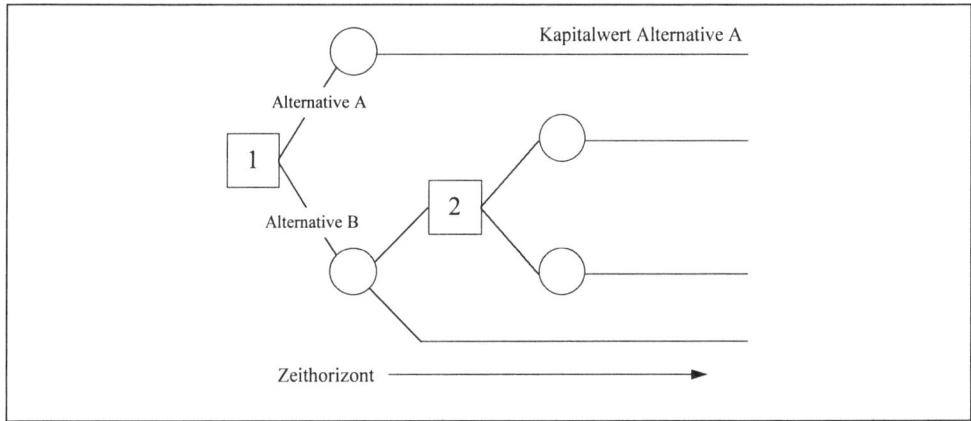

Abb. 6.4:   Entscheidungsbaum

Die OR-Forschung hat neben den beschriebenen Verfahren noch umfangreichere Gesamtunternehmensmodelle entwickelt, die EDV-gestützt Simulationen rechnen.[2] Allen diesen Verfahren ist ein hoher EDV-Rechenaufwand gemeinsam.

6.3.3 Strategische Kontrolle

Die letzte Phase des Entscheidungszyklus´ ist die Kontrolle. Bezogen auf das strategische Management, spricht man von strategischer Kontrolle; diese umfaßt drei Aufgabengebiete:

Prämissenkontrolle – Hier werden die grundlegenden Ausgangsannahmen (Prämissen) verfolgt, die bei der Strategiefindung und -auswahl ausschlaggebend waren.

Konsistenzkontrolle – Dabei werden die strategischen Pläne auf innere, logische Stimmigkeit (Konsistenz) und auf Übereinstimmung mit den generellen Unternehmenszielen (Fit), der Vision und der Unternehmenskultur geprüft.

Durchführungskontrolle – In Form einer Planfortschrittskontrolle werden strategische Meilensteine (Zwischenziele) verfolgt.[3]

Zur Prämissenkontrolle eignen sich in der Regel alle Instrumente, die auch im Rahmen der strategischen Analyse verwendet werden: Früherkennungssysteme, Szenariotechnik etc.

---

[1]   vgl. Hahn (PuK), S. 324 ff.

[2]   vgl. Hahn (PuK), S. 331 ff.

[3]   vgl. Hahn (Kontrolle), S. 652 ff.

Die Konsistenz der Strategien wird in erster Linie durch einen formalen, alle Einflußbereiche abdeckenden Planungsprozeß erreicht. Weiters kann geprüft werden, ob die strategische Planung wirklich nach dem geforderten Prozeß erstellt wurde, ausreichend Informationen berücksichtigt hat, geeignete Instrumente verwendet wurden, etc. Die Prüfung erfolgt im Rahmen eines Auditing mit Checklisten und Prüfkatalogen.

Die Durchführungskontrolle bedarf einer vorherigen Definition von Meilensteinen, deren Erreichen in der Folge überwacht werden kann. Es kommt dieser Kontrolltätigkeit entgegen, wenn die Strategien in Form von Projekten mit Hilfe von Netzplänen und ähnlichen Instrumenten des Projektmanagements geplant wurden.[1]

6.3.4 Organisation

Hahn beschäftigt sich intensiv mit der Frage einer strategiekonformen Organisation. Er unterscheidet dabei vier Stufen der Organisation, die in der folgenden Grafik schematisch dargestellt sind:[2]

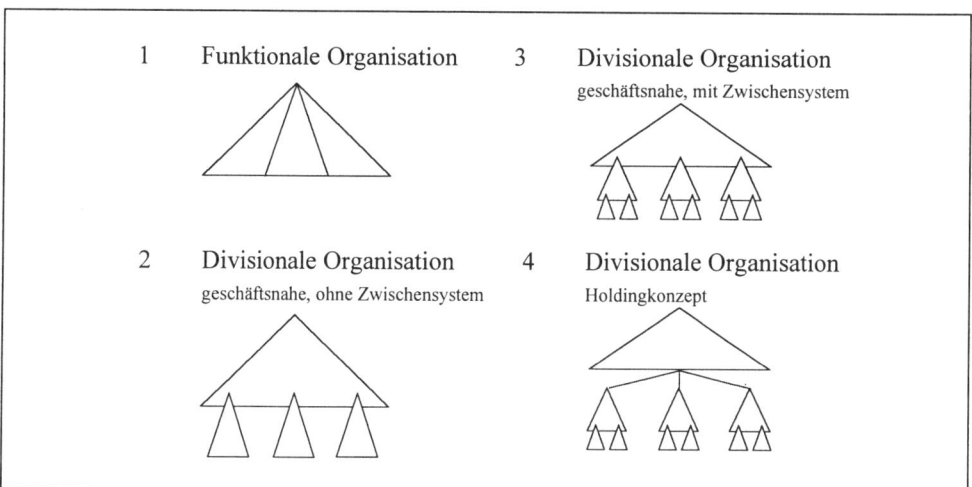

Abb. 6.5:   Geschäftsfeldorientierte Organisation

In den meisten Strategiebüchern werden nur die Auswirkungen von Wachstumsstrategien auf die Organisation diskutiert: Wie läßt sich anwachsende Komplexität der Geschäftsprozesse organisatorisch meistern?

In den letzten Jahren ist aber die Frage nach den Auswirkungen von Schrumpfungs- beziehungsweise Umstrukturierungsmaßnahmen viel entscheidender.

Innerhalb der ersten Stufe der Organisation – der funktionalen Organisation – ist Anpassung relativ einfach möglich, indem früher getrennt geführte Funktionsbereiche zu einem Ressort zusammengefaßt werden.

---

[1]   vgl. Hahn (Kontrolle), S. 659 ff.

[2]   vgl. Hahn (Stand), S. 20

Wesentlich schwieriger gestaltet sich die Anpassung allerdings bei Organisationsformen höherer Stufen. Hier müssen organisatorische Zwischenstufen beseitigt werden, die zuvor weitgehend selbständig agiert haben. Dies muß aber in aller Regel mit Dezentralisierung verbunden sein, um nicht an Flexibilität einzubüßen.

6.3.5 Strategische Führungskräfteentwicklung

Führungskräfte bestimmen zu einem wesentlichen Anteil den Erfolg von Unternehmen. Systematische Führungskräfteentwicklung und Nachfolgeplanung ist daher eine unabdingbare Voraussetzung für langfristigen Erfolg.

Führungskräfte werden durch eine Vielzahl von miteinander verketteten Einflußfaktoren motiviert. Strategische Anreizsysteme sind dabei genauso wichtig wie Emotionen.

In diesem Zusammenhang sind strategische Bonifikationssysteme von herausragender Bedeutung. Bei der Ausgestaltung derartiger Vergütungssysteme sind folgende Punkte zu beachten:

- Klare Abgrenzung des entsprechenden Personenkreises,

- festlegen der fixen und maximal gewünschten variablen Jahresvergütung,

- festlegen des Anteils der variablen Jahresvergütung und Aufteilung sowohl auf operative als auch auf strategische Zielerreichung,

- klare Bezeichnung der Bezugsgröße, die zur Berechnung des variablen Anteils herangezogen wird,

- klären der Frage, ob es bei Nichterreichen bestimmter Ziele zu Abzügen vom Fixgehalt kommt,

- kestlegen, daß bei unvorhergesehenen Ereignissen eine Schiedskommission eingesetzt wird,

- schriftliche Festlegung im Arbeitsvertrag.[1]

Der zukünftige Bedarf an Führungskräften und ihren Fähigkeiten kann im Rahmen einer sukzessiven Organisations- und Führungskräfteplanung herausgearbeitet werden; weiters müssen die vorhandenen Führungskräfte und ihre Potentiale erfaßt werden.

Danach können Bedarf und vorhandenes Potential gegenübergestellt werden. Daraus lassen sich sowohl der Führungkräftebeschaffungsplan (intern und extern) als auch der Weiterbildungsplan ableiten.

Ob einer internen oder externen Führungskräftebeschaffung der Vorzug zu geben ist, kann nicht eindeutig beantwortet werden. Interne Kandidaten können länger beobachtet werden und kennen das Unternehmen, seine Produkte und die internen Abläufe bereits. Externe bringen dagegen sehr oft frischen Wind und neue Ideen in das Unternehmen.[2]

---

[1]   vgl. Hahn, Willers (Unternehmungsplanung), S. 500 ff.

[2]   vgl. Hahn (Führungskräfteplanung), S. 411

6.4 Stärken des Konzepts

- Hahn betrachtet strategisches Management nicht isoliert, sondern eng mit der operativen Planung und Kontrolle verwoben. Dadurch wirken strategische Entscheidungen weit weniger losgelöst vom Alltagsgeschäft wie bei anderen Ansätzen, was der Realität nahekommt.

- Hahn legt auf Quantifizierung und finanzielle Beurteilung strategischer Entscheidungen Wert, seine Überlegungen und Handlungsempfehlungen wirken daher – verglichen mit anderen Ansätzen – sehr handfest. Er entgeht damit einer häufig von Praktikern geäußerten Kritik einer zu schwammigen Strategiekonzeptionen.

- Im Rahmen des Buches „Planung und Kontrolle" bietet Hahn reale Fallstudien, die in Umfang und Tiefe in der Strategieliteratur nur selten geboten werden.

- Die Stärke von Hahns Arbeiten liegt in der systematischen Aufarbeitung der strategischen Planung und ihrer Verknüpfung mit Erfolgs- und Finanzplanung.

6.5 Schwächen des Konzepts

- Hahn präsentiert keine Monographie über strategisches Management, daher müssen seine Arbeiten aus vielen Quellen zusammengefügt werden. Die grundsätzlich positiv zu beurteilende Verzahnung von operativen und strategischen Fragestellungen in seinem Hauptwerk „Planung und Kontrolle" ist für den nur an Strategie interessierten Leser eher ungünstig.

- Hahn bietet leider außer seinen großen Fallstudien in „Planung und Kontrolle" keine Beispiele zur Erläuterung des Textes, was das Lesen insbesondere für den Praktiker erschwert.

- Hahn versucht, eine streng rationale Entscheidungsfindung herbeizuführen. Er setzt Instrumente ein, die Strategien zu quantifizieren helfen. Dabei kann es sehr leicht zu einer technokratischen Zahlengläubigkeit und Vernachlässigung von qualitativen Daten kommen.

6.6 Bedeutung für die Unternehmensführung

Hahn hat seine Arbeiten als Einstiegsliteratur konzipiert. Insbesondere das Buch „Planung und Kontrolle" ist als Lehrbuch zum operativen und strategischen Management gut geeignet.

6.7 Empfohlene Literatur

Hahn, D · Planung und Kontrolle. Wiesbaden 1996, 1273 Seiten. Übersichtliches, gutstrukturiertes Lehrbuch zur operativen und strategischen Planung und Kontrolle, das vier umfangreiche Fallstudien enthält.

Gary Hamel, Coimbatore Prahalad

"Die Zukunft des Unternehmens aktiv zu gestalten ist allemal besser, als sich unter dem Zwang der Krise oder dem Druck der Konkurrenten neu ausrichten zu müssen."

Inhaltsverzeichnis

7 Gary Hamel, Coimbatore Prahalad

7.1 Zur Person der Autoren

Gary Hamal ist Professor an der London Business School.

Coimbatore Prahalad ist Professor an der Universität von Michigan.

7.2 Grundlagen

Traditionelles strategisches Management konzentriert sich vor allem auf die Gegenwart und die nahe Zukunft. Die betrachteten Einflußfaktoren und Instrumente sind Branchenstruktur, Marktanteil, Wettbewerbsanalyse, Wertkettenanalyse etc. Alle diese Einflußgrößen und Methoden sind nur für bereits existierende Märkte geeignet. Der Wettbewerb für zukünftige Märkte findet aber schon heute statt, weil jetzt die Grundlagen für zukünftige Marktanteile gelegt werden. Dazu müssen derzeitige Markt- und Branchenabgrenzungen überwunden sowie Fähigkeiten, Fertigkeiten und Allianzen eines Unternehmen unabhängig von Markt und Branche betrachtet werden.[1]

Hamel und Prahalad stehen auch den derzeit modernen Konzepten von Reengineering und Umstrukturieren kritisch gegenüber. Diese bewirken zwar oft eine notwendige Kostenreduktion, verlagern aber die Perspektive auf die Vergangenheit und die Gegenwart statt auf die Zukunft. Umstrukturierung und Reengineering führen zumeist zu Reduktion und Verkleinerung, was die Erfolgsperspektiven der Zukunft verringert und die Marktanteile notgedrungen schmälert.

Hamel und Prahalad fordern daher stärkere Zukunftsorientierung des Managements:

Heute	In der Zukunft
• Welche Kunden bedienen wir heute?	• Welche Kunden bedienen wir?
• Auf welchen Vertriebswegen erreichen wir die Kunden heute?	• Auf welchen Vertriebswegen werden wir die Kunden in der Zukunft erreichen?
• Wer sind unsere jetzigen Konkurrenten?	• Wer sind unsere zukünftigen Konkurrenten?
• Worauf gründet sich heute unser Wettbewerbsvorteil?	• Was sind die Grundlagen unseres zukünftigen Wettbewerbsvorteils?
• Woher kommen heute die Gewinne?	• Woher kommen in Zukunft die Gewinne?
• Durch welche Fähigkeiten und Fertigkeiten unterscheidet sich unser Unternehmen heute von anderen?	• Durch welche Fähigkeiten und Fertigkeiten unterscheidet sich unser Unternehmen in der Zukunft von anderen?

Abb. 7.1: „Wird Ihr Unternehmen auch morgen noch Marktführer sein?"[2]

---

[1] vgl. Hamel, Prahalad (Zukunft), S. 58 ff.

[2] vgl. Hamel, Prahalad (Zukunft), S. 40

Auf der Basis eines konsequenten Hinterfragens der zukünftigen Wettbewerbsstellung muß das Unternehmen bewußt und aktiv die Zukunft gestalten. Das Unternehmen muß versuchen, den Wandel selbst herbeizuführen und zum eigenen Vorteil zu nützen.

Insofern bestreiten Hamel und Prahalad die vollständige Unbeeinflußbarkeit des Marktgeschehens durch das Unternehmen. Vielmehr zeigen sie anhand von Beispielen innovativer und technologieintensiver Industrien, wie einzelne Unternehmen technologischen Fortschritt zur aktiven Marktgestaltung und zum eigenen Vorteil verwenden können.

Für eine derartige Marktgestaltung stehen dem Unternehmen drei Möglichkeiten zur Verfügung:

- Neuregelung des Engagements in einer Industrie,
- Neudefinition der Grenzen einer Industrie,
- Schaffung einer neuen Industrie.

Aus der Forderung einer stärkeren Zukunftsorientierung entwickeln Hamel und Prahalad Kritik an der traditionellen strategischen Planung, die an drei Punkten ansetzt:

- Zu kurzfristiger Zeithorizont,
- Orientierung auf strategische Geschäftseinheiten statt Konzern oder Gesamtunternehmen,
- Beschränkung auf bestehende Marktabgrenzungen.

Strategische Planung wird viel zu sehr als Betrachtung momentaner Probleme und deren zukünftiger Überwindung verstanden. Sie scheitert an immer kürzer werdenden Prognosehorizonten und den ständig neu auftauchenden Tagesproblemen. Dadurch wird Strategie zu einem formalen, inkrementalen Prozeß, der Kreativität unterbindet und nicht herausfordernd wirkt.

7.3 Inhalt des Konzepts

7.3.1 Grundsätze einer zukunftsorientierten Strategie

Will man heute bereits die Grundlagen für die zukünftige Wettbewerbsposition legen, muß eine Reihe von liebgewonnenen strategischen Gestaltungsvariablen überwunden und durch neue ersetzt werden:

Marktanteile versus Chancenanteile[1]

Um auf zukünftigen Märkten eine dominante Stellung einnehmen zu können, darf nicht in derzeitigen Marktanteilen, sondern muß in Anteilen an den zukünftigen Chancen eines Marktes gedacht werden. In diesem Zusammenhang sind zwei Fragen zu beantworten:

- Welcher Chancenanteil läßt sich mit den derzeitigen Fähigkeiten erreichen?
- Welche neuen Fähigkeiten müssen aufgebaut werden, um Chancenanteile zu vergrößern?

---

[1]   vgl. Hamel, Prahalad (Zukunft), S. 63 ff.

SGF-Kompetenz versus Konzernkompetenz[1]

Zukünftige Märkte orientieren sich nicht an den derzeitigen Grenzen von strategischen Geschäftseinheiten. Zukunftsorientierte Strategien müssen daher konzernübergreifende Fähigkeiten in den Mittelpunkt stellen.

Isolierte Innovation versus integrierte Systeme[2]

Das traditionelle Innovationsmanagement orientiert sich bei der Steuerung der Forschung und Entwicklung an immer neuen, eigenständigen Produktentwicklungen. Marktverändernde Innovationssprünge werden aber nicht mehr von einzelnen Unternehmen alleine bewerkstelligt. Vielmehr müssen strategische Allianzen gebildet werden, um den hohen Anforderungen gewachsen zu sein.

Schnelligkeit versus Ausdauer[3]

Der zentrale gegenwärtige Wettbewerbsfaktor ist Schnelligkeit. Dies gilt in der Welt der Marktanteile. Chancenpotentiale können sich aber nicht durch Schnelligkeit, sondern nur durch Ausdauer entwickeln. Diese Ausdauer läßt sich nur erreichen, wenn sich das gesamte Unternehmen auf eine Chance einschwört, Einigkeit über die potentiellen Auswirkungen einer Innovation erzielt und vom Wunsch getragen wird, die Zukunft zu verändern.

Strukturierte versus unstrukturierte Arenen[4]

Traditionelle Strategieentwicklung bewegt sich in gutstrukturierten Entscheidungsräumen. Konkurrenz und Branchenstruktur sind klar abgegrenzt, und das Verhalten der Konkurrenten ist bekannt. Zukunftsorientierter Wettbewerb findet in noch unstrukturierten Arenen statt. Weder die Branche noch die Wettbewerber sind bekannt und lassen sich klar abgrenzen. Es bestehen noch keine Wettbewerbsregeln, die traditionellen Instrumente versagen. Um diesen Schwächen zu entgehen, müssen folgende Fragen gestellt werden:

- Welche Kompetenzen werden entscheidend sein?
- Wessen Standards werden übernommen werden?
- Welche Kundenbedürfnisse werden entstehen?
- Wessen Produktkonzepte werden sich durchsetzen?
- Wie optimieren wir unser Vermögen?

Einphasiger versus mehrphasiger Wettbewerb[5]

In bestehenden Märkten ist der Marktanteil die zentrale Wettbewerbsgröße. Ein zukunftsorientierter Wettbewerb schließt dagegen weitere Wettbewerbsgrößen mit ein, die bereits vor dem Wettbewerb um Marktanteile beachtet werden müssen. Nur wer diese frühen, zukunftsorientierten Phasen des Wettbewerbs erkennt, kann sich langfristig Marktanteile sichern.

---

[1] vgl. Hamel, Prahalad (Zukunft), S. 64 ff.

[2] vgl. Hamel, Prahalad (Zukunft), S. 66 ff.

[3] vgl. Hamel, Prahalad (Zukunft), S. 66 ff.

[4] vgl. Hamel, Prahalad (Zukunft), S. 71 ff.

[5] vgl. Hamel, Prahalad (Zukunft), S. 79 ff.

7.3.2 Vorsteuergrößen des Marktwettbewerbs

Ähnlich dem Konzept der Vorsteuergrößen kann man beim Zukunftswettbewerb von einem Vormarktwettbewerb sprechen. Die Dimensionen dieses Wettbewerbs sind der Kampf um die Marktentwicklung, der in drei Phasen gegliedert werden kann:

Abb. 7.2: Phasen des Wettbewerbs[1]

7.3.3 Industrieller Vorausblick

Eine wichtige Basis einer Strategie ist die unternehmerische Voraussicht (hinsichtlich Trends, Gesellschaft, Branchen etc.), die als tragende gemeinsame Größe die Entwicklung des Unternehmens bestimmt. Hamel und Prahalad wenden sich damit gegen ein strategisches Management, das als eine detaillierte Planung mißverstanden wird: Detailplanung ist bei weiten Zeithorizonten unmöglich. Vielmehr sind langfristige Visionen das zentrale Element der strategischen Führung, sie müssen aber eng mit kurzfristigen, operativen Maßnahmen verzahnt werden. Dies geschieht in der strategischen Architektur, dem Bauplan der Zukunft: „Was müssen wir heute tun, um die Zukunft vorwegzunehmen?"[2] Dazu müssen bestehende Bedingungen ständig hinterfragt und die kurzsichtige Fixierung auf den gegenwärtige Märkte und Produkte überwunden werden.[3]

---

[1]   vgl. Hamel, Prahalad (Zukunft), S. 86

[2]   Hamel, Prahalad (Zukunft), S. 176

[3]   vgl. Hamel, Prahalad (Zukunft), S. 135 ff.

Strategic Intent[1]

Wie in anderen neueren Strategiekonzepten steht auch bei Hamel und Prahalad eine Vision (von ihnen als strategische Intention bezeichnet) an der Spitze der Strategie. Sie weisen aber auf wichtige Unterschiede zu traditionellen Visionen und Missionsstatements hin, die sich nicht oder nur kaum von jenen anderer Unternehmen – insbesondere jenen der Konkurrenz – unterscheiden. Derartige Visionen haben rein formalen Charakter und stiften den Mitarbeitern keinen Sinn. Die Sinnstiftung ist aber das zentrale Element einer Vision (Strategic Intent). Weiters muß der Beitrag jedes einzelnen Mitarbeiters klar aus der Vision ableitbar sein.

Visionen müssen herausfordernd und wünschbar (statt wie üblich realistisch und erreichbar) sein. Nur dann wird die Strategie nicht zu einem Machbarkeitssieb. Große Neuerungen wurden nicht erzielt, weil sie realistisch waren. Japanische Erfolgsstories haben gezeigt, daß sich hochgesteckte strategische Ziele erreichen lassen. Die Triebkraft für diesen Erfolg sehen Hamel und Prahalad im Strategic Intent, der strategischen Absicht, die mehr ist als bloßer Ehrgeiz. Sie gibt eine strategische Zielrichtung für das gesamte Unternehmen, die motivierend auf jeden Mitarbeiter wirkt.

Strategic Intent bezweckt ein Reflektieren der Zukunft vor dem Hintergrund eines strategischen Fernziels. Das operative Tagesgeschehen erhält damit eine Zielorientierung und muß sich, anders als bei Visionen traditioneller Art, direkt aus der Zielrichtung ableiten lassen. Detailliert geplant wird lediglich in kleinen, überschaubaren Planungshorizonten.

Maßnahmen zur Erreichung der strategischen Ziele sind nicht in operationalen Mittelfristplanungen zu suchen, sondern im Aufbau von Voraussetzungen für strategische Erfolge:

- Erzeugen von Quasi-Krisen,
- Wettbewerbsorientierung und Kenntnisse über die Konkurrenz auf allen Ebenen,
- Ausbau der für die Strategieerreichung notwendigen Fähigkeiten der Mitarbeiter,
- Festlegen von Etappenziele.

Ressourcen Leverage[2]

Die Analyse erfolgreicher Unternehmen zeigt, daß sie weniger Forschungs- und Entwicklungsaufwendungen haben als ihre erfolglosere Konkurrenz. Dies rührt daher, daß erfolgreiche Unternehmen den Ehrgeiz haben, aus einer geringeren Ressourcenausstattung höhere Erträge und Wettbewerbspotentiale zu erzielen.

Strategische Architektur

Die strategische Architektur ist das Pendant zur strategischen Planung klassischer Strategiekonzepte. Der Begriff wurde gewählt, um die Unterschiede zur traditionellen Strategieplanung zu verdeutlichen. Strategische Planung zielt auf einen bürokratischen, inkrementalen, und kurzfristorientierten Prozeß ab, der weder Freiraum für Kreativität noch Basis für eine Sinngebung ist.

---

[1] vgl. Hamel, Prahalad (Zukunft), S. 204 ff.

[2] vgl. Hamel, Prahalad (Zukunft), S. 231 ff.

Strategische Architektur ist dagegen ein Bauplan für die erträumte Zukunft. Sie ist ein Plan für die Entwicklung neuer Funktionen, Kundenschnittstellen und Fähigkeiten, der ausreichend genau ist, um die Richtung vorzugeben, der aber einen Zeithorizont aufweist, der keine detaillierte Ausarbeitung gestattet.

	Strategische Planung	**Strategische Architektur**
Planungsziel	Verbesserung der Marktposition und des Marktanteils	Neuformulierung der Spielregeln Schaffen neuer Wettbewerbsraume
Planungsprozeß	formal, auf SGF ausgerichtet	erforschend, offen
	fußt auf bestehender Branchen- und Wertschöpfungsstruktur	basiert auf Diskontinuitäten und Kompetenzen
	Harmonisierung von Ressourcen und Plänen	Suche nach neuen Funktionen und Wegen zu deren Bereitstellung
	Kapitalverteilung auf konkurrierende Projekte	Erweiterung der Chancenhorizonte
		Unternehmen als Gesamtheit
Planungsressourcen	Führungskräfte der SGF	viele Manager
	wenige Experten	gemeinsames Wissen aller Linien- und Stabsmitarbeiter
	Stabsstellen	

Abb. 7.3: Phasen des Wettbewerbs[1]

7.3.4 Management des Transformationsprozesses[2]

Erfolgreiches Transformationsmanagement erfordert schnell vorangetriebene Produktentwicklungen und Abdrängen der Konkurrenten auf Umwege, indem ihnen Hindernisse (Standards, Druck nachgelagerter Branchen etc.) in den Weg gelegt werden.

Folgende Faktoren wirken auf den Transformationsprozeß. Je besser diese Faktoren von einem Unternehmen gesteuert werden, desto eher kann es den zukünftigen Markt gestalten.[3]

- Fähigkeiten, Bündnisse zu befriedigen,
- Fähigkeit, rasch Marktkenntnisse zu erlangen,
- Globales Bewußtsein, weltweite Präsenz,
- Einfluß auf Normen und Gesetze,
- Aufbau kritischer Fähigkeiten (Kernkompetenzen).

---

[1] vgl. Hamel, Prahalad (Zukunft), S. 418 f.

[2] vgl. Hamel, Prahalad (Zukunft), S. 278

[3] vgl. Hamel, Prahalad (Zukunft), S. 282 ff.

7.3.5 Marktanteile und Marktposition

Erst in der letzten Phase des Zukunftswettbewerbs greift das traditionelle strategische Management, das auf den klassischen Erfolgsfaktoren beruht. Doch auch diese Phase des Wettbewerbs hat sich gegenüber der Vergangenheit hinsichtlich erfolgreicher strategischer Stoßrichtungen und hinsichtlich der Erfolgsfaktoren grundlegend gewandelt. Die Grenzen dieses traditionellen „Ertragsmotors" und erfolgversprechende strategische Stoßrichtungen sind:

Ertragsmotor		
Komponenten	**Traditionelle Fragestellungen**	**Grenzen**
Konzept des bedienten Marktes	Welchen Nutzen bieten wir an? Wie ist der Markt segmentiert? Wer sind die Kunden? Wo sind die Kunden?	Welche Kundenbedürfnisse werden nicht befriedigt?
Ertrags- und Spannenstruktur	Wo entstehen die Gewinne? Woher kommen die Gewinnspannen? Was bestimmt deren Höhe? Welche Faktoren wirken auf Kosten und Preise?	Können an einem anderen Punkt der Wertschöpfungskette Gewinne erzielt werden?
Betriebsvermögen und Kompetenzen	Was glauben wir gut zu können? Auf welche Infrastruktur stützt sich das Geschäft? Welche sind die herausragenden Fähigkeiten? Wie sieht die Verlaufskurve der Entwicklungsausgaben aus?	Könnten die Kundenbedürfnisse durch eine alternative Zusammensetzung von Fähigkeiten besser befriedigt werden?
Flexibilität und Anpassungsfähigkeit	Wie aufmerksam werden Entwicklungen neuer Kundennutzenmodelle beobachtet? Können Investitionsprogramme und Infrastruktur neuen Gegebenheiten leicht angepaßt werden? Welche Interessengruppen würden sich am meisten dagegen sträuben?	Wie verwundbar ist das Geschäft durch neue Spielregeln?

Abb. 7.4: Komponenten und Grenzen des Ertragsmotors[1]

---

[1]   vgl. Hamel, Prahalad (Zukunft), S. 109 und 111

Strategische Stoßrichtungen	
Strategie	**Vorgehen**
Überwindung der generic strategies	Viele japanische Beispiele haben gezeigt, daß die klassische Unterscheidung Porters in Kostenführerschaft und Differenzierung nicht mehr haltbar ist. Japanische Anbieter haben bei gleichzeitiger Kosten- und Preissenkung die Qualität ihrer Produkte erhöht. Zug um Zug müssen Kostensenkung und Qualitätsverbesserung vorangetrieben werden, sie sollen nicht als einander ausschließende strategische Alternativen, sondern als zwei Bestandteile der Leistungssteigerung angesehen werden.
Erkennen der Schwächen der Konkurrenz	Um sich in Märkten zu etablieren, muß man die Schwächen der Konkurrenten kennen, um die eigene Strategie auf diese Schwächen abstimmen zu können. Das Ziel sind nicht unbeachtete und für die Konkurrenz unbedeutende Marktnischen, sondern Angriffsbasen, die als Stützpunkte für den Wettbewerb dienen können.
Strategische Allianzen	Allianzen bringen den Zugang zu Technologien, Märkten und Produktionsvolumen. Viele japanische Anbieter haben sich dabei eine alte Maxime zunutze gemacht: Der Feind meiner Feinde ist mein Freund. Allianzen können aber auch dazu verwendet werden, den früheren Konkurrenten durch die Allianz zur Aufgabe der eigenen Forschungstätigkeit zu bewegen und ihn damit insgesamt zu schwächen.
Verändern der Spielregeln	Erfolgreiche Markteindringlinge demonstrieren immer wieder, wie die Markt- und Branchendefinitionen überwunden werden können. Etablierte Anbieter kleben an ihren althergebrachten Erfolgsrezepten und können nicht mit den eigenen Waffen geschlagen werden. Wenn man den Wettbewerb aber auf eine andere Ebene verlagert, sind sie wehrlos.

Abb. 7.5: Strategische Stoßrichtungen

7.3.6 Wettbewerb um Kompetenz[1]

Die klassische Strategieplanung orientiert sich an den vom Unternehmen angebotenen Produkten beziehungsweise den strategischen Geschäftseinheiten, die durch Kombination dieser Produkte mit den jeweiligen Märkten entstehen. Aufbauend auf diesem Denken in strategischen Geschäftseinheiten, entwickelte sich der Gedanke des diversifizierten Konzerns, der seine Tochtergesellschaften als Teile eines umfassenden Portfolios begreift.

Produktlebenszyklen verkürzen sich ständig, während die Entwicklungskosten ansteigen. Ein Denken in Produkten greift daher zu kurz. Wettbewerbsvorteile können und dürfen nicht mehr ausschließlich für einzelne Produkte oder strategische Geschäftseinheiten entwickelt werden,

---

[1]   vgl. Hamel, Prahalad (Kernkompetenzen), S. 66 ff.

sondern für hinter diesen stehende Fähigkeiten, mit deren Hilfe lassen sich breite Synergien nützen.

Aus diesem Grund rücken Hamel und Prahalad Kernkompetenzen in das Zentrum der Wettbewerbsüberlegungen. Sie bringen zwei neue Begriffe in die Strategiediskussion ein:

- **Kernkompetenzen**: Vom Unternehmen im Zuge eines Lernprozesses entwickelte Fähigkeiten, bestimmte erfolgskritische Schritte in der Wertschöpfungskette besser als andere zu erfüllen. Kernkompetenzen sind Fähigkeitsbündel, nicht einzelne, alleinstehende Fähigkeiten. Nicht jeder Wettbewerbsvorteil ist somit eine Kernkompetenz. Um als solche zu gelten, müssen folgende Anforderungen erfüllt sein:

  Zugang zu einer Vielzahl an Märkten,

  überdurchschnittlicher Beitrag zum wahrgenommenen Kundennutzen,

  Imitation durch die Konkurrenz weitgehend unmöglich (was alle haben, kann eine Kompetenz, aber nie eine Kernkompetenz sein).

- **Kernprodukte**: Verbindungsglied zwischen den eigenen Kernkompetenzen und den am Markt abgesetzten Endprodukten. Es handelt sich in aller Regel um Komponenten und Bauteile, die wesentlichen Einfluß auf das Endprodukt und den von diesem gestifteten Kundennutzen haben.

Ein Beispiel soll die Bedeutung der Unterscheidung zu den traditionellen Begriffen Kompetenzen (im Sinne von Stärken) und Produkten (im Sinne von Endprodukten) verdeutlichen: Mazushita (Panasonic, JVC, National etc.) hat Kernkompetenzen in der Videotechnik, die seit den sechziger Jahren aufgebaut und ständig verbessert wurden, und verfügt über einen Marktanteil bei den Schlüsselprodukten für Videogeräte von etwa 45%. Der Marktanteil bei Endprodukten liegt dagegen bei lediglich 20%.

Der Zusammenhang zwischen Kernkompetenzen, Kernprodukten, Geschäftseinheiten und Endprodukten läßt sich graphisch folgendermaßen veranschaulichen:

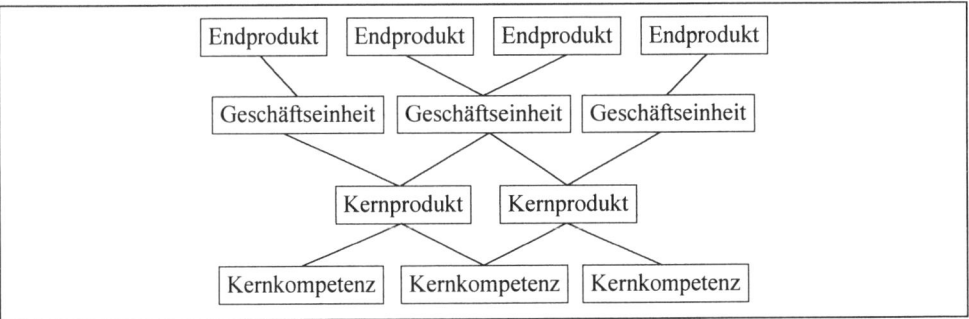

Abb. 1.6: Kompetenzen als Wurzel der Wettbewerbsfähigkeit

Zukunftsorientierte Unternehmen investieren in Kernkompetenzen, für die ein breites zukünftiges Einsatzgebiet abzusehen ist, unabhängig davon, ob bereits Produkte oder Produktideen vorliegen. Durch die Kernkompetenzen erarbeitet sich ein Unternehmen die „Zutrittsberechtigung" beziehungsweise die Optionen für eine Teilnahme am zukünftigen Wettbewerb einer Reihe von Endproduktmärkten.[1]

Der Wettbewerb um Kompetenzen findet somit auf vier Ebenen statt:

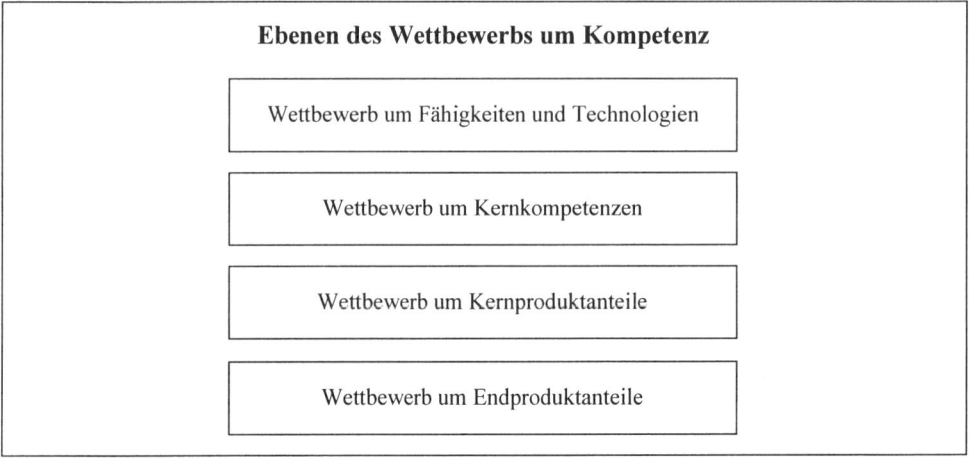

Abb. 7.7: Ebenen des Kompetenzwettbewerbs

Identifizierung von Kernkompetenzen

Kernkompetenzen können nur aufgebaut und genutzt werden, wenn man sich ihrer Existenz bewußt ist. Die Identifizierung geschieht idealerweise in einem Team, das sich aus Mitarbeitern aller Funktionen, Bereiche, Gebiete und Geschäftseinheiten des Unternehmens zusammensetzt. Man listet die Fähigkeiten auf und untersucht, ob es sich um Kernfähigkeiten handelt, indem man durch die bereits dargestellten Fragen Kernkompetenzen von Nichtkernkompetenzen trennt. Zu einer Kernkompetenz gehörende Fähigkeiten müssen zusammengefaßt werden.

Akquisitionsplan

Für die Frage des Ausbaus von Kernkompetenzen haben Hamel und Prahalad die Ansoff-Matrix hinsichtlich Kernkompetenzen abgewandelt.

---

[1]   vgl. Hamel, Prahalad (Zukunft), S. 299 ff.

Kernkompetenzen	Markt	
	gegenwärtig	neu
gegenwärtig	**Lücke füllen** Bestehendes Portfolio des Unternehmens: Hier wird dargestellt, welche Kernkompetenzen in welche Produkte einfließen.	**Weiße Flecken** Chancen, bei denen außerhalb des bestehenden Geschäfts die vorhandenen Kernkompetenzen eingesetzt werden können.
neu	**Exklusivposition** Welche neuen Kernkompetenzen müssen aufgebaut werden, um auch in Zukunft am Markt bestehen zu können?	**Megachancen** Besonders attraktive Chancen müssen ergriffen werden, auch wenn keine Überlappung mit der derzeitigen Position besteht.

Abb. 7.8: Aquisitionsmatrix

Aufbau von Kernkompetenzen

Kernkompetenzen entstehen durch einen unternehmensinternen Lernprozeß, bei dem Fähigkeiten aus dem gesamten Unternehmen gebündelt und weiter ausgebaut werden. Es ist daher erforderlich, Konzerngliederungen vor diesem Hintergrund neu zu überdenken. Strukturen, die sich an den strategischen Geschäftseinheiten orientieren, müssen zugunsten von kompetenzorientierten Strukturen aufgegeben werden. Dies ermöglicht das Zusammenführen von technologischem Wissen sowie Prozeßfähigkeiten und den Aufbau von Kommunikation und Engagement über die Grenzen der Produkte hinweg.

Das Unternehmen muß über die aufzubauenden Kernkompetenzen breiten Konsens erzielen, denn nur so kann die notwendige Ausdauer sichergestellt werden. Weiters darf der Aufbau von Kernkompetenzen nicht an kurzfristigen Gewinnen gemessen werden.[1]

Vielmehr müssen Innovationen anhand folgender Bewertungskriterien beurteilt werden:

- Wie viele Menschen betrifft eine Innovation?
- Wie nützlich werden sie die Innovation finden?
- Wie groß ist der potentielle Anwendungsraum der Innovation?

Erhalten von Kernkompetenzen[2]

Ähnlich dem Kapital müssen Kernkompetenzen und deren wesentlichste Repräsentanten von der Konzernzentrale verwaltet und auf die einzelnen SGF zugeteilt werden. Dazu müssen die einzelnen Produkte beziehungsweise SGF eines Unternehmens konsensual hinsichtlich ihres

---

[1] vgl. Hamel, Prahalad (Zukunft), S. 346 f.

[2] vgl. Hamel, Prahalad (Zukunft), S. 347 ff.

Marktpotentials gereiht werden. Die besten Mitarbeiter sollen sich dann den Erstgereihten zuwenden.

Schutz und Verteidigung[1]

Zu wenig Engagement, finanzielle Ressourcen oder Fragmentierung in diverse Einzelbereiche erodieren Kernkompetenzen. Kernkompetenzen müssen bewußt geleitet werden, und ständig ist Ausschau nach neuen zu halten.

7.4 Stärken des Konzepts

- Prahalad und Hamel entwickeln die klassische – auf Stärken und Schwächen – aufbauende Strategieplanung weiter und bringen eine Vielzahl von neuen Ideen in die Diskussion ein. Das Konzept setzte die bereits für abgeschlossen gehaltene Diskussion über ressourcenorientierte Strategiefindung wieder in Gang.

- Prahalad undHamel entwickeln ihre Gedanken in verständlicher und spannend zu lesender Form und unterstreichen sie mit einer großen Zahl an aktuellen und anschaulichen Fallbeispielen.

- Viele der Ideen sind nicht neu und wurden vor allem von Peter Drucker bereits aufgezeigt, werden aber auf neue und kreative Art kombiniert. Dadurch eröffnen Auswege aus einer seit einigen Jahren in vielen Bereichen steckengebliebenen Weiterentwicklung des strategischen Managements.

7.5 Schwächen des Konzepts

- Da es sich um einen relativ neuen Ansatz handelt, fehlen bisher noch Fallbeispiele über den Einsatz des Konzepts und ausführliche Beschreibungen von Managementtools.

- Hamel und Prahalad zeigen viele Ansätze moderner Strategiefindung, sie verabsäumen es aber, dem Praktiker handhabbare Instrumente in die Hand zu geben, die im eigenen Unternehmen eingesetzt werden können. Insofern bleibt das Konzept ein Denkrahmen ohne konkrete instrumentelle Unterstützung.

- Die Überlegungen basieren auf innovativen modernen Branchen und großen, weltweit agierenden Konzernen. Sie sind für traditionelle Industrien sowie Klein- und Mittelbetriebe daher nur schwer anwendbar.

7.6 Bedeutung für die Unternehmensführung

Die Gedanken von Prahalad und Hamel wurden überraschend schnell von der Fachliteratur aufgegriffen und werden in fast jedem modernen Strategiebuch zitiert. Inwieweit dieser Trend anhält und sich die Ideen langfristig durchsetzen können, bleibt abzuwarten. Jedenfalls ist es

---

[1] vgl. Hamel, Prahalad (Zukunft), S. 351 ff.

das Verdienst der beiden Professoren, eine bereits abgeklungene Diskussion ressourcenorientierter Strategieplanung wieder belebt und ihr neuen Stoff gegeben zu haben.

7.7 Empfohlene Literatur

Hamel G.; Prahalad C.: Wettlauf um die Zukunft, Wien 1995. Bestseller der letzten Jahre, gut lesbare Managerlektüre mit wissenschaftlichem Hintergrund.

Arnoldo Hax, Nicolas Majluf

„Das höchste Ziel des strategischen Managements ist die Entwicklung von Wertvorstellungen des Unternehmens, Fähigkeiten der Manager, organisatorischen Verantwortlichkeiten und administrativen Systemen, die die strategische und operationale Entscheidungsfindung auf allen hierarchischen Ebenen und quer durch alle Sparten und funktionalen Autoritätslinien des Unternehmens miteinander verbinden."

Inhaltsverzeichnis

8 Arnoldo Hax, Nicolas Majluf

8.1 Zur Person der Autoren

Arnoldo Hax ist Professor für strategisches Management an der Sloan School (M.I.T.) in Cambridge, USA. Er unterrichtet MBA-Studenten des ersten und zweiten Jahrs und ist daneben als Unternehmensberater tätig. Seit einiger Zeit ist der gebürtige Chilene auch Deputy Dean des M.I.T. und mit der strategischen Neuorientierung der Sloan School betraut.[1]

Sein Autorenkollege Nicolas S. Majluf ist Professor für strategische Unternehmensführung an der Escuela de Ingeniera Universität in Santiago, Chile.

8.2 Grundlagen

Im Zuge der starken Diversifikationstendenzen in den USA Ende der sechziger Jahre entstand das Konzept der Unternehmenssegmentierung, nach dem Unternehmen in selbständige Unternehmensbereiche gegliedert werden, die eigene Strategien entwickeln und mittels eigener Geschäftsstrategien in relativer Unabhängigkeit vom Gesamtunternehmen geführt werden.

Die geänderte Konkurrenzsituation der siebziger und achtziger Jahre und die rasante Entwicklung der Informationstechnologien erforderten mehr Flexibilität und Anpassungsvermögen und eine ganzheitlich orientierte, strategische Betrachtung des Gesamtunternehmens. Um eine Verbindung zwischen Geschäftseinheiten- und Unternehmensstrategie zu ermöglichen, entwickelten Hax und Majluf ihr Konzept der Unternehmensstrategieplanung, das sowohl das Unternehmen als Ganzes betrachtet als auch die Individualität der einzelnen Geschäftseinheiten berücksichtigt. Sie beziehen sich dabei auf Arbeiten von Richard Vancil (Professor an der Harvard Business School) und Peter Lorange (Präsident der Norwegian School of Management).[2]

Ziel dieses Konzepts ist es, einen formalen Planungsablauf zu entwickeln, der in einem kontinuierlichen Prozeß alle Schlüsselmanager in die strategische Planung einbezieht, um so eine Vielfalt an Meinungen und Wissen zu erhalten. Die nötigen Interaktionen zwischen den Unternehmensebenen sollen eine breite Diskussion gewährleisten, die die strategischen Vorstellungen jedes einzelnen Bereichs auf die Erfordernisse der anderen Bereiche und des Gesamtunternehmens abstimmt.[3]

---

[1] Hax (Interview)

[2] vgl. Vancil, Lorange (Planning), S. 6 ff.

[3] vgl. Hax, Majluf (concept), S. 15 ff.

8.3 Inhalt des Konzepts

8.3.1 Corporate Strategy[1]

Im strategischen Management lassen sich drei Planungsebenen unterscheiden: Unternehmensleitung (Konzernzentrale), Divisions- und Funktionsbereichsebene. Entsprechend diesen Planungsebenen gibt es drei Strategietypen: Corporate Strategy, Business Strategy und Functional Strategy. Das Aufgabenfeld der corporate strategy erstreckt sich auf das gesamte Unternehmen, Ziel ist die Wertsteigerung. Auf dieser Ebene müssen Synergien zwischen den einzelnen Divisionen ausfindig gemacht und Prioritäten gesetzt werden. Entscheidungen, die eine derartige Reichweite besitzen, können folgendermaßen systematisiert werden:[2]

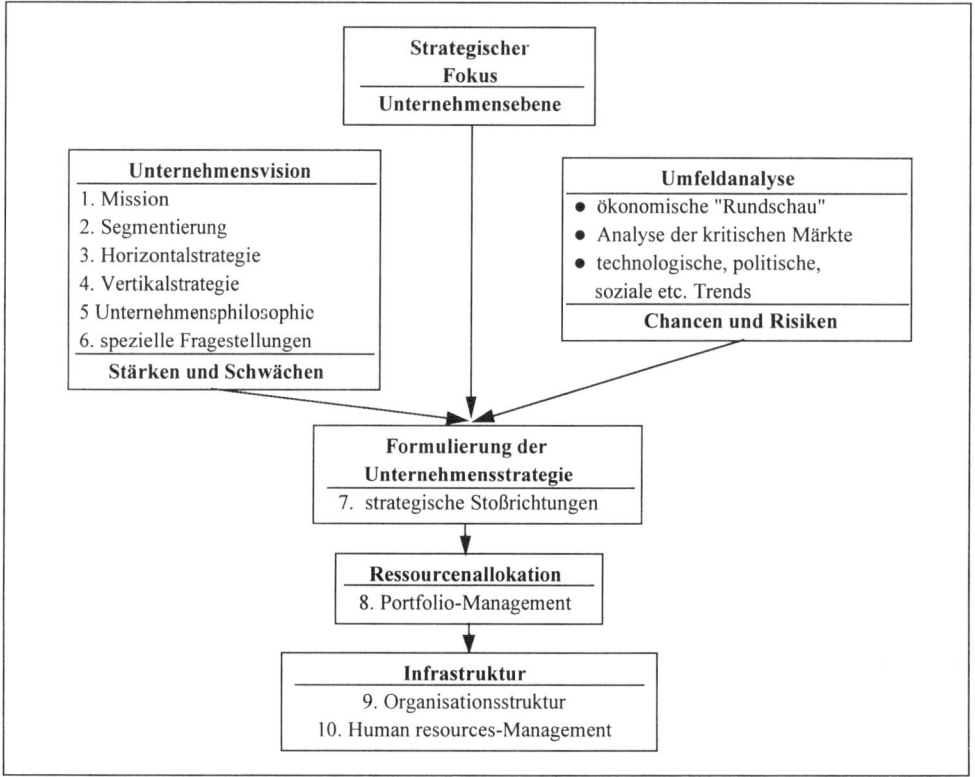

Abb. 8.1:   Die Elemente der Corporate Strategy

---

[1]   vgl. Hax, Majluf (concept), S. 26 ff.; Vancil, Lorange (Planning), S. 7 f.

[2]   vgl. Hax, Majluf (concept), S. 107

Einige dieser Elemente sollen in der Folge genauer erläutert werden:

Die Mission[1]

Die Mission eines Unternehmens legt die derzeitige und zukünftige Reichweite der Produkte, Märkte sowie geographischen Regionen und die spezifischen Fähigkeiten des Unternehmens fest. Wachstum ist dabei die dominante Kraft der Zukunftsgestaltung. Der zweite wichtige Bestandteil ist das Programm, mit dessen Hilfe Wettbewerbsvorteile erreicht werden sollen. Der Zeitrahmen der Mission beträgt etwa fünf Jahre. Wesentliches Element ist die Bestimmung, auf welche Art das Unternehmen versucht, einen dauerhaften Wettbewerbsvorteil oder die Marktführerschaft zu erreichen.

Der Segmentierungsgrad[2]

Die Segmentierung ist eng mit der Frage der Organisation verbunden. Das zentrale Problem ist die Identifizierung von Verantwortung und Kompetenzen. Ergebnis der Segmentierung sind strategische Geschäftseinheiten.

Horizontale Integration[3]

Durch die Trennung des Unternehmens in eigenständige strategische Geschäftseinheiten entsteht Bedarf nach der Suche von Synergien. Diese Suche setzt in der Regel am Konzept der Wertkette an und wurde in letzter Zeit unter der Bezeichnung „Prozeßmanagement" bekannt.

Unternehmensphilosophie[4]

Die Unternehmensphilosophie ist eine auf Dauer ausgerichtete Bestimmung

- der Beziehung zu den Stakeholdern des Unternehmens,

- der generellen Unternehmensziele,

- der Unternehmenspolitik (Führungsstil, Human resources-Management etc.) und

- der Verhaltensregeln.

8.3.2 Unternehmensplanung in zwölf Stufen

Der Prozeß der Unternehmensstrategieplanung nach Hax und Majluf ist ein formal durchdachter organisatorischer Ablauf, der von der Strategieerstellung bis zur Ausformulierung operativer Aktionsprogramme reicht. Wesentliche Bestimmungselemente des Planungsablaufs sind die einbezogenen Hierarchieebenen des Unternehmens und die durchzuführenden Aufgaben. Die Konzernebene als erste in den Planungsprozeß einbezogene Ebene legt mit der Erarbeitung einer Unternehmensvision im Rahmen der strategischen Planung eine Leitlinie für alle weiteren Planungsaktivitäten fest. In den weiteren Planungsebenen werden die konkreten

---

[1] vgl. Hax, Majluf (concept), S. 32 ff., S. 113 ff.

[2] vgl. Hax, Majluf (concept), S. 118 ff.

[3] vgl. Hax, Majluf (concept), S. 123 ff.

[4] vgl. Hax, Majluf (concept), S. 146 ff.

Strategien für die einzelnen Teilbereiche des Unternehmens entwickelt, die dann auf Konzernebene aufeinander abgestimmt werden.[1]

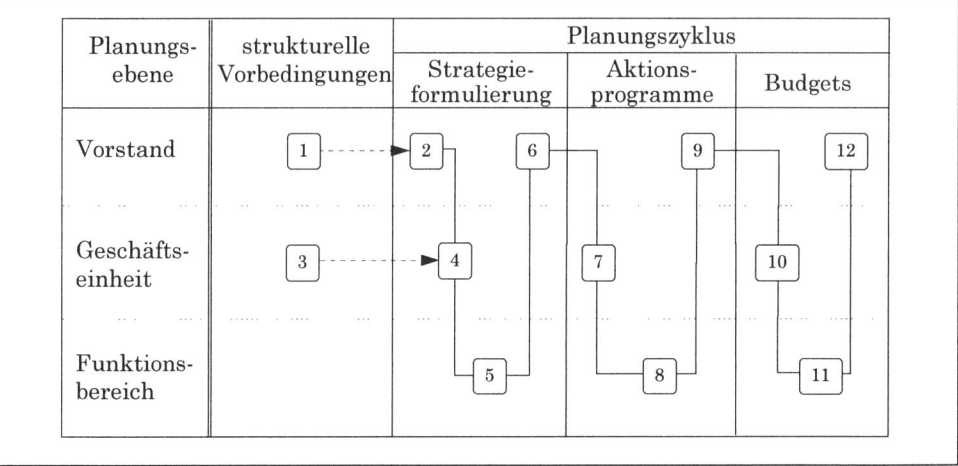

Abb. 8.2:   Der formale Prozeß der Unternehmensstrategieplanung[2]

Die Aufgabengebiete im Planungsprozeß teilen sich in zwei Bereiche: in Aufgaben, die jährlich durchgeführt werden müssen und in Aufgaben, die sich über mehrere Planungszyklen nicht signifikant verändern. Unter diesen „strukturellen Vorbedingungen" verstehen Hax und Majluf die Vision des Unternehmens und die Mission[3]. Zu den Aufgaben, die jährlich überprüft und revidiert werden müssen, zählen

- Strategieformulierung,

- strategische Programme und

- strategische und operative Budgetierung.[4]

Betrachtet man die Abfolge der einzelnen Planungsschritte, zeigt sich, daß die Strategieplanung weder ein Top-down-, noch ein Bottom-up-Prozeß ist, sondern eine Aktivität, die starke Miteinbeziehung aller leitenden Manager auf Konzern-, Geschäfts- und Funktionsebene erfordert.

---

[1]   vgl. Hax, Majluf (Strategisches Management), S. 59 ff.

[2]   Hax, Majluf (Strategisches Management), S. 61

[3]   Hax und Majluf verwenden im Original die Bezeichnung mission, die in der deutschen Fassung mit der irreführenden Bezeichnung Geschäftsauftrag übersetzt wurde.

[4]   vgl. Hax, Majluf (Strategisches Management), S. 60 f.

8.3.3 Planungsablauf

Schritt 1: Vision des Unternehmens[1]

Die Vision des Unternehmens ist eine längerfristig gültige Aussage, die von der Konzernleitung formuliert wird. Durch sie soll sowohl eine Quelle der Herausforderung und der Inspiration als auch ein Mittel zur Kommunikation der Ideale und Werte geschaffen werden. Die Vision beinhaltet folgende Aspekte:

- Ausdruck des Unternehmenszwecks in bezug auf Produkte, Märkte, geographische Bereiche sowie auf die Art der Führerschaft im Wettbewerb (in Übereinstimmung mit der Mission),

- Identifizierung der strategischen Geschäftseinheiten und deren Zusammenwirken hinsichtlich gemeinsamer Ressourcen und Interessen,

- Aussage über die Unternehmensphilosophie.

Ein weiterer wesentlicher Punkt der Vision ist die Segmentierung des Unternehmens in strategische Geschäftseinheiten. Das Ausmaß der Segmentierung reicht bis zur Differenzierung voneinander vollkommen unabhängiger Geschäftseinheiten, die nur auf Konzernebene des Unternehmens zusammengefaßt werden. Starke Segmentierung kann aber auch dazu führen, daß alle Vorteile aufgegeben werden, die durch die Nutzung gemeinsamer Ressourcen und Interessen entstehen können.

Schritt 2: Verfahren zur Entwicklung der strategischen Grundhaltung[2]

Durch Analyse des externen Umfelds und durch interne Prüfung wird die strategische Lage des Unternehmens auf Konzernebene erfaßt.

Die Analyse des externen Umfelds auf Konzernebene versucht, den allgemeinen Zustand der Branchen festzustellen, in denen das Unternehmen tätig ist. Dabei werden wirtschaftliche, politische, soziale und legislative Einflüsse bewertet. Aus historischer Perspektive analysiert man, mit welchem Erfolg das Unternehmen seine Ressourcen mobilisieren konnte, um den Anforderungen des Umfelds zu entsprechen. Mit Blickrichtung in die Zukunft werden die Möglichkeiten geprüft, Grundlagen für eine Positionierung entsprechend den sich ändernden Anforderungen des Umfelds zu schaffen. Ergebnis der Analyse sind Szenarien wahrscheinlicher Trends jener Indikatoren, die planungsbeeinflussend sind. Ergänzend dazu werden Pläne für Extremszenarien – optimistische und pessimistische Entwicklungen – erarbeitet.

Ein weiterer wesentlicher Punkt ist die Erstellung von Globalszenarien der generellen Trends in den Hauptmärkten des Unternehmens. Obwohl auf Ebene der strategischen Geschäftseinheiten noch einmal detailliertere Untersuchungen durchgeführt werden müssen, ist es für den gesamten Planungsablauf wesentlich, die Trends schon auf Konzernebene zu bewerten, um einen allgemeinen Beurteilungsrahmen zu erhalten. Damit soll die Konsistenz zwischen Trends, Geschäftsstrategien und Aktionsprogrammen sichergestellt werden.

---

[1] vgl. Hax, Majluf (Strategisches Management), S. 63 ff., S. 305 ff.

[2] vgl. Hax, Majluf (Strategisches Management), S. 68 ff., S. 313 ff.

Die interne Prüfung auf Konzernebene dient der Erfassung der personellen, finanziellen und technologischen Ressourcen. Entsprechend der externen Umfeldanalyse, wird auch diese Prüfung sowohl vergangenheits- als auch zukunftsbezogen durchgeführt. Dabei sollen Stärken des Gesamtunternehmens erkannt werden, auf denen die Strategien fußen können. Darauf wird die strategische Grundhaltung des Unternehmens aufgebaut. Sie dient als Rahmen für die Strategieentwicklung auf der Divisions- und Bereichsebene und beinhaltet:

- Strategische Hauptstoßrichtungen: Hauptaktivitäten, die das Unternehmen zur Erreichung einer soliden Wettbewerbsposition innerhalb der nächsten drei bis fünf Jahre durchführen muß.

- Leistungsziele: Quantitative Indikatoren (z. B. Umsatz) für die finanzielle Lage des Unternehmens.

Schritt 3: „Mission of the business"[1]

Die Mission entspricht der Vision des Unternehmens auf der Ebene der strategischen Geschäftseinheit und bildet die Grundlage der Strategieerstellung. Dieser Schritt ist vergleichbar mit Schritt eins auf Geschäftsfeldebene und nimmt ebenfalls Bezug auf Produkte, Märkte und Wettbewerbsstärke. Die Formulierung ist enger, detaillierter und von der Unternehmensvision stark beeinflußt. Dennoch kann sie sich in bestimmten Punkten, wie z. B. in der Art der angestrebten Marktposition, von der Vision unterscheiden.

Schritt 4: Geschäftsstrategie und allgemeines Aktionsprogramm[2]

Die Geschäftsstrategie umfaßt einen Katalog aufeinander abgestimmter Aktionsprogramme, die auf Sicherung eines dauerhaften Wettbewerbsvorteils abzielen. Sie wird von der strategischen Stoßrichtung der Konzernebene beeinflußt. Zur Formulierung der einzelnen Geschäftsstrategien werden unterschiedliche Instrumente eingesetzt, um die gegenwärtige und zukünftige Position der Geschäftseinheiten anhand von zwei Kriterien untersuchen zu können:

- nichtbeeinflußbare Kräfte des Umfelds (Bestimmung von Trends und Marktmöglichkeiten),

- interne Stärken (Bestimmung des Potentials für Wettbewerbsführerschaft).

Der Ablauf der Vereinbarung der Geschäftsfeldstrategie kann durch Verwendung alternativer Instrumente variiert werden. Beispielsweise können unterschiedliche Portfoliotechniken eingesetzt werden.

---

[1] vgl. Hax, Majluf (Strategisches Management), S. 76, S. 329 f.

[2] vgl. Hax, Majluf (Strategisches Management), S. 77 f., S. 313 ff.

Hax und Majluf schlagen im Rahmen der Strategieerstellung die Verwendung folgender Instrumente der Portfoliomethodik vor:

- Marktwachstums-/Marktanteil-Matrix,
- Branchenattraktivitäts-/Wettbewerbsstärke-Matrix,
- Produktlebenszyklus-Matrix.

Das wesentliche Ergebnis ist ein Katalog von Normstrategien, die von den Geschäftseinheiten entsprechend ihrer Position in den einzelnen Portfolios angewendet werden können.

Da sich Hax und Majluf der Schwächen einzelner Portfoliomethoden bewußt sind, versuchen sie, durch die Vielzahl der eingesetzten Instrumente eine breitere Informationsbasis zu erhalten.

Schritt 5: Funktionsstrategie und allgemeines Aktionsprogramm[1]

Die Funktionsstrategie entspricht der Geschäftsfeldstrategie auf der funktionalen Ebene. Der Ablauf beider Planungsphasen ist ident. Das Ausmaß des Mitwirkens der Funktionsmanager im Strategieplanungsprozeß hängt von der Organisationsstruktur ab. Bei starker Dezentralisierung sind die Funktionsmanager bei der Formulierung der Geschäftsstrategie direkt beteiligt, während ihr Mitwirken bei Schritt fünf der Vereinbarung von Funktionsstrategien relativ gering ist, da nur noch eine Feinabstimmung erfolgt.

Im Rahmen zentralisierter Organisationen überprüfen Funktionsmanager die sie betreffenden Geschäftsstrategien und können gegebenenfalls Einwendungen im Rahmen von informellen Verhandlungen anbringen. Ist auf dem Verhandlungsweg keine Einigung zu erzielen, müssen Meinungsunterschiede in der Phase der Konsolidierung ausgetragen werden. Können Einwände nicht in direkten Verhandlungen bereinigt werden, müssen sie im nächsten Planungsschritt behandelt werden. Die Formulierung des Aktionsprogramms erfolgt in Form von Plänen mit mehrjährigen Eckdaten. Diese werden durch detaillierte Programme in den folgenden Planungsabläufen unterstützt.

Schritt 6: Konsolidierung auf Konzernebene[2]

Die nächste Aufgabe umfaßt die Bewertung und Konsolidierung der Aktionsprogramme der Geschäfts- und Funktionseinheiten, die in einer Strategieklausur aller beteiligten Führungskräfte durchgeführt wird. Dabei sollten zumindest vier Problembereiche angesprochen werden:

- Bereinigung aller Einwände der Geschäfts- und Funktionseinheiten,
- Ausgleich des Portfolios (dabei sind mehrere Dimensionen zu beachten: Kurzzeit- versus Langzeitprofitabilität, Risiko und Ergebnis, Cash-flow-Bilanz),
- Verfügbarkeit strategischer Mittel, Verschuldungspolitik und maximales Wachstum,
- vorläufige Bewertung der Programme und Zuordnung von Prioritäten für die Ressourcenzuweisung (Formulierung eines realistischen Programms zur Förderung der strategischen

---

[1] vgl. Hax, Majluf (Strategisches Management), S. 78 f., S. 353 ff.

[2] vgl. Hax, Majluf (Strategisches Management), S. 79 ff., S. 356 ff.

Richtungen jeder Geschäftseinheit, das auch mit den finanziellen und personellen Mitteln des Unternehmens konsistent ist).

Schritt 7 und Schritt 8: Spezifische Aktionsprogramme[1]

Im nächsten Schritt werden die allgemeinen Aktionsprogramme der Geschäfts- und Funktionsebene in spezifische Programme mit konkreten Aufgaben umgesetzt. Ein spezifisches Aktionsprogramm ist in sich strukturiert, mit klar definierten zeitlichen Abläufen, die über eine Zeitspanne von sechs bis 18 Monaten gehen. Jedes Aktionsprogramm wird hinsichtlich der gleichen Elemente beschrieben, wodurch die Ergebnisse der einzelnen spezifischen Programme leicht miteinander verglichen werden können. Die Beschreibung ist standardisiert und umfaßt folgende Bereiche:

- Verbale Definition,
- Zuordnung von Prioritäten,
- Schätzung von Kosten und Erlösen,
- Schätzung der Personalkapazität,
- Zeitplan,
- Identifizierung der für die Implementierung verantwortlichen Person,
- Vorgangsweise bei der Ergebniskontrolle.

Schritt 9: Ressourcenzuweisung und Definition der Leistungsmaßstäbe[2]

Nach der endgültigen Bewertung der Vorschläge der Geschäfts- und Funktionseinheiten durch die Führungsebene werden die Ressourcen an die einzelnen Geschäftsbereiche zugewiesen, die ausgewählte Aktionsprogramme durchführen. Der Ablauf enthält folgende Aufgaben:

- Sammlung und Klassifizierung der Informationen der Geschäfts- und Funktionseinheiten,
- Gegenüberstellung der strategischen Bedeutung der Geschäfts- und Funktionseinheiten und der verlangten Mittel,
- Analyse der wirtschaftlichen Indikatoren und des Wertschöpfungspotentials der vorgeschlagenen Aktionen,
- Definition der kurz- und langfristigen Leistungsmaßstäbe für die Ergebniskontrolle der allgemeinen und spezifischen Aktionsprogramme.

Schritte 10 bis 12: Phasen der Budgetierung[3]

Die Schritte zehn bis zwölf führen zu einem Budget für alle drei Ebenen des Unternehmens. Die Budgetierung stellt bei Hax und Majluf keine Extrapolation von Vergangenheitsdaten dar. Die Budgets enthalten strategische und operative Verpflichtungen. Erstere führen zur Entwicklung neuer Geschäftsmöglichkeiten, die oft die bestehenden Bedingungen entscheidend beeinflussen können. Letztere dienen der effektiven Erhaltung der Geschäftsgrundlagen.

---

[1]   vgl. Hax, Majluf (Strategisches Management), S. 83 ff., S. 367 ff.

[2]   vgl. Hax, Majluf (Strategisches Management), S. 85 f., S. 370 ff.

[3]   vgl. Hax, Majluf (Strategisches Management), S. 86 ff., S. 370 ff.

Mit der Budgeterstellung ist der Planungszyklus abgeschlossen.

8.3.4 Strategisches Management[1]

Das Herzstück des strategischen Managements ist der strategische Planungsprozeß. Weitere Bestandteile eines integrierten strategischen Managements sind:

- Organisationsstruktur,
- Unternehmenskultur,
- Kommunikations- und Informationssystem,
- Führungskontrollsystem,
- Motivations- und Belohnungssystem.

Besondere Bedeutung im strategischen Management hat die Integration von Planung und Kontrolle, die über die Budgetierung erreicht wird. Schlußpunkt der strategischen Planung sind Budgets, die für den Kontrollprozeß den Ausgangspunkt detaillierter Analysen bilden. Ergebnis sind:

- Anpassungsmaßnahmen,
- Budgetrevisionen,
- Revisionen strategischer Programme,
- Strategierevisionen.

8.4 Stärken des Konzepts

- Hax und Majluf stellen ihr Konzept in einfacher und präziser Sprache dar und bauen in leicht nachvollziehbarer Reihenfolge die einzelnen Schritte aufeinander auf. Sie entwickeln ihr Konzept konsequent weiter und passen es an die aktuellen Erfordernisse und Erkenntnisse an.

- Die Einbeziehung aller Unternehmensebenen in den Planungsablauf führt zu starker Einbindung aller Führungskräfte in den Prozeß der Strategieerstellung. Das ermöglicht die Identifikation der Schlüsselmanager mit den erstellten Strategien und unterstützt die Umsetzung.

- Es werden von allen relevanten Ebenen Informationen gesammelt. Die Ausarbeitung der Strategievorschläge sowie die Abstimmung der Aktionsprogramme erfolgen jeweils in den drei Unternehmensebenen. Vom Ausgangspunkt der Unternehmensvision bis zur Erstellung der strategischen und operativen Budgets auf Funktionsebene bietet dieses zusammenhangende, in sich geschlossene Konzept jenen Rahmen, der es ermöglicht, eine logisch-konsistente, auf ein Höchstmaß an Information aufbauende Strategie für das Unternehmen zu entwickeln.

---

[1] vgl. Hax, Majluf (Strategisches Management), S. 93 ff.

- Der strukturierte Ablauf des strategischen Planungsprozesses und die Verbindung der einzelnen Tätigkeiten gewährleistet gemeinsam mit einem entsprechenden Zeitplan eine stetige, explizite Auseinandersetzung des Führungsteams mit strategischen Grundfragen. Auf diese Weise wird verhindert, daß Probleme des Tagesgeschehens langfristige strategische Überlegungen verdrängen.

8.5 Schwächen des Konzepts

- Beim Konzept von Hax und Majluf besteht die Gefahr, daß durch das stark formalisierte, disziplinierte und damit bürokratisierte Verfahren kreatives, eigenständiges Denken und individuelle Ausgestaltung behindert werden und der Prozeß zu einem bürokratischen Akt verkümmert. Auch der planerische Spielraum, der nötig ist, um auf unvorhergesehene Ereignisse zu reagieren, wird so stark eingeschränkt, daß neben der formalen Planung nicht mehr genug Freiraum für situationsbezogene Reaktionen verbleibt.

- Hax und Majluf machen nicht den Versuch, ihr Konzept mit relevanten Fragen der Administration, Unternehmenskultur, Kommunikations- und Informationssysteme und Entlohnungssysteme zu verknüpfen, obwohl sie in ihrem Buch „Strategisches Management" die nächste Phase der strategischen Unternehmensführung, das strategische Management, ausführlich als Integration der strategischen Planung mit allen anderen wesentlichen Unternehmensbereichen beschreiben.

- Das Konzept ist ausschließlich auf Analyse von beziehungsweise Beschäftigung mit bereits bestehenden Geschäftseinheiten ausgerichtet. In keinem Schritt wird auf die Notwendigkeit eingegangen, sich auch mit der Suche nach zukünftigen Betätigungsfeldern auseinanderzusetzen.

8.6 Bedeutung für die Unternehmensführung

Der Widerhall des Konzepts von Hax und Majluf in der Literatur konzentriert sich auf den amerikanischen Sprachraum. Ihr Hauptwerk „Strategisches Management: Ein integrativer Ansatz aus dem M.I.T." wurde 1988 in deutscher Sprache veröffentlicht und seitdem auch in der deutschsprachigen Literatur viel beachtet.

8.7 Empfohlene Literatur

Hax, A.; Majluf, N.: Strategisches Management: Ein integratives Konzept aus dem M.I.T., Frankfurt, New York 1988, 406 Seiten. Nach einer Kurzdarstellung des Konzepts werden anhand zweier Unternehmen die Phasen der strategischen Planung anschaulich dargestellt. Viele Tabellen.

Hans Hinterhuber

„Die strategische Entscheidung ist letztendlich eine symbolische Handlung, die grundlegende Ideale und Wertvorstellungen einer Führungskraft verkörpert."

Inhaltsverzeichnis

9 Hans Hinterhuber

9.1 Zur Person des Autors

Hans Hinterhuber (geboren 1938 in Bruneck/Südtirol) schloß 1960 das Studium an der Montanuniversität in Leoben mit dem Grad eines Diplomingenieurs ab und promovierte 1963 in Venedig zum Doktor rer. oec. Von 1963 bis 1968 war er in Mailand als Direktionsassistent der AGIP SpA. und von 1969 bis 1970 als Hauptabteilungsleiter der ARAL Italiana SpA. ebenfalls in Mailand tätig. In diese Zeit fielen auch seine Habilitationen in Rom (1967) und Leoben (1969). 1970 wurde er als ordentlicher Universitätsprofessor an die Technische Universität Graz berufen, wo er bis 1974 wirkte. Seit 1974 ist er ordentlicher Universitätsprofessor und Vorstand des Instituts für Unternehmungsführung an der Universität Innsbruck.

9.2 Grundlagen

Nach Auffassung Hinterhubers bedürfen Strategien zu ihrer Umsetzung eines geeigneten Instrumentariums. Die Betrachtung der strategischen Unternehmensführung kann sich daher nicht auf den Planungsprozeß selbst beschränken. Ein geschlossenes System liegt erst dann vor, wenn neben dem Planungsprozeß ein integrierendes, instrumentengestütztes Gesamtkonzept für die Führung eines Unternehmens entwickelt wird. Dabei ist es notwendig, die Zusammenhänge der einzelnen Systembausteine zu zeigen und für deren Gleichgewicht zu sorgen.[1]

9.3 Inhalt des Konzepts

Hinterhuber entwickelt ein sieben Stufen umfassendes Strategiekonzept. Die sieben Stufen sind interdependente Bausteine der strategischen Unternehmensführung, deren Konkretisierung mit jeder Stufe zunimmt und die durch Rückkopplungsprozesse ständig aufeinander einwirken.

---

[1] vgl. Hinterhuber (Unternehmungsführung), Band 1, S. 34 f.

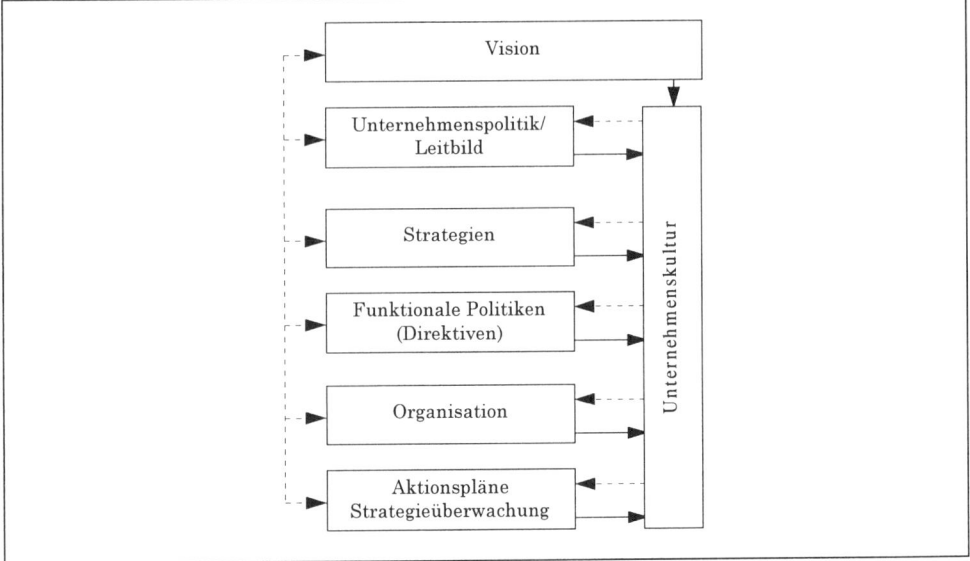

Abb. 9.1: Die sieben Komponenten der strategischen Unternehmensführung[1]

9.3.1 Die Vision[2]

Die Vision kann als unternehmerischer Wunschtraum, das Umfeld zu verändern, bezeichnet werden. Sie stellt für Hinterhuber eine unabdingbare Voraussetzung für unternehmerisches Handeln dar. Die Vision kommt einem Sendungsbewußtsein gleich, einer Überzeugung, dazu berufen zu sein, innovatorisch tätig zu werden. Visionen sind dazu geeignet, neue Horizonte zu erschließen, Märkte zu schaffen und verkrustete Strukturen aufzubrechen.

Eine Vision, die von den obersten Führungskräften vorgelebt und verkörpert wird, zieht motivierte Mitarbeiter an und richtet sowohl die Tätigkeit des Unternehmens als auch dessen Mitarbeiter an den vereinbarten Zielen aus. Dadurch wird das selbständige Handeln der Mitarbeiter auf allen hierarchischen Ebenen erleichtert. Voraussetzung ist, daß die visionären Ziele herausfordernd und außergewöhnlich sind.

Da auch Visionen nur zeitlich begrenzt gültig sind, muß die Suche und kritische Diskussion von Visionen innerhalb des Unternehmens institutionalisiert werden. Dafür schlägt Hinterhuber die Einrichtung eines Visionsteams vor.

---

1   Hinterhuber (Unternehmungsführung), Band 1, S. 26

2   vgl. Hinterhuber (Unternehmungsführung), Band 1, S. 41 ff.

9.3.2 Unternehmenspolitik[1]

„Die Unternehmenspolitik ist eine Gesamtheit von Unternehmensgrundsätzen und Leitmaximen."[2] Sie hat die Aufgabe, die Vision der Unternehmensleitung innerhalb des Unternehmens zu verbreiten und auszugestalten, wodurch sie dem Unternehmen eine charakteristische innere und äußere Ordnung verleiht. Sie beinhaltet die Werte, Normen und Ideale, denen das Unternehmen verpflichtet ist. Dabei ist es unerheblich, ob sich die Unternehmenspolitik in einem Leitbild manifestiert oder nur verbal kommuniziert wird.

Die Unternehmensgrundsätze, die von der Unternehmenspolitik festgelegt werden, umfassen vor allem:

- Zweck und Tätigkeitsbereich des Unternehmens,
- Verantwortung des Unternehmens gegenüber seinen Interessengruppen,
- einzugehende Allianzen strategische,
- Verwendung des Gewinns.

Diese Grundsätze werden im Leitbild in Form von praktischen Leitsätzen dargestellt, wobei die Brauchbarkeit eines Leitbilds an den Antworten auf folgende Fragen gemessen werden kann:[3]

Ist das Leitbild
- von den Führungskräften selbst erarbeitet,
- von den Mitarbeitern akzeptiert,
- konkret,
- allgemein gültig,
- in Hinblick auf einen langen Zeithorizont entwickelt,
- bestimmend für das Verhalten der Führungskräfte,
- an veränderte Umfeldbedingungen anpaßbar,
- (dessen Verwirklichung) überprüfbar?

Unternehmenspolitik und Leitbild bilden auch die Grundlagen für die Beurteilung und ständige strategische Kontrolle.[4]

---

[1] vgl. Hinterhuber (Unternehmungsführung), Band 1, S. 55 ff.

[2] Hinterhuber (Unternehmungsführung), Band 1, S. 57

[3] vgl. Hinterhuber (Unternehmungsführung), Band 1, S. 66 f.; Hinterhuber (Wettbewerbsstrategie), S. 211 ff.

[4] vgl. Hinterhuber (Unternehmungsführung), Band 1, S. 68 f.

9.3.3 Formulierung von Strategien

„Das Ziel der Strategie ist, die von der Unternehmenspolitik gesetzten Aufgaben unter best-
möglicher Verwendung der verfügbaren Mittel zu erreichen."[1] Strategien sind nicht Selbst-
zweck, sondern Mittel zur Steigerung der Wettbewerbsfähigkeit. Strategie ist die Konkretisierung eines von der Unternehmenspolitik vorgegebenen leitenden Gedankens. Vor dem Hintergrund des evolutiven Prozesses der Entwicklung der Wettbewerbsfähigkeit geschieht folgendes:[2]

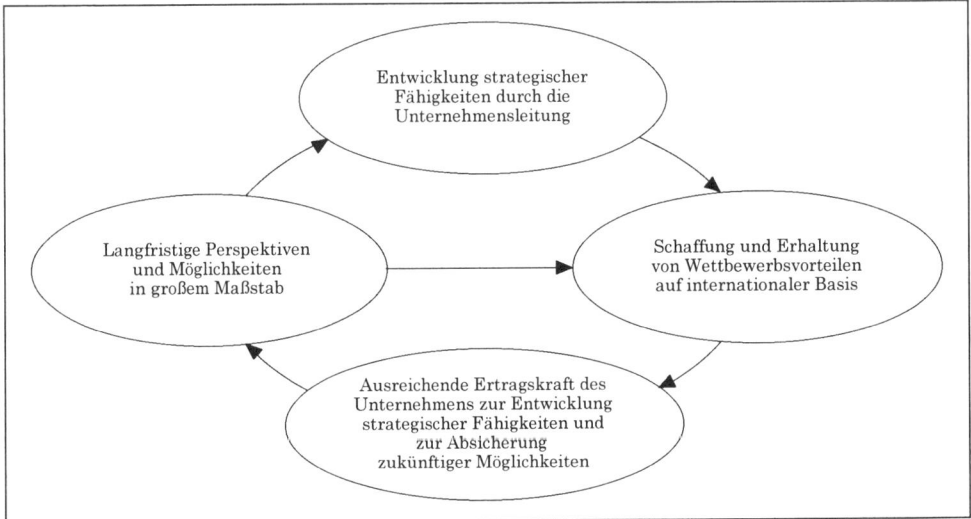

Abb. 9.2: Der evolutive Prozeß der Wettbewerbsfähigkeit

9.3.3.1 Analyse der strategischen Ausgangsposition[3]

Für jede strategische Neuorientierung ist die Analyse der Ausgangsposition des Unternehmens unerläßlich. Nur sie kann Perspektiven für eine realitätsbezogene strategische Unternehmensführung zeigen. Den Startpunkt des strategischen Planungsprozesses bildet die Umfeldanalyse.

Umfeldanalyse[4]

Ausgestaltung und Umfang der Umfeldanalyse und -prognose müssen situativ festgelegt werden. Da nie alle relevanten Daten erhoben werden können, muß sich das Unternehmen darauf
beschränken, relevante und kritische Aspekte des Unternehmensumfelds und dessen Entwicklung zu zeigen. Allgemein sollten die politische, gesellschaftliche, wirtschaftliche und techni-

---

1   Hinterhuber (Wettbewerbsstrategie), S. 206

2   vgl. Hinterhuber (Wettbewerbsstrategie), S. 134

3   vgl. Hinterhuber (Unternehmungsführung), Band 1, S. 73 ff.

4   vgl. Hinterhuber (Unternehmungsführung), Band 1, S. 76 ff.

sche Umfeldentwicklung, die Entwicklung der relevanten Branchen sowie die Stellung des Unternehmens in diesen Branchen in die Analyse einbezogen werden.

Für die Branchenanalyse greift Hinterhuber auf das System von Porter zurück und entwickelt es konzeptionell weiter.[1] Ergebnis der Umfeldanalyse sind kritische Erfolgsfaktoren, die in der Folge als Basis für Unternehmensanalyse und -prognose dienen.

Unternehmensanalyse[2]

Ziel von Unternehmensanalyse und -prognose ist die Bestimmung des tatsächlichen Handlungsspielraums des Unternehmens mit seinen aktuellen und potentiellen Ressourcen. Instrumentell unterstützt wird die Unternehmensanalyse durch die Stärken-Schwächen-Analyse, die für die in der Umfeldanalyse erarbeiteten Erfolgsfaktoren erstellt wird. Dabei werden die Ressourcen des Unternehmens mit den ermittelten Branchenerfolgsfaktoren verglichen.

Unternehmensanalyse und -prognose beschränken sich nicht nur auf die gegenwärtigen Stärken und Schwächen des Unternehmens. In ihrem Rahmen werden vielmehr die Unternehmensressourcen auch mit prognostizierbaren Umfeldbedingungen in Beziehung gebracht, was strategische Entwicklungsmöglichkeiten und Handlungsspielräume aufgrund der aktuellen und potentiellen Ressourcen des Unternehmens beschreibt.

9.3.3.2 Strategieentwicklung

Bei der Formulierung der Strategie muß zwischen Geschäftsfeldstrategien und Unternehmensstrategie unterschieden werden. Vielfach muß schon die Umfeldanalyse den unterschiedlichen Rahmenbedingungen einzelner strategischer Geschäftseinheiten Rechnung tragen. In der Folge werden für jedes strategische Geschäftsfeld die derzeitige Ausgangsposition und die geplante strategische Zielposition entwickelt.

Als Planungsinstrument setzt Hinterhuber die Portfoliotechnik ein.

Ergebnis dieser Planungsphase auf Geschäftsfeldebene sind ein Ist-Unternehmensportfolio und ein strategisches Plan-Unternehmensportfolio. Die Strategieentwicklung auf Unternehmensebene entspricht somit einer Konsolidierung der strategischen Geschäftseinheiten. Erst darauf aufbauend, können Ressourcen zugeteilt und Maßnahmen beziehungsweise strategische Hauptstoßrichtungen verabschiedet werden.

---

[1] vgl. Hinterhuber (Unternehmungsführung), Band 1, S. 77 ff.; Hinterhuber (Wettbewerbsstrategie, 1. Aufl.), S. 57 ff.

[2] vgl. Hinterhuber (Unternehmungsführung), Band 1, S. 83 ff.

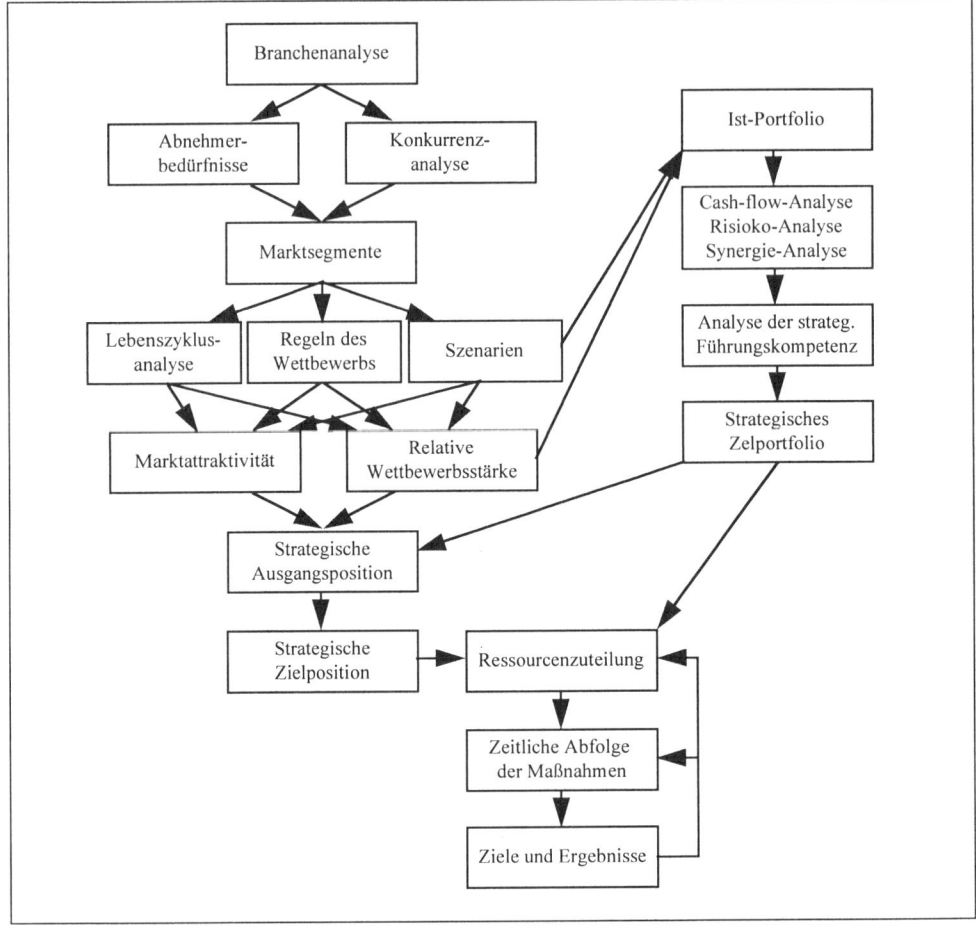

Abb. 9.3: Prozeß der strategischen Planung[1]

Strategieentwicklung auf der Ebene der strategischen Geschäftseinheiten[2]

Ausgehend von der bereits beschriebenen Umfeldanalyse, werden die relativen Wettbewerbsvorteile des Unternehmens in bezug auf jede strategische Geschäftseinheit ermittelt. Die aus der Portfolio-Positionierung resultierende Normstrategie dient als Grundlage für die Ausarbeitung von Strategien, deren Ziel es ist, einen Markt oder eine Marktnische zu finden, in der sich die strategische Geschäftseinheit am besten zu positionieren vermag.

Für jede strategische Geschäftseinheit werden Zielpositionen festgelegt. Die mit der Zielposition in Zusammenhang stehenden Geschäftsfeldstrategien (Alternativstrategien) müssen anhand unterschiedlicher Kriterien geprüft werden, wie beispielsweise ROI, Cash-flow am Um-

---

1   Hinterhuber (Unternehmungsführung), Band 1, S. 107

2   vgl. Hinterhuber (Unternehmungsführung), Band 1, S. 143 ff.

satz, Wertschöpfung etc. Erst nach erfolgter Bewertung kann entschieden werden, ob eine Geschäftsfeldstrategie wünschenswert und ausführbar scheint. Die zum strategischen Plan erhobenen Alternativstrategien der Geschäftseinheiten werden zur Unternehmensstrategie verdichtet.

Strategieentwicklung auf Unternehmensebene[1]

Die Summe der Strategien der einzelnen Geschäftsfelder ist nicht gleichbedeutend mit der Unternehmensstrategie. Die einzelnen Geschäftsfeldstrategien müssen mit der Unternehmensleitung abgestimmt, an die strategische Gesamtlinie angepaßt und eventuell neu erstellt werden. Ziel ist ein Portfolio, das sowohl hinsichtlich des durch die strategischen Geschäftsfelder generierten Cash-flows als auch bezüglich des Ausgleichs zwischen Risiko und Gewinnerwartungen eine ausgewogene Struktur aufweist.

Der erste Schritt des Koordinationsprozesses auf Gesamtunternehmensebene ist das Ist-Portfolio des Gesamtunternehmens. Nach der Vereinbarung der einzelnen Geschäftsfeldstrategien wird das Ziel-Portfolio des Unternehmens erstellt. Dieses wird auf seine strategische Ausgewogenheit überprüft und dient zur Formulierung des strategischen Unternehmensplans. Dieser legt die Märkte, Marktsegmente, Nischen etc. fest, in denen das Unternehmen tätig sein will. Endlich erfolgt die Ressourcenzuteilung an die strategischen Geschäftseinheiten.

9.3.4 Ausarbeitung von Direktiven[2]

Die Überleitung der Strategie in konkrete Aktionen und die operative Führung erfolgen mittels Direktiven. Sie konkretisieren die unspezifischen Angaben der Strategien in Form von Richtlinien für die selbständige Entscheidung einzelner funktionaler Bereiche. Die Direktiven stellen eine grundlegende Interpretation der Strategien dar; sie setzen die Grenzen, innerhalb derer die Mitarbeiter der Funktionsbereiche im Rahmen der Strategieerfüllung tätig werden und eine spezifische Maßnahmenplanung erstellen müssen. Darüber hinaus tragen sie zur Koordination der Tätigkeiten der einzelnen Bereiche und zur Kontrolle der Strategien bei.

9.3.5 Strategie und Organisation[3]

Eine entscheidende Voraussetzung für den optimalen, strategischen Ressourceneinsatz ist die Anpassung der Organisationsstruktur des Unternehmens an die Strategie (Structure follows Strategy). Jede Strategie verlangt ihre spezifische Organisationsstruktur, da jede Strategie unterschiedliche Prioritäten setzt, Ressourcenzuweisungen variiert und Informationsflüsse umstrukturiert. Daher ist es Aufgabe der Unternehmensleitung, ständig die Kongruenz von Unternehmenspolitik, Strategien, strategischen Geschäftseinheiten und Organisation zu überprüfen.

---

[1]   vgl. Hinterhuber (Unternehmungsführung), Band 1, S. 159 ff.

[2]   vgl. Hinterhuber (Unternehmungsführung), Band 2, S. 3 ff.

[3]   vgl. Hinterhuber (Unternehmungsführung), Band 2, S. 121 ff.

Ein wichtiger strategischer Erfolgsfaktor ist die organisatorische Verankerung der strategischen Geschäftseinheiten. Das wird durch eine „Sekundärorganisation" ermöglicht, in der Regel in Form einer mehrdimensionalen Matrix.[1]

Für den Erfolg einer Strategie ist die Auswahl geeigneter Führungskräfte noch bedeutender als die aufbauorganisatorische Verankerung strategischer Geschäftseinheiten. Insbesondere bei der Besetzung der Führung von strategischen Geschäftseinheiten, die sowohl strategische als auch operative Aufgaben umfaßt, muß darauf geachtet werden, daß unterschiedliche Strategien auch unterschiedliche Führungseigenschaften bedingen.[2]

Im Unterschied zu einer Reihe anderer Autoren[3] betont Hinterhuber die situative Bedingtheit des Führungsstils. Der Führungsstil des Managements muß an die konkrete Situation und an die Erwartungen beziehungsweise den „Reifegrad" der Mitarbeiter angepaßt werden.[4]

9.3.6 Aktionspläne, Strategiekontrolle und Strategieüberwachung[5]

Für die endgültige Durchsetzung der Strategie bedarf es in der Folge:

- **Einer kurz-, mittel- und langfristigen Durchführungsplanung**

  Dabei werden jene Aktivitäten festgelegt, die zum Erzielen der angestrebten strategischen Position durchgeführt werden müssen. Im durch die Direktiven festgelegten Rahmen erfolgt somit eine auf der Strategie fußende operative Planung.

- **Eines Motivationssystems**

  Eine wesentliche Aufgabe des Managements ist die Motivation der Mitarbeiter. Sie wird durch Förderung von Arbeitszufriedenheit, Installation eines Anreizsystems und Gestaltung des Organisationsklimas erreicht.

- **Eines Überwachungssystems**

  Die Geschäftsführung ist auf relevante Informationen aus gewissen Kernbereichen mit strategischer Bedeutung angewiesen. Sie muß in die unternehmensinterne Informationsflut strategische Filter einbauen, die irrelevante Überinformation unterbinden. Die erhobenen Kontrollinformationen sind mit den geplanten Resultaten zu vergleichen; bei Soll-Ist-Divergenzen wird eine Abweichungsanalyse in Gang gesetzt, die Grundlage für die Revision und Neufassung der Strategien bildet.

- **Eines Informationssystems**

  Damit werden jene Informationen – vornehmlich aus dem Umfeld – geliefert, die das Unternehmen benötigt, um Chancen und Bedrohungen rechtzeitig erkennen zu können.

---

[1] vgl. Hinterhuber (Unternehmungsführung), Band 2, S. 141 ff.

[2] vgl. Hinterhuber (Unternehmungsführung), Band 2, S. 151 ff.

[3] vgl. insbesondere den Beitrag über Mann

[4] vgl. Hinterhuber (Unternehmungsführung), Band 2, S. 161 ff.

[5] vgl. Hinterhuber (Unternehmungsführung), Band 2, S. 207 ff.

9.3.7 Unternehmenskultur[1]

Integratives Element der strategischen Unternehmensführung ist die Unternehmenskultur. Sie ist durch Rückkopplungsmechanismen mit allen Stufen der strategischen Unternehmensführung verbunden. Nur wenn sie mit der Strategie in Einklang steht, kann diese erfolgreich implementiert und ausgeführt werden. Der Leitung des Unternehmens beziehungsweise der einzelnen strategischen Geschäftseinheiten fällt die Aufgabe zu, die bestehende Unternehmenskultur mit den Anforderungen der Strategien zu vergleichen und eventuell notwendige Anpassungsmaßnahmen vorzunehmen.

In engem Zusammenhang mit der Unternehmenskultur steht das äußere Erscheinungsbild des Unternehmens, die Corporate Identity.

9.3.8 Strategisches Controlling[2]

Die zunehmende Zersplitterung strategischer Führung in strategische Geschäftseinheiten, Divisions und Subunternehmen macht ein institutionalisiertes strategisches Controlling notwendig, das die Aufgabe hat, eine ganzheitliche Sicht des Unternehmens zu bewahren. Darüber hinaus muß das Controlling den gesamten strategischen Prozeß begleiten und einen kybernetischen Prozeß der Komplexitätsbeherrschung aufrechterhalten.

9.3.9 Strategische Führung in rezessiven Zeiten[3]

In rezessiven Zeiten treten operative Fragestellungen zunehmend in den Vordergrund. Sparmaßnahmen, Personalabbau, Reorganisation etc. werden zu den wichtigsten Themen. Obwohl dies verständlich ist, darf die Unternehmensstrategie nicht gänzlich verdrängt werden, auch wenn die Planbarkeit der Zukunft immer stärker eingeschränkt wird.

In rezessiven Zeiten zeichnen sich erfolgreiche Unternehmen durch Abstimmung folgender Faktoren (Imperative) aus:

- Zufriedenheit der Stakeholder,

- Konzentration auf Schlüsselfähigkeiten,

- Orientierung auf Geschäftsprozesse,

- Schnelligkeit, Flexibilität, Selbstvertrauen,

- Lernende Organisation,

- Wertsteigerung,

- Kommunikation.

---

[1]   vgl. Hinterhuber (Unternehmungsführung), Band 2, S. 247 ff.

[2]   vgl. Hinterhuber (Unternehmungsführung), Band 2, S. 271 ff.

[3]   vgl. Hinterhuber (Aushilfen), S. 79ff.

Die Gründe für den Erfolg können in Lehrsätzen zusammengefaßt werden:

Umfassende Beurteilung der Lage
Klare, kommunizierbare Strategien
Klare und detaillierte Aktionspläne
Keine Kompromisse in bezug auf Qualität
Prozeßmanagement
Sinn für Dringlichkeit
Konzentration der Kräfte
Belohnung herausragender Leistungen
Gute Beispiele kommen von oben

Abb. 9.4: Lehrsätze zum strategischen Management in rezessiven Zeiten[1]

9.4 Stärken des Konzepts

- Eine wesentliche Stärke des Konzepts liegt in seiner klaren und durchgehenden Struktur. Die Grundlage dafür bildet die Einteilung der strategischen Unternehmensführung in sieben aufeinander aufbauende Stufen, die durch ständige Rückkopplungsprozesse miteinander verbunden sind. Dadurch gelingt es, die Mannigfaltigkeit strategischer Entscheidungsprobleme übersichtlich darzustellen und ihre Interdependenzen zu zeigen. Hinterhubers Konzept vermittelt eine integrierte, umfassende Darstellung des Unternehmens und der sich dort vollziehenden Prozesse.

- Das Konzept zeigt die Vielfalt von Umfeldeinflüssen, die in die Planung einbezogen werden müssen, und setzt sie zu beeinflußbaren unternehmensinternen Faktoren in Beziehung. Dadurch wird das strategische und planerische Verständnis der Mitarbeiter gefördert, ihre Einsicht in die strategische Position des Unternehmens erhöht und der Übergang von der Planung zum Handeln erleichtert. Hinterhuber nutzt in seinem Konzept eine Vielzahl von strategischen Instrumenten.

- Das Konzept strebt danach, die Strategien der einzelnen strategischen Geschäftseinheiten zu einer konsistenten Strategie des Gesamtunternehmens zu koordinieren. Durch die Zusammenführung von Bereichsstrategien, die eine Nutzbarmachung von Synergien ermöglicht, und durch die Ausrichtung der strategischen Geschäftseinheiten auf zu erwartende Erfolgspotentiale wird dem Bereichspartikularismus innerhalb des Unternehmens entgegengewirkt.

- Hinterhuber widmet in seinem Konzept der Durchsetzung der Strategie breiten Raum.

---

[1] vgl. Hinterhuber (Aushilfen), S. 107

9.5 Schwächen des Konzepts

- Hinterhuber konzentriert sich auf bereits bestehende strategische Geschäftseinheiten und zeigt keine Wege, neue Geschäftseinheiten zu positionieren. Insbesondere auf die zunehmende Umfelddynamik und den damit verbundenen Innovationsdruck wird nur kurz eingegangen.

- Die Konzeptionen der strategischen Überwachung und des strategischen Controlling sind eng. Hinterhuber konzentriert sich bei der Überprüfung strategischer Alternativen in erster Linie auf objektiv erfaßbare Kennzahlen. Überlegungen zur strategischen Früherkennung, insbesondere in Form von schwachen Signalen, werden dabei nicht berücksichtigt.

- Die Phase der Strategieformulierung gliedert sich in die Formulierung der Geschäftsfeldstrategien und der Unternehmensstrategie. Unklar bleibt, inwieweit die Analyse der strategischen Ausgangsposition für die Geschäftseinheiten getrennt und/oder auf Gesamtunternehmensebene durchzuführen ist beziehungsweise wie die Analyseschritte voneinander abzugrenzen sind.

- Die Systembausteine Vision und Unternehmenspolitik lassen sich nur sehr unscharf voneinander trennen, was zu Unklarheiten im Ablaufprozeß führen kann. In der zweiten Auflage der „Wettbewerbsstrategie" verzichtet Hinterhuber auf die Vision als Determinante der Unternehmensstrategie.

- Insbesondere in seinen neuesten Arbeiten übernimmt Hinterhuber aktuelle, vieldiskutierte Modeströmungen, ohne diese ausreichend zu hinterfragen und fügt sie unkritisch zusammen. Dies erweckt den Eindruck undifferenzierter Anpassung an in der Praxis diskutierte Trends.

9.6 Bedeutung für die Unternehmensführung

Hinterhuber hat als bedeutender Vertreter des Portfolio-Managements im deutschen Sprachraum erheblichen Widerhall in der Literatur gefunden, vor allem was die von ihm verwendete Neun-Felder-Matrix, die Bestimmung der Matrixdimensionen „Marktattraktivität" und „relative Wettbewerbsvorteile" sowie die Ableitung spezifischer Normstrategien betrifft.[1]

---

[1] vgl. Roventa (Portfolio-Analyse), S. 154 ff.; Hahn (Stand), S. 12; Hahn (Zweck), S. 223 ff.

9.7 Empfohlene Literatur

Hinterhuber, H.: Strategische Unternehmungsführung, Bd. 1 und 2, Berlin, New York 1992. 2 Bände, zusammen 570 Seiten. Umfassende Darstellung des Ablaufs und der Instrumente des strategischen Managements. Lehrbuch mit vielen Abbildungen und Literaturhinweisen.

Hinterhuber, H.: Wettbewerbsstrategie, Berlin, New York 1990, 264 Seiten. Ausführliche Auseinandersetzung mit der Entwicklung und den Wegbereitern des strategischen Denkens. Das Buch richtet sich an alle, die an der geschichtlichen Entwicklung strategischer Führung interessiert sind. Viele Literaturhinweise.

Hiroyuki Itami

„A common characteristic of good strategy is that the essential points have been well thought out. The seven essential points, or key words, for strategic thinking are: differentiation, concentration, repercussion, timing, organisational momentum, imbalance, and combination."

Inhaltsverzeichnis

10 Hiroyuki Itami

10.1 Zur Person des Autors

Hiroyuki Itami ist Professor für Management an der Universität von Hitotsubashi.

10.2 Grundlagen

Wie viele theoretische und empirische Strategieforscher versucht auch Itami die Gründe für den Erfolg von Unternehmen herauszufinden. Anders als wie dem PIMS-Konzept oder jenes von Porter, die empirisch geleitet Einflußgrößen oder -faktoren herausfinden wollen, versucht Itami einer grundlegenden strategischen Logik auf die Spur zu kommen. Er geht dabei weit über die Markt- und Wettbewerbsperspektive hinaus und bezieht auch Technologie, Psychologie etc. in seine Überlegungen ein. Er erarbeitet dabei das Konzept der Invisible Assets und leitet damit eine neue Phase strategischen Denkens ein.

Die japanische Erstausgabe stammt aus der gleichen Zeit wie die Arbeiten von Porter, und Itami dürfte neben Porter auch der größte Entwicklungsschritt im strategischen Denken gelungen sein, auch wenn sein Hauptwerk erst zehn Jahre später ins Englische übertragen und nicht durch ihn selbst, sondern in erster Linie durch die Weiterentwicklung seines Ansatzes Hamel und Prahalad bekanntgeworden ist.

Die Überlegungen sind stark von der klassischen amerikanischen Strategieliteratur geprägt: Ansoff, Porter, Andrews etc. Itamis Erfahrungshintergrund sind aber Denkweisen und Erfolge der japanischen Unternehmen, die zum Zeitpunkt der Erstauflage ungebremst den Weltmarkt erobert hatten.

Die zentralen Elemente des strategischen Managements, um die Itamis Konzept kreist, sind:[1]

Differenzierung – Unternehmen können nur erfolgreich sein, wenn sie sich von ihren Konkurrenten unterscheiden.

Konzentration – Unternehmen müssen Prioritäten setzen, um besser zu werden als die Konkurrenz, da die Ressourcen immer beschränkt sind.

Rückkopplung – Erfolge müssen die automatische Grundlage weiterer Erfolge sein. Der Erfolg des ersten Produkts legt den Grundstein für Kundentreue etc.

Zeit – Der richtige Zeitpunkt kann in seiner Bedeutung nicht überschätzt werden. Neue Produkte vor der Konkurrenz einzuführen, Kundenwünsche rasch zu erkennen etc. sind wesentliche Erfolgsfaktoren.

---

[1] vgl. Itami (assets), S. 169 ff.

Schwung – Bindung entsteht durch Konzentration und Rückkopplung, die einen Schwung in eine bestimmte strategische Richtung auslösen. Diese kann richtig, aber auch falsch sein, daher müssen Manager die Bedeutung und die Gefahr erkennen und richtig steuern.

Ungleichgewicht – Unternehmen sollten nie zu lange in einem Gleichgewichtszustand verweilen. Eine Strategie muß das Unternehmen zu neuen Zielen aufrütteln.

Kombination – Das Ganze kann mehr sein als die Summe seiner Teile. Die richtige Kombination von Märkten, Produkten, Technologien etc. macht den Erfolg.

10.3 Inhalt des Konzepts

10.3.1 Strategische Rahmenbedingungen und Strategic Fit[1]

Jede Strategie beruht für Itami auf drei Komponenten, auch wenn nicht immer alle drei explizit betrachtet und diskutiert werden:

- **Produkte und Märkte** (Geschäftsfeldstrategie),
- **Operating Mission** (Make or Buy von Wertschöpfungsschritten),
- **Corporate Ressources** (Fähigkeiten des Unternehmens).[2]

Diese drei Komponenten definieren das Aktivitätsfeld eines Unternehmens: Welche Produkte werden wem, mit Hilfe welcher Wertschöpfungsschritte verkauft, und welche Fähigkeiten ermöglichen einen Fortbestand derartiger Leistungserstellung?[3]

Auf diese drei Strategiekomponenten wirken externe und interne Einflußfaktoren, die die strategischen Möglichkeiten des Unternehmens begrenzen. Im Rahmen der strategischen Planung muß daher versucht werden, eine Stimmigkeit (Fit) zwischen den wichtigsten dieser Einflußfaktoren und der Strategie herzustellen.

Im Unternehmensumfeld sind in erster Linie Kunden, Konkurrenten und Technologie von Bedeutung. Die Kundenbedürfnisse und das Verhalten der Konkurrenten definieren den Markt, in dem ein Unternehmen tätig ist, die technologischen Trends determinieren die Möglichkeiten der Wettbewerber hinsichtlich der Produkte und des Produktionsprozesses. Die entscheidenden internen Einflußfaktoren sind die Ressourcen des Unternehmens und die Organisation (im Sinne von Unternehmenskultur und Gruppendynamik der Mitarbeiter). Die internen Rahmenbedingungen beeinflussen vor allem die Implementierung einer Strategie.[4]

Alle fünf Faktoren unterliegen einem ständigen Wandel, sie lassen sich aber auch vom Unternehmen selbst beeinflussen. Strategien sollen daher nicht passiv auf die Veränderungen der Rahmenbedingungen reagieren, sondern aktiv gestaltend eingreifen. Daher ist nicht der mo-

---

[1] vgl. Itami (assets), S. 7 ff.

[2] vgl. Itami (assets), S. 3

[3] vgl. Itami (assets), S. 4

[4] vgl. Itami (assets), S. 7 ff.

mentane, kurzfristige, sondern ein langfristiger, dynamisch angelegter Strategic Fit (Strategische Stimmigkeit) herzustellen. Momentanes Ungleichgewicht (beispielsweise zwischen derzeitigem Verhältnis zur Konkurrenz und angestrebter Wettbewerbsstellung) kann durchaus zu langfristigem Erfolg führen.

10.3.2 Unsichtbare Vermögenswerte[1]

10.3.2.1 Bedeutung unsichtbarer Vermögenswerte

Jedes Unternehmen verfügt über eine Vielzahl von Vermögenswerten. Die meisten davon sind allgemeinverfügbare, sichtbare Ressourcen: Rohstoffressourcen, geschulte Mitarbeiter, Maschinen, Grund und Boden, Finanzen, Know-how etc. In aller Regel sind derartige Vermögenswerte nicht geeignet, einen langfristigen Wettbewerbsvorteil zu sichern. Sie verhelfen lediglich zu einem kurzfristigen Vorsprung gegenüber dem Wettbewerb. Die Konkurrenten können diese Vermögenswerte aber über kurz oder lang selbst am Markt beschaffen und damit den Wettbewerbsvorsprung vernichten (Schulung der Mitarbeiter, Erschließung von Rohstoffvorkommen, Bildung von Allianzen etc.).

Für eine langfristige Differenzierung gegenüber dem Wettbewerb sind andere, Invisible (unsichtbare[2]) Assets erforderlich. Diese sind stark an das Unternehmen gebunden und daher von anderen Unternehmen nur schwer nachahmbar beziehungsweise nicht transferierbar und nicht am Markt zu beschaffen. Aus diesem Grund sind Menschen eine der wichtigsten Ressourcen eines Unternehmens, da sie meist die Träger dieser unsichtbaren Vermögenswerte sind.

Ein großer Unterschied zwischen sichtbaren und unsichtbaren Werten ist ihre Stellung im Wertschöpfungsprozeß. Die klassischen Vermögenswerte sind Inputfaktoren des Produktionsprozesses. Invisible assets sind dagegen sehr oft nur oder auch Output des Wertschöpfungsprozesses. Die Fähigkeiten der Mitarbeiter entstehen beispielsweise erst durch den Produktionsprozeß. Geld (verstanden als Cash-flow) und Information sind ein notwendiger Inputfaktor, werden aber als Output des Wertschöpfungsprozesses erzeugt.

Viele japanische Beispiele zeigen, daß Unternehmen, die als kleine Zulieferanten begonnen haben, die technologischen Erfahrungen, die sie dabei gemacht haben, in höherwertige Produkte umgesetzt haben. Epson hat als Zulieferant für die Uhrenindustrie begonnen und sich schrittweise als Hersteller von Computerperipherie etabliert, um nun seine Fähigkeiten bei Flüssigkristallanzeigen in der TV-Industrie umzusetzen.[3]

---

[1] vgl. Itami (assets), S. 12 ff.

[2] Dabei muß beachtet werden, daß nicht der Vermögenswert an sich unsichtbar ist, sondern seine Entstehungsgründe.

[3] vgl. Itami (assets), S. 14 ff.

10.3.2.2 Grundlagen unsichtbarer Vermögenswerte

Informationsfluß[1]

Information ist ein Kernpunkt unsichtbarer Vermögenswerte. Information fließt überall, wo Entscheidungen getroffen und Tätigkeiten verrichtet werden. Sie ist ein Nebenprodukt des Tagesgeschehens, aber die Grundlage des Lernens. Dabei muß zwischen drei Arten von Informationen unterschieden werden, die alle drei für eine erfolgreiche Unternehmensentwicklung unerläßlich sind:

- **Umfeldinformationen** – fließen vom Umfeld in das Unternehmen,

- **Unternehmensinformationen** – fließen vom Unternehmen in das Umfeld,

- **Interne Informationen** – fließen innerhalb des Unternehmens.

Sowohl die Menge an bestehender Information als auch die Kapazität der Informationskanäle sind für den Aufbau von Invisible Assets bedeutend. Keine der drei Informationsarten darf dabei vernachlässigt werden.

Marktanteil

Hoher Marktanteil verhilft – entsprechend der Erkenntnisse der Erfahrungskurve – zu niedrigen Kosten und damit zu Erfolg. Unternehmen mit hohen Marktanteilen haben aber auch andere Vorteile. Sie stehen in engerem Kontakt zum Kunden, weil sie mehr Güter umsetzen. Daher verfügen sie auch über mehr Marktinformationen und können dem Markt mehr Unternehmensinformationen zutüren. Sowohl die kumulierte Erfahrung als auch die Anzahl an Kundenkontakten beeinflussen die Menge an verfügbarer Information eines Unternehmens. Daher erhöht ein hoher Marktanteil die Chancen des Aufbaus informationsgetragener Invisible Assets.

Unternehmenskultur[2]

Die Unternehmenskultur definiert die allen Mitarbeitern gemeinsame Sicht der Dinge. Sie entsteht durch die Informationen im Unternehmen, denn Informationen gestalten die Arbeitsabläufe, die Beziehungen zwischen den Mitarbeitern und das gemeinsame Verständnis der Ziele.

Aufbau unsichtbarer Vermögenswerte

Invisible assets können auf zweierlei Weise aufgebaut werden:

- **Direkt** – explizite Anstrengungen (Forschung und Entwicklung, Marketing etc.), um ein gestecktes Ziel zu erreichen (Markenimage, Technologieposition etc.).

- **Indirekt** – als Nebenprodukt des Wertschöpfungsprozesses, der täglichen operativen Tätigkeiten. Dabei entsteht Wissen nicht automatisch, da viele der täglichen Erfahrungen ungeeignet sind, um Invisible Assets aufzubauen. Unternehmen müssen daher, wenn sie diesen Weg beschreiten wollen, ein klares Bild ihrer Invisible Assets und der Auswirkungen

---

[1]   vgl. Itami (assets), S. 18 ff.

[2]   vgl. Itami (assets), S. 23 ff.

des Tagesgeschäfts auf die unsichtbaren Vermögensgegenstände haben, um gezielt jene Informationen filtern zu können, die ein zielgerichtetes Lernen ermöglichen.

Das klassische Beispiel für die indirekte Vorgehensweise ist Mazda während der japanischen Wirtschaftskrise der siebziger Jahre. Mazda versetzte viele Entwicklungsmitarbeiter in den Außendienst, um die Verkäufe anzukurbeln. Nachdem die Krise überwunden war, kamen diese Mitarbeiter auf ihre Posten zurück. Sie hatten als Nebenprodukt ihrer Verkaufstätigkeit enormes Wissen über die Kundenbedürfnisse aufgebaut.

Zerstört oder vernachlässigt ein Unternehmen seine unsichtbaren Vermögenswerte, zerstört es auch die Quelle des Wettbewerbsvorsprungs und in aller Regel auch die Fähigkeit, Invisible Assets überhaupt aufzubauen. Wer Kundenkontakte nicht mehr pflegt, kennt den Kunden nicht mehr und verlernt auch, mit ihm zu reden.

Daher haben alle strategischen Entscheidungen nachhaltigen Einfluß auf die unsichtbaren Vermögensgegenstände. Die Strategie muß einen auf Invisible Assets aufbauenden Wachstumskreislauf erzeugen: Bestehende Invisible Assets, die die Möglichkeiten des derzeitigen Unternehmensportfolios begrenzen, müssen zu neuen Invisible Assets umgewandelt werden, um zusätzliche Geschäftsfelder zu erschließen.[1]

10.3.3 Strategische Stimmigkeit (Strategic Fit)

Hat man die Bedeutung unsichtbarer Vermögenswerte erkannt, kann eine auf diesen aufbauende Strategie entwickelt werden. Diese Strategie muß über einen längeren Zeitraum hinweg zu den bereits angesprochenen internen und externen Rahmenbedingungen passen.

Stimmigkeit wird von Itami immer in einem dynamischen Sinn verstanden. Die traditionelle Strategieliteratur verlangt nach einer statischen – zum Zeitpunkt der Strategiefindung bestehenden – Übereinstimmung von Ressourcen, Umfeld und Strategie.[2] Strategien entwickeln aber eine Dynamik: Mitarbeiter lernen, Markenimage wird aufgebaut, Fertigungs- und Produkttechnologie werden weiterentwickelt. Eine Strategie muß daher Raum für diese Weiterentwicklung im Zeitablauf bieten, sie muß diese Dynamik sogar anregen und nützen. Nur so bleibt Platz für Entwicklung und Wachstum. Daher müssen die Ziele höher sein, als mit den vorhandenen Ressourcen erreichbar. Dann wird die Organisation herausgefordert, zusätzliche Invisible Assets aufzubauen.

Dynamischer strategischer Fit ist keine reine Anpassung an die Umfeldgegebenheiten, er kann auf drei Arten erzielt werden:

- **passiv** – Die häufigste Form, bei der die Rahmenbedingungen als gegeben angenommen werden und die Strategie angepaßt wird.

- **aktiv** – Hier versucht das Unternehmen sowohl die internen als auch die externen Einflußfaktoren in seinem Sinne zu gestalten.

- **ausgewogen** – Eine Kombination von aktivem und passivem Verhalten, die leichter aussieht als sie ist: Das Unternehmen muß erkennen, welche Fähigkeiten und unsichtbare

---

[1] vgl. Itami (assets), S. 31

[2] vgl. Itami (assets), S. 9

Vermögenswerte (Invisible Assets) es besitzt, um abschätzen zu können, wo und wie aktiv eingegriffen werden kann beziehungsweise soll und wo auf der anderen Seite passiv zu reagieren ist.[1]

Ein ausgewogener Weg ist gefährlich, aber er ist möglich, wenn:

- sinnvolle kurzfristige Erfolgsmaßstäbe für alle Mitarbeiter definiert werden,

- Sicherheiten in der anfänglichen Krisensituation existieren (vorhandene Marken etc.),

- für Ausdauer bei Mitarbeitern und Management gesorgt wird,

- kurzfristige finanzielle Ziele vernachlässigt werden und der Wille zu Investitionen besteht,

- ein starkes Management für die Idee geradesteht.

10.3.3.1 Stimmigkeit mit den Kunden

Im Marketing und in der Strategie ist seit jeher die Bedeutung der Kundenbedürfnisse bekannt. Kunden wollen nicht Produkte oder Dienstleistungen, sondern Möglichkeiten, ihre Bedürfnisse zu befriedigen. Daher müssen die Produkte eines Unternehmens hinsichtlich ihrer Wirkungen auf das gesamte Bündel an Kundenbedürfnissen geprüft werden. Ein Sportverein befriedigt nicht nur das Bedürfnis nach sportlicher Betätigung. Er dient darüber hinaus zur Sozialisation, Kontaktaufnahme etc. In die Strategiefindung muß das gesamte Bündel an Kundenwünschen Eingang finden. Die Ressourcen reichen in der Regel zwar nicht aus, um allen Bedürfnissen Rechnung zu tragen. Aber jene Kundenwünsche, die im Rahmen der eingeschlagenen Strategie nicht im Zentrum stehen, dürfen nicht vernachlässigt werden. Es existieren immer Mindestanforderungen, die jedenfalls erfüllt werden müssen, z. B. Servicenetz beim Autokauf etc. Werden diese nicht erfüllt, kann auch eine Stärke bezüglich eines Kundenwunsches nicht umgesetzt werden.[2]

Unternehmen müssen dieser Tatsache Rechnung tragen, indem sie das gesamte Bündel der Wünsche ihrer Kunden herausfinden und bei der Gestaltung ihrer Leistung berücksichtigen. Dabei muß darauf geachtet werden, daß gerade jene Kunden berücksichtigt werden, die die Kaufentscheidung treffen. Wird beispielsweise an große Unternehmen geliefert, sind die Einkäufer die wirklichen Kunden; in der Erlebnisgastronomie sind in vielen Fällen die Kinder, die die Kaufentscheidung maßgeblich beeinflussen – ihre Bedürfnisse gilt es zu befriedigen.[3]

Problematisch beim Herausfinden der Kundenbedürfnisse sind häufig bestehende Vorurteile. Viele Marktforschungen sind nutzlos, weil sie diese Vorurteile nicht überwinden und daher nur empirisch belegen. Darüber hinaus können Kundeninformationssysteme auch Störgeräusche, – also falsche und unnütze Informationen – liefern, die zu filtern sind.

Bei allen diesen Überlegungen muß beachtet werden:[4]

---

1   vgl. Itami (assets), S. 10

2   vgl. Itami (assets), S. 40 ff.

3   vgl. Itami (assets), S. 34 ff.

4   vgl. Itami (assets), S. 37 ff.

- **Nicht alle Kunden weisen identische Bedürfnisbündel auf** – Unternehmen müssen Schwerpunkte setzen und segmentieren.

- **Bedürfnisse wandeln sich ständig** – Unternehmen, die derartige Veränderungen früher als ihre Konkurrenten erkennen, können Vorsprünge aufbauen.[1]

- **Einzelne Bedürfnisse beeinflussen einander gegenseitig** – Unternehmen müssen Strategien hinsichtlich der durch sie entstehenden Wechselwirkungen analysieren.

Um für Unvorhersehbares gerüstet zu sein, müssen Unternehmen ausreichend Ressourcen bereithalten, die im Bedarfsfall wirksam eingesetzt werden können. Daher müssen sie Kernressourcen aufbauen, die sich von jenen der Konkurrenten unterscheiden. Von den vielen möglichen Kernressourcen (Kernkompetenzen) – Technologie, Kundenservice, Produktion etc. – müssen die Entscheidungsträger jene auswählen, die aus Sicht des Unternehmens am besten für Reaktionen auf unerwartete Veränderungen geeignet sind. Eine Maßnahme unterstützt die Vorbereitung auf unerwartete Veränderungen aber immer: der Aufbau einer auf Unternehmertum fußenden Kultur.[2]

10.3.3.2 Stimmigkeit mit dem Wettbewerb[3]

Der Kern des Wettbewerbs besteht im Aufbau von Unterschieden zur Konkurrenz, die in Erfolge umgewandelt werden können. Dies kann auf drei Arten erfolgen:

Aufbau von Wettbewerbsvorteilen[4]

Da es keine zwei vollständig identischen Unternehmen gibt, kann man versuchen, die bestehenden Unterschiede in Wettbewerbsvorteile umzuwandeln. Beim Aufbau dieser Vorteile muß ein Unternehmen die Eigenschaften der Konkurrenten studieren, um entscheiden zu können, ob ein Wettbewerbsvorteil mit Hilfe von

- **Produktdifferenzierung,**

- **Servicedifferenzierung** oder

- **Preisdifferenzierung**

erarbeitet werden kann.

Die drei Formen der Differenzierung sind aber – entgegen der allgemeinverbreiteten Meinung – nicht unabhängig voneinander, sondern sie unterliegen einem Zyklus. Den Beginn setzt zumeist eine neue Technologie oder ein neues Produkt. Wenn der erzielte Vorsprung aufgebraucht ist, löst die Servicedifferenzierung die Produktdifferenzierung ab, ihr folgt die Preisdifferenzierung. Danach müssen neue Formen der Produktdifferenzierung folgen, um wieder Dynamik in den Wettbewerb zu bringen.

---

[1] vgl. Itami (assets), S. 49 ff.

[2] vgl. Itami (assets), S. 52 ff.

[3] vgl. Itami (assets), S. 61 ff.

[4] vgl. Itami (assets), S. 65 ff.

Anders als Porter vertritt Itami daher nicht die Ansicht, daß die gewählte Basisstrategie (Differenzierung oder Kosten(Preis-)führerschaft) klar eingeschlagen und über eine längere Periode beibehalten werden sollte. Vielmehr müssen Unternehmen ständig die Wahl ihrer Differenzierung ändern und den Rahmenbedingungen und dem Verlauf des Zyklus anpassen (z. B. Wechsel von der Produktdifferenzierung zur Servicedifferenzierung usw.). Japanische Unternehmen haben bei ihrem Eintritt in den amerikanischen und europäischen Markt gezeigt, daß der Zyklus der Differenzierungsalternativen aber auch individuell gestaltet und genutzt werden kann. Sie sind anhand einer Preisdifferenzierung in ein Volumensegment des Marktes eingedrungen und haben danach erfolgreich Produktdifferenzierung durchgeführt.

Dennoch bleibt die Produktdifferenzierung die erfolgversprechendste Form. Sie stellt aber auch die höchsten Anforderungen an die spezifischen Invisible Assets (Patente, Know-how, Technologieführerschaft etc.) des Unternehmens. Preisdifferenzierung benötigt dagegen keine Invisible Assets, kann aber auch von jedem Wettbewerber sofort imitiert werden.

Verhindern von Gegenreaktionen[1]

Konkurrenten sehen den Strategien ihrer Wettbewerber in aller Regel nicht tatenlos zu. Sie ergreifen Gegenmaßnahmen, wenn sie sich dadurch einen Vorteil erhoffen. Ist aber keine Verbesserung der eigenen Situation zu erwarten, werden diese Reaktionen unterlassen, was für den nicht attackierten Wettbewerber einen Wettbewerbsvorteil bedeutet. Daher sollte man immer versuchen, die Gegenmaßnahmen der Konkurrenten zu verhindern. Einige Möglichkeiten, Gegenmaßnahmen auszuschließen, sind:

- **Kapazitives Ausschöpfen eines Marktes**, so daß Neueintretende nicht kostengünstig produzieren können, weil ihr anfänglicher Absatz zu gering ist.

- **Bindung von Ressourcen** an das eigene Unternehmen, damit sie dem Konkurrenten nicht zugänglich sind. Boeing hat beispielsweise mit einigen europäischen Unternehmen Zulieferverträge abgeschlossen, um sie von Airbus fernzuhalten.

- **Verschlechtern der Position des Wettbewerbers**. Preiskampf führt beispielsweise zu verringerten Margen. Wenn die zu erwartenden Absatzzuwächse für den Konkurrenten nicht ausreichen, ist eine Preisreduktion unattraktiv, auch wenn dadurch Marktanteile verlorengehen.

Erfolg ohne Wettbewerb[2]

Die Kosten des Wettbewerbs sind hoch. Um diese gering zu halten, kann der Wettbewerb vermieden werden. Dabei müssen die Konkurrenten im Glauben gelassen werden, daß es sich beim eigenen Unternehmen gar nicht um einen Konkurrenten handelt. Dies erreicht man durch:

- Aufteilen (Segmentieren) des Marktes und Konzentration auf wettbewerbsarme Segmente

- Aufbau von Eintrittsbarrieren

- Kooperieren und Bilden von Allianzen.

---

[1]   vgl. Itami (assets), S. 74 ff.

[2]   vgl. Itami (assets), S. 78 ff.

10.3.3.3 Technologische Stimmigkeit[1]

Das Paradoxon der Technologie ist, daß sie unvorhersehbar und – im nachhinein betrachtet – doch logisch ist. Drei Formen der Ungewißheit sind in diesem Zusammenhang für das strategische Management bestimmend:

- Entdeckungen werden nicht immer durch Forschungsanstrengungen initiiert.
- Märkte akzeptieren nicht jedes neue Produkt.
- Neue Technologien können sofort obsolet sein.

Technologie ist mit großer Unsicherheit behaftet, folgt aber dennoch einem generellen Trend, den es zu erkennen gilt. Kein Unternehmen kann, um die Unsicherheit zu verringern, die gesamte technologische Entwicklung selbst mitgestalten. Vielmehr muß sich das Unternehmen auf einen bestimmten Bereich konzentrieren, der zur Kerntechnologie wird. Sie muß den Mitarbeitern einen „Traum" geben. Nur ein Traum macht es möglich, das mit der Entwicklung verbundene Risiko einzugehen – Romantik ist damit ein wesentlicher Teil der Strategie.

Deshalb sollten neue Technologien immer mit der Weiterentwicklung vorhandener Technologien (Träume) einhergehen, da diese eine höhere Erfolgschance haben und damit den Stimulus für Neuentwicklungen bilden.

Das Entwicklungsrisiko kann aber auch dadurch gesenkt werden, daß frühzeitig Produktions- und Vertriebsversuche gemacht werden. Dadurch kommt es zu positiven Rückkopplungen mit Forschung und Entwicklung.

Eine weitere Grundvoraussetzung für eine erfolgreiche technologische Entwicklung ist die Übereinstimmung des technologischen Entwicklungsstands von Forschung, Produktion und Vertrieb. Überragende Technologien sind zum Scheitern verurteilt, wenn die notwendigen Fähigkeiten in der Produktion oder bei den Zulieferfirmen nicht vorhanden sind oder wenn der Vertrieb die Produkte nicht versteht und daher nicht verkaufen kann.

Technologische Neuerung ist aber kein Wert für sich. Sie erhält ihren Sinn erst durch Stimmigkeit mit den Kundenbedürfnissen und dem Wettbewerb.

10.3.3.4 Stimmigkeit mit den Ressourcen[2]

Neben den externen Faktoren gibt es auch interne, mit denen die Strategie in Einklang gebracht werden muß; einer davon sind die Ressourcen des Unternehmens. Die Strategie muß zu den vorhandenen Ressourcen passen, darf nicht zu leicht erreichbar, aber auch nicht unerfüllbar sein. Der traditionelle Weg, diese Stimmigkeit herzustellen, besteht in der Beantwortung folgender Fragen:

- **Hat das Unternehmen die notwendigen Ressourcen, um die Strategie zu realisieren?** – Viele Unternehmen begehen den Fehler, die Strategie nicht ausreichend genau zu planen und daher die benötigten Ressourcen, insbesondere die Invisible Assets, zu niedrig einzuschätzen.

---

[1] vgl. Itami (assets), S. 87 ff.

[2] vgl. Itami (assets), S. 110 ff.

- **Nützt die Strategie die vorhandenen Ressourcen effektiv?** – „As the old Japanese proverb says, 'Too much is just like too little', because the firm cannot use those resources to gain some other strategic goal."[1]

- **Baut das Unternehmen ausreichend neue Ressourcen für die Zukunft auf?** – Nützt ein Unternehmen seine Ressourcen effektiv und hat demnach Erfolg, sind Manager oft davon überzeugt, die Ressourcen würden sich nicht ändern. Die Ressourcen und ihre jeweilige Bedeutung ändern sich aber laufend, daher müssen kontinuierlich neue Ressourcen aus den vorhandenen entwickelt werden.

Itami geht einen Schritt weiter. Er betrachtet alle möglichen Beziehungen zwischen den Strategieelementen (Geschäftsfeld, Ressourcen, Operating Mission), um jenen Mix zu finden, der ideal zu den Ressourcen paßt. Läßt sich eine Ressource (z.B. Know-how) beispielsweise für mehrere strategische Geschäftseinheiten nützen, entsteht Synergie.

Mögliche Synergien unterstützen die dynamische Stimmigkeit einer Strategie, weil sie im allgemeinen nicht für alle Elemente zeitgleich zum Tragen kommen. Synergien können in zweierlei Ausprägung auftreten:

- **Komplementärwirkung** (Portfolio-Effekte) – ein strategisches Feld nützt die Lücken des komplementären, um die Kapazitäten der betrachteten Ressource voll auszuschöpfen. Ein Beispiel: Ein Wintersportzentrum baut Golfplätze, um die Gästezahl im Sommer zu erhöhen.

- **Echte Synergie** (Freifahrt-Effekte) – Diese entstehen, wenn mehrere Strategien simultan und ohne weiteren Aufwand auf eine Ressource zugreifen können. Mehrere strategische Geschäftseinheiten nützen dasselbe Markenimage etc. Invisible assets ermöglichen in der Regel derartige Synergien, die physischen Ressourcen zumeist verschlossen bleiben. Oft steigert das gemeinsame Nutzen eines Invisible Assets dessen Wert im Zeitablauf sogar.

10.3.3.5 Stimmigkeit mit der Organisation[2]

Um eine Strategie umsetzen zu können, ist mehr nötig als ein guter Plan: engagierte Mitarbeiter auf allen Ebenen, Informationskanäle und viele psychologische Einflußgrößen, denn eine Organisation lebt von Träumen und nicht von harten Fakten. Daher müssen die Auswirkungen erkannt werden, die eine Strategie auf die Mitarbeiter hat.

Strategien müssen für alle Mitarbeiter klar erkennbar sowie verständlich sein und müssen im gesamten Unternehmen verbreitet werden. Es reicht nicht aus, daß alle Mitarbeiter die Strategie kennen; sie müssen von ihr gefordert sein.

---

[1] Itami (assets), S. 114

[2] vgl. Itami (assets), S. 135 ff.

Dazu sind drei Kriterien zu erfüllen:

- **Fokussierung** – Strategien müssen klare Prioritäten setzen. Sie müssen ein „core concept" (eine Mission) aufweisen.

- **Schwung** – Mit einem Traum und kurzfristigen Zwischenerfolgen kann eine Organisation in Dynamik versetzt und in Schwung gebracht werden. Eine Methode, die insbesondere von Turnaround-Managern immer wieder eingesetzt wird. Sie geben dem Unternehmen wieder den Flair des Erfolgs.

- **Kreative Herausforderung** – Eines der größten Probleme des strategischen Managements sind Selbstgefälligkeit und Wohlbehagen. Strategien führen immer zu Veränderungen, die Neues für die Mitarbeiter bringen. Das Management muß dauernden Druck auf die Organisation erzeugen, um sie vor dem „einfachen Weg" zu bewahren.

Durch das Herstellen einer dynamischen strategischen Stimmigkeit zwischen den fünf Rahmenbedingungen können Kernkompetenzen auf den Invisible Assets aufgebaut werden, die zu einem nachhaltigen Unternehmenserfolg führen. Für viele japanische Unternehmen lassen sich derartige unverwechselbare – „unsichtbare" – Vermögenswerte nennen, mit denen sie die Weltmärkte erobert haben: die Fähigkeit der Miniaturisierung bei Sony ebenso wie die Motorenkompetenz von Honda. Amerikanischen und europäischen Unternehmen fehlen hingegen zumeist solche unverwechselbaren Kompetenzen.

10.4 Stärken des Konzepts

- Itami liefert ein neues und überaus interessantes Denkmodell, das – gepaart mit seiner Weiterentwicklung durch Hamel und Prahalad – viele neue Aspekte in die Strategieliteratur und Praxis bringen kann.

- Viele moderne Managementkonzepte betonen die Bedeutung der Mitarbeiter für ein Unternehmen, ohne dies nachvollziehbar herzuleiten und weitere Konsequenzen darauf aufzubauen. Dadurch bleibt die Mitarbeiterorientierung oft plakatives Schlagwort. Itami hebt die Bedeutung des Menschen als Träger von Vermögenswerten hervor und macht sie damit zur zentralen Größe seines strategischen Konzepts.

- Itami gibt viele praktische Beispiele, insbesondere von japanischen Unternehmen, und hilft so den Gründen für deren Erfolg auf die Spur zu kommen. Viele Vorurteile und Phrasen über Erfolgsgründe und ihre Nachhaltigkeit in japanischen Unternehmen lassen sich dadurch besser beurteilen.

- Obwohl Itami der amerikanischen Strategieliteratur verhaftet ist, ist er ein japanischer Denker. Man erhält durch seinen Ansatz Einblick in das Wesen und die Denkgewohnheiten japanischer Manager.

10.5 Schwächen des Konzepts

- Itami zitiert in seinem Hauptwerk nur wenig und ermöglicht es damit nicht, zu den Quellen seiner Überlegungen vorzudringen.

- In der Strategieliteratur ist nur ein Hauptwerk von Itami verbreitet, das leider nur in einer englischen Fassung verfügbar ist.

- Itami bringt fast nur Beispiele, die sich auf japanische Unternehmen beziehen. Da diese Unternehmen europäischen Managern nur wenig oder gar nicht bekannt sind, ist die Nachvollziehbarkeit teilweise schwierig.

10.6 Bedeutung für die Unternehmensführung

Leider ist die englische Fassung seines Werkes erst sehr spät erschienen, daher wurden seine Arbeiten auch erst spät in der Literatur berücksichtigt. Im Zusammenhang mit der erneuten Diskussion des ressourcenorientierten Managements wird Itami aber immer an erster Stelle genannt.

10.7 Empfohlene Literatur

Itami, H.: Mobilizing Invisible Assets, Cambridge (Mass) 1991, 186 Seiten. Leider nur auf englisch verfügbares Grundlagenwerk zum Verständnis von strategischem Management, Kernkompetenzen und des Konzepts der Invisible Assets.

Fredmund Malik

„Unternehmen müssen immer häufiger mit sich immer rascher verändernden Umweltbedingungen fertig werden, anhaltende Turbulenzen wirtschaftlicher und gestaltender Natur bewältigen und zusätzlich die aus ihrer Eigendynamik resultierenden Probleme unter Kontrolle bringen."

Inhaltsverzeichnis

11 Fredmund Malik

11.1 Zur Person des Autors[1]

Fredmund Malik (1944 in Lustenau, Österreich, geboren) ist Titularprofessor für Unternehmensführung an der Hochschule St. Gallen für Wirtschaft, Rechts- und Sozialwirtschaft und Verwaltungsratspräsident des Management Zentrum St. Gallen/Schweiz.

Malik studierte Wirtschaftswissenschaft an der Universität Innsbruck und an der Hochschule St. Gallen (HSG). 1974 promovierte er zum Dr. oec., 1978 habilitierte er sich in Betriebswirtschaftslehre, seither ist er als Dozent beziehungsweise Professor für Unternehmungsführung an der HSG tätig.

Seit 1977 ist er Leiter des Management Zentrum St. Gallen; von 1979 bis 1984 war er Mitglied der Direktion des Instituts für Betriebswirtschaftslehre an der HSG; 1980/81 war er Gastdozent für Betriebswirtschaftslehre an der Universität Innsbruck. Seit 1991 ist er Gastprofessor am Institut für Unternehmensführung der Wirtschaftsuniversität Wien.

11.2 Grundlagen

Malik beschäftigt sich mit der Weiterentwicklung der von Ulrich geprägten systemorientierten Managementlehre. Er betrachtet das Unternehmen als dynamisches, offenes und komplexes System und vertritt einen systemisch-evolutionären Ansatz, der von einer sich selbst generierenden, spontanen Ordnung ausgeht.[2]

Spontane Ordnung entsteht zwar durch menschliches Handeln, entspricht jedoch nicht notwendigerweise im voraus gefaßten menschlichen Absichten oder Plänen. Das Management steuert nur durch allgemeine Regeln generelle Züge des Verhaltens. Jeder Mitarbeiter eines Unternehmens soll einen produktiven Beitrag zur Unternehmenssteuerung leisten, denn Management beschränkt sich nicht auf die oberste Führungsebene.[3]

Lebensfähigkeit und kybernetische Organisationsstrukturen[4]

Der systemisch-evolutionäre Ansatz geht von der Idee der Lebensfähigkeit des Unternehmens aus. Lebensfähigkeit ist eine Struktureigenschaft von Systemen und beschreibt die Fähigkeit, die eigene Existenz unbefristet aufrechtzuerhalten. Stellt ein Unternehmen veränderte Umfeldbedingungen fest, so muß es seine Geschäftstätigkeit an die veränderten Umstände anpassen, um zu „überleben".

---

[1] vgl. Malik (Management-Systeme), S. 2

[2] vgl. Malik (Strategie), S. 25 ff.

[3] vgl. Malik (Strategie), S. 39 ff.

[4] vgl. Malik (Strategie), S. 75 ff.

Dieser Prozeß fällt kleinen Einzelunternehmen zumeist leicht, da der Einzelunternehmer die Umfeld- und Unternehmenssituation in der Regel noch überblicken kann. Mit zunehmender Größe des Unternehmens ist eine Konzentration der Führung auf Einzelpersonen jedoch nicht mehr möglich, und es treten Probleme der Delegation, Verantwortung und Kompetenzen auf. Die formale Organisation gewinnt an Bedeutung. Malik sieht im Modell des lebensfähigen Systems den Ausweg aus der Erstarrung hierarchisch strukturierter Systeme.

Ausgangspunkt und Bezugsobjekt für dieses Modell ist das menschliche Zentralnervensystem einschließlich des Gehirns. Das Zentralnervensystem ist die evolutionsgeschichtlich am höchsten entwickelte Lenkungsstruktur. Gewisse funktionelle Zusammenhänge im menschlichen Zentralnervensystem sind auf Unternehmen übertragbar. Malik impliziert, daß ein System (ein Unternehmen) nur dann lebensfähig ist, wenn es eine dem Zentralnervensystem vergleichbare Struktur aufweist.

Das Modell des lebensfähigen Systems beschreibt eine grundlegende Lenkungsstruktur großer Unternehmen und ist im wesentlichen in fünf Subsysteme gegliedert. Jedes Subsystem vollzieht Aktivitäten in seinem relevanten Umfeld. Diese Umfelder können ihrerseits mit anderen Umfeldern verknüpft sein und bilden einen Teil des für das Gesamtsystem relevanten Umfelds.[1]

Subsystem EINS

Die mit A, B, C, D bezeichneten Kreise (siehe Abbildung 11.1) stehen für die operativen Aktivitäten eines lebensfähigen Systems, wobei die einzelnen Aktivitäten den Bereichen oder Divisionen eines Unternehmens entsprechen. Sie sind also „quasiautonome" Einheiten, wobei die Systeme 1A bis 1D die Divisionsführung darstellen.

Subsystem ZWEI

Die Aufgabe von Subsystem ZWEI besteht in der Koordination der Verhaltensweisen der Subsysteme EINS, die ihre Leistungen unabhängig voneinander optimieren. Die prinzipielle Verhaltensfreiheit dieser Divisionen wird durch Vorgabe von Richtlinien eingeschränkt, die das Gesamtsystem betreffen (Autonomieprinzip). Die Übereinstimmung wird durch Konferenzen, Planungssysteme und Kommunikationsbeziehungen sowohl zwischen den divisionalen Führungskräften als auch zwischen den Mitarbeitern der einzelnen Divisionen erreicht.

Subsystem DREI

Subsystem ZWEI koordiniert zwar die Aktivitäten der Subsysteme EINS, kann aber nicht garantieren, daß die koordinierten Subsysteme EINS einen größeren Effekt erzielen als die Summe der Einzelaktivitäten. Das soll Subsystem DREI sicherstellen. Dafür wird ein operativer Gesamtplan ausgearbeitet, in dem sämtliche Informationen aller anderen Subsysteme mit einbezogen werden.

Subsystem VIER

Alle drei bisher beschriebenen Subsysteme sind fast ausschließlich nach innen gerichtet. Das Gesamtsystem kann jedoch ohne Information über das Systemumfeld nicht existieren. Die

---

[1] vgl. Malik (Strategie), S. 80 ff.

Subsysteme EINS nehmen zwar Umfeldinformationen auf, jedoch nur im Bereich ihrer Einzelaktivitäten. Via Subsystem VIER gelangen alle für das Gesamtunternehmen relevanten Umfeldinformationen in das Unternehmen.

Subsystem VIER ist eng mit der obersten Entscheidungsinstanz (Subsystem FÜNF) verbunden und leitet die gefilterten Umfeldinformationen an diese weiter. Subsystem VIER hat die Möglichkeit, Informationen nach ihrer Bedeutung zu beurteilen, sie zu selektieren, zusammenzufassen oder zurückzuhalten. Durch das Zusammenwirken der Subsysteme DREI und VIER wird ein Ausbalancieren von internem und externem Gleichgewicht versucht.

Subsystem FÜNF

Subsystem FÜNF repräsentiert die oberste Entscheidungsinstanz in einem Unternehmen. Seine Funktion ist die Planung möglicher zukünftiger Entwicklungen und die Formulierung der Unternehmenspolitik. Dadurch setzt Subsystem FÜNF grundlegende Normen und Regeln fest, in deren Rahmen sich alle anderen Systeme bewegen. Diese generellen Verhaltensweisen werden in enger Interaktion mit Subsystem DREI und Subsystem VIER ausgearbeitet.

Subsystem FÜNF ist relativ isoliert und hat keinen direkten Zugriff auf Informationen über die Außenwelt und über interne Entwicklungen des Unternehmens. Somit hat die Informationsfunktion von Subsystem VIER überragende Bedeutung für die Funktionsfähigkeit des Systems.

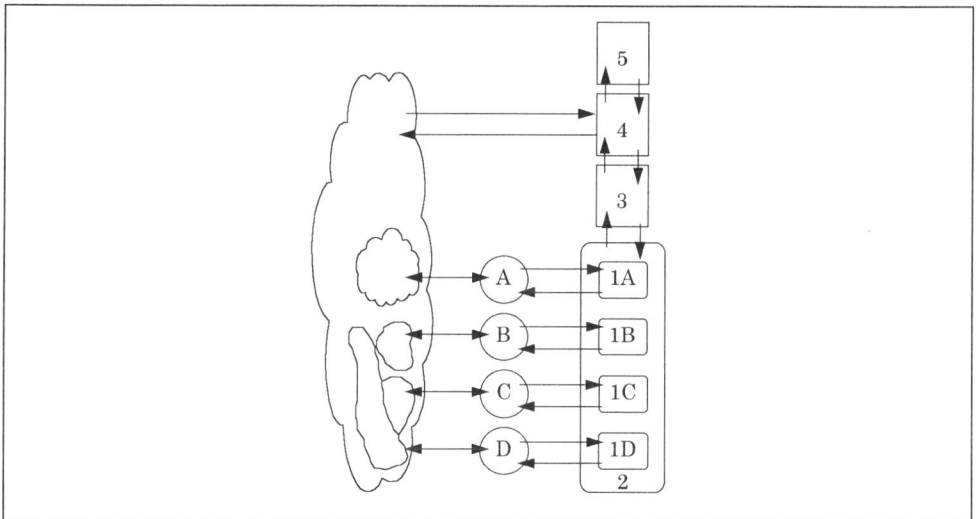

Abb. 11.1: Das lebensfähige System[1]

---

[1]   Malik (Strategie), S. 84 f.

11.3 Inhalt des Konzepts

11.3.1 Probleme der Komplexität

Die Aufgabe des strategischen Managements ist die Bewältigung der Komplexität zwischen Unternehmen und Umfeld. Das Unternehmen muß Mittel und Wege finden, sich im Umfeld so zu verankern, daß es einerseits ausreichend Information über die Veränderungen des Umfelds aufnehmen und sich andererseits an diese Veränderungen anpassen kann. Das Modell des lebensfähigen Systems bildet eine Grundlage für die organisatorische Gestaltung und für die Lokalisierung aller vom Management zu lösenden Probleme. Neben diesen strukturellen Voraussetzungen sind Problemlösungsprozesse das zweite grundlegende Element der Komplexitätsbewältigung und der Gestaltung des strategischen Managements.

Ein System mit einer gegebenen Komplexität kann nur mit Hilfe eines ebenso komplexen Systems unter Kontrolle gebracht werden (Gesetz der erforderlichen Varietät). Denkweisen und Methoden, die in einfachen Systemen erfolgreich sind, können nicht ohne weiteres auf komplexe Systeme übertragen werden.[1]

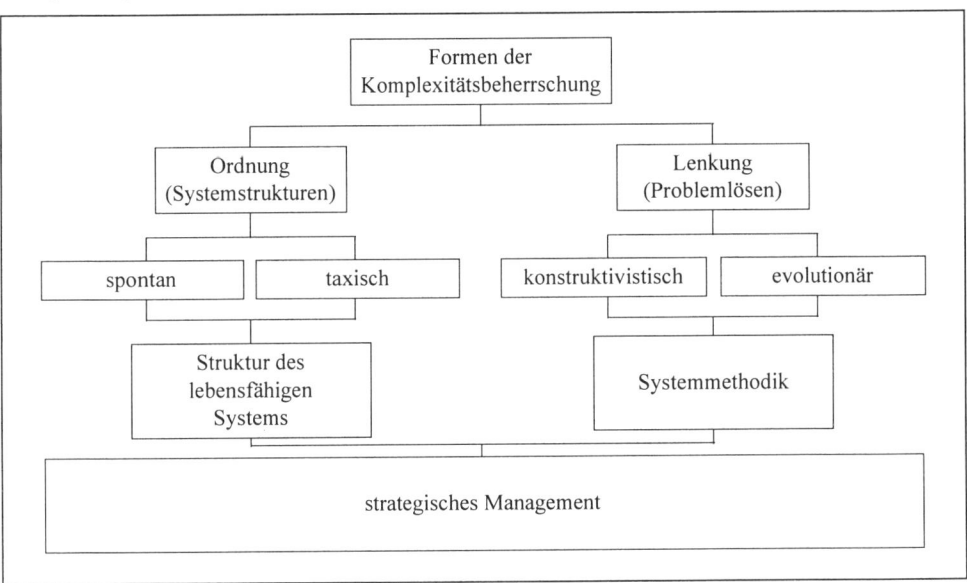

Abb. 11.2:   Strategisches Management[2]

---

[1]   vgl. Malik (Strategie), S. 191 ff.

[2]   Malik (Strategie), S. 177

11.3.2 Ordnung als Mittel der Komplexitätsbeherrschung[1]

Im Rahmen der Strukturen eines lebensfähigen Systems sind zwei wichtige System- oder Ordnungsarten unterscheidbar:

- Taxis, die gemachte oder bewußt geplante Ordnung,
- Kosmos, die gewachsene oder spontan entstandene Ordnung.

Eine bewußt geplante Ordnung kann nur so viele Informationen aufnehmen, wie der zentralen Ordnungsinstanz (Topmanagement) zugänglich sind. Klassisch-hierarchische Strukturen implizieren eine taxische Lenkungsform, deren Wesen zur isolierten Betrachtung von Teilaspekten des Unternehmensgeschehens führt und Interaktionen innerhalb eines Unternehmens kaum beachtet. Jedem Mitarbeiter sind konkrete Aufgaben zugewiesen. Der Manager wird als „Macher" dargestellt, der potentiell in der Lage ist, alle Schwierigkeiten zu bewältigen.

Es ist aber offensichtlich, daß komplexe Systeme mittels analytischer Methoden nicht gelenkt und Probleme auf diese Weise nicht gelöst werden können. Je komplexer eine Ordnung ist, um so mehr ist man auf spontane Ordnungskräfte angewiesen, da „ein erheblich höheres Maß an Wissen in ihre konkrete Gestaltung Eingang findet".[2] Spontane Ordnungen sind meist in der Lage, erheblich komplexere Probleme zu lösen als bewußt geplante Ordnungen, da sie fähig sind, sich veränderten Bedingungen ihrer Umwelt rasch anzupassen. Der Problemlösungsprozeß erfolgt in mehreren Stufen. Zunächst trifft jedes Entscheidungszentrum selbständig Entscheidungen, danach werden stufenweise die Problemlösungen der anderen mit berücksichtigt, bis eine gesamthafte Problemlösung oder Anpassung erzielt wird.[3]

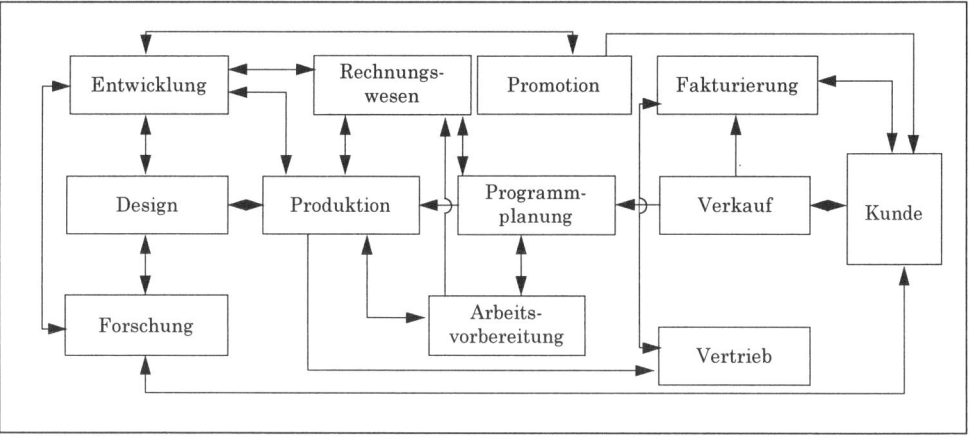

Abb. 11.3: Lebensfähige Struktur[4]

---

[1] vgl. Malik (Strategie), S. 210 ff.; Malik, Probst (Management), S. 126 ff.

[2] Malik (Strategie), S. 217

[3] vgl. Malik (Strategie), S. 231 ff.

[4] Malik (Strategie), S. 243

11.3.3 Problemlösen als Mittel zur Komplexitätsbeherrschung[1]

Das zweite grundlegende Element zur Bewältigung des Problems der Komplexitätsbeherrschung ist die Anwendung von Problemlösungsprozessen. Malik unterscheidet dabei zwei Arten:

- konstruktivistische Methode,
- evolutionäre Methode.

Beide Methoden versuchen, Vorgehensweisen und Techniken zu entwickeln, deren Anwendung zu einer rationalen Problemlösung führt. Unter idealistischen Bedingungen führt die konstruktivistische Methode zu einer besseren Entscheidung als die evolutionäre Methode. Derartige Bedingungen sind in der Realität aber nicht anzutreffen.

Im Rahmen der konstruktivistischen Methode analysiert der Problemlöser zunächst alle Ziele und Wertvorstellungen, die seiner Auffassung nach angestrebt werden sollen. Dann bringt er diese Ziele in eine stabile Rangordnung. Im nächsten Schritt überprüft er alle denkbaren Mittel und Wege, mit deren Hilfe er die Ziele unter Berücksichtigung seiner Wertvorstellungen erreichen kann. Im dritten Schritt untersucht er umfassend alle möglichen Folgen jeder einzelnen Mittel- oder Wegalternative. Schließlich wählt er jene Alternative, die ein „Maximum an Zielerreichung oder zumindest einen befriedigenden Grad der Zielerreichung verspricht".[2]

Durch das Planungsverfahren und die Informationsauswahl wird die Komplexität reduziert. Die Entscheidungsträger nützen nur einen Bruchteil der verfügbaren Informationen und konzentrieren sich auf isolierte Teilaspekte, wobei sie aber den Überblick über die komplexen Zusammenhänge verlieren. Die Anzahl der grundsätzlich möglichen Alternativen wird unterschätzt, die Zielbildung ist mangelhaft, Diskontinuitäten und plötzliche Veränderungen der anfänglichen Bedingungen werden kaum berücksichtigt.[3]

Die evolutionäre Methode konzentriert sich auf die Entwicklung von „rationalen Problemlösungsprinzipien", deren Anwendung im Bereich des Möglichen liegt. Sie ist durch ein „Versuch-Irrtum-Paradigma" geprägt, in dessen Zentrum ein ständiger Prozeß der Selektion und Anpassung an die Umfelderfordernisse steht.[4]

Der Problemlöser der evolutionären Methode ist sich der Tatsache bewußt, daß sämtliche Informationen, die in den Problemlösungsprozeß eingehen, nur vorläufigen Charakter haben und nie konstant bleiben. Er sieht den Problemlösungsprozeß nicht als Ziel-Mittel-Prozeß, sondern als Mittel-Ziel-Prozeß an. Es werden nur jene Ziele ausgewählt, von denen man unter Berücksichtigung des Wissens über Mittel und Möglichkeiten vernünftigerweise annehmen kann, daß sie realisiert werden können. Evolutionäres Problemlösen ist permanentes Problemlösen. Jede reale Entscheidung ist ein Ereignis in einer Kette von vor- und nachgelagerten Entscheidungen.

---

[1]   vgl. Malik (Strategie), S. 248 ff.

[2]   Malik (Strategie), S. 256

[3]   vgl. Malik (Systeme), S. 20 ff.

[4]   vgl. Malik (Strategie), S. 268 ff.

11.3.4 Strategiealternativen[1]

Malik beschreibt vier Strategiealternativen, die sich aus der Zuordnung der Problemlösungsprozesse nämlich konstruktivistische und evolutionäre Methode zu den Organisationsformen Taxis und Kosmos ergeben. Sie sind die Grundformen der Organisation und Steuerung sozialer Systeme.

	Konstruktivistische Problemlösung	Evolutionäre Problemlösung
Taxische Ordnung	In dieser Grundform werden vom Menschen soziale Systeme zur Erfüllung bestimmter Zwecke geschaffen. Die daraus resultierenden straffen, hierarchischen Organisationsformen machen eindeutige Befehls- und Informationskanäle notwendig. Die Problemlösungsprozesse folgen einem Routineverfahren. Auf dieser Strategiealternative beruht der größte Teil der herkömmlichen Managementlehre.	Evolutionär orientierte Problemlösungsprozesse können in taxischen Ordnungen nicht zur Anwendung gebracht werden, da die gesamte Denkweise der Organisationsmitglieder auf die konstruktivistische Methode ausgerichtet ist. In der neueren Managementliteratur wird diese Kombination jedoch immer öfter behandelt.
Spontane Ordnung	Spontane Ordnungen sozialer Systeme setzen sich gegen die Absicht der an taxischen Ordnungsformen orientierten Organisatoren durch. Mit konstruktivistisch ausgerichteten Problemlösungsprozessen greift man in diese Ordnungen ein, um sie zu verbessern. Dadurch werden die spontanen Tendenzen behindert und degenerieren schließlich. Diese Situation entspricht weitgehend der sozialen Wirklichkeit.	Der spontane Charakter der Ordnung und der evolutionäre Verlauf der Problemlösungsprozesse schließen zweckorientierte Handlungen nicht aus, da das sich selbst organisierende System durch eine übergeordnete Kategorie, die Metaebene, organisiert wird. Auf diese Organisationsweise geht Malik näher ein. Mit dieser Kombination beschäftigt sich vor allem systemorientierte Literatur.

Abb. 11.4: Strategiealternativen

11.3.5 Metasystemische Lenkung[2]

In einem Unternehmen können zwei Ebenen unterschieden werden: die Metaebene und die Objektebene. Die Metaebene ist eine übergeordnete Ebene, die Strukturen und Regeln des Geschehens bestimmt und Rahmenbedingungen festsetzt, innerhalb welcher die Objektebene ihre Aktivitäten setzen kann.

Unter metasystemischer Lenkung versteht man die Organisation eines sich selbst organisierenden Systems auf der Metaebene. Sie soll die Objektebene in die Lage versetzen, die erforderlichen Strategien innerhalb der gesetzten Rahmenbedingungen inhaltlich zu entwickeln. Die Metaebene überwacht die Aktivitäten innerhalb eines Unternehmens und leitet bei Bedarf

---

[1] vgl. Malik (Strategie), S. 345 ff.

[2] vgl. Malik (Strategie), S. 399 ff.

entsprechende metasystemische Problemlösungsmaßnahmen ein. Befindet sich die Objektebene zur Gänze im Einflußbereich des Unternehmens, so ist der Einfluß der metasystemischen Lenkung sehr groß, da direkte Informationsgewinnung und Interaktion möglich sind.
Liegt die Objektebene nicht ausschließlich im Einflußbereich des Unternehmens, müssen
Bedingungen geschaffen werden, die in anderen Systemen ablaufende Prozesse in eine Richtung orientieren, die für das Unternehmen günstig ist.

11.4 Stärken des Konzepts

- Malik gelingt es, in seinem Ansatz auf der Basis einer interdisziplinären wissenschaftlichen
  Erkenntnis (Kybernetik, Soziologie, Biologie, Psychologie, Neurologie, Neurokybernetik,
  vergleichende Verhaltensforschung, Ökologie, Evolutionstheorie etc.) durch Anwendung
  neuer Denkweisen und Methoden der Tatsache Rechnung zu tragen, daß die Wirklichkeit
  sich nicht aus dem Wissen getrennter Fächer zusammensetzt. Er überwindet damit eine rein
  wirtschaftswissenschaftliche Betrachtungsweise.

- Im Mittelpunkt von Maliks Konzept steht die Lebensfähigkeit des Unternehmens. Das
  Modell des lebensfähigen Systems wirkt durch seinen klaren Aufbau leicht überschaubar.
  Die Funktionen der einzelnen Subsysteme sind ebenso wie die Zusammenhänge im Unter-
  nehmenskontext eindeutig definiert.

- Der Vorteil der metasystemischen Lenkung besteht darin, daß auf der Metaebene eine
  grundsätzliche Richtung ausgearbeitet wird, an der sich das Unternehmen orientieren soll.
  Da die Metaebene nicht direkt auf die Objektebene einwirkt, sondern dieser die Gestaltung
  der erforderlichen Strategien überläßt, sind die Mitglieder der Objektebene aufgrund ihrer
  Selbständigkeit stark motiviert.

11.5 Schwächen des Konzepts

- Malik stellt normativ fest, daß nur jene Unternehmen lebensfähig sind, die nach dem Modell des lebensfähigen Systems strukturiert sind, was strenggenommen einen Zirkelschluß
  darstellt. Weiters fehlt jegliche Abgrenzung der Lebensfähigkeit, das heißt eine Erklärung,
  ab welchem Zeitpunkt oder Organisationsstadium ein Unternehmen lebensfähig ist, welche
  Erfolge es verzeichnen sollte und ob es auch dann lebensfähig ist, wenn es „sich gerade
  über Wasser halten kann". Simon versucht dieses Problem in Anlehnung an die naturwissenschaftliche Evolutionstheorie zu lösen: „Um im Wettbewerb langfristig und profita-
  bel zu überleben, muß eine Firma zumindest einen strategischen Wettbewerbsvorteil besitzen."[1] Die Analogie in der Evolutionstheorie ist das „Gesetz des gegenseitigen Ausschlus-
  ses". Danach kann eine Spezies nur überleben, wenn sie zumindest eine lebenswichtige
  Aktivität besser beherrscht als ihre Feinde.[2]

---

[1] Simon (Wettbewerbsvorteile), S. 465

[2] vgl. Simon (Wettbewerbsvorteile), S. 465

- Malik bietet eine Einführung in die Betrachtung eines Unternehmens als komplexes System. Die Darstellung erfolgt auf sehr hohem Abstraktionsniveau und weitgehend in der Terminologie der Systemtheorie. Eine direkte praktische Umsetzung ist nur schwer möglich. Malik setzt beim Management die Fähigkeit voraus, abstrakte, strukturierte Konzepte bei Managemententscheidungen zu berücksichtigen, was bei der Rezeptgläubigkeit mancher Führungskräfte ein allzu hoher Anspruch ist. Die grundlegende Schwierigkeit bei der Umsetzung des Modells in die Praxis besteht in der Schaffung zahlreicher Kommunikationswege, so daß die Informationen rasch und möglichst ungefiltert weitergeleitet, an einer Stelle (Subsystem DREI oder Subsystem FÜNF) gesammelt und zur Entscheidungsfindung aufbereitet werden können. Je größer ein Unternehmen ist und/oder je mehr Mitarbeiter es beschäftigt, um so komplizierter gestaltet sich die rasche Weiterleitung von Informationen.

- Voraussetzung für die Lebensfähigkeit eines Unternehmens ist die Anpassung an sich verändernde Umfeldzustände. Malik hebt die dafür notwendige Flexibilität des Unternehmens hervor, gibt aber keine Instrumente an, mit deren Hilfe Umfeldveränderungen leichter erkannt und notwendige Anpassungen besser vollzogen werden können. Auch hier bietet Malik lediglich theoretische Grundlagen, wobei ergänzende praktische Ausführungen fehlen.

11.6 Bedeutung für die Unternehmensführung

In seinem Hauptwerk „Die Strategie des Managements komplexer Systeme", das 1984 erschienen ist, stellt Malik sein strategisches Konzept ausführlich vor, seither wird er in der betriebswirtschaftlichen Literatur häufig zitiert. In der Praxis der Unternehmensberatung wird Maliks Konzept vom MZSG angewendet, das unter anderem für ausgezeichnete Schulungsunterlagen zur Ausbildung von Führungskräften und für detaillierte Fragen- und Checklisten zu Erstellung eines Strategiekonzepts in Unternehmen bekannt ist.[1]

11.7 Empfohlene Literatur

Malik, F.: Management-Perspektiven, Bern 1994, 270 Seiten. Aufsatzsammlung zu Wirtschaft, Gesellschaft, Management und Ausbildung. Leicht lesbar und vielfältig.

Malik, F.: Management-Systeme, Die Orientierung, Bern 1981, 58 Seiten. Anschauliche und mit vielen Grafiken und Formularen unterstützte Kurzeinführung in das Konzept des systemorientierten Managements. Leicht verständlich und einfach zu lesen.

Malik, F.: Systemisches Management, Evolution, Selbstorganisation, Bern 1994, 253 Seiten. Wissenschaftliche Aufsatzsammlung zum systemischen Management. Kurze, leicht verständliche Beiträge, die Einblick in die systemorientierte Denkweise geben.

---

[1] vgl. Jersabek (Interview)

Rudolf Mann

„Es ist das Dilemma unserer Schulausbildung, daß wir trainiert wurden, gleicher als die Gleichen zu sein, damit wir unsere Prüfungen bestehen. Nicht die Entfaltung der Einzigartigkeit wird honoriert, sondern die Anpassung an das Prüfungs-Rastersystem, damit man dort möglichst erfolgreich hindurchkommt. Gleichmacherei statt Individualität."

Inhaltsverzeichnis

12 Rudolf Mann

12.1 Zur Person des Autors

Rudolf Mann, geboren 1940, war viele Jahre in der Privatwirtschaft in leitender Position tätig: Chefcontroller in der Zentralverwaltung der Oetker-Gruppe, in der Geschäftsleitung der PWA Waldhof, als Organisationschef einer großen Philips-Tochter und als geschäftsführender Gesellschafter der DEGEMA, der Deutschen Gesellschaft für Strategische Unternehmensführung. Derzeit ist er als geschäftsführender Gesellschafter von „UNTERNEHMENSERFOLG, Praxis für ganzheitliche Unternehmensführung" auf dem Gebiet der Unternehmensberatung tätig.

12.2 Grundlagen

Wie andere Autoren wählt auch Mann die zunehmende Umfeldkomplexität als Ausgangspunkt seiner Überlegungen. Mit klassischen, bereits überholten Unternehmensführungsmethoden ist das Management in der heutigen Zeit fast zwangsläufig zum Scheitern verurteilt. Mann sieht in einem neuen Bewußtsein der Unternehmensführung und in ganzheitlicher Betrachtung des Unternehmens einen Weg aus der potentiellen Krise.

Der Wandel von der operativen zur strategischen Planung

Bis vor einigen Jahren galt quantitatives Wachstum als Schlüssel zum Unternehmenserfolg. Buchhaltung und Kostenrechnung waren, in Verbindung mit einem autoritären Führungsstil, taugliche Instrumente der Gewinnsteuerung. In dieser Zeit entwickelten sich ausgereifte Systeme der operativen Planung. Das operative Controlling entstand aus der Notwendigkeit, im Rahmen der Langfristplanung (im Gegensatz zur Kurzzeitplanung) Rückkopplungseffekte zu berücksichtigen. Berichtswesen als Plan-Ist-Vergleich, Abweichungsanalysen und ähnliche Instrumente wurden weiterentwickelt.[1]

Stagnierende Märkte führten und führen in den letzten Jahren jedoch zu einem immer stärker werdenden Verdrängungswettbewerb und erhöhen damit die Komplexität des Unternehmens und seines Umfelds. Diese Entwicklung bringt es mit sich, daß eine rein auf operativen Daten aufgebaute Unternehmenssteuerung langfristig nicht mehr erfolgversprechend sein kann. Der Weg vom operativen Denken zu strategischer Planung, strategischem Controlling und schließlich zum strategischen Management wird zur zwingenden Notwendigkeit. Folgende, bisher unbedeutende Faktoren treten in den Vordergrund:[2]

---

[1]   vgl. Mann (Unternehmen), S. 19 ff.

[2]   vgl. Mann (Unternehmen), S. 27 ff.; Mann (Praxis), S. 17 f.

- Offener Zeithorizont,

- Mehrdimensionalität der Planung (einzubeziehende Faktoren sind z. B. Konsumgewohnheiten, Firmenimage, technische Innovation),

- Betrachtung des Unternehmens aus der Sicht des Unternehmensumfelds.

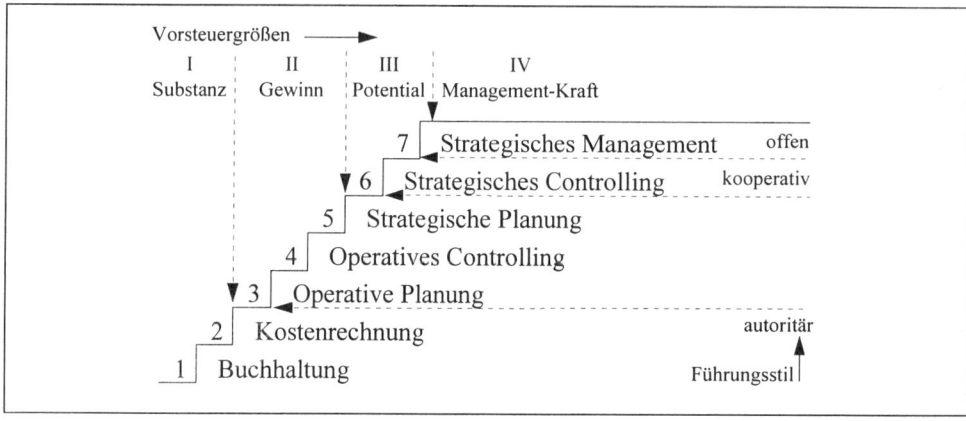

Abb. 12.1: Die sieben Stufen der Unternehmenssteuerung[1]

12.3 Inhalt des Konzepts

12.3.1 Strategisches Controlling

Konzeption

Aufgabe des strategischen Controlling ist es, die nachhaltige Existenzsicherung des Unternehmens zu unterstützen, beziehungsweise zu gewährleisten.[2]

Mann baut sein Konzept des strategischen Controlling auf der Strategiedefinition Gälweilers auf, wonach Strategie als das Schaffen und Erhalten von Erfolgspotentialen verstanden wird. Das Erkennen der Erfolgspotentiale wird zur Grundlage einer nachhaltigen Existenzsicherung des Unternehmens. Erfolgspotentiale sind die Gewinnchancen der Zukunft und somit die Vorsteuergröße des Unternehmensgewinns.[3]

In diesem Kontext bedeutet strategisches Controlling „systematisch zukünftige Chancen und Risiken erkennen und beachten."[4] Strategisches Controlling stellt, als Weiterentwicklung der strategischen Planung, die Vorstufe des strategischen Managements dar. Als Hilfsmittel der

[1]   Mann (Unternehmen), S. 56

[2]   vgl. Mann (Praxis), S. 37

[3]   vgl. Mann (Praxis), S. 38 f.; Mann (Unternehmensführung), S. 80

[4]   Mann (Praxis), S. 33

Feedforward-Führung ermöglicht es, Probleme und Zielabweichungen festzustellen, ehe sie sich in Zahlen niederschlagen.[1]

Jedoch erst ein nahtloses Ineinandergreifen von operativem und strategischem Controlling zu einem Regelkreissystem sichert die Funktionstüchtigkeit des Gesamtsystems. Dadurch können die Auswirkungen strategischer Entscheidungen gezeigt, und Strategie ständig auf ihre Durchführbarkeit geprüft werden.[2]

Kooperativer Führungsstil – die Basis des strategischen Controlling

Da die Basis aller Erfolgspotentiale menschliche Arbeit ist, weil Maschinen, Gebäude etc. nur vom Menschen genutzt werden, muß sich strategisches Controlling, will es Potentiale steuern, am Menschen beziehungsweise an den Mitarbeitern orientieren.[3]

Strategisches Controlling muß dieser Bedeutung des Menschen als Erfolgsfaktor gerecht werden. Die Funktionsfähigkeit des strategischen Controlling ist nur dann sichergestellt, wenn die Mitarbeiter im Unternehmen als Individuen und nicht als beliebig führ- und steuerbare Objekte Kostenfaktoren angesehen werden. Ein Wandel vom autoritären oder bürokratischen Führungssystem zu einem kooperativen, partizipativen Führungsverhalten ist daher von zwingender Notwendigkeit.[4]

Werkzeuge des strategischen Controlling

Mann beschränkt sich nicht auf konzeptionelle Überlegungen, sondern beschreibt eine Fülle von Instrumenten, die im Rahmen des strategischen Controlling eingesetzt werden können. Diese entsprechen seinen Anforderungen als Praktiker, sind operational dargestellt und einfach anwendbar. Folgende strategische Controllinginstrumente stehen zur Auswahl:[5]

- Potentialanalyse,
- strategische Bilanz,
- strategisches Leitbild,
- Portfolioanalyse,
- Klärung der Frage, welche Probleme für welche Zielgruppen nachhaltig besser gelöst werden als durch den Wettbewerb,
- Führungssystem.

Mittelpunkt des Konzepts sind für Mann die Potentialanalyse, die strategische Bilanz und das Leitbild.

---

[1] vgl. Mann (Unternehmensführung), S. 79

[2] vgl. Mann (Verzahnung), S. 218 ff.

[3] vgl. Mann (Führungsstil), S. 3; Mann (Praxis), S. 56

[4] vgl. Mann (Wachstum), S. 14 f.; Mann (Unternehmen v.), S. 115 ff.; Mann (Unternehmen), S. 60

[5] vgl. Mann (Unternehmensführung), S. 80 f.

Potentialanalyse[1]

Die Potentialanalyse ist eine Weiterentwicklung der SOFT-Analyse, bei der die zehn wichtigsten Stärken und Chancen den zehn wichtigsten Schlüsselfaktoren gegenübergestellt werden. Die Potentiale ergeben sich aus dem Vergleich mit dem schärfsten Wettbewerber, bezogen auf die zehn Schlüsselfaktoren beziehungsweise Stärken und Chancen. Der Ausbau dieser Stärken bietet zusätzlich nutzbare Potentiale. Die Bestimmung der relativen Wettbewerbsposition im Verhältnis zum schärfsten Wettbewerber erfolgt bei Mann in vier Phasen mit jeweils mehreren Schritten:[2]

- Sammeln der zehn Schlüsselfaktoren, die über den Erfolg in einem Markt entscheiden. (Checklisten bieten Hilfe bei der Vollständigkeitsüberprüfung.)

- Erarbeiten der zehn wichtigsten (internen) Stärken beziehungsweise (externen) Chancen und (internen) Schwächen beziehungsweise (externen) Risiken.

- Darstellen der Schlüsselfaktoren beziehungsweise Stärken/Chancen des eigenen Unternehmens, relativ zum schärfsten Wettbewerber, in einem Diagramm = genutztes Potential.

- Simulation der Gegenüberstellung unter der Prämisse unbegrenzter Ressourcen, um das nutzbare Potential zu erkennen.

Schwächen und Risiken werden im Rahmen der Potentialanalyse nur insofern beachtet, als durch sie der Fortbestand des Unternehmens akut gefährdet erscheint (tödliche Schwächen).

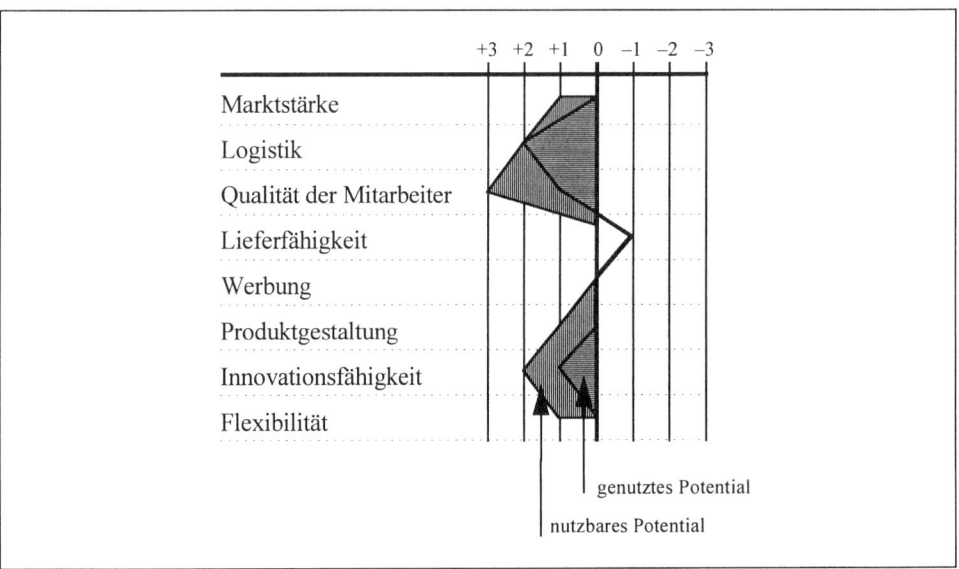

Abb. 12.2:   Ergebnis einer Potentialanalyse[3]

---

[1]   vgl. Mann (Praxis), S. 56 ff.

[2]   vgl. Hopfenbeck (Managementlehre), S. 610

[3]   vgl. Mann (Praxis), S. 62

Strategische Bilanz[1]

Die strategische Bilanz dient der Ermittlung des strategischen Engpasses. Das ist jener Engpaß, „der ein Unternehmen daran hindert, seine Erfolgspotentiale voll auf die Ziele auszurich-
ten".[2] Die „Aktivseite" der strategischen Bilanz stellt das Ausmaß dar, in dem das Umfeld
vom Unternehmen abhängig ist. Die strategische „Passivseite" spiegelt den Bereich wider, in
dem das Unternehmen vom Umfeld abhängt. Beide Seiten der Bilanz werden in der Regel in
die „Bilanzpositionen" Kapital, Material, Personal, Absatz und Know-how gegliedert.

Durch die Ermittlung des strategischen Engpasses werden die Abhängigkeitsverhältnisse eines
Unternehmens aufgedeckt, die sich langfristig positiv beziehungsweise negativ auf den Unternehmenserfolg (manifestiert im Jahresabschluß) auswirken.

Wie bei der Potentialanalyse erfolgt eine zweite Bewertung unter der Hypothese, daß der ein-
schneidendste Engpaß beseitigt wird (Planbilanz). Damit wird überprüft, wie sich Abhängigkeiten bei Realisierung der Maßnahmen verändern, wobei das Ausmaß der Veränderung
sämtlicher Faktoren signalisiert, ob der Engpaß richtig gefunden wurde.

Sowohl die strategische Bilanz als auch die Potentialanalyse enden mit der Ausarbeitung eines
Maßnahmenplans zur Nutzung der Chancen und zur Abwehr der Bedrohungen für das Unter-
nehmen. In diesem Maßnahmenplan werden Durchführungsverantwortliche, Zeitaufwand,
Rangfolge und Beginn- beziehungsweise Endtermine festgehalten.[3]

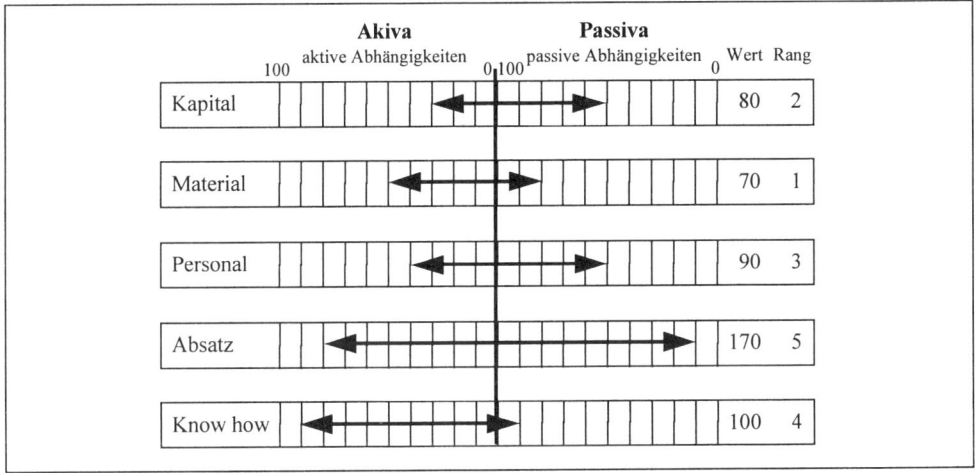

Abb. 12.3: Strategische Bilanz[4]

[1]   vgl. Mann (Praxis), S. 43 ff.

[2]   Mann (Unternehmen), S. 48

[3]   vgl. Mann (Praxis), S. 51 ff.

[4]   vgl. Mann (Praxis), S. 50

Leitbild[1]

Das strategische Leitbild wird auf der Grundlage der übrigen Instrumente erarbeitet. Es stellt die qualitativen Ziele des Unternehmens dar und zeigt, wozu das Unternehmen da ist. Der Mindestinhalt eines strategischen Leitbilds umfaßt:[2]

Inhalt eines Leitbilds	
Firma	Was vermittelt der Name des Unternehmens? Repräsentiert er das Selbstverständnis des Unternehmens nach außen?
Leistung	Wertschöpfungstiefe und -breite, Technologie, Fertigungsverfahren?
Produkte	Welche Problemlösungen werden angeboten?
Qualität	Welcher Qualitätsstandard wird angestrebt? Ist Qualität ein besonderes Kennzeichen des Unternehmens?
Preis	Wie verhält sich der Preis im Vergleich zur Qualität und zum Wettbewerb?
Marke, Image	Versteht sich das Unternehmen als Markenartikelerzeuger, werden Zweitmarken vertrieben? Welches Image strebt das Unternehmen an?
Vertrieb	Eigen- oder Fremdvertrieb, Vertriebspartner?
Aktionsradius	Versteht sich das Unternehmen als regionaler, nationaler, internationaler oder globaler Anbieter?
Zielgruppe	Welche sind die Zielgruppen des Unternehmens?
Umfeld	Wie gestaltet das Unternehmen sein gesellschaftliches und politisches Umfeld?

Abb. 12.4: Mindestinhalt eines strategischen Leitbilds[3]

Im strategischen Controlling muß immer beachtet werden, daß strategische Werkzeuge Modelle sind: „... die Fragen provozieren und dabei helfen, Plausibilitätsprüfungen durchzuführen. Sie sind aber nie der Beweis oder das Urteil an sich."[4]

12.3.2 Strategisches Management[5]

Strategisches Management ist die Weiterentwicklung des strategischen Controlling, indem dessen Gedankengut im Management internalisiert wird. Das Management besitzt von sich aus die Kraft und das Vorstellungsvermögen, den strategischen Gestaltungsprozeß in Gang zu halten. Die Vorsteuergröße (für Potentiale), die im strategischen Management in den Mittel-

---

[1]   vgl. Mann (Controlling), S. 3; Mann (Praxis), S. 71 ff.

[2]   vgl. Mann (Praxis), S. 72

[3]   vgl. Mann (Praxis), S. 72

[4]   Mann (Unternehmen), S. 69

[5]   vgl. Mann (Unternehmen), S. 56 ff.

punkt der Gestaltung rückt, ist die Vision. Damit verbunden ist der Übergang von einem ko-operativen zu einem offenen Führungsstil, „der das Unternehmen für Signale der Veränderung öffnet, (...), der getroffene Entscheidungen in Frage stellt, wenn es notwendig ist, und Pro-bleme nicht verdrängt".[1]

12.3.3 Die ganzheitliche Managementkonzeption

Strategisches Management und Controlling haben sich für Mann in eine Sackgasse entwickelt, weil

- das lineare Denken den menschlichen Verstand überschätzt,

- anweisungsorientierte Führung, Gewinnvorgaben, Gleichmacherei und Überbetonung be-triebswirtschaftlicher Instrumente die Beherrschbarkeit von Unternehmen nicht mehr si-cherstellen,

- die Weiterverfolgung althergebrachter Denkweisen der Qualität strategischer Arbeit scha-det.[2]

Diese Kritikpunkte können nur mit Hilfe eines ganzheitlichen Managementansatzes überwun-den werden. Die Grundlage für des Verständnis dieses Konzepts sind folgende Analogien:[3]

- Systemtheorie

  Ähnlich den Vertretern des systemorientierten Managements kritisiert Mann das lineare, kausale Denken und fordert die Konfrontation des Managements mit der Komplexität und Vernetztheit des Umfelds und des Unternehmensgeschehens.

- Energiehaushalt

  Mann versteht das Unternehmen als einen lebenden Organismus und baut darauf eine Reihe von Analogien auf. Er bezieht sich dabei auf Erkenntnisse der Biokybernetik (besonders Frederic Vester) und auf philosophische Gedanken zu Lebenskraft und -energie. Aus diesen Überlegungen läßt sich die Forderung nach einem „positiven" Energiesaldo (Energieaufnah-me : Energieabgabe) und nach ökologischer Grundhaltung des Unternehmens ableiten.

- Evolution

  Mann wendet Erkenntnisse der Evolutionstheorie auf das Unternehmen an. Demnach er-zwingen Wachstums- und Entwicklungsschranken einen ständigen Evolutionsprozeß, der das Unternehmen und dessen Mitarbeiter einem irreversiblen Veränderungsprozeß unter-wirft. Musterlösungen, Patentrezepte und Normstrategien, die in der Literatur angeboten werden, stellen sich vor dem Hintergrund ständiger Veränderung und Weiterentwicklung als inadäquate Hilfestellungen dar.

---

[1]   Mann (Unternehmen), S. 60 f.

[2]   vgl. Mann (Unternehmen), S. 63 ff.

[3]   vgl. Mann (Unternehmen), S. 79 ff.

- Holographie

  Jeder Teil eines Hologramms enthält die Gesamtheit der im Hologramm vorhandenen Informationen. Mann sieht die Mitarbeiter eines Unternehmens als Teilhologramm der Unternehmensganzheit. Das Verhältnis des Managements zu den Mitarbeitern und das Verhältnis dieser untereinander sind ein Abbild des Unternehmens- und Gesellschaftssystems. Daraus läßt sich die Forderung nach Harmonie im Unternehmen ableiten.

- Einheit von Leib, Seele und Geist

  Der Mensch ist eine Einheit von Leib, Seele und Geist. Mann überträgt diese Vorstellung, entsprechend den Hologrammüberlegungen, auf das Unternehmen. Er interpretiert Leib als Substanz (operativer Steuerungskreis), Seele als Energie im Sinne von Aktivitäten und Abhängigkeiten (strategischer Steuerungskreis) und Geist als die Vision des Unternehmens. Darüber hinaus identifiziert er eine weitere Ebene: die Schöpfung beziehungsweise Zerstörung.

Aus diesen gedanklichen Grundlagen entwickelt Mann ein Managementkonzept, das aus fünf Modulen besteht:

- Potentiale,

- Vision,

- Engpaßproblem,

- Kundennutzen,

- Umsetzung.

Trotz der Abwendung von der traditionellen Managementlehre und trotz der philosophisch-kontemplativ anmutenden Grundlage des ganzheitlichen Managements weist das Fünf-Module-Konzept deutliche Übereinstimmungen und Parallelitäten zum strategischen Controlling auf.

Mann stellt somit in seinen neueren Arbeiten früheren Werke in einen umfassenden Rahmen. Er greift bei der Operationalisierung des ganzheitlichen Managements auf die von ihm bereits im strategischen Controlling eingesetzten Instrumente zurück: Potentialanalyse, strategische Bilanz, Portfolio, Vision (Leitbild) etc.

Dabei verschieben sich aber die Schwerpunkte in Richtung einer höheren Bedeutung der Vision (als Weiterentwicklung des Leitbilds), die einen übergeordneten Stellenwert erhält.

Die Vision dient wie das Leitbild zur Orientierung. Sie legt fest, wozu das Unternehmen da ist, und ist Glaubensbekenntnis und Zielvorstellung. Damit sollen sich alle Mitarbeiter identifizieren, um ihre Energien zu bündeln.[1]

Die Entwicklung der Vision durchläuft zwölf Stufen: Sie beginnt auf den Ebenen der Materie (1, 2), der Energie (3, 4) und des Geistes (5, 6, 7, 8), um schließlich über die Ebene der Ener-

---

[1]   vgl. Mann (Unternehmen v.), S. 34 f.

gie (9) wieder auf die Ebene der Materie (10, 11, 12) zurückzugelangen, wo sie sich manifestiert.[1]

1)	Wahrnehmen der Situation, ohne sie sofort zu beurteilen oder zu bewerten.
2)	Mit positiver Einstellung aus Fehlern lernen.
3)	Probleme in Wünsche umformulieren und so mit Energie aufladen.
4)	Ein Wunschbild erschaffen.
5)	Erkennen, daß die Vision keine Grenzen kennt.
6)	Durch Ausmisten Platz für Neuerungen schaffen.
7)	Die Vision durch geistige Schöpfungskraft entwerfen.
8)	Sich auf die wichtigsten Ideen konzentrieren.
9)	Mitarbeiter einbeziehen und die Vision mit Energie aufladen.
10)	Realisierung der ersten Schritte.
11)	Prüfung, ob das Vertrauen beziehungsweise die Festigkeit des Glaubens vorhanden ist.
12)	Die Vision nicht krampfhaft erzwingen, sondern ihr freien Lauf lassen.

Abb. 12.5: Die zwölf Schritte der Entwicklung einer Vision

Der ganzheitliche Mensch

Mann nimmt sich in der Folge immer stärker des Menschen an, weil er für ihn die „Vitalkraft" im Unternehmen verkörpert. Daher behandelt Mann Faktoren wie Lebenssinn, Erfolg, Erfüllung und Entfaltung im Beruf immer aus der Sicht, ob sie Nutzen für das Unternehmen bringen.

Die Ursache für Probleme im Unternehmen liegen folglich im Menschen und in der mangelhaften „Abstimmung des äußeren Selbst mit dem inneren".[2] Die Gründe dafür sind:

- Druck,

- Angst,

- Abhängigkeit.

Derartigen Problemursachen kann nur durch Selbständigkeit, Freiheit und Sicherheit entgegengewirkt werden, was vom Unternehmen ein neues Menschenbild fordert, in dessen Zentrum Gleichwertigkeit, Einzigartigkeit und Andersartigkeit stehen.[3] Manns daraus abgeleitete Kernaussagen zur Führung „im neuen Bewußtsein" sind: Wertewandel, Transformation, Auflösung von Blockaden, Vertrauen, Ausstrahlung und Harmonie.

---

[1]   vgl. Mann (Unternehmen v.), S. 65 ff.

[2]   Mann (Unternehmen v.), S. 160

[3]   vgl. Mann (Unternehmen v.), S160 ff.

Mann stellt drei Anforderungen an Unternehmen beziehungsweise an das gesamte Wirtschaftssystem:

- Ökonomie der Partnerschaft,

- Verbundenheit mit der Natur,

- Eine Ethik, die auf dem Grundsatz fußt: „Was du nicht willst, daß man dir tu, das füg auch keinem andern zu!"

Nur Unternehmen, die dieser Grundhaltung entsprechen, sind für Mann langfristig überlebensfähig.[1]

In seiner letzten Veröffentlichung[2] geht Mann noch einen Schritt weiter und entwickelt ein Bild eines neuen Managements. Grundlage ist die fünfte Dimension der Führung: die Übersicht, das Durchschauen. Leider verläßt Mann mit dieser Veröffentlichung den Rahmen seiner bisherigen Arbeiten, die Überlegungen lassen sich nicht mehr direkt im Management einsetzen.

12.4 Stärken des Konzepts

- Mann entwickelt seinen eigenen strategischen Controllingansatz konsequent weiter und baut auf ihm einen auf aktuelle betriebswirtschaftliche Erkenntnisse abgestimmten ganzheitlichen, systemorientierten, ethischen Ansatz auf.

- Trotz der Vielfalt abstrakter und philosophischer Überlegungen gelingt es Mann bei der Operationalisierung seiner Konzeption, den Praktikern Hilfsmittel zur Verfügung zu stellen, die leicht verständlich und einfach zu handhaben sind.

- Mann fühlt sich vorrangig dem Praktiker verpflichtet. Der entscheidende Prüfstein seiner Konzepte ist Praxistauglichkeit.

12.5 Schwächen des Konzepts

- Mann stellt sein von der Praxis geprägtes Konzept zwar in Beziehung zu wissenschaftlichen Erkenntnissen, diese werden aber nur kurz und oberflächlich behandelt sodaß Mann oft als unwissenschaftlich kritisiert wird.

- Der ganzheitliche Ansatz von Mann nimmt zwar vielfach Bezug auf wissenschaftliche Erkenntnisse und Konzepte anderer Wissenschaftsdisziplinen, Auswahl und Darstellung dieser Zusammenhänge und Analogien wirken aber zum Teil beliebig und nicht nachvollziehbar.

- Trotz der weitgespannten und umfassenden Überlegungen des ganzheitlichen Managements kehrt Mann bei der konkreten Umsetzung wieder zu den von ihm bereits früher

---

[1] vgl. Mann (Unternehmen v.), S. 160 ff.

[2] Mann (Dimension)

entwickelten Instrumenten zurück. Dadurch wird der Eindruck erweckt, daß zwar der konzeptionelle Mantel erneuert wurde, der Kern jedoch gleichgeblieben ist.

12.6 Bedeutung für die Unternehmensführung

Mann versteht sich als Berater der Praxis und richtet seine Werke auch klar auf diese Zielgruppe aus. Er spricht mit seinem Konzept vor allem Unternehmer an, die im Betrieb eine Controllingabteilung aufbauen beziehungsweise ihr Unternehmen aus einer potentiellen oder akuten Krise herausführen wollen.

Einer regen Verwendung seiner Ansätze im Rahmen von Aus- und Weiterbildung steht jedoch nur eine geringe Zahl an wissenschaftlichen Publikationen gegenüber, die sich eingehend mit Mann beschäftigen.

12.7 Empfohlene Literatur

Mann, R.: Das ganzheitliche Unternehmen, München 1988, 255 Seiten. Praxisorientierte, leichtverständliche Zusammenführung von Elementen der Systemtheorie mit dem strategischen Controlling.

Mann, R.: Praxis strategisches Controlling, Landsberg/Lech 1987, 230 Seiten. Leicht lesbare Einführung in Konzeption und Instrumente des strategischen Controlling. Viele Abbildungen, Musterformulare, Checklisten.

Henry Mintzberg

„Strategic planning isn´t strategic thinking. One is analysis, and the other is synthesis.“

Inhaltsverzeichnis

13 Henry Mintzberg

13.1 Zur Person des Autors

Henry Mintzberg (geboren 1939) studierte an der Sloan School of Management des M.I.T. und an der McGill Universität in Montreal, wo er derzeit Professor ist. Mintzberg ist Dr. h.c. der Universitäten von Venedig, Lund, Lausanne und Montreal. Von 1988 bis 1991 war er Präsident der Strategic Management Society.

13.2 Grundlagen[1]

Henry Mintzberg vertritt einen empirisch geleiteten Forschungsansatz. Das grundlegende Problem traditioneller Literatur zum strategischen Management sieht er im Auseinanderklaffen von theoretischen Überlegungen und Unternehmenspraxis. Die dargestellten Konzepte sind zwar in sich schlüssig und analytisch richtig aufgebaut, bilden aber die tatsächliche Strategiefindung in Unternehmen nur unzureichend ab.

Bei der Ableitung seiner strategischen Überlegungen geht Mintzberg von den Kritikpunkten an der klassischen, konstruktivistischen Strategieplanung aus:

- Motivations-, Akzeptanz- und Durchsetzungsprobleme,
- Inflexibilität und konservative Grundhaltung,
- Tendenz zu politisch geleitetem Agieren,
- Illusion der Steuer- und Kontrollierbarkeit des Systems,
- Glaube an die Vorhersagbarkeit der Zukunft,
- Trennung von strategischem und operativem Management,
- Glaube an die Formalisierbarkeit des strategischen Managements.

Aufbauend auf dieser Kritik und den Ergebnissen empirischer Erhebungen, leitet Mintzberg Bausteine eines strategischen Managements ab. Er wendet sich dabei nicht generell gegen die Modelle der von ihm kritisierten Konzepte, sondern gegen ihren rigiden Ablauf, der Kreativität, Individualität und Unternehmertum verhindert. Er versucht, sinnvolle Bestandteile insbesondere aus dem Konzept von Ansoff zu integrieren und um Fehlendes zu erweitern, tritt aber gegen Einbindung dieser Elemente in einen formalen Strategieplanungsprozeß ein. Denn formale Abläufe verhindern unternehmerisches Lernen und wirken stabilisierend. Sie trennen Strategiefindung und Operationalisierung beziehungsweise Implementierung und damit auch Aufgaben der Synthese und Analyse. Für Mintzberg müssen im Rahmen des strategischen Managements aber Analyse und Synthese, Denken und Handeln, Stabilität und Wandel miteinander kombiniert werden.[2]

---

[1] vgl. Mintzberg (Planung), S. 195 ff.

[2] vgl. Mintzberg (Management), S. 39 ff.

13.3 Inhalt des Konzepts

13.3.1 Formen der Strategiefindung

Strategische Ansätze gehen in der Regel davon aus, daß Strategien bewußt geplant werden. Als Unterstützung für dieses Planungsvorhaben stellen sie Instrumente zur Verfügung und leiten ideale Prozeßabläufe ab. Betrachtet man die Ergebnisse empirischer Untersuchungen, stellt sich nur ein verschwindend kleiner Teil der Strategien als bewußt geplant heraus. Der Großteil entstammt keinem Planungsprozeß, sondern tritt mehr oder weniger überraschend auf. Diesen aus dem Tagesgeschehen entstandenen Strategien darf man bei der Ableitung strategischer Konzepte nicht aus dem Weg gehen. Mintzberg unterscheidet daher bewußt geplante und entstandene (emergente bzw. intuitive) Strategien.[1]

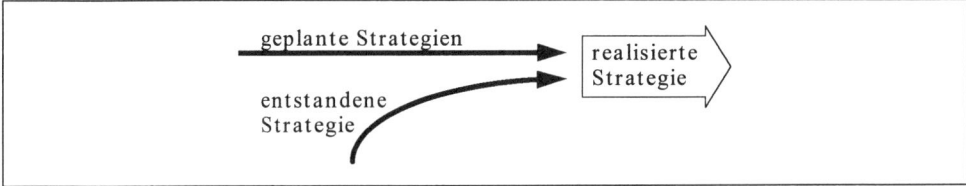

Abb. 13.1: Strategiefindung

Auf den ersten Blick erscheinen die beiden Formen der Strategiefindung als krasse Gegensätze. Es zeigt sich jedoch, daß es sich um ein Kontinuum handelt, das eine Reihe von Wegen umfaßt:

---

[1]   vgl. Mintzberg (Planung), S. 29 ff.

	Strategiefindung	Beschreibung
bewußt geplant	Planung	Präzise Ziele werden ausformuliert und der zentralen Führungsspitze artikuliert. Überraschungsfreie, kontrollierte Implementierung.
↑	Entrepreneur	Ziele bestehen als persönliche, nichtartikulierte Visionen des Unternehmers, der dominiert. Es besteht die Möglichkeit, auf neue Chancen einzugehen.
	Ideologie	Ziele existieren als gemeinsame Vision aller Organisationsteilnehmer. Kontrolle erfolgt durch die gemeinsamen Normen. Sehr oft sind derartige Unternehmen proaktiv.
	Schirmstrategie	Grundsatzstrategien werden als Leitlinien vorgegeben, innerhalb derer sich die dezentralen Einheiten bewegen müssen. Freiräume für emergente Strategien. Flexibilität gegenüber Detailstrategien.
	Prozeßstrategie	Lediglich der Strategiefindungs- und -umsetzungsprozeß wird formalisiert. Die Formulierung der Strategien wird den dezentralen Einheiten überlassen.
	unzusammenhängend	Dezentrale Einheiten führen ein eigenständiges strategisches Management durch. Eine Kontrolle durch die Zentrale erfolgt nicht.
↓	Konsensstrategie	Gegenseitige Abstimmung unterschiedlichster Organisationsteilnehmer verbindet Detailstrategien zu einer gemeinsamen Unternehmensstrategie. Keine zentralen Vorgaben.
aufgetaucht	auferlegt	Das Umfeld diktiert die Strategie des Unternehmens entweder durch direkte Einflußnahme oder durch indirekte Verpflichtungen.

Abb. 13.2: Wege der Strategiefindung[1]

13.3.2 Das Management von Strategien

Bezieht man entstandene Strategien in die Überlegungen des strategischen Managements ein, darf sich das Management nicht auf die Steuerung strategischer Planungsprozesse beschränken, sondern muß Strategien managen (im Sinne von „kunsthandwerklich handhaben"). Dazu muß das Management:[2]

- **Die Branche kennen**: Dabei stehen persönliche Erfahrungen, praktische Kenntnisse und Gespür im Vordergrund – es geht nicht um intellektuelles Wissen, abstrakte Fakten und Analysen.

- **Mit Stabilität umgehen**: Das Management darf nicht ständig damit beschäftigt sein, Strategien zu machen. Es muß die Umsetzung strategischer Entscheidungen fördern. Dazu bedarf es eines Mindestmaßes an Stabilität. Ständige Neuformulierungen der Strategien führen zu permanenter Veränderung und damit zu Unruhe.

---

[1] vgl. Mintzberg (strategy), S. 15

[2] vgl. Mintzberg (Management), S. 51 ff.

- **Diskontinuitäten erkennen**: Die Herausforderung für das Management liegt im Erkennen der subtilen Diskontinuitäten, die eine Anpassung der Strategie erforderlich machen.

- **Muster managen**: Auftretende Muster (Arbeits-, Strategiemuster) im Unternehmen müssen erkannt und beobachtet werden, ob sie sich zu entstandenen Strategien entwickeln und ob diese im Einklang mit den Intentionen des Managements stehen. Das bedeutet, daß ein Klima geschaffen werden muß, in dem das Entstehen von neuen Strategien gefördert wird: flexible Strukturen, kreative Mitarbeiter etc.

- **Wandel und Kontinuität in Einklang bringen**: Wandel und Stabilität sind keine Ideale für sich. Ihre Zweckmäßigkeit ist von der jeweiligen Situation abhängig, sie müssen daher überlegt und gezielt abgestimmt eingesetzt werden.

13.3.3 Die Rollen des Managers im Strategiefindungsprozeß

Die Einbeziehung aufgetauchter, emergenter Strategien hat weitere Konsequenzen für die Betrachtung des strategischen Managements. Der Prozeß der Strategieformulierung wird zur „black box", die man letzlich nicht erklären kann. Manager können lediglich den Prozeßinput und den Prozeßoutput steuern sowie den Prozeß selbst bestmöglich unterstützen.

Die Rollen, die Manager hier übernehmen, können idealtypisch systematisiert werden:[1]

- **Analytiker**: Eine der klassischen Rollen des Managers in der Strategieplanung ist jene des Analytikers, der als Ausgangspunkt für die Strategieformulierung systematisch interne und externe Analysen durchführt und diese zu interpretieren versucht. Es handelt sich dabei um eine Tätigkeit, die vor der „black box" stattfindet.

- **Katalysator**: Eine bedeutende Rolle des Managers ist es, den Anstoß des strategsichen Planungsprozesses zu geben, nicht in erster Linie dessen Strukturierung. Manager müssen dem gesamten Unternehmen die Bedeutung strategischen Denkens vor Augen führen und die Mitarbeiter dabei unterstützen. Dieser Vorgang bezieht sich auf den Prozeß innerhalb der „black box" und soll diesen fördern und vorantreiben, ohne die genauen Vorgänge zu kennen und steuern zu können.

- **Strategiefinder**: Manager müssen durch Interpretation und Synthese die Outputs der „black box" in kommunizierbare Strategien umwandeln. Dabei ist es egal, ob es sich um geplante, entstandene oder „nur" realisierte Verhaltensmuster und Ideen handelt, die sich innerhalb der „black box" entwickelt haben.

---

[1] vgl. Mintzberg (Planung), S. 417 ff.

13.3.4 Strategischer Handlungsspielraum[1]

Mintzberg bezieht sich auf die Strategiealternativen von Ansoff und Porter, die aus seiner Sicht zu eng gefaßt sind, und beschreibt einen fünf Elemente umfassenden strategischen Handlungsspielraum, der von Unternehmen teilweise oder zur Gänze ausgenützt wird:

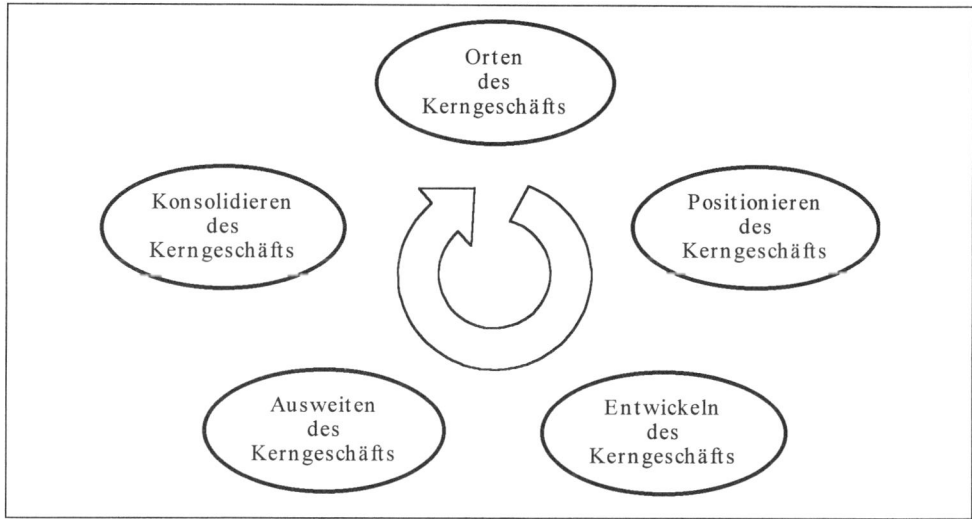

Abb. 13.3: Strategischer Handlungsspielraum

Orten des Kerngeschäfts

Im ersten Schritt muß das Kerngeschäft eines Unternehmens abgegrenzt werden. Dies geschieht in zweierlei Hinsicht:

- Bestimmung der Verarbeitungsstufe innerhalb des Wertschöpfungssystems (primäre, sekundäre, tertiäre Verarbeitungsstufe etc.),

- Identifikation der Branche.

Positionieren des Kerngeschäfts

Ausgangspunkt der Positionierung des Kerngeschäfts ist eine Wertkettenanalyse. Darauf aufbauend muß die Entscheidung für einen grundlegenden Strategietyp fallen. Mintzberg greift hier zwar auf die Dimensionen Porters zurück, kritisiert aber dessen Typologie. Kostenführerschaft an sich ist keine Strategie, da sie nicht direkt am Markt wirkt. Sie wird erst durch die von Porter implizit damit verbundene Preisdifferenzierung zur Strategie. Damit ist sie aber eine Form der Differenzierung (des Preises, bei undifferenzierter Behandlung aller anderen Bedingungen).

---

[1] vgl. Mintzberg (strategies), S. 70 ff.

Mintzberg unterscheidet nicht zwischen Kostenführerschaft und Differenzierung, sondern nennt sechs Formen der Differenzierung:

- Preisdifferenzierung (die nicht mit totaler Kostenführerschaft einhergehen muß),

- Imagedifferenzierung,

- Servicedifferenzierung,

- Qualitätsdifferenzierung,

- Designdifferenzierung,

- Undifferenziert (typischerweise die Strategie eines Nachahmers, muß jedoch nicht mit einer Niedrigpreisstrategie verbunden sein).

Auch hinsichtlich der Reichweite des Geschäfts löst sich Mintzberg von den Dimensionen Porters. Er unterscheidet vier Formen der Marktbearbeitung:

- **Unsegmentiert**: Eine Ausführung des Produkts wird am Gesamtmarkt angeboten.

- **Segmentiert**: Anpassung an (alle) Marktsegmente durch unterschiedliche Produktvarianten.

- **Nische**: Bearbeitung eines einzelnen Segments.

- **Kundenspezifizierung**: Für jeden Kunden wird individuell gefertigt; damit entspricht jeder Kunde einem eigenen Segment, was durch den Einsatz von CAD-CAM-Technologien erstmals industriell möglich ist.

Entwickeln des Kerngeschäfts

Im Rahmen der Entwicklung des Kerngeschäfts übernimmt Mintzberg die Ansoff-Matrix vollständig. Damit unterscheidet er zwischen Marktdurchdringung, Produktentwicklung, Marktentwicklung und Diversifikation.

Ausweiten des Kerngeschäfts

Die Ausweitung des Kerngeschäfts kann durch vertikale Integration oder durch horizontale Diversifikation geschehen. Vertikale Integration erfolgt durch Vorwärts- oder Rückwärtsintegration, indem Kunden und/oder Lieferanten in die eigene Wertschöpfungskette integriert werden. Diversifikation ist ein Einstieg in eine völlig neue Wertschöpfungskette beziehungsweise Branche, der in einer verwandten Branche (konzentrische Diversifikation) oder ohne Zusammenhang mit dem Kerngeschäft (Konglomerat) stattfinden kann.

Konsolidieren der Geschäfte

Nach einer Phase der Expansion ist in vielen Fällen Konsolidierung notwendig. Dabei unterscheidet man drei Arten:

- Redefinition der Geschäfte (Neubestimmung),

- Rekombination der Geschäfte (Zusammenführung und Durchforsten des Portfolios),

- Neuorten des Kerngeschäfts.

13.3.5 Strategie und Struktur[1]

Mintzberg erlangte vor allem mit seinen organisationstheoretischen Überlegungen breite internationale Anerkennung. Auch hier vertritt er einen situativen Forschungsansatz, wendet sich jedoch gegen eindimensionale Betrachtung der Zusammenhänge von Organisationsstruktur und Umfeldfaktoren, wie sie in der Organisationsforschung vielfach angewendet werden. Er versucht Konfigurationstypen zu generieren, worunter er netzwerkartige Beziehungen von einander gegenseitig beeinflussenden Faktoren versteht, die jedoch nicht in einer kausalen Ursachen-Wirkungs-Beziehung zueinander stehen. Die in der situativen Organisationsforschung typische Unterscheidung zwischen beeinflussenden Situationsvariablen und beeinflußten Strukturvariablen wird von ihm aufgegeben.[2]

Eine bestimmte Ausprägung der Kontextfaktoren verlangt daher nicht irgendeine genau zu definierende Idealorganisation[3], sondern es gibt eine bestimmte Anzahl von Situations-Struktur-Konfigurationen, die sich anderen Konfigurationsalternativen gegenüber besser bewähren und „innere Harmonie" (Konsistenz) aufweisen. Ziel der organisatorischen Gestaltung ist es demnach, nicht „alles richtig" zu machen, sondern sich selbst intern und extern anzupassen.

Konfigurationstypen

Aus den Konfigurationsüberlegungen entwickelt Mintzberg Konfigurationstypen, die er aus sechs Grundbestandteilen aufbaut:

- Strategische Spitze (Direktoren),

- Mittleres Management,

- Operativer Kern (Operateure),

- Technostruktur (Analytiker),

- Unterstützende Einheiten,

- Ideologie (Kultur).

---

[1] vgl. Mintzberg (Management), S. 107 ff.

[2] vgl. Mintzberg (Management), S. 107 ff.; Staehle (Management), S. 59 f.

[3] Mintzberg verneint keineswegs allgemein anerkannte Zusammenhänge, sondern er baut sie in seine Überlegungen mit ein; vgl. Mintzberg (Management), S. 116 ff.

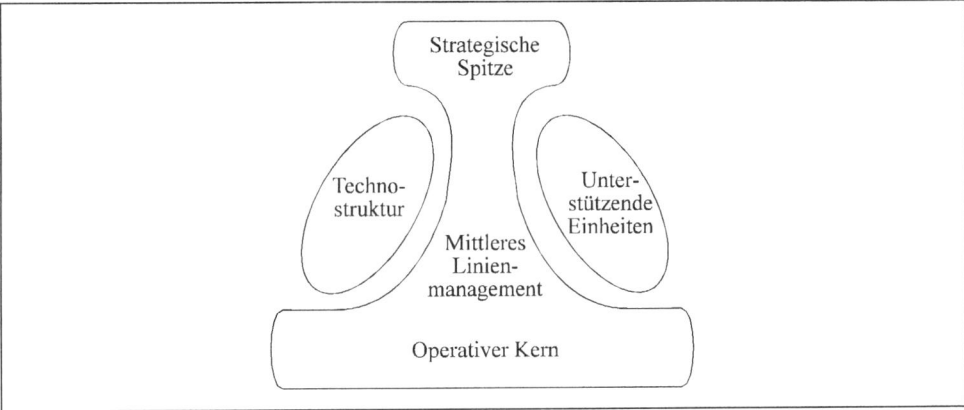

Abb. 13.4:   Grundmodell der Organisation

Aus dem Grundmodell entstehen sechs Konfigurationstypen, die aus der Sicht der strategischen Planung von Interesse sind, da jeder Typ zu einer anderen Form der Strategiefindung und Umsetzung tendiert. Die Form der Strategiefindung muß als integraler Bestandteil des Organisationstyps verstanden werden. Unternehmen können somit die Form des strategischen Managements nicht frei wählen, ohne ihre harmonische Konfiguration aufzugeben.

Die Bedeutung der Rollen des Managers im Strategiefindungsprozeß differiert in den unterschiedlichen Organisationstypen ebenso wie die für die Organisation typische Vorgehensweise bei der Strategiefindung.[1]

Die unternehmerische Organisation

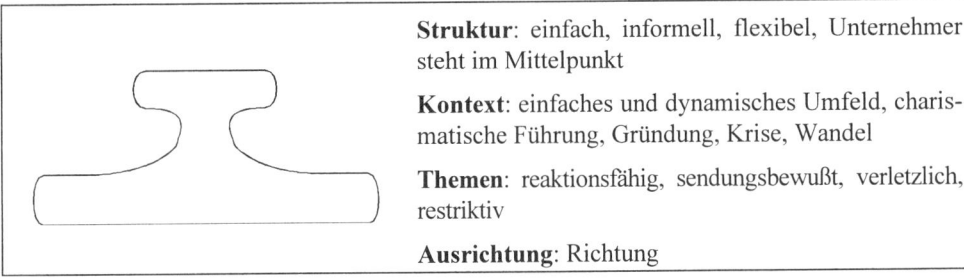

Struktur: einfach, informell, flexibel, Unternehmer steht im Mittelpunkt

Kontext: einfaches und dynamisches Umfeld, charismatische Führung, Gründung, Krise, Wandel

Themen: reaktionsfähig, sendungsbewußt, verletzlich, restriktiv

Ausrichtung: Richtung

Abb. 13.5: Unternehmerische Organisation

In der unternehmerischen Organisation steht die Vision im Vordergrund, die vom Unternehmer getragen wird. Dieser visionären Führung liegen in der Regel fundierte Kenntnisse des Geschäfts, Überzeugungskraft und Unmittelbarkeit zugrunde. Das gesamte Unternehmen ist vom Unternehmer geprägt, er steht im Mittelpunkt und entscheidet die strategische Ausrichtung aus dem eigenen Gefühl heraus. Allerdings besteht die Gefahr des Auseinanderfallens von Strategie und Operation.

---

1   vgl. Mintzberg (Planung), S. 456 ff.

Die Maschinenorganisation

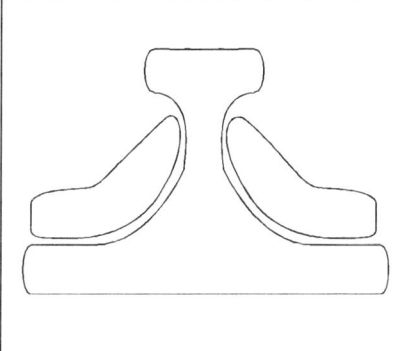

Struktur: zentralisierte Bürokratie, formale Verfahren, routiniert und standardisiert, ausgedehnte unterstützende Einheiten, die Technostruktur standardisiert die Arbeitsprozesse

Kontext: einfaches, stabiles Umfeld, größere, etablierte Unternehmen, ausgeprägte externe Kontrolle

Themen: effizient, zuverlässig, präzise, kontrollfixiert, Koordinations-, Personal- und Motivationsprobleme

Ausrichtung: Effizienz

Abb. 13.6: Maschinenorganisation

Das Grundkonzept des strategischen Managements in der Maschinenorganisation ist die Trennung von Strategiefindung und Implementierung. Diese Trennung ist nur so lange erfolgreich, wie die strategische Führungsspitze alle strategierelevanten Informationen erhält und die Umfeldentwicklung für die Zeit der Implementierung vorhersehbar ist. Reformulierungen der Strategie sind im Zuge des Implementierungsprozesses nicht vorgesehen.

In Perioden dynamischer Umfeldveränderungen werden diese Voraussetzungen nicht erfüllt. Neuartige Probleme werden in der Maschinenorganisation auf die nächsthöhere Hierarchieebene abgeschoben, was zu einem strategischen Engpaß in der Unternehmensspitze führt und dadurch eine Blockierung des strategischen Wandels bewirkt.

Damit verbleiben der Maschinenorganisation nur zwei Formen der Strategiefindung:

- Vorübergehende Veränderung der Konfiguration (Richtung unternehmerische Organisation) beziehungsweise Bildung einer strategischen Sekundär(Projekt-)organisation, die Visionen entstehen läßt.

- Strategische Revolution als Quantensprung nach längeren Perioden strategischer Stabilität.

Die diversifizierte Organisation

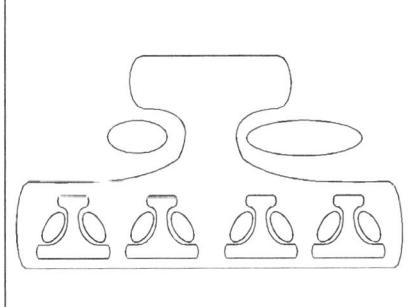

Struktur: marktorientierte Divisionen, lose durch Zentrale zusammengehalten, autonome Geschäftsführung, tendiert zur Maschinenorganisation

Kontext: große, reife Organisationen, Diversifikation in Nebenprodukte und verwandte Produkte, laterale Diversifikation

Themen: Risiko- und Kapitalverteilung, Leistungskontrolle, Gefahr von Unverantwortlichkeit

Ausrichtung: Konzentration

Abb. 13.7: Differenzierte Organisation

Strategische Entscheidungen der diversifizierten Organisation beschränken sich auf das Portfoliomanagement der kontrollierten Geschäftsbereiche. Dabei steht die Frage der richtigen
Diversifikationsstrategie und des Umgangs mit Konglomeraten im Vordergrund.

Die Organisation der Professionals

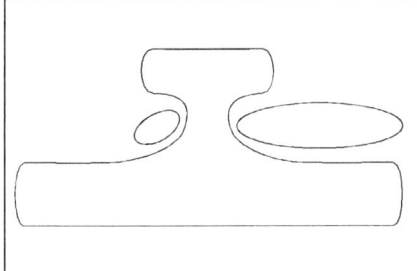

Struktur: Bürokratisch, dezentralisiert, von Ausbildung und Fähigkeiten der Professionals abhängig

Kontext: komplex, aber stabil

Themen: Demokratie und Autonomie, Koordinati-
onsprobleme, Widerstand gegen Innovationen, Ver-
gewerkschaftung, öffentliche Reaktionen auf Probleme

Ausrichtung: Können

Abb. 13.8: Organisation der Professionals

Strategiefindung und Gestalt einer Strategie unterscheiden sich in der Organisation der Professionals vollständig von jenen der traditionellen Planungstheorie. Das Unternehmen verfügt
über eine Vielzahl von persönlichen Visionen und Strategien, ein einheitlicher Strategiefindungsprozeß scheitert jedoch an der Struktur. Große strategische Veränderungen sind in diesen Organisationen wegen der vielfältigen Interessen nicht durchsetzbar. Dennoch existiert an
der Basis ein ständiger strategischer Wandel.

Die innovative Organisation

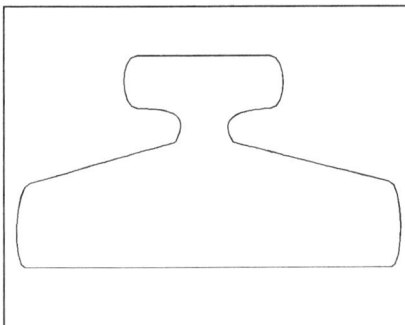

Struktur: fließend, organisch, dezentral, funktionale
Experten, Koordination durch Abstimmung, Matrix

Kontext: komplexes, dynamisches Umfeld, High-
Tech mit ständigem Wandel, junge Branchen, mit
zunehmendem Alter Bürokratisierungsdruck

Themen: Kombination von viel und wenig Demokratie effektiv bei Innovationen, Effizienz leidet unter
der Effektivität, oft menschliche Probleme

Ausrichtung: Lernen

Abb. 13.9: Innovative Organisation

Das innovative Unternehmen reagiert ständig auf Veränderungen des Umfelds. Formale Stra-
tegieplanungsprozesse werden dabei nicht eingesetzt, sondern Strategien entstehen an vielen
Stellen parallel. Dezentral entstandene Strategien werden an anderen Stellen nachgeahmt und
konvergieren zu einer gesamten strategischen Neuorientierung. Aus der Auseinandersetzung
mit dem Umfeld entstandene Strategien dominieren das Unternehmen.

Politische und missionarische Organisation

Politische und missionarische Organisationen treten in der Regel nicht alleinstehend auf, sondern überlagern andere Organisationstypen. Sie können strategisches Management fördern oder behindern.

13.4 Stärken des Konzepts

- Mintzberg leitet seine Überlegungen aus der Unternehmenspraxis ab und versucht allgemeingültige Muster zu erkennen. Im Vordergrund seiner Arbeit steht damit die Praxisrelevanz der Aussagen.

- Mintzberg bezieht sich auf eine Vielzahl von Autoren strategischer Konzepte und kritisiert diese. Dem Leser werden damit die direkte Verbindung und Abgrenzung zu anderen Autoren vor Augen geführt.

- Mintzberg unterstreicht seine Überlegungen mit vielen Fallbeispielen, die das Verständnis erleichtern.

- Mintzberg integriert strategische und organisationstheoretische Überlegungen und bringt damit im Unterschied zu den meisten anderen Autoren eine situative Relativierung strategischer Planung zum Ausdruck. Er entwickelt nicht ein Konzept, sondern situativ sinnvolle Denkmodelle.

13.5 Schwächen des Konzepts

- Mintzberg bietet dem Leser zwar ein verständliches Denkmodell, läßt ihn aber bei der tatsächlichen Strategiefindung ohne Hilfe. Da er vorgegebene Planungsprozesse ablehnt, gibt er folgerichtig auch keine Anweisungen, wie strategische Planung erfolgen soll. Für den Praktiker sind diese Überlegungen eine wichtige Bereicherung, sie lassen sich aber nicht als „Kochrezept" einsetzen.

- Da Mintzberg auf pragmatische Vereinfachungen verzichtet, wirken seine Überlegungen teilweise unübersichtlich und weniger plakativ.

- Mintzberg hat eine große Anzahl von Beiträgen über strategisches Management veröffentlicht, diese aber nur bedingt zu einem Gesamtkonzept vereinigt.

13.6 Bedeutung für die Unternehmensführung

Mintzberg wurde vor allem durch seine organisationstheoretischen Arbeiten international bekannt, auf die auch in allen einschlägigen Werken verwiesen wird. Mehrere seiner Arbeiten wurden international ausgezeichnet. Wichtige Veröffentlichungen zum strategischen Management sind erst einige Jahre alt und daher noch nicht sehr verbreitet.

13.7 Empfohlene Literatur

Mintzberg, H.: Mintzberg über Management, Wiesbaden 1991, 382 Seiten. Aufsatzsammlung
    zu den Themen Management, Organisation und Gesellschaft. Witzig, leicht zu
    lesen und mit vielen anschaulichen Beispielen angereichert.

Mintzberg, H.: Die Strategische Plannung, München 1995, 532 Seiten. Umfassende Ausein-
    andersetzung mit Fragen des strategischen Managements, insbesondere für
    wissenschaftlich interessierte Leser zu empfehlen. Viele Literaturhinweise.

Michael Porter

„The major focus of my research has been to bring to strategy a sophisticated and disciplined set of frameworks for understanding the competitive environment and the source of competitive advantage within a firm."

Inhaltsverzeichnis

14 Michael Porter

14.1 Zur Person des Autors

Michael E. Porter, Jahrgang 1947, ist Professor an der Harvard Business School und gilt als „eine führende Autorität auf dem Gebiet der Wettbewerbsstrategie".[1] Seine Hauptwerke sind „Competitive Strategy: Techniques for Analyzing Industries and Competitors", „Competitive Advantage: Creating and Sustaining Superior Performance" und das von ihm herausgegebene Buch „Competition in Global Industries". Porter ist nicht nur auf theoretischem Gebiet, sondern auch in der wirtschaftlichen und politischen Praxis tätig.

14.2 Grundlagen[2]

Seit 1975 beschäftigt sich Porter mit Wettbewerbsanalysen. Als Basis seiner Überlegungen verwendet er einerseits die „Industrial Organization" (I/O)-Theorie von Bain und Mason, andererseits die Erkenntnisse der traditionellen „Business-Policy-Theorie".

Bain und Mason können als Pioniere der Erforschung von Wettbewerbsfaktoren bezeichnet werden. Sie ergänzen einander und kommen zu dem Schluß, daß das Marktergebnis vom Marktverhalten abhängt und dieses wiederum aus der Marktstruktur heraus zu erklären ist (structure-conduct-performance). Ihr Konzept erfuhr diverse Weiterentwicklungen, zum Beispiel durch Scherer, der „grundlegende Bedingungen" erkannte, die für die Ausprägung der Marktstruktur verantwortlich sind (Technologie, Ressourcenverfügbarkeit etc.). Scherer ist auch einer der ersten, der den Analysebereich auf ein globales Unternehmensumfeld (soziologische, politische, institutionelle Faktoren) ausweitet.[3]

Theoretisch und empirisch greift Porter auf dieses bereits vorhandene Material zurück. Sein entscheidender Schritt liegt in der Zusammenfassung und Strukturierung der Determinanten dieser „structure-conduct-performance"-Beziehung mit den Aussagen der Business-Policy-Theorie im Rahmen eines multidimensionalen Modells unter Beachtung der evolutionären Prozesse und der sich daraus ergebenden Chancen, die Konstellation des Wettbewerbs abzuändern beziehungsweise von Veränderungen zu profitieren.[4]

---

[1]   Porter (Globaler Wettbewerb), S. 645

[2]   vgl. Kreilkamp (Management), S. 84 ff.; Mauthe (Analyse), S. 198 ff.; Klinger (Umweltanalyse), S. 46 ff.

[3]   vgl. Kreilkamp (Management), S. 75 ff.

[4]   vgl. Klinger (Umweltanalyse), S. 47 f.

14.3 Inhalt des Konzepts

14.3.1 Das „Five-Forces-Model"

Grundlegend für Porters Strategiekonzept ist das „Five-Forces-Model", das eine Branchen-strukturanalyse ermöglicht. Porter definiert Branche als subjektive Grenzziehung zwischen einem Wettbewerber und den fünf Wettbewerbskräften, wobei er hervorhebt, daß eine genaue Definition für die Strategieformulierung unerheblich ist.[1]

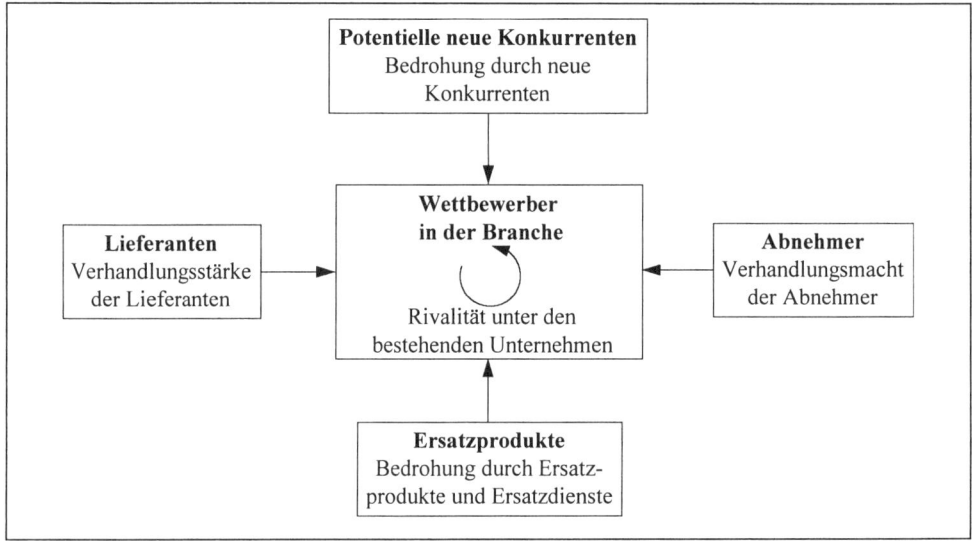

Abb. 14.1: Das „Five-Forces-Model"[2]

Bedrohung durch potentielle Konkurrenten[3]

Das Auftreten neuer Unternehmen in einer Branche kann für die bereits vorhandenen Wett-bewerber negative Auswirkungen haben. Durch neue Konkurrenten kann es zu Preissenkun-gen am Markt kommen, und bei bestehenden Unternehmen können Mehrkosten entstehen. In vielen Fällen sinkt durch das Eintreten eines neuen Wettbewerbers die Rentabilität etablierter Unternehmen.

Die Gefahr des Markteintritts neuer Konkurrenten hängt von den Barrieren ab, die dem Neu-eintretenden entgegenstehen. Je höher die Eintrittsbarrieren sind, desto kleiner ist die Chance eines erfolgreichen Markteintritts. Ursachen solcher Barrieren sind „Economies of Scale", hoher Kapitalbedarf für einen Eintritt etc.

---

[1] vgl. Porter (Wettbewerbsstrategie), S. 25 ff.

[2] Porter (Wettbewerbsstrategie), S. 26

[3] vgl. Porter (Wettbewerbsstrategie), S. 29 ff.

Bedrohung durch Ersatzprodukte und Ersatzdienste[1]

Ist ein Produkt von seiner Beschaffenheit her geeignet, ein anderes zu ersetzen, und weist es ein günstigeres Preis-Leistungs-Verhältnis auf, kann es zur Bedrohung für das ursprüngliche Produkt werden. Für ein Unternehmen ist es essentiell, Substitute als Wettbewerbskraft zu erkennen und sie in der Unternehmensstrategie mit zu berücksichtigen. Diese kann etwa auf die Ausschaltung des Substituts oder auf eine weitergehende Differenzierung der eigenen Produkte abzielen.

Verhandlungsstärke von Abnehmern und Lieferanten[2]

Sind Abnehmer oder Lieferanten aufgrund einer Machtposition in der Lage, Preise in ihrem Interesse zu beeinflussen, so sinkt die Rentabilität eines Unternehmens. Gründe für eine derartige Machtposition sind:[3]

- hoher Konzentrationsgrad,

- hoher Anteil an den Gesamtumsätzen des unterlegenen Unternehmens oder

- glaubwürdige Drohung der Rückwärts(Vorwärts)-Integration.

Ein Unternehmen kann einer Machtausweitung seiner Marktpartner entgegenwirken. Dafür hat es zwei Möglichkeiten:

- Produktdifferenzierung vorantreiben. Eine fortgeschrittene Produktdifferenzierung erschwert es Lieferanten und Abnehmern, in den Markt einzutreten, und verhindert ein einfaches Überwechseln auf Alternativprodukte.

- Umstellungskosten in einer Branche erhöhen: Der Wechsel zu Alternativprodukten und damit die schnelle Auslastung neuer Anlagen werden für einen neu eintretenden Wettbewerber erschwert.

Rivalität unter den bestehenden Wettbewerbern

Porter betont die intensive wechselseitige Abhängigkeit der Unternehmen einer Branche und zwar im Sinne von Rivalität als Folge von einander bedingenden Reaktionsmustern. Der Grad der Rivalität läßt sich anhand von verschiedenen Faktoren messen:[4]

- Anzahl der Wettbewerber,

- Geschwindigkeit des Branchenwachstums,

- Fix- oder Lagerkostenanteil,

- Differenzierungsgrad.

---

[1] vgl. Porter (Wettbewerbsstrategie), S. 49 f.

[2] vgl. Porter (Wettbewerbsstrategie), S. 50 ff.

[3] vgl. Porter (Wettbewerbsstrategie), S. 151 ff.

[4] vgl. Porter (Wettbewerbsstrategie), S. 42 ff.

14.3.2 Strategische Gruppen[1]

Die Analyse strategischer Gruppen ist eine Weiterführung der Branchenanalyse. Nicht nur zwischen unterschiedlichen Branchen, sondern auch innerhalb einer Branche können Rentabilitätsunterschiede auftreten. Der Grund dafür liegt in den unterschiedlichen Verhaltensweisen der Wettbewerber. Wettbewerber, die sich hinsichtlich wesentlicher strategischer Wettbewerbsdimensionen identisch verhalten, weisen auch eine ähnliche Rentabilität auf. Sie bilden eine strategische Gruppe, die aus einem einzelnen oder mehreren Wettbewerbern bestehen kann. Derartige strategische Gruppen unterscheiden sich untereinander hinsichtlich der von ihnen gewählten Strategie und hinsichtlich ihrer Beziehung zum Umfeld beziehungsweise zu den Wettbewerbskräften. Einem Wechsel der strategischen Gruppe stehen in der Regel hohe Mobilitätsbarrieren entgegen.

Für die Strategieentwicklung und die Rentabilität eines Unternehmens ist es daher von Bedeutung,

*   in welcher strategischen Gruppe es angesiedelt ist,
*   wie hoch der Wettbewerbsgrad innerhalb der strategischen Gruppe ist und
*   wie hoch die Mobilitätsbarrieren sind.

14.3.3 Konkurrentenanalyse

Nach der Analyse der strategischen Gruppen folgt die eingehende Analyse der Konkurrenten. Je genauer sie analysiert werden, desto effizienter kann das Unternehmen seine Stärken ausspielen, denn „die Wettbewerbsstrategie verlangt, ein Unternehmen so zu plazieren, daß es den Wert der Fähigkeiten maximiert, die es den Konkurrenten voraushat".[2]

Die einzelnen Elemente der Konkurrentenanalyse können folgendermaßen charakterisiert werden:

Annahmen[3]

Die Annahmen betreffen sowohl das Unternehmen selbst als auch die Branche und die anderen Unternehmen der Branche. Es soll versucht werden, sogenannte „blinde Flecken" und „konventionelle Weisheiten" aufzudecken. Von „blinden Flecken" spricht Porter, wenn bestimmte Ereignisse von einem Konkurrenten aufgrund seiner Annahmen nicht richtig beurteilt werden. „Konventionelle Weisheiten" sind Denkweisen, die vom Wettbewerber nicht weiter hinterfragt werden (z. B. „Qualität siegt über billige Massenware").

Die wichtigsten Fragen sind:

*   Wie beurteilt der Konkurrent seine eigene Lage?
*   Existieren historische oder emotionale Bindungen?

---

[1] vgl. Porter (Wettbewerbsstrategie), S. 177 ff.

[2] Porter (Wettbewerbsstrategie), S. 78

[3] vgl. Porter (Wettbewerbsstrategie), S. 91 ff.

- Wie ist die Organisation strukturiert?
- Wie sieht der Konkurrent die Zukunft der Branche?

Ziele für die Zukunft[1]

Von besonderem Interesse sind die Ziele des Wettbewerbers, da sie Rückschlüsse auf sein zukünftiges Verhalten zulassen. Dabei sind in erster Linie folgende Fragen zu klären:

- Wie sehen die finanziellen Ziele des Wettbewerbers aus (z. B. Orientierung an Umsatz, Gewinn, Rentabilität etc.)?
- Sind Werte und Überzeugungen des Managements bekannt (etwa hinsichtlich der Stellung in der Branche – z. B. Marktführer, Einzelgänger – oder hinsichtlich der Unternehmenskultur)?
- Wie ist das Unternehmen organisiert (Verantwortlichkeit, funktionaler Aufbau, Preisfestsetzung etc.)?

Fähigkeiten[2]

Es ist zu klären, ob der Wettbewerber in der Lage ist, eigene strategische Schritte zu setzen oder auf Ereignisse in der Branche zu reagieren. Porter entwickelt eine „Checklist", die helfen soll, diese Frage für die Bereiche Marketing, Verfahren, Forschung und Technik, Gesamtkosten, Finanzen, Organisation, allgemeine Managementfähigkeit und Konzernportfolio zu untersuchen. Darüber hinaus wird nach Kernfähigkeiten (z. B. Konsistenz der Strategie), Wachstumsfähigkeiten sowie Reaktions-, Anpassungs- und Durchhaltefähigkeit des Konkurrenten gefragt.

Gegenwärtige Strategie

„Die Strategie eines Konkurrenten stellt man sich am besten vor als Kombination seiner wichtigsten Instrumente in jedem Funktionsbereich mit der besonderen Art, wie er die Funktionsbereiche untereinander zu verbinden sucht."[3]

Die Analyse der vier Bereiche gipfelt in der eigentlichen Konkurrentenanalyse zur Ermittlung des Reaktionsprofils des Konkurrenten. Dabei sollen mögliche offensive Schritte des Wettbewerbers, seine Verteidigungsfähigkeit und der Bereich, in dem sich der Konkurrenzkampf abspielen wird, antizipiert werden.[4]

---

[1]   vgl. Porter (Wettbewerbsstrategie), S. 81 ff.

[2]   vgl. Porter (Wettbewerbsstrategie), S. 97 ff.

[3]   Porter (Wettbewerbsstrategie), S. 97

[4]   vgl. Porter (Wettbewerbsstrategie), S. 102 ff.

14.3.4 Unternehmensanalyse – Analyse der Wertkette[1]

Die Unternehmensanalyse ist bei Porter vom Wertkettendenken geprägt. Er gliedert das Unternehmen (beziehungsweise dessen Wertschöpfungskette) in miteinander verknüpfte Einheiten, die „Wertaktivitäten". Wichtig ist die detaillierte Analyse der Wertkette, weil Wertschöpfung nicht einfach als Differenz zwischen Verkaufspreis und Rohstoffkosten verstanden werden darf.

Auch unter „Produkt" sieht Porter mehr als das Ergebnis bloßer produktionstechnischer Vorgänge. Ein „Produkt" ist quasi ein „Sammelbecken" für alle Tätigkeiten, die durch seine Herstellung und seinen Verkauf verursacht werden. „Wertschöpfung" vollzieht sich demnach in jeder einzelnen Aktivität des Unternehmens, die in der Folge den „Wert" (= Gesamtertrag inklusive Gewinnspanne) eines Produkts mehr oder weniger beeinflußt. Die Quellen der möglichen Wettbewerbsvorteile liegen im Kostenverhalten und im Differenzierungspotential der Wertaktivitäten.

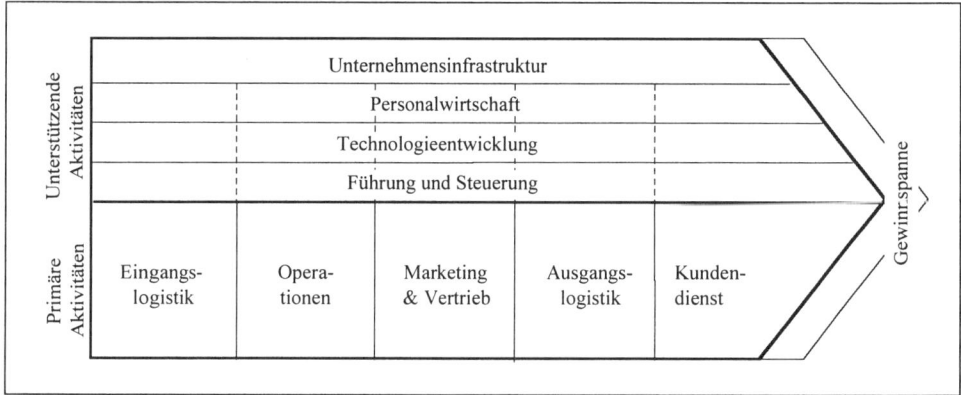

Abb. 14.2: Das Modell einer Wertkette[2]

Elemente der Wertkette[3]

Porter unterscheidet folgende Wertaktivitäten:

Primäre Wertaktivitäten befassen sich mit der physischen Herstellung des Produkts, seinem Verkauf sowie dem Kundendienst.

- Eingangslogistik: Wareneingang, Lagerhaltung und interner Transport sowie die damit in Verbindung stehenden Tätigkeiten,

- Operationen: Produktion, Montage, Verpackung etc.,

- Ausgangslogistik: Auftragsabwicklung, Kommissionierung und Distribution,

---

[1]   vgl. Porter (Wettbewerbsvorteile), S. 59 ff.

[2]   Porter (Wettbewerbsvorteile), S. 62

[3]   vgl. Porter (Wettbewerbsvorteile), S. 66 ff.

- Marketing: Werbung, Verkaufsförderung etc.,

- Kundendienst: Installierung, Wartung, Reparatur etc.

Unterstützende Aktivitäten sind in eine Reihe einzelner Wertaktivitäten zerlegbar und bilden den unterstützenden Rahmen für das Unternehmen.

- Beschaffung,

- Technologieentwicklung,

- Personalwirtschaft,

- Unterstützende Infrastruktur.

Jede Aktivität weist folgende Elemente auf, die für Wettbewerbsvorteile von Bedeutung sind:

- Direkte Aktivitäten sind unmittelbar an der Wertbildung beteiligt (maschinelle Teilebearbeitung, Produktgestaltung, Werbung usw.).

- Indirekte Aktivitäten gewährleisten die Ausführung von direkten Aktivitäten (Instandhaltung, Terminplanung, Forschungsverwaltung etc.).

- Qualitätssicherung stellt die Qualität des Wertschöpfungsprozesses sicher (Überwachen, Güteprüfung, Testen).

Verknüpfungen und Verflechtungen[1]

Innerhalb der Wertkette bestehen Beziehungen („Verknüpfungen") zwischen den Aktivitäten beziehungsweise zwischen den Aktivitäten und deren Elementen. Darüber hinaus muß die Unternehmenswertkette als Teil eines vernetzten Wertkettensystems angesehen werden, das auch die Wertketten der Lieferanten und Abnehmer mit einschließt. Die Betrachtung der Wertketten der Lieferanten und Abnehmer sowie deren Verbundwirkung mit der eigenen Wertkette eröffnen in der Regel den Zugang zu neuen Potentialen („vertikale Verknüpfungen").

Bei diversifizierten, auch global operierenden Unternehmen spielen „horizontale Verflechtungen" der Wertketten von Unternehmenseinheiten bezüglich Differenzierungs- und Kosteneinsparungseffekten eine wesentliche Rolle. Synergieeffekte ergeben sich, wenn die Horizontalstrategie der Muttergesellschaft die Bedeutung dieser Ähnlichkeiten einbezieht, also auf mehr als die bloße Addition der Einzelergebnisse der Unternehmensteile abstellt.[2]

14.3.5 Strategietypen[3]

Schlußpunkt der strategischen Analysen im Rahmen von Porters Konzept ist die Entscheidung zwischen drei grundlegenden („generic") Strategien.

---

[1] vgl. Porter (Wettbewerbsvorteile), S. 76 ff.

[2] vgl. Porter (Wettbewerbsvorteile), S. 405 ff.

[3] vgl. Porter (Wettbewerbsvorteile), S. 31 ff., S. 93 ff.; Porter (Wettbewerbsstrategie), S. 62 ff.

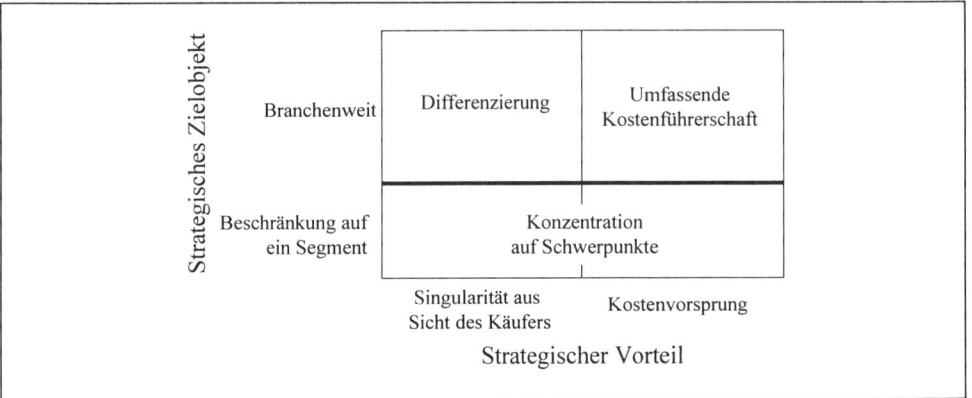

Abb. 14.3: Strategiemöglichkeiten nach Porter[1]

- **Differenzierung[2]** heißt, dem Abnehmer im Vergleich zu Konkurrenzprodukten einen zusätzlichen Wert zu schaffen, durch den ein Preisprämium durchgesetzt werden kann. Differenzierung führt dann zu Spitzenleistungen, wenn der höhere Preis über den zusätzlichen Kosten der Einmaligkeit liegt (wenn die Gewinnspanne in Relation zu den Wettbewerbern gleich bleibt oder größer wird).

- **Kostenführerschaft[3]** besteht im Erlangen eines Kostenvorsprungs gegenüber dem Wettbewerb einer Branche. Basis dafür ist die Analyse, in welcher Weise Kostenantriebskräfte das Kostenverhalten bestimmter Aktivitäten beeinflussen. Kostenantriebskräfte sind kostenwirksame Strukturfaktoren, zum Beispiel betriebsgrößenbedingte Kostendegression, Lernvorgänge, Verknüpfungen, Integration etc. Ziel ist eine Verbesserung der relativen Kostenposition gegenüber der Konkurrenz. Dabei ist es nötig, die Kostenantriebskräfte einer intensiven Kontrolle zu unterziehen und die eigene Wertkette neu zu strukturieren. Die Kostenführerstrategie darf aber nie dazu verleiten, die Qualität des Produkts herabzusetzen, um ein niedrigeres Kostenniveau zu erreichen („Cost leadership starts with a good product.“[4]).

- **Schwerpunktbildung[5]** (Nische) bedeutet, sich entweder als Kostenführer oder als Anbieter eines differenzierten Produkts auf die speziellen Bedürfnisse eines Abnehmersegments innerhalb einer Branche (= Nische) zu konzentrieren. Eine derartige Strategie ist immer dann empfehlenswert, wenn ein auf eine Marktnische konzentriertes Unternehmen den spezifischen Bedürfnissen des Segments besser gerecht werden kann als ein Unternehmen, das sich auf den Gesamtmarkt ausgerichtet hat.

---

1   Porter (Wettbewerbsstrategie), S. 67

2   vgl. Porter (Wettbewerbsvorteile), S. 164 ff.

3   vgl. Porter (Wettbewerbsvorteile), S. 93 ff.

4   Porter (Viewer's Guide), S. 9

5   vgl. Porter (Wettbewerbsstrategie), S. 67 f.

14.3.6 Besonderheiten eines globalen Wettbewerbs

Die Schwerpunkte des wirtschaftlichen Geschehens verlagern sich immer mehr von der natio-nalen auf die internationale Ebene. Diese Entwicklung, die massiv in der zweiten Hälfte des 20. Jahrhunderts einsetzte, wird am überproportionalen Wachstum des Welthandels im Ver-gleich zur Steigerung des internationalen Bruttosozialprodukts deutlich. Maßgeblichen Anteil an dieser Entwicklung haben die multinationalen Unternehmen, für die der globale Wettbe-werb zu einer Schlüsselfrage geworden ist.[1]

Grundsätzlich können im globalen Wettbewerb die gleichen analytischen Methoden und stra-tegischen Ansätze angewendet werden wie auf nationaler Ebene. Es gibt aber spezielle Pro-bleme, die nur im internationalen Wettbewerb auftreten. Insbesondere erhöht sich der Grad der Komplexität, da im Analysemodell nicht nur die einzelnen Teilmärkte eines nationalen Markts, sondern auch die nationalen Märkte selbst berücksichtigt werden müssen.[2]

Konfiguration und Koordination[3]

Schlüsselbegriffe globaler Wettbewerbsstrategien sind internationale Konfiguration und Ko-ordination. Unter Konfiguration ist die geographische Streubreite der Einzelaktivitäten zu verstehen. Die nachgelagerten Aktivitäten müssen meistens in Kundennähe angesiedelt wer-den (z. B. Absatz), um Kundenbedürfnissen gerecht zu werden. Bei den vorgelagerten Aktivi-täten beziehungsweise bei den flankierenden Maßnahmen ist das in der Regel nicht der Fall, dort obliegt es dem Unternehmen, diese Funktionen zu streuen oder zu konzentrieren. Mit der Konfiguration verbunden ist die Koordination, die das Maß festlegt, in dem die Aktivitäten der Wertkette aufeinander abgestimmt werden. Ist der Grad der Koordination gering, genießen die einzelnen Bereiche hohe Autonomie.

Porter definiert die globale Strategie als ein Konzept, mit dessen Hilfe international tätige Unternehmen entweder durch eine konzentrierte Konfigurationsstruktur, durch Koordination der geographisch gestreuten Aktivitäten oder durch beides Wettbewerbsvorteile zu realisieren suchen. Entscheidend ist, auf welche Weise Konzentration und Koordination zu Wettbe-werbsvorteilen – Kostensenkung oder Differenzierung – führen können.

---

[1] vgl. Porter (Globaler Wettbewerb), S. 18 f.

[2] vgl. Porter (Globaler Wettbewerb), S. 19

[3] vgl. Porter (Globaler Wettbewerb), S. 20 ff.

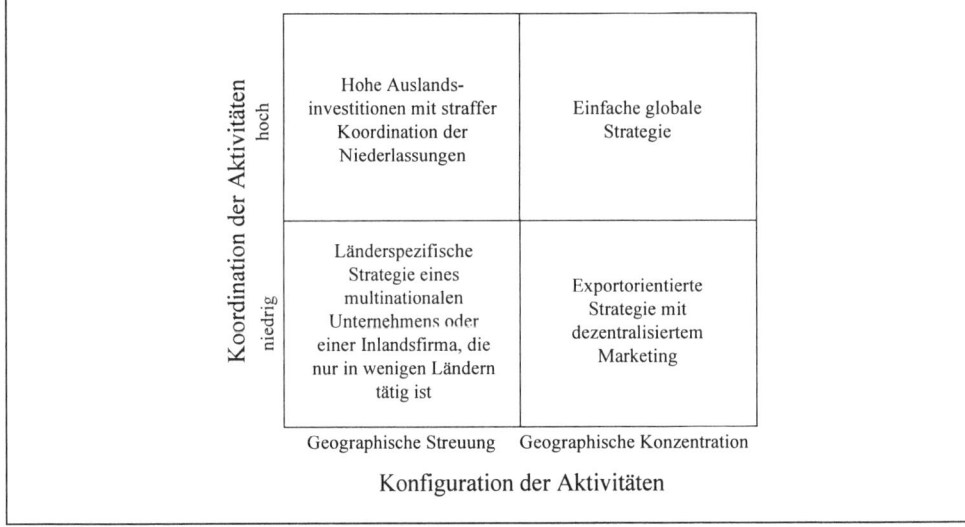

Abb. 14.4:   Varianten der internationalen Strategie[1]

Sind die Aktivitäten eines Unternehmens auf einige wenige Standorte (im Extremfall nur auf einen) konzentriert, so ergeben sich folgende positive Effekte:[2]

* Economies of Scale,

* Erfahrungskurveneffekte,

* Komparative Kostenvorteile,

* Koordinationsvorteile.

Es gibt aber auch eine Reihe von Faktoren, die für eine Streuung der Aktivitäten sprechen (z. B. Produktanforderungen, staatliche Einflüsse).

Ein hohes Maß an Koordination bedingt hohen Informationsaustausch und damit Wissenszuwachs in den verschiedenen Bereichen (z. B. Marketing, Produktentwicklung, technische Verfahren), was auch zur Verbesserung von Skalenerträgen führen kann. Dem stehen organisatorische, sprachliche und kulturelle Schwierigkeiten gegenüber.

Allerdings besitzen nicht alle in globalen Branchen tätigen Unternehmen die nötigen Voraussetzungen oder Ressourcen, um eine globale Strategie zu verfolgen. Sowohl hinsichtlich der wettbewerbspolitischen als auch der geographischen Streubreite bieten sich für Unternehmen alternative Strategien an. Aus der Kombination dieser Dimensionen globaler Strategie ergeben sich vier strategische Alternativen:[3]

---

[1]   Porter (Globaler Wettbewerb), S. 30

[2]   vgl. Porter (Globaler Wettbewerb), S. 32

[3]   vgl. Porter (Globaler Wettbewerb), S. 51 ff.

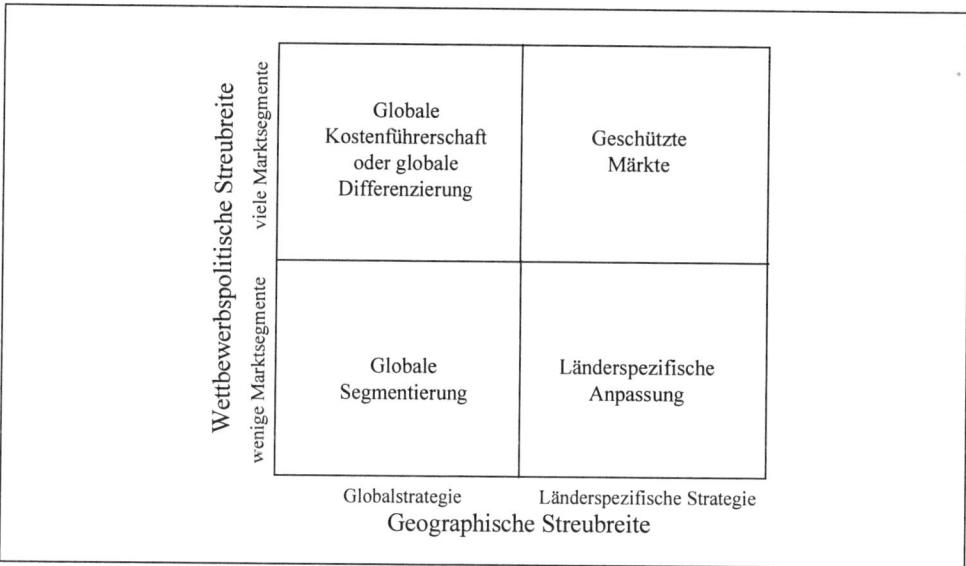

Abb. 14.5:   *Die wichtigsten strategischen Alternativen in einer globalen Branche*[1]

Wichtige Merkmale der **globalen Kostenführerschaft** sind Standardisierung der Produkte und Nutzung von Skalenvorteilen in den verschiedenen betrieblichen Funktionen. Ebenso bedeutend ist die Präsenz auf den meisten Auslandsmärkten und eine breite Produktpalette. Das gilt auch für die globale Differenzierung, wobei in diesem Fall auf eine qualitative Verbesserung der Produkte abgestellt wird.

Globale Segmentierung bedeutet weltweite Konzentration auf ein Marktsegment.

Unter **geschützten Märkten** versteht man Märkte, in die ein Neueintritt aufgrund staatlicher Einflüsse (z. B. Zoll, Importquoten) sehr schwierig ist. Durch frühzeitige Direktinvestitionen kann sich ein Unternehmen jedoch einen Platz in solchen Märkten sichern.

Konzentriert sich ein Unternehmen auf jene Segmente, die große länderspezifische Unterschiede aufweisen, so spricht man von **länderspezifischer Anpassung**.

Bei der Wahl der globalen Strategie muß auf die spezielle Situation des Unternehmens eingegangen werden. Es lassen sich jedoch allgemeine Entwicklungstendenzen erkennen, die in Richtung einer hohen Koordination und weg von einer zu strikten Konzentration weisen.[2]

---

[1]   Porter (Globaler Wettbewerb), S. 53

[2]   vgl. Porter (Globaler Wettbewerb), S. 61 ff.

14.3.7 Nationale Wettbewerbsvorteile – „Diamantenmodell"[1]

Im Zuge der Globalisierung des Wettbewerbs wird die Frage nach der Rolle und Wettbewerbsstellung des Heimatstaats eines Unternehmens immer wichtiger. Vor diesem Hintergrund entwickelt Porter das Modell der nationalen Wettbewerbsvorteile, das graphisch aufbereitet einem Diamanten ähnelt und von Porter selbst daher als Diamantenmodell bezeichnet wird. Die vier Haupteinflußgrößen nationaler Wettbewerbsvorteile sind:

- **Faktorbedingungen** – nationale Verfügbarkeit der Inputfaktoren im internationalen Vergleich,

- **Nachfragebedingungen** – Inlandsnachfrage in einer Branche,

- **Verwandte beziehungsweise unterstützende Branchen** – international wettbewerbsfähige Zulieferer oder Branchen, zwischen denen Synergien genützt werden können,

- **Strategie/Struktur/Kontext** – spezifisches Umfeld (in einem Land), das die Unternehmensentwicklung beeinflußt.

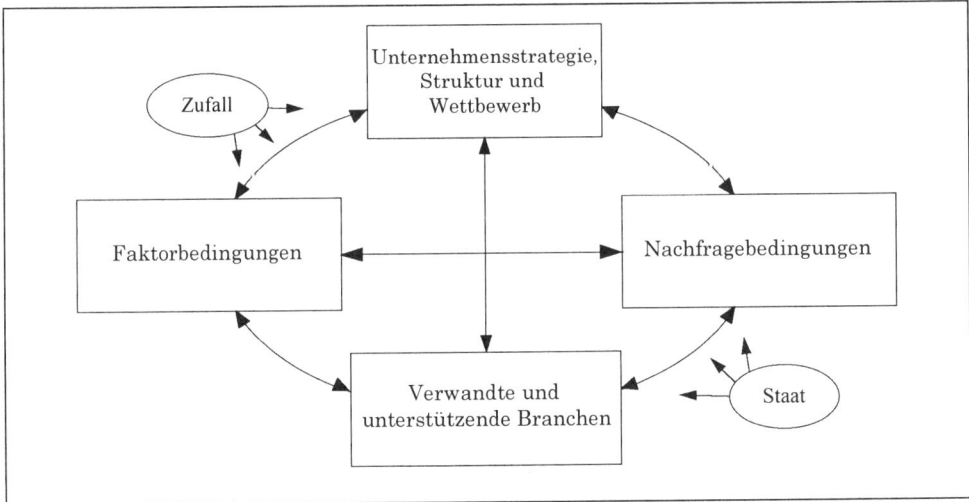

Abb. 14.6: Bestimmungsfaktoren des nationalen Wettbewerbs[2]

Zwischen den vier Einflußgrößen besteht eine Vielzahl an Wechselwirkungen, deren Komplexität erfaßt werden muß, wenn man die Wettbewerbsstrukturen verstehen will. Dabei lassen sich zwei weitere Einflußfaktoren bestimmen: der Staat (er steht in ständiger Wechselwirkung mit den vier Einflußfaktoren) und der Zufall (nicht vorhersagbare Trendbrüche).[3]

---

1   vgl. Porter (Nationale Wettbewerbsvorteile), S. 95 ff.

2   Porter (Nationale Wettbewerbsvorteile), S. 151

3   vgl. Porter (Nationale Wettbewerbsvorteile), S. 155 ff.

Aufgrund der Wechselwirkung der Einflußfaktoren wird die vertikale und horizontale Clusterbildung wettbewerbsfähiger Branchen eines Landes begünstigt. Dabei unterstützen sich wettbewerbsfähige Branchen gegenseitig beim Ausbau ihrer Stärken, indem sie die eigenen, überdurchschnittlichen Leistungsanforderungen gegenüber ihren nationalen Marktpartnern durchsetzen, wodurch der Wettbewerb angeregt wird. Die gegenseitige Einflußnahme innerhalb derartiger Branchencluster manifestiert sich in der Regel auch in geographischer Konzentration der bedeutendsten Branchenvertreter und deren Zulieferer.[1]

So wie die Einflußfaktoren des Diamanten eine Steigerung der Wettbewerbsfähigkeit einer Branche auslösen und fördern können, liegt in ihnen oft auch der Grund einer Verminderung der Wettbewerbsfähigkeit einer Branche: Faktorbedingungen verschlechtern sich, Kundenbedürfnisse und Technologien verändern sich etc.[2]

Vor diesem Hintergrund ist der Staat als Gestalter des Branchenumfelds eine bedeutende Einflußgröße bei der Erzielung von Wettbewerbsvorteilen, seine Bedeutung darf aber nicht überschätzt werden. Insbesondere die Unternehmen einer Branche haben auch selbst die Aufgabe, die Einflußfaktoren des Diamanten ständig aufzuwerten. Dazu muß man im Unternehmen verstehen, welche Einflußfaktoren auf den Wettbewerb wirken und wie diese gestaltet werden können. Der klare Auftrag lautet daher:[3]

- sich dem Innovationsdruck aussetzen,

- den leistungsfähigsten Konkurrenten als Meßlatte wählen,

- Früherkennungssysteme installieren,

- das nationale Wettbewerbsumfeld aktiv gestalten,

- Konkurrenz auf dem Heimmarkt fördern und nicht verhindern,

- überlegt globalisieren,

- Allianzen nur selektiv einsetzen,

- den Stammsitz in einer Region wählen, deren Umfeld die Wettbewerbsfähigkeit fördert.

14.3.8 Corporate Strategy[4]

Alle bisher dargestellten Bestandteile von Porters Konzept beziehen sich auf die Geschäftsfeld- beziehungsweise Branchenebene, denn dort findet der Wettbewerb statt und werden Strategien benötigt. Trotzdem müssen auch auf Unternehmens- oder Konzernebene Strategien formuliert werden. Dabei handelt es sich allerdings nicht um Wettbewerbsstrategien, sondern um corporate strategies, die eine völlig andere Ausrichtung haben. Im Rahmen einer corporate strategy müssen Entscheidungen über Märkte und Geschäftsbereiche sowie über die Führung der Geschäftsbereiche getroffen werden.

---

[1] vgl. Porter (Nationale Wettbewerbsvorteile), S. 172 ff.

[2] vgl. Porter (Nationale Wettbewerbsvorteile), S. 190 ff.

[3] vgl. Porter (Nationale Wettbewerbsvorteile), S. 593 ff.; Porter (Wettbewerbskraft), S. 116

[4] vgl. Porter (Diversifikation), S. 30 ff.

Corporate strategy ist demnach immer eine Frage nach dem geeigneten Grad der Diversifikation. In vielen Fällen scheitern Diversifikationsvorhaben an den mit der Konzerngröße wachsenden Transaktionskosten. Um erfolgreiche Diversifikation sicherzustellen, müssen folgende Kriterien beachtet werden:

- Attraktivität der einzelnen Branchen,
- Kosten des Markteintritts in das Geschäftsfeld,
- Synergiepotentiale zwischen den unterschiedlichen Geschäftsbereichen.

Es lassen sich vier Ansätze von Konzernstrategien unterscheiden:

- **Portfoliomanagement** – Die Diversifikation beruht hier in erster Linie auf Akquisition attraktiver Unternehmen in zumindest artverwandten Geschäftsfeldern. In den meisten Fällen ist ein starkes Anwachsen interner Komplexität zu beobachten, das häufig zu Mißerfolgen führt.

- **Sanierung** – Grundlage ist das Aufspüren von Unternehmen mit bisher ungenützten Erfolgspotentialen. Für den Erfolg dieser Strategie ist es wichtig, sanierte Betriebe (damit nicht mehr unterbewertet) wieder abzustoßen, da der Konzern nach abgeschlossener Sanierung keinen Erfolgsbeitrag mehr leisten kann.

- **Know-how-Transfer** – Suche nach Geschäftsbereichen mit ähnlich gearteten Wertschöpfungsketten, um Erfahrung, Fähigkeiten etc. transferieren zu können. Der Erfolg dieses Ansatzes liegt in der Nutzung der Synergiepotentiale.

- **Aufgabenzentralisierung** – Weitreichender ist die Aufgabenzentralisierung, hier werden Teile der Wertschöpfungskette aus den Geschäftsbereichen ausgegliedert und auf die Konzernebene verlagert. Vorteile ergeben sich aus Größe, Erfahrungskumulierung und besserer Kapazitätsauslastung. Erfolg bringt dieser Ansatz nur, wenn man sich bei der Zentralisierung der Tätigkeiten auf jene Bereiche beschränkt, „die von entscheidender Bedeutung für die Marktleistung sind"[1].

Die Wahl des Differenzierungsansatzes ist stark von der Unternehmensgeschichte geprägt. Das Management hat demnach keine vollständige Handlungsfreiheit. In der Regel sind jedoch synergieorientierte Diversifikationsstrategien erfolgversprechender als Sanierung und Portfoliomanagement.

Das wirklich entscheidende Problem der corporate strategy ist die klare Bestimmung der Unternehmensidentität und der Leistungen, die die Konzernzentrale den Geschäftsbereichen zu deren Wertsteigerung beisteuert.[2]

---

[1]   Porter (Diversifikation), S. 44

[2]   vgl. Porter (Diversifikation), S. 49

14.4 Stärken des Konzepts

- Porter versteht es, seinen Industrial-Economics-Hintergrund, breiteste Kenntnisse aus der Unternehmenspraxis und eine Fülle von Literaturkonzepten zu einer fast simpel anmutenden Analysetechnik zu verschmelzen. Der konsequente Verzicht auf die Lösung operativer Detail-, Theorie- oder Implementationsprobleme führt zu einem stringenten und einsichtigen Vorschlag, der darüber hinaus dem Denkstil des amerikanischen Managements entspricht.

- Ähnliches gilt für das Analyseinstrument Wert(schöpfungs)kette. Darstellungen der Wertschöpfungskette finden sich in vielen Managementbüchern, aber es ist das Verdienst Porters, diesen Ansatz in eine gut verständliche Form gebracht zu haben.

- Porter stellt das Analyseinstrumentarium nicht nur vor, sondern wendet es auch selbst auf „typische Branchensituationen" an. Er durchbricht dabei jedoch seine ursprüngliche Forderung nach evolutionärer Betrachtungsweise des Entwicklungsprozesses einer Branche[1] (im Gegensatz zur ausschließlich zeit- und marktanteilsabhängigen), wie dies zum Beispiel im Produktlebenszykluskonzept zum Ausdruck kommt, und betrachtet die Zeitkomponente isoliert. Gerechtfertigt wird diese Vorgangsweise durch das Unterstreichen des Beispielcharakters und der damit verbundenen Notwendigkeit, die Komplexität zu reduzieren.

- Eine weitere Stärke des Ansatzes ist die Beschreibung von Durchsetzungsmaßnahmen im Sinne von Angriffs- und Abwehrstrategien, indem er explizite Angriffsbahnen, auf denen der Konkurrent am verwundbarsten ist, und Abwehrtaktiken, die das Unternehmen gegen die Attacken anderer am besten immunisieren, darstellt.[2]

- Porter weitet sein Konzept ständig aus und paßt sich den geänderten Rahmenbedingungen und Anforderungen an. Mit seinem Beitrag über nationale Wettbewerbsvorteile geht er als erster Autor über die Unternehmensebene hinaus und schafft eine Verbindung zwischen gesamtwirtschaftlicher und unternehmensspezifischer Betrachtungsebene.

14.5 Schwächen des Konzepts

- Porters Betrachtungen weisen hauptsächlich qualitativen Charakter auf. Der Leser steht vor dem Problem, selbst Wege zur Operationalisierung beziehungsweise Quantifizierung der Wettbewerbsfaktoren finden zu müssen.

- Fraglich ist, ob die Reduktion des Unternehmensumfelds auf nur fünf Wettbewerbskräfte beziehungsweise die daraus erfolgende Ableitung des Unternehmenserfolgs nicht die tatsächlichen Verhältnisse - zumindest in manchen Fällen - zu stark vereinfacht, denn: „Der Katalog an Faktoren, die im Marktprozeß eine Rolle spielen, kann nie vollständig sein, und auch das Ausmaß ihres Einflusses läßt sich nur situativ bestimmen."[3] Ähnliche Kritik läßt sich bezüglich des Diamantenmodells anführen.

---

[1] vgl. Porter (Wettbewerbsstrategie), S. 215 ff.

[2] vgl. Porter (Wettbewerbsvorteile), S. 560 ff.

[3] Klinger (Umweltanalyse), S. 74

- Ein weiterer Problembereich ist die mit der umfassenden Analyse verbundene Informationsbeschaffung und -verarbeitung. Die Datenbeschaffung kann für kleinere Unternehmen mit zu hohen Kosten verbunden sein, oder die Ausarbeitung komplexen Datenmaterials kann ein Unternehmen organisatorisch überfordern.

- Kritisiert wird Porter wegen der mangelnden „quantitativ-methodischen Realisation" einer strategischen Kostenrechnung. Porter befaßt sich intensiv mit der Kostenanalyse und ortet etwa bei der gemeinsamen Durchführung von Wertaktivitäten Koordinations-, Kompromiß- und Inflexibilitätskosten. Es gibt aber keine Hinweise, wie diese Kosten quantitativ zu ermitteln und den Wertaktivitäten zuzurechnen sind. Inwieweit sich überhaupt alle Kosten den Wertaktivitäten zuordnen lassen, bleibt eine offene Frage.[1]

14.6 Bedeutung für die Unternehmensführung

Da Porter mit seinen Arbeiten Meilensteine im Bereich der strategischen Forschung setzte, wird er in der betriebswirtschaftlichen Literatur häufig zitiert. Eine Reihe von strategischen Konzepten baut zum Teil auf Porters Überlegungen auf (z. B. Hinterhuber)[2]. Hahn[3] sieht Porter überhaupt als bedeutendsten und erfolgreichsten Weiterentwickler der „General-Management-Strömung„ im anglo-amerikanischen Raum.

Die breite Anerkennung, die Porter genießt, hat ihren Ursprung darin, daß er die komplexe Vernetzung des wirtschaftlichen Geschehens in plastischer, prägnanter Sprache und mit sehr kompakten Schlußfolgerungen darstellen konnte.

14.7 Empfohlene Literatur

Porter, M.: Wettbewerbsstrategie, Frankfurt/Main 1984, 488 Seiten. Standardliteratur zur strategischen Unternehmensführung. Anschaulich und durch viele Fallstudien angereichert werden Wettbewerbsanalyse und strategische Positionierung aufgearbeitet. Das Buch ist Pflichtlektüre für jeden Strategen.

Porter, M.: Wettbewerbsvorteile: Spitzenleistungen erreichen und behaupten, Frankfurt/Main, New York 1992, 688 Seiten. Basierend auf der „Wettbewerbsstrategie" wird der Aufbau von Wettbewerbsvorteilen anhand vieler anschaulicher Beispiele dargestellt.

---

1   vgl. Scholz (Management), S. 630; Porter (Wettbewerbsvorteile), S. 422 ff.

2   vgl. Hinterhuber (Wettbewerbsstrategie, 1. Aufl.), S. 57 ff., S. 94 ff.

3   vgl. Hahn (Unternehmensführung), S. 326 ff.

Gilbert Probst, Peter Gomez

„Wie wir über eine Unternehmung denken, in ihr organisieren, planen, realisieren, informieren, kontrollieren, hängt davon ab, wie wir sie wahrnehmen. Die Grundvorstellungen des vernetzten oder ganzheitlichen Denkens bilden eine Perspektive, die uns heute relevant und notwendig erscheint, um in sozialen, komplexen Problemsituationen gestaltend und lenkend einzugreifen."

Inhaltsverzeichnis

15 Gilbert Probst, Peter Gomez

15.1 Zur Person der Autoren

Gilbert Jean Bernard Probst (geboren 1950) ist ordentlicher Professor und Direktor des Nachdiplomstudiengangs Management an der Universität Genf. Er promovierte und habilitierte sich in Betriebswirtschaftslehre an der Hochschule St. Gallen. Er beschäftigt sich mit der Bearbeitung von Planungs- und Organisationsfragen in privaten Unternehmen und Institutionen der öffentlichen Hand, war Forschungsleiter und Vizedirektor am Institut für Betriebswirtschaft der Hochschule St. Gallen, Visiting Assistent Professor an der Wharton School, Philadelphia, Visiting Faculty Member am IMI, Genf, und ist Vorstandsmitglied der Schweizerischen Kurse für Unternehmungsführung.

Peter Gomez (geboren 1947) ist ordentlicher Professor der Betriebswirtschaftslehre an der Hochschule St. Gallen sowie Partner in der Valcor AG, Küsnacht/Zürich. Davor war er Mitglied der Geschäftsleitung der Ringier-Gruppe, Zürich, und der Distral-Gruppe, Zürich. Er promovierte mit Malik und Oeller über Systemmethodik und hat zahlreiche Beiträge auf den Gebieten ganzheitliches Management und Unternehmensstrategie veröffentlicht. Gemeinsam mit Probst ist er Vorstandsmitglied der Schweizerischen Kurse für Unternehmungsführung, Zürich.

15.2 Grundlagen

Vernetztes Denken ist ein Ansatz, der von den Organisationsstrukturen und Überlebensregeln der Natur ausgeht und auf verschiedenste Organisationen übertragen werden kann.[1] „Früher konnten Projekte noch einzeln geplant werden, das, was sie anrichteten, wurde von einem Puffer aufgefangen."[2] „Die Wachstumsgrenzen sind gleichzeitig Grenzen eines eindimensionalen Denkens, dessen Folgen heute mehr als unüberschaubar sind. Zubetonierte Landschaften, verseuchte Gewässer, störanfällige Kernkraftwerke, Fehlinvestitionen (...) sind Beispiele für Entscheidungen wirtschaftlicher und politischer Art, die ohne Verzahnung mit der Umwelt und ohne Nachdenken über Spätfolgen getroffen wurden."[3] Wesentlich ist in diesem Zusammenhang der Wunsch, „zur Entwicklung einer empirisch begründeten Alternative zum neuzeitlichen Wissenschaftspositivismus" beizutragen, die „nicht den Trends irrationalistischer Wissenschaftskritik erliegt, sondern in produktiver Weise über relativistische und skeptizisti-

---

[1] vgl. Vester (Neuland), S. 53 ff.

[2] Vester in: Wittenzellner (Expedition), S. 100

[3] Wittenzellner (Expedition), S. 100 f.

sche Positionen hinausgeht."[1] Die Kybernetik ist ein Forschungsansatz, der diesen Weg beschreitet. Er basiert im wesentlichen auf[2]

- einer biologischen Kognitionstheorie (Maturana und Varela),
- einer eigenen Theorie der Wissenschaftskonstruktion (von Foerster und von Glasersfeld),
- Untersuchungen zur Selbstregulation, Autonomie und hierarchischer Ordnung, inspiriert durch die allgemeine Systemtheorie (von Bertalanffy) und
- den Prozessen der Selbstorganisation und Selbstreferenz.

Der Ansatz von Probst und Gomez zum vernetzten Denken und Handeln ist das Resultat der theoretischen Auseinandersetzung mit den genannten Theorien. Er kann als Weiterführung gesehen werden, die die Anwendung in der Praxis zum Ziel hat. Die Autoren entwickeln aus der theoretischen Grundlage sieben wesentliche Bausteine einer ganzheitlichen Unternehmensführung.

Ausgehend von ihren gemeinsamen Arbeiten, haben beide Autoren den Ansatz eigenständig weiterentwickelt. Gomez bringt das Konzept mit den Arbeiten von Rappaport in Verbindung und erarbeitet ein ganzheitliches Wertmanagement. Probst konzentriert sich dagegen auf organisatorische Fragestellungen insbesondere auf organisationales Lernen. Obwohl sich beide Autoren somit in unterschiedliche Richtungen weiterentwickeln, werden ihre Arbeiten wegen des gemeinsamen Ursprungs gemeinsam behandelt.

15.3 Inhalt des Konzepts

15.3.1 Das Ganze, die Teile und ihre Vernetzung

Ein System besteht aus Teilen. Um das Gesamtsystem (die Ganzheit) zu verstehen, muß beachtet werden, wie die Teile miteinander verbunden sind. Diese Verbindungen sind weder linear noch monokausal.

Ganzheiten sind von ihrem Umfeld nicht objektiv abgrenzbar. Die Grenzziehung ist ein gedankliches Konstrukt, das vom jeweiligen Standpunkt des Betrachters abhängig ist. Je nach Betrachtungsebene besteht ein System aus Teilen oder ist selbst Teil eines übergeordneten Ganzen. Ebenso wie die Grenzen sind auch Sinn und Zweck des Systems nicht objektiv definierbar. „Es geht um das Zusammenfügen von Teilen zu einem funktionierenden produktiven sozialen Ganzen (...) und um die Einbettung des Systems in seine Umwelt (...)."[3]

„Die Realität, in der sich alles Leben abspielt, ist jedoch nicht das, als was sie uns die Schulen und Universitäten präsentieren: Ein Sammelsurium von getrennten Einzelbereichen (...), alles schön geordnet nach Ressorts und Fachbereichen und damit zu Bruchstücken auseinanderge-

---

[1] Schmidt (Diskurs), S. 7 f.

[2] vgl. Schmidt (Diskurs), S. 11 ff.

[3] Probst, Gomez (Systemdenken), S. 180

rissen, sondern diese Realität ist ein vernetztes System, in dem es oft weniger auf jene Einzelbereiche ankommt als auf die Beziehungen zwischen ihnen."[1]

Die Grundvorstellung eines vernetzten Systems (Netzwerk) ist ein Kreis. Im Netzwerk verändern sich durch Interaktionen nicht nur die Elemente, sondern auch das System selbst; es kann eine neue Qualität annehmen. Daraus ergibt sich eine Reihe von Fragen:

- Welcher Art sind die Wechselwirkungen?
- Wie ist ihr zeitlicher Wirkungsverlauf?

Positive oder negative Regelkreise führen zum Wachsen, Schrumpfen, Stabilisieren, Explodieren, Umkippen etc. des Systems. Die Entwicklungen sind auf den ersten Blick unabsehbar, weil die jeweils betrachteten Elemente nur Teile von dynamischen Ganzheiten sind, die aus einer unendlichen Vielzahl von aufeinander einwirkenden und miteinander verknüpften Regelkreisen bestehen.

Analog zu den Wechselwirkungen im System sind die Wirkungsbeziehungen zwischen System und Umfeld zu sehen. Damit man die System-Umfeld-Beziehungen beleuchten kann, bedarf es einer vorherigen Systemabgrenzung, obwohl diese nie objektiv sein kann. Jedes System kann als Teil eines größeren Ganzen betrachtet werden. Systeme sind in hohem Maß von ihrem Umfeld abhängig, daher ist Anpassungsfähigkeit an das Umfeld für das Überleben des Systems notwendige Eigenschaft.

15.3.2 Komplexität

Probst und Gomez unterscheiden einfache, komplizierte und komplexe Probleme.[2] Beim Vorliegen von geringer Verknüpfung der Einflußfaktoren und geringer Dynamik spricht man von einfachen, bei vielen relativ stark verknüpften Einflußfaktoren und geringer Dynamik von komplizierten Problemen. Komplex ist ein Problem dann, wenn viele verschiedene, stark verknüpfte Einflußgrößen in dynamischer Interaktion vorliegen.

Dynamik heißt, daß das System nicht einer Funktion gehorcht, sondern ein „Eigenleben" hat, die Interaktionen zwischen den Teilen sich also im Zeitablauf verändern. Damit ergeben sich für den Betrachter Irrationalitäten und Unvorhersehbarkeiten, die dieser durch gedankliche Trivialisierung zu beseitigen versucht. Dadurch verleiht er dem Problem eine andere Qualität, als es der Realität entspricht.[3] Der Versuch einer Problemlösung durch Trivialisierung impliziert vollständiges Verständnis und endgültige Erfaßbarkeit der Situation und ist deshalb für komplexe Probleme nicht geeignet. Für die Steuerung komplexer Systeme benötigt man allgemeine Modelle, die die grundlegenden Ordnungsmuster und Funktionsweisen des Systems verdeutlichen.

---

[1] Vester (Neuland), S. 19

[2] vgl. Gomez, Probst (Praxis), S. 13 ff.

[3] vgl. Dörner (Schwierigkeiten), S. 163 ff.

15.3.3 Ordnung[1]

Ordnung entsteht, wenn einem Netzwerk durch interaktive Prozesse oder durch Erwartungen beschränkende Regeln gegeben werden. Ordnung legt die Abläufe zwischen einzelnen Systemteilen und ihre Beziehung zueinander fest. Sie ist nicht monokausal konstituiert, sondern das Resultat unzähliger Ursachen. Ordnung ermöglicht es, einzelne Faktoren im Kontext des Ganzen zu erfassen und damit Komplexität zu bewältigen. Das Umfeld kann als globaler Rahmen gesehen werden. Charakteristisch für systemorientierte Sichtweise ist die Betrachtung der Organisation auf unterschiedlichen Beobachtungsebenen. Dabei erfolgen Systemabgrenzung und Definition des Umfelds entsprechend der jeweiligen Perspektive.

15.3.4 Lenkung

Lenkung ist nur dann möglich, wenn zwischen dem „Lenker" und dem System Wirkungsbeziehungen bestehen. Der Lenkende steht dem System nicht autonom gegenüber, sondern muß – einer sinnvollen Systemabgrenzung entsprechend – als zum System gehörend angesehen werden. Lenkung ist demnach die Fähigkeit eines zielgerichteten Systems, sich selbst unter Kontrolle zu halten. Aus der Kybernetik abgeleitet, unterscheidet man Steuerung und Regelung als verschiedene Arten der Lenkung. Unter Steuerung verstehen Probst und Gomez zielgerichtete Einflußnahme auf ein System von außen; Regelung hat reaktiven Charakter und erfolgt durch gegenseitige Beeinflussung und Rückkopplung bei Abweichung von einem Ziel. Je vernetzter das System und je stärker die Intensität von Wirkungskreisen ist, desto eher wird Steuerung durch Regelung ersetzt, Lenkung aber nicht ausgeschlossen.

15.3.5 Denkfehler des traditionellen Managements

Probst und Gomez unterstellen, daß beim Umgang mit Problemsituationen im Unternehmensbereich immer wieder die gleichen Denkfehler begangen werden, die auf der Nichtbeachtung der in den Bausteinen aufgezeigten Problembereiche beruhen. Sie gelten als Hauptursache für die Unfähigkeit, komplexe Probleme zu bewältigen und daraus mögliche Lösungsschritte abzuleiten:[2]

1. Denkfehler: „Probleme sind objektiv gegeben und müssen nur noch klar formuliert werden."

Probleme im Unternehmen sind in der Regel nicht objektiv definierbar, abgrenzbar oder faßbar. Jeder Betroffene sieht das Problem aus seiner eigenen Sicht, die von Einstellung, sozialem Umfeld, Interessenlage usw. stark beeinflußt und subjektiv ist. Daraus ergeben sich verschiedene Aussichten und auch unvereinbare Standpunkte. Die Folge ist: „... daß wir immer Beobachter bleiben, die die Wirklichkeiten nur beschreiben können, niemals aber so erfassen, wie sie sind. Wirklichkeit ist keine objektiv feststellbare Größe, sondern Produkt individueller

---

[1] vgl. Probst (Organisation), S. 162 ff.

[2] vgl. Probst, Gomez (Management), S. 7 ff.

Konstruktionen, die individuell bleiben, sich allenfalls im Zug der Kommunikation anglei-chen können. Wir erschaffen unsere Umwelt, wir reagieren nicht auf sie."[1]

2. Denkfehler: „Jedes Problem ist die direkte Konsequenz einer einzigen Ursache."

Man ist gewohnt, in einfachen kausalen Beziehungen zu denken. Diese Denkweise wird schon in Erziehung und Ausbildung geprägt. Organigramme in Unternehmen verleiten dazu, be-stimmte Ereignisse einem „Verursacher" zuzuordnen. Zur Problemlösung in vernetzten, komplexen Systemen ist eine Betrachtung, die nur auf der Ursache-Wirkungs-Ebene erfolgt, aber nicht geeignet.

3. Denkfehler: „Um eine Situation zu verstehen, genügt eine Photographie des Ist-Zustands."

Man ist versucht, den augenblicklichen Zustand einer Problemsituation zu analysieren, ohne die Entwicklung und die Wechselwirkungen der einzelnen Elemente aufeinander und mitein-ander im Zeitablauf zu berücksichtigen. Aber durch die Dynamik des Systems wird die Pro-blemsituation für den Betrachter komplex. Der Kreislauf der Wechselwirkungen kann über den Zeitablauf stabilisierend oder destabilisierend sein. Die Beziehungen können unterschied-liche Stärke und Bedeutung und verschiedene quantitative und qualitative Eigenschaften auf-weisen.

4. Denkfehler: „Verhalten ist prognostizierbar; notwendig ist nur eine ausreichende Infor-mationsbasis."

Informationen beseitigen Unsicherheit. Je unfaßbarer ein Problem scheint, desto mehr Infor-mationen trachtet man zu gewinnen, um zukünftige Entwicklungen – selbst von komplexen Situationen – voraussagen zu können. Es liegt im Wesen einer komplexen Situation, daß auch durch höchsten Informationsstand Unsicherheit nicht zur Gänze beseitigt werden kann.

5. Denkfehler: „Problemsituationen lassen sich beherrschen, es ist lediglich eine Frage des Aufwands."

Einfache Probleme sind lenk- und beherrschbar, was allerdings nicht für komplexe Systeme mit ihrer Eigendynamik und Selbstorganisation gilt. Man kann die Elemente und Grundregeln erfassen, aber die konkreten Abläufe sind einzigartig und weder voraussagbar noch wieder-holbar, obwohl sie einem allgemeingültigen Ordnungsmuster folgen.

6. Denkfehler: „Ein Macher kann jede Problemlösung in der Praxis durchsetzen."

Man tendiert dazu, die Durchsetzungsproblematik aufgrund einer unikausalen Weltsicht als Kern der Problemlösung anzusehen, und meint, wenn jemand nur „stark" genug ist, könne er alle Durchsetzungsbarrieren überwinden, vergißt dabei aber die Eigenaktivitäten und Reaktio-nen des Systems. In der Regel werden daher nur die Symptome beseitigt, und die problemver-ursachenden Strukturen und Prozesse bleiben unangetastet.

---

[1]   Vogel (Organisationsentwicklung), S. 24

7. Denkfehler: „Mit der Einführung einer Lösung kann das Problem endgültig ad acta ge-
                 legt werden."

Mit der „Lösung" eines Problems ist es noch lange nicht gelöst. Vernetzte Systeme reagieren
auf jede Beeinflussung mannigfaltig und unvorhersehbar. Mit der Durchsetzung des ersten
Problemlösungsschritts verändern sich die Grundlagen des Problemlösungsprozesses. Endgültige Problemlösungen sind starr, unsensibel und geschlossen und verhindern harmonische
Weiterentwicklungen der Systeme und ihrer Umwelten.

15.3.6 Schritte ganzheitlicher Problemlösung

Probst und Gomez entwickelten vorerst sieben Schritte zur ganzheitlichen Problemlösung, die
sie in ihren neueren Arbeiten in fünf zusammenfassen. Obwohl diese als logische Abfolge erscheinen, dürfen sie keinesfalls als Checkliste betrachtet werden, in der ein Punkt nach dem
anderen bearbeitet, abgehakt und dann nicht mehr beachtet wird. Jeder Schritt wird hinsichtlich des vernetzten Denkens, unternehmerischen Handelns und persönlichen Überzeugens
dargestellt.[1]

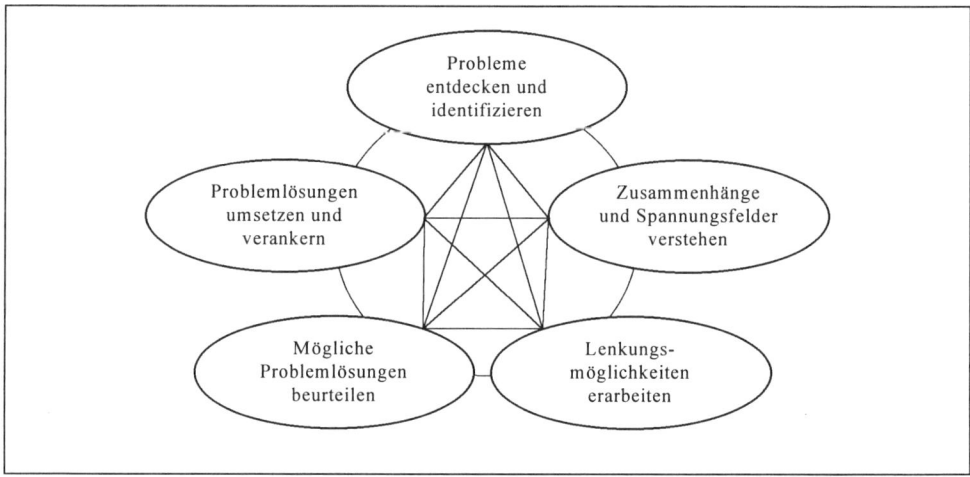

Abb. 15.1: Die Problemlösungsmethodik – ein vernetztes System[2]

Probleme entdecken und identifizieren[3]

Um die Probleme eines Systems abgrenzen zu können, müssen zuerst Zweck und Funktionen
des Systems aus der Sicht aller Interessengruppen (Stakeholder; Mitarbeiter, Kunden, Lieferanten, Gesellschaft etc.) definiert werden. Das Ergebnis der Abgrenzung ist eine Auflistung
aller wesentlichen Elemente des Systems (Einflußfaktoren). Jene Teile des Systems, die be-

---

[1] vgl. Gomez, Probst (Praxis), S. 26 ff.

[2] Gomez, Probst (Praxis), S. 27

[3] vgl. Gomez, Probst (Praxis), S. 35 ff.

stimmend für die Dynamik sind, werden von Gomez und Probst als Schlüsselfaktoren bezeichnet. Bereits hier lassen sich Schwergewichte setzten und erste Weichenstellungen für notwendige Kompetenzen festlegen.

Die Problembeschreibung sollte in Arbeitsgruppen und Teams erarbeitet werden, nie von einem einzelnen am Schreibtisch, da möglichst viele verschiedene Perspektiven und Standpunkte eingenommen werden müssen. Sind die Ziele und Interessen aller Anspruchsgruppen definiert, sollten Maßstäbe festgelegt werden, an denen sich die Problemlösungsmöglichkeiten messen lassen.

Zusammenhänge und Spannungsfelder verstehen[1]

Die einzelnen Einflußfaktoren müssen zueinander in Beziehung gesetzt und verknüpft werden. In einem Diagramm (Netzwerk) werden sie mit Pfeilen dargestellt. Die Art der Beeinflussung wird mit den Symbolen „+" (für positive Beeinflussung) und „–" (für negative Beeinflussung) gekennzeichnet. Schaukelt sich ein Regelkreis positiv oder negativ auf, wird er insgesamt mit „+" bezeichnet. Stabilisiert sich ein Regelkreis aufgrund eines Zusammentreffens von positiven und negativen Beeinflussungen, wird er mit „–" bezeichnet. Bei der Erstellung des Netzwerks ist es wichtig, den grundlegenden Erfolgsmotor, – den zentralen Kreislauf – zu identifizieren.

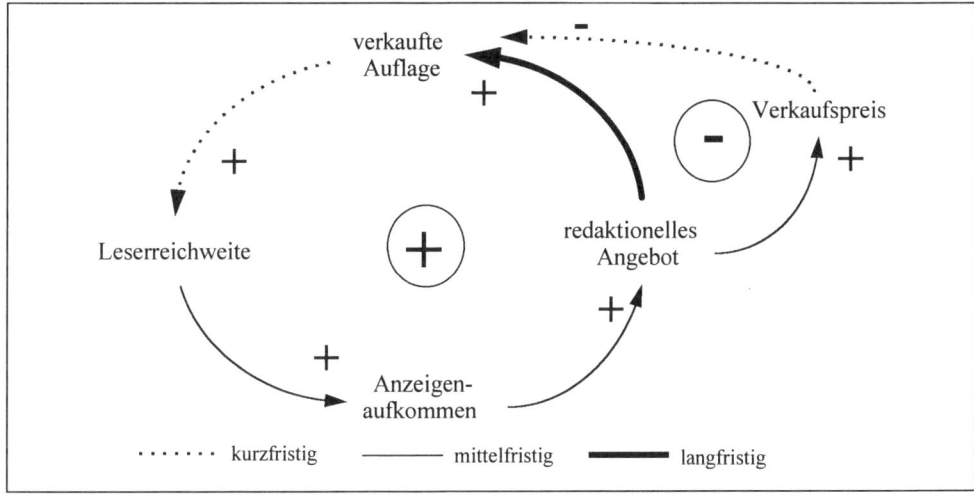

Abb. 15.2: Teil eines Netzwerks eines Verlags[2]

Es entsteht ein Netzwerk, das die Zusammenhänge, in denen das betrachtete Problem eingebettet ist, möglichst umfassend darstellt:

[1]   vgl. Gomez, Probst (Praxis), S. 65 ff.

[2]   Probst, Gomez (Management), S. 23

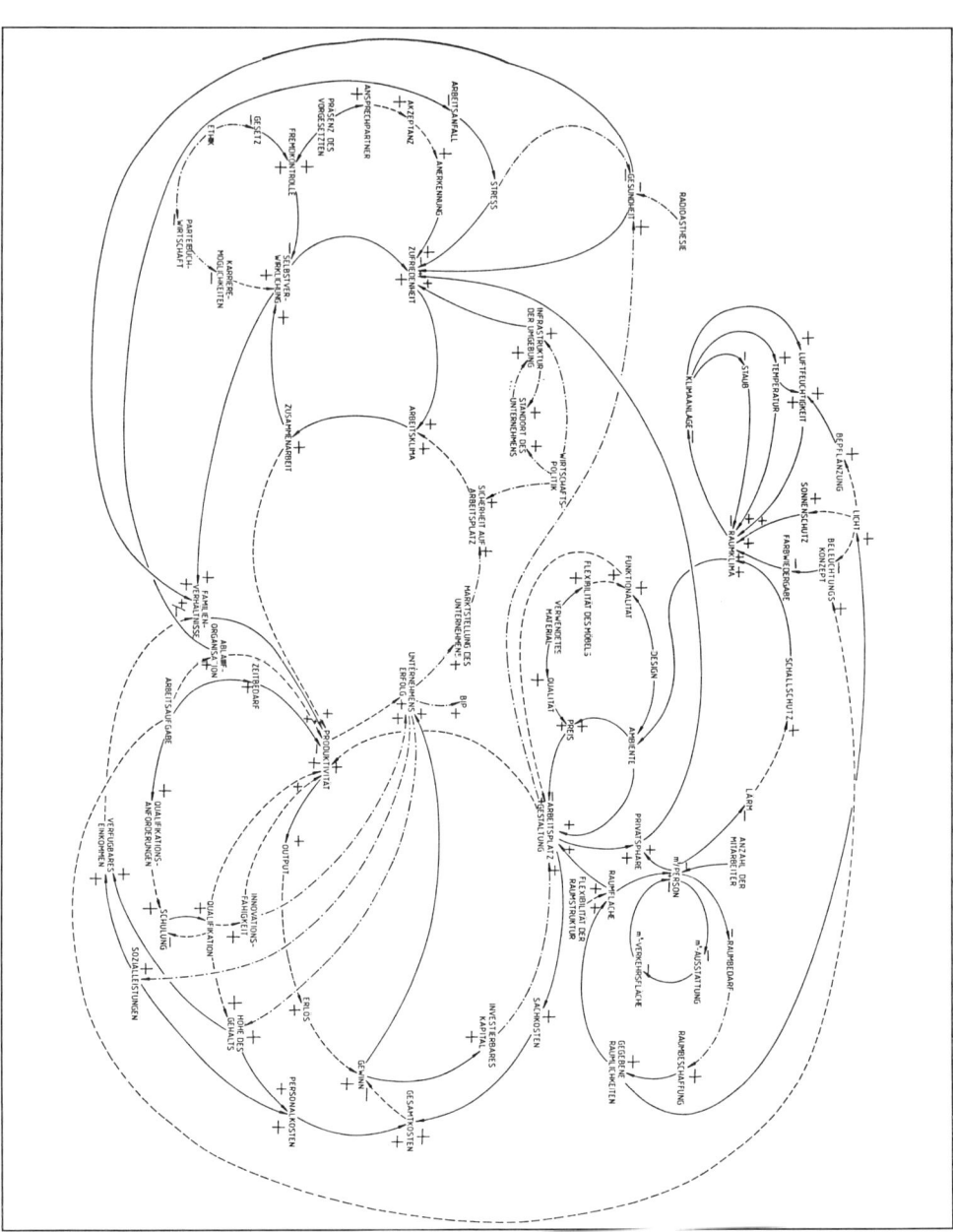

Abb. 15.3:   Netzwerk am Beispiel: Lebensraum und Produktionsfaktor „Arbeitsplatz"[1]

---

1   Eschenbach, Horak, Plasonig (Büroarbeitsplatz), Anhang

Da die Beeinflussungen unterschiedliche Reaktionszeiten aufweisen, muß der Zeitfaktor in die Betrachtung Eingang finden. Probst und Gomez schlagen kurz-, mittel- und langfristige Differenzierung vor. Graphisch wird das mit unterschiedlich dicken Pfeilen dargestellt.

Neben der zeitlichen Wirkung muß auch die Intensität der Beeinflussung visualisiert werden. Dabei unterscheidet man zwischen der aktiven Einflußnahme eines Elements auf sein Umfeld und dem (passiven) Beeinflußtwerden durch andere Elemente. Die Berechnung erfolgt mit Hilfe des Papiercomputers[1], einer zweidimensionalen Matrix, in der alle Elemente zueinander in Beziehung gesetzt werden. Die Intensitäten der wechselseitigen Beziehungen werden in ganzen Zahlen von Null bis Drei ausgedrückt. Für jedes Element erhält man:

- Einflußnahme auf jedes andere Element,

- Beeinflussung durch jedes andere Element.

Durch Addition dieser Bewertungen läßt sich eine Aktivsumme als Maß für die Einflußnahme auf das System und eine Passivsumme als Maß für die Beeinflussung durch das System ermitteln. Anhand dieser Summen aktive, passive, kritische und träge Elemente in der Einflußmatrix unterscheiden.

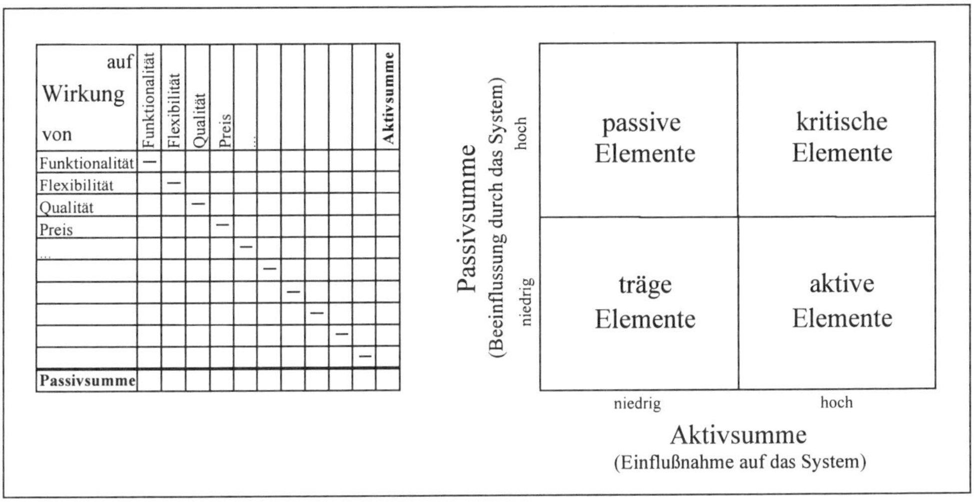

Abb. 15.4: Papiercomputer und Einflußmatrix[2]

In diesem Problemlösungsschritt muß sich das unternehmerische Handeln auf drei Dinge konzentrieren, die erreicht werden können, wenn Unternehmergeist im gesamten Unternehmen gefördert und Projektteams eingerichtet werden:[3]

- **Prozeßorientierte Organisation** – Dies kommt dem Denken in Kreisläufen besser entgegen als die funktionale Organisation.

---

[1]   vgl. Vester (Neuland), S. 76

[2]   vgl. Ulrich, Probst (Anleitung), S. 141 ff.

[3]   vgl. Gomez, Probst (Praxis), S. 90 ff.

- **Geschäftslogik** – Das „Bild" vom Geschäft (Unternehmenstätigkeit) muß entsprechend der Erkenntnisse des Netzwerks angepaßt werden.

- **Zeitmanagement** – Das Zeitverhalten des Unternehmens muß jenem des Gesamtsystems angepaßt werden, um den zentralen Erfolgskreislauf zu beschleunigen.

Lenkungsmöglichkeiten erarbeiten[1]

Der Erfolg von Lenkungseingriffen hängt wesentlich davon ab, wie die Maßnahmen zur zukünftigen Weiterentwicklung passen. Dabei muß die Eigendynamik der Situation berücksichtigt werden, was durch die Erstellung von Szenarien erleichtert wird, die mögliche zukünftige Zustände eines komplexen Systems beschreiben.[2] Da die Zukunft nicht vorhersehbar ist, genügt es nicht, ein wahrscheinliches Szenario zu entwerfen, sondern es müssen alle positiven/optimistischen und negativen/pessimistischen Extreme aufgezeigt werden.

In weiterer Folge müssen lenkbare und nichtlenkbare Größen sowie Indikatoren unterschieden werden. Dabei muß man auf die jeweilige Führungsebene achten. Auf verschiedenen Ebenen können sich jeweils andere Größen als lenkbar beziehungsweise nichtlenkbar darstellen. Allgemeine Wirtschaftsdaten sind für ein Unternehmen in der Regel nichtlenkbare Größen, auf der Ebene der Wirtschaftspolitik jedoch sehr wohl lenkbar.[3] Für die lenkbaren Größen sollten Stoßrichtungen festgelegt werden.

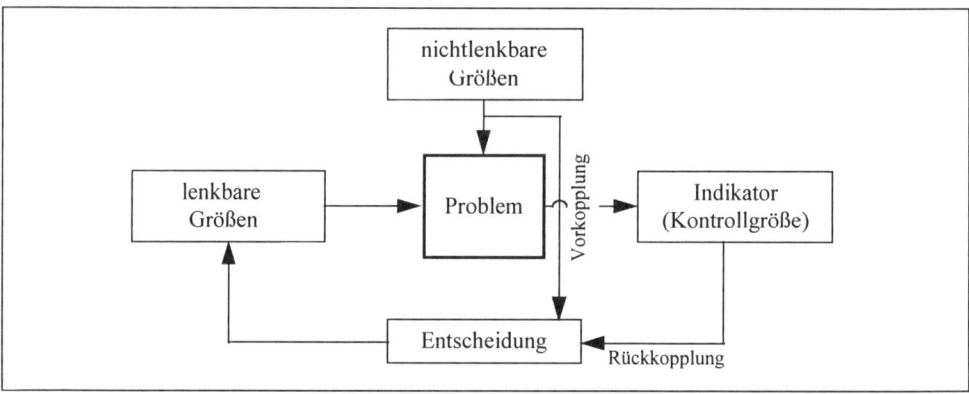

Abb. 15.5: Bestimmung der Lenkungsmöglichkeiten[4]

---

[1]   vgl. Gomez, Probst (Praxis), S. 113 ff.

[2]   vgl. Reibnitz (Szenarien), S. 11 ff.

[3]   vgl. Probst, Gomez (Management), S. 56

[4]   Probst, Gomez (Management), S. 58

Mögliche Problemlösungen beurteilen[1]

Die einzelnen Maßnahmen werden – basierend auf den Erkenntnissen der bisherigen Lösungsschritte – beurteilt. Folgende Regeln sollen mithelfen, systemwidrige Maßnahmen zu vermeiden[2]:

1. Regel: „Passe deine Lenkungseingriffe der Komplexität der Problemsituation an."

2. Regel: „Berücksichtige die unterschiedlichen Rollen der Bestimmungsfaktoren der Problemsituation."

3. Regel: „Vermeide unkontrolliertes Wachstum."

4. Regel: „Nutze die Eigendynamik des Systems zur Erzielung von Synergieeffekten."

5. Regel: „Finde ein harmonisches Gleichgewicht zwischen Bewahrung und Wandel."

6. Regel: „Fördere die Autonomie der kleinsten Einheit."

7. Regel: „Erhöhe mit jeder Problemlösung die Lern- und Entwicklungsfähigkeiten."

Da bei der Beurteilung der Lösungsmöglichkeiten nicht alle Kriterien meßbar sind, sollte die Beurteilung qualitativ erfolgen. Bei der Umsetzung der Lösungsmöglichkeiten muß auf die Eigengesetzlichkeiten des Unternehmens ebenso Rücksicht genommen werden wie auf die erzielbare Wertsteigerung. Als Hilfsmittel kann hier Benchmarking eingesetzt werden; auf jeden Fall muß die Initiative der Mitarbeiter gefördert werden.

Problemlösungen umsetzen und verankern[3]

Aufbauend auf klaren Zweck- und Zielformulierungen, müssen die Maßnahmen so gestaltet werden, daß sie eine neuerliche Anpassung der Problemlösung erlauben (Reparaturfähigkeit), die Weiterentwicklung der Lösung gestatten (Entwicklungsfähigkeit) und neue Probleme bereits frühzeitig erkennen helfen (Früherkennung). In diesem Zusammenhang sind klar definierte Ziele und ein strategiegerechtes Anreizsystem ebenso wichtig wie ein gut ausgebautes Controlling.

15.3.7 Ganzheitliches Wertmanagement

Ausgehend von den Arbeiten von Rappaport,[4] entwickelt Gomez den ganzheitlichen Managementansatz weiter. Er versucht, die Überlegungen des Shareholder Value-Ansatzes und der klassischen Strategieliteratur (insbesondere Porter) in einem Gesamtkonzept zu integrieren. Gomez unterscheidet in der Folge drei strategische Zielrichtungen:[5]

* Geschäftsstrategien,

---

[1] vgl. Gomez, Probst (Praxis), S. 165 ff.

[2] vgl. Gomez, Probst (Praxis), S. 171 f.

[3] vgl. Gomez, Probst (Praxis), S. 201 ff.

[4] vgl. Rappaport, A.: Shareholder Value, Stuttgart 1995

[5] Gomez (Wertmanagement), S. 107 ff.

- Unternehmensstrategien,
- Eignerstrategien.

Wegen der Unterschiedlichkeit können alle drei Zielbereiche nur durch eine klare Trennung der drei Strategien erfolgreich gesteuert werden.

Im Rahmen der Unternehmens- und Umfeldanalyse wird auf das Fünf-Faktor-Modell von Porter, auf Stärken-Schwächen-Profile und auf die Vermittlung der Vernetzung (Netzwerkerstellung) zurückgegriffen. Geschäftsstrategien entsprechen dem klassischen Strategiegedanken und sind auf den Ausbau der Wettbewerbsstellung gerichtet. Zur Erarbeitung der Geschäftsstrategien kann man sich des Portfolios bedienen.

Unternehmensstrategien orientieren sich am Unternehmenswert. Gomez versteht unter Unternehmensstrategie mehr als corporate strategy im Sinne einer Diversifikationsstrategie oder eines Portfoliomanagements. Unternehmensstrategie bezieht sich in erster Linie auf Nutzenpotentiale, Kernkompetenzen, Kooperationen, Allianzen etc. Als Maßgrößen für die Unternehmensstrategie dienen alle jene Größen, die den Unternehmenswert beeinflussen: Umsatzwachstumsrate, Gewinnmarge, Ertragssteuerrate, Investitionen in das Nettoumlauf- und --anlagevermögen sowie die Kapitalkosten.

Eigentümer orientieren sich an ihren persönlichen Zielen und treffen daher mitunter Entscheidungen, die aus Eigentümersicht gerechtfertigt, aus Unternehmenssicht jedoch schädlich sind. Daher ist es notwendig, auch Eignerstrategien zu artikulieren, die den Wertsteigerungsinteressen des Eigentümers entsprechen.

Die Erarbeitung der Strategien erfolgt

- qualitativ anhand von Stärken-Schwächen-Profilen oder Nutzwertanalysen,
- quantitativ anhand des freien Cash-flows.

15.3.8 Lernende Organisation

Probst konzentriert sich in seinen neuesten Arbeiten auf organisationales Lernen. Voraussetzung dafür ist eine gemeinsame Wirklichkeit der Organisationsmitglieder, die ihr eigenes Wissen und ihre Bedürfnisse, Werthaltungen und Motive in einen kollektiven Aushandlungsprozeß einbringen. Dieser Akt der Transaktion erfolgt durch Kommunikation, Transparenz und Interpretation.[1]

Unternehmen dürfen nicht ständig Identität, Kontinuität, Sicherheit etc. in Frage stellen, daher können sie sich auch nur beschränkt mit Veränderung und Lernen auseinandersetzen. Um dieses Lernen in Gang zu setzen, stehen zwei auslösende Faktoren zur Verfügung:[2]

- Turbulenzen und Krisen (Konflikte, Unzufriedenheit, Streß etc.),
- Ressourcenreichtum (slack, Redundanz und lose Kopplung der Organisationseinheiten).

---

[1]   vgl. Probst (Organisation), S. 472 ff.

[2]   vgl. Probst, Büchel (Lernen), S. 49

Die Auslöser können zu drei Formen des Lernens führen:[1]

Anpassungslernen

Unter Anpassungslernen versteht man eine Adaption an das Umfeld und dessen Veränderungen. Die Organisationsmitglieder erkennen Situation und Veränderung des Umfelds und entwickeln und implementieren Reaktionsstrategien.

Veränderungslernen

Unter Veränderungslernen versteht man das Hinterfragen der organisationalen Normen und Ziele sowie deren Neuordnung und damit das Erreichen eines neuen Handlungsrepertoires.

Prozeßlernen

Im Rahmen des Prozeßlernens werden routinierte Abläufe beobachtet und neu gestaltet. Dies erfordert ein Infragestellen des bisherigen Normengebäudes und ist daher weiter gefaßt als das Veränderungslernen. „Prozeßlernen ist die Einsicht über den Ablauf der Lernprozesse..."[2]

Welche Maßnahmen Manager ergreifen müssen, um die Lernfähigkeit des Unternehmens zu erhöhen, hängt vom Lernprofil des Unternehmens ab. Dieses faßt die relevanten Rahmenbedingungen zusammen. Das Lernprofil beinhaltet folgende Punkte mit den jeweiligen Ausprägungen:

- **Lernbedarf** (Außen-, Innenorientierung),

- **Wissensreservoir** (hohe, mittlere, geringe Übereinstimmung zur offiziellen Handlungstheorie),

- **Lernformen** (Anpassungs-, Veränderungs-, Reflexionsbedarf),

- **Auslösefaktoren** (Krisenbewältigung, Redundanz),

- **Träger des Lernens** (Individuen, Elite, Gruppe, Speichersysteme),

- **Lernhemmende Kräfte** (große, mittlere, geringe Anzahl),

- **Lernfördernde Kräfte** (große, mittlere, geringe Anzahl).

Die aus diesem Profil in weiterer Folge abgeleiteten konkreten lernfördernden Maßnahmen lassen sich in vier sich gegenseitig beeinflussende Dimensionen einteilen:[3]

Strategie

Im Rahmen der Strategieentwicklung bilden die Mitglieder des Entwicklungsteams die Basis des Lernprozesses. Hilfsmittel im Prozeß des strategiegeleiteten Lernens sind:

- Szenariotechnik – Die Szenariotechnik ist ein Instrument zur Auseinandersetzung mit der Zukunft, wobei das eindimensionale Prognosedenken bewußt überwunden wird. Dies erfolgt durch mehrwertige Verhaltensmöglichkeiten, die mögliche Verhaltensräume aufspannen.

---

[1] vgl. Probst, Büchel (Lernen), S. 35 ff.

[2] Probst, Büchel (Lernen), S. 39

[3] vgl. Probst, Büchel (Lernen), S. 93 ff.

- Unternehmensspiele – Ähnlich den Überlegungen Turnheims, sollen durch Spiele in einem verkleinerten, überschaubaren Kosmos Handlungsweisen geprobt und Erfolgsmuster erkannt werden.

- Strategisches Controlling – Unter strategischem Controlling versteht man eine periodische Überprüfung der Planungsprämissen, mit dem Ziel, Korrekturmaßnahmen einzuleiten. Eine zentrale Stellung nehmen dabei die auf natürlichen Regelkreisen beruhenden Früherkennungsindikatoren ein.

Struktur

Organisationsstrukturen können Lernen fördern, aber auch hemmen. Um den Lernprozeß im Unternehmen zu fördern, muß ein Gleichgewicht zwischen Kontrolle und Freiheit, Zentralität und Dezentralität, Stabilität und Veränderung erreicht werden. Den Lernprozeß unterstützende strukturelle Gestaltungsmöglichkeiten sind insbesondere: Projektorganisation, Netzwerkorganisation und Kooperationen (strategische Allianzen).

Kultur

Kultur kommt in gemeinsamen Werten und Orientierungen der Organisationsmitglieder zum Ausdruck. Management kann daher nie unabhängig von der Kultur gesehen werden, da diese das Deutungsmuster der Handlungen liefert. Kulturbezogene Hilfsmittel sind:

- Leitbildentwicklung – dient der Schaffung von Systemidentität und Sinngebung,

- Image- und Selbstbildanalysen – dienen der Identitätsbildung und Motivation,

- Kommunikation   dient der erforderlichen Transparenz im Unternehmen und wirkt integrierend.

Personal

Im personellen Kontext steht nicht das individuelle Lernen, sondern es geht um Konzepte der partizipativen, gruppenorientierten Lerngestaltung. Dabei ist „der Aufbau von interkultureller, kommunikativer und partizipativer Kompetenz ein Schwerpunkt des Lernens".[1]

- Lernpartnerschaftliche Beziehungen – Aufbau von zwischenmenschlichen Kontakten, die wissensorientierte Austauschbeziehungen zum Ziel haben.

- Arbeitsplatznahe Interventionen - Rotation, Projektarbeit, Vorschlagswesen, Anreizsysteme etc.

- Kartenzeichnen – Karten sind Verbildlichungen unserer Vorstellungswelt. Gruppen können sich mittels Karten ein gemeinsames Bild von der Realität machen und daraus Handlungen ableiten.

---

[1]   Probst, Büchel (Lernen), S. 156

15.4 Stärken des Konzepts

- Die Komplexität von System und Umfeld erfordert Verständnis für die Einführung und Aufrechterhaltung von (potentieller) Varietät oder Flexibilität.[1] Probst/Gomez ist es mit ihrem Ansatz zum vernetzten Denken gelungen, diesen Ansprüchen gerecht zu werden. Ihr Hauptverdienst liegt in der Schaffung einer leicht verständlichen Methode, die komplexe Probleme erfaßbar und verstehbar macht und eine Grundlage für eine mögliche Lösung schafft. Das verbesserte Erkennen der Problemsituation kann den Anwender dazu bringen, zwischen vordergründigen und existentiellen Problemen zu unterscheiden. „Die Stufe des Problem-Setting mit Hilfe der hier vorgeschlagenen Methodik des Vernetzten Denkens kann wohl kaum einfacher, schneller, übersichtlicher und flexibler als in der hier vorgestellten Weise behandelt werden."[2]

- Probst und Gomez haben in früheren Veröffentlichungen[3] die theoretische Grundlage ihres gegenwärtigen Ansatzes formuliert. Obwohl die jetzt veröffentlichte Form sehr praxisbezogen und „handfest" erscheint, ist jene fundierte Grundlage als essentielle Voraussetzung für die Umsetzbarkeit in die Praxis zu sehen.

- Der Ansatz von Probst und Gomez zeichnet sich durch größtmögliche Geschlossenheit aus. Die vorgeschlagene Methode zur Problemlösung reicht von der Ursachen- und Problemerfassung über die Entwicklung von Problemlösungsansätzen, deren methodische Ausformung und Implementierung bis zur Realisation, Kontrolle und Weiterentwicklung.

- Probst und Gomez verstehen es, die komplexen Gedankengänge des Ansatzes verständlich und plausibel darzustellen. Sie unterstützen das durch klar und einfach formulierte Sprache, logischen Aufbau, viele Beispiele und überlegte graphische Darstellungen.

- Probst und Gomez versuchen ständig, ihr Konzept weiterzuentwickeln. Bewährte Teile werden verfeinert, Bestandteile, die sich nicht durchsetzen konnten, herausgenommen. Insbesondere in ihrer jüngsten Veröffentlichung nehmen sie stark auf die derzeit aktuellen betriebwirtschaftlichen Fragestellungen Bezug. Damit gelingt der Brückenschlag zwischen unterschiedlichen Ansätzen des strategischen Managements.

- In ihrer neuesten Veröffentlichung ergänzen sie die Darstellung des vernetzten Denkens durch Anleitungen zum unternehmerischen Handeln und persönlichen Überzeugen. Dadurch wird das Modell stark aufgewertet, da konkrete Handlungsempfehlungen gegeben werden.

---

[1] vgl. Probst (Selbst-Organisation), S. 119

[2] Leimer (Bankverein), S. 86

[3] vgl. z. B. Gomez (Modelle)

15.5 Schwächen des Konzepts

- Trotz des in leichtverständlicher Form vorliegenden theoretischen Grundkonstrukts der Methode und der dokumentierten Anwendungsfälle erscheint es schwierig, den Versuch einer praktischen Umsetzung ohne einen „Trainer" zu unternehmen, der mit Hilfe dieses Ansatzes bereits an mindestens einer vollständigen Problemlösung beteiligt war.

- Die Grundidee des vernetzten Denkens – die Ganzheitlichkeit – muß von den Anwendern verstanden und akzeptiert werden, das Verstehen der methodischen Schritte allein genügt nicht. Diese Problemlösung verlangt umfangreiche Vorarbeiten, lange bevor mit dem ersten Schritt begonnen werden kann. Ganzheitliches Denken fordert von den Beteiligten Fähigkeiten, die traditionell weder gewünscht oder verlangt noch in der Ausbildung vermittelt werden, und bindet wesentliche Führungskapazitäten – in der Regel auf hoher Ebene und für lange Zeit.

- Bei der Abgrenzung von Problemen muß man sich auf relevante Größen konzentrieren. Dabei fehlt die genaue Darstellung, wie man Relevanz definiert und die relevanten Einflußfaktoren aus der Umwelt von den nichtrelevanten unterscheidet. Aus dem zyklischen Durchlaufen der Problemlösungsschritte ergeben sich zwar Hinweise, welche Faktoren man beachten soll, was eine genaue Abklärung aber nicht ersetzen kann.

- Mit Hilfe des Papiercomputers „läßt sich die Bedeutung der einzelnen Komponenten im Netzwerk als Resultat der vielfältigen Interaktionen aufzeichnen und errechnen".[1] Das Ergebnis des Papiercomputers sind Zahlen. Obwohl immer wieder betont wird, daß es sich nur um Verhältniszahlen handelt,[2] die Schätzungen von Relationen zwischen den Elementen ausdrücken sollen, sind Anwender geneigt, diese als absolut zu betrachten und damit Fehlschlüssen zu erliegen.

- Durch die Ausweitung des Modells in verschiedene Richtungen leidet die Geschlossenheit des Systems leider ein wenig. Instrumente des vernetzten Denkens stehen neben jenen der klassischen Strategieentwicklung, ohne daß ihre Berührungspunkte klar herausgearbeitet werden.

- Bezug zu den zugrundeliegenden theoretischen Konzepten wird insbesondere beim organisationalen Lernen nur an wenigen Stellen hergestellt, was den Eindruck vermittelt, daß komplexe Zusammenhänge stark vereinfacht und simplifiziert dargestellt werden.

- Auf die Bedeutung der Personalressourcen wird zwar hingewiesen, sie sind aber nur ein untergeordneter Bestandteil der Systeme.

15.6 Bedeutung für die Unternehmensführung

Die Arbeiten von Ulrich, Gomez und Probst haben in der Managementliteratur in der zweiten Hälfte der achziger Jahre zu einem regelrechten Modetrend geführt. Daneben sind aber auch kritische Stimmen laut geworden. Neben der theoretischen Aufarbeitung existieren bereits

---

[1]   Probst, Gomez (Systemdenken), S. 186

[2]   vgl. Ulrich, Probst (Anleitung), S. 148

mannigfaltige, sehr gut dokumentierte Fallbeispiele. Probst und Gomez wenden ihre Methode selbst im Rahmen ihrer Tätigkeit als Unternehmensberater an. In ihrem 1989 erschienenen Buch[1] beschreiben Praktiker in zehn Fällen detailliert ihre Erfahrungen, wobei die Fülle verschiedener Problemstellungen in unterschiedlichen Branchen besonders bedeutend erscheint. Aus dem Grundtenor der Beiträge kann abgeleitet werden, daß die Methode in der Praxis überwiegend positiv aufgenommen wurde.

15.7 Empfohlene Literatur

Gomez, P.: Wertmanagement, Düsseldorf 1994, 300 Seiten. Empfehlenswerte, leicht lesbare, mit vielen Beispielen bereicherte Lektüre für den interessierten Praktiker.

Gomez, P.; Probst, G.: Die Praxis des ganzheitlichen Denkens, Bern 1995, 300 Seiten. Gelungene, angenehm aufbereitete und gut lesbare Darstellung des Konzepts des vernetzten Denkens. Es entspricht im Aufbau den früheren Veröffentlichungen, wendet sich aber deutlich stärker der Umsetzung zu. Das Buch ist auch für jene interessant zu lesen, die bereits die früheren Arbeiten von Gomez und Probst kennen.

---

[1] vgl. Probst, Gomez (Denken), S. 19 ff.

Cuno Pümpin

„Zunehmende Turbulenzen in Wirtschaft, Technologie, Ökologie sowie im rechtlich-politischen als
auch im sozialen und kulturellen Bereich beeinflussen in immer stärkerem Ausmaß die Unternehmen.
Dynamik wird somit zur Erfolgsvoraussetzung.“

Inhaltsverzeichnis

16 Cuno Pümpin

16.1 Zur Person des Autors[1]

Cuno Pümpin, geboren 1939, studierte an den Universitäten Basel und St. Gallen Betriebswirtschaft. Nach Abschluß seines Studiums war er acht Jahre in leitender Position in der Industrie tätig; gegenwärtig ist er freier Unternehmensberater und seit 1974 nebenamtlicher Extraordinarius an der Hochschule St. Gallen. Er bekleidet verschiedene Funktionen im Verwaltungsrat diverser Unternehmen und erhielt im Jahre 1985 den Schweizer Innovationspreis.

16.2 Grundlagen

Das Konzept Pümpins ist geprägt von der Wissenschaftstheorie des Konstruktivismus (im Mittelpunkt stehen ein zweckrational und planvoll agierendes Wesen und hoher Glaube an die Machbarkeit, was sich z. B. in den an dieser Richtung orientierten, sehr idealtypischen Forderungen hinsichtlich eines bestimmten Managertyps äußert) und vom Evolutionsansatz Darwins (komplexe Systeme sind das Resultat eines Entwicklungsprozesses; die Kernidee ist die „natürliche Selektion"). Eine Abrundung erfährt die Konzeption durch eine pragmatische Interpretation des Systemansatzes.[2]

Als zentrale Fragestellung ergibt sich für Pümpin daraus die Frage: Was sind die Schlüsselfaktoren (driving forces), die für langfristigen Unternehmenserfolg optimal gegeben sein müssen?[3] Über den Begriff der Erfolgsvoraussetzungen als Konsequenz absichtlichen menschlichen Handelns kommt Pümpin zu den Erfolgspositionen, die operativer und strategischer Natur sein können. Der Terminus „strategische Erfolgsposition" wurde von Pümpin neu eingeführt. Es handelt sich dabei um ein bewußtes Konstrukt, das die Entwicklung einer umfassenden Problemlösung unterstützen soll.[4]

---

[1] vgl. Pümpin, Geilinger (Führung), S. 2

[2] vgl. Pümpin (Management), S. 17 f.

[3] vgl. Pümpin (Management), S. 29 ff.

[4] vgl. Pümpin (Management), S. 31 ff.

16.3 Inhalt des Konzepts

16.3.1 Das Konzept strategischer Erfolgspositionen

16.3.1.1 Das Wesen strategischer Erfolgspositionen

Strategische Erfolgspositionen werden von Pümpin folgendermaßen definiert:

„Bei einer SEP handelt es sich um eine in einer Unternehmung durch den Aufbau von wichtigen und dominierenden Fähigkeiten bewußt geschaffene Voraussetzung, die es dieser Unternehmung erlaubt, im Vergleich zur Konkurrenz langfristig überdurchschnittliche Ergebnisse zu erzielen."[1]

Drei wesentliche Charakteristika zeichnen strategische Erfolgspositionen aus:[2]

- Strategische Erfolgspositionen unterstützen die langfristige Erfolgssicherung und sind von Wettbewerbern nicht ohne weiteres nachahmbar.

- Strategische Erfolgspositionen sind im Rahmen der zukünftigen Umwelt- und Marktentwicklung bedeutungsvolle Faktoren.

- Strategische Erfolgspositionen sollen den langfristigen Erfolg sichern.

16.3.1.2 Leitsätze zum Management von strategischen Erfolgspositionen

Als Basis für das Konzept strategischer Erfolgspositionen formuliert Pümpin zehn Leitsätze. Sie beschreiben Relationen, die für die Unternehmensführung bedeutsam sind.

1. Leitsatz: **„Das Vorhandensein von strategischen Erfolgspositionen bestimmt den Unternehmenserfolg."**
Pümpin baut damit auf Konzepten von z. B. Tregoe und Zimmermann, aber auch Porter auf, die von sogenannten „driving forces" als Grundvoraussetzung für den strategischen Erfolg eines Unternehmens sprechen. Es wird ein Kausalzusammenhang zwischen dem Erfolg eines Unternehmens und den strategischen Erfolgspositionen unterstellt, die aus diesem Grund in den Betrachtungsmittelpunkt zu stellen sind. Die Konsequenz ist eine starke Fokussierung der Unternehmenskräfte.
2. Leitsatz: **„Strategische Erfolgspositionen werden durch die Zuordnung von Ressourcen aufgebaut."**
Herausragende strategische Erfolgspositionen wird nur jener Wettbewerber erreichen können, der es schafft, dem betreffenden Erfolgskriterium im Vergleich zur Konkurrentez ein überproportionales Ausmaß an Ressourcen zuzuordnen. In diesem Zusammenhang werden Ressourcen gemäß dem St. Galler Managementmodell als Mittel untergliedert, die dem Unternehmen zur Aufgabenerfüllung zur Verfügung stehen: in Personal, Anlagen, Material, Finanzen und Informationen.

---

[1]   vgl. Pümpin (Management), S. 34

[2]   vgl. Pümpin (Management), S. 34

3. Leitsatz: **„Einer vorgegebenen strategischen Erfolgsposition zugeordnete Ressourcen müssen anderen möglichen strategischen Erfolgspositionen entzogen werden, es sei denn, zwischen ihnen besteht eine Synergie."**

Pümpin geht davon aus, daß jede Ressource einem Unternehmen nur einmal zur Disposition steht, was auch für die Zuordnung zu strategischen Erfolgspositionen gilt. Der Autor läßt in diesem Zusammenhang nur eine Einschränkung gelten - Synergien zwischen zwei strategischen Erfolgspositionen. Das zwingt zu einer Betrachtungsweise aus mehreren Blickwinkeln. Die aufzubauenden strategischen Erfolgspositionen müssen sorgfältig selektiert werden, wobei Synergieeffekten ein hoher Grad an Bedeutung zukommt.

4. Leitsatz: **„Die Anzahl aufbaubarer strategischer Erfolgspositionen ist begrenzt."**

Dieser Leitsatz steht in sehr engem Zusammenhang mit der Fokussierung der Kräfte. Erfolgreiche Unternehmen konzentrieren sich in der Regel auf ein bis zwei strategische Erfolgspositionen, woraus der Zwang zur Unterscheidung resultiert: in eine primäre – auf der das Hauptaugenmerk liegt –, in sekundäre – weitere bedeutende strategische Erfolgspositionen – und in tertiäre – auf die man sich nicht direkt konzentriert.

5. Leitsatz: **„Die Erhaltung aufgebauter strategischer Erfolgspositionen ist nur dann möglich, wenn diese durch entsprechende Ressourcenzuteilung laufend gepflegt werden."**

Strategische Erfolgspositionen sind dynamische Faktoren, die in ein ebenfalls dynamisches Umfeld eingebettet sind. Einmal aufgebaute strategische Erfolgspositionen bedürfen konsequenter Pflege.

6. Leitsatz: **„Aufzubauende strategische Erfolgspositionen können zueinander in einem harmonischen, neutralen oder antinomischen Verhältnis stehen."**

Strategische Erfolgspositionen können nicht isoliert betrachtet werden. Idealerweise unterstützen sie einander (harmonisches Verhältnis). Stehen strategische Erfolgspositionen in einem neutralen Verhältnis zueinander, gibt es keine negativen Ausstrahlungseffekte. Die dritte Variante ist die antinomische Beziehung, d. h. die strategischen Erfolgspositionen behindern einander.

7. Leitsatz: **„Starke strategische Erfolgspositionen können nur dann aufgebaut werden, wenn alle Unternehmungsbereiche durch interdisziplinäre Zusammenarbeit dazu beitragen."**

Dieser Leitsatz ist eine klare Absage an den Spezialisten zugunsten des Generalisten im Unternehmen. Bei der Managerausbildung und -auswahl ist auf diese Forderung besondere Rücksicht zu nehmen.

8. Leitsatz: **„Der Aufbau von strategischen Erfolgspositionen ist eine mittel- bis langfristige Angelegenheit."**

Der seriöse Aufbau von strategischen Erfolgspositionen bedarf mehrerer Jahre, wobei in einer empirischen Erhebung (1981) 5,3 Jahre als Durchschnittswert ermittelt wurden. Tatsächlich dürfte der Wert, der natürlich branchenabhängig ist, viel höher liegen. Damit wird die Auswahl einer strategischen Erfolgsposition, auf die sich ein Unternehmen konzentrieren will, zu einer weitreichenden Entscheidung.

> **9. Leitsatz: „Der Nutzen von strategischen Erfolgspositionen ändert sich im Zeitablauf."**
>
> Die Umfeld- und Marktbedingungen, mit denen strategische Erfolgspositionen in Zusammenhang stehen, sind in der Regel starken Schwankungen unterworfen. Daher ist ein bestimmtes Maß an Flexibilität ein unbedingtes Muß für den erfolgreichen Einsatz von strategischen Erfolgspositionen.

> **10. Leitsatz: „Zwischen Unternehmenskultur und strategischen Erfolgspositionen bestehen enge Wechselbeziehungen."**
>
> Ein Unternehmen kann nur dann außergewöhnliche Fähigkeiten in einem Aktivitätsfeld besitzen, wenn alle vom Management ausgehenden Signale konsistent sind. Die angestrebte strategische Erfolgsposition muß mit der Unternehmenskultur in Einklang stehen.

Abb. 16.1:   Zehn Leitsätze zu strategischen Erfolgspositionen[1]

Aus den zehn Leitsätzen ergibt sich eine Reihe von Konsequenzen, die für das strategische Konzept von Bedeutung sind:[2]

- Die strategischen Erfolgspositionen aufzubauen und festzulegen ist eine grundsätzliche unternehmerische Aufgabe und Entscheidung.

- Die strategischen Erfolgspositionen bilden die Basis für Strategie, Planung und Unternehmungsorganisation.

- Die strategischen Erfolgspositionen sind ein fundamentales Entscheidungskriterium für alle Unternehmensangehörigen.

- Führungsinstrumente sind auf die strategischen Erfolgspositionen zu konzentrieren.

- Die von der Unternehmungsführung ausgehenden Signale und die strategischen Erfolgspositionen müssen stimmig sein („Fit").

16.3.1.3 Typen und Erfolgswirkung strategischer Erfolgspositionen

Im Mittelpunkt des strategischen Konzepts des Unternehmens steht die Ermittlung strategischer Erfolgspositionen. Grundsätzlich kann jedes Aktivitätsfeld im Unternehmen den Charakter einer strategischen Erfolgsposition haben. In der Regel dominieren aber drei Gebiete, die einander überlappen: Produkte/Leistungen, Märkte und Funktionen.[3]

Anhand von Erfolgspositionsprofilen lassen sich Unternehmen charakterisieren und typologisieren. Pümpin beschreibt zwei Haupttypen, die sich insgesamt im weitere sieben Untergruppen zerlegen lassen.

---

[1]   vgl. Pümpin (Management), S. 52 ff. (im Gegensatz zum Originaltext wird der Terminus "strategische Erfolgspositionen" nicht abgekürzt)

[2]   vgl. Pümpin (Management), S. 103 ff.

[3]   vgl. Pümpin (Management), S. 42 ff.

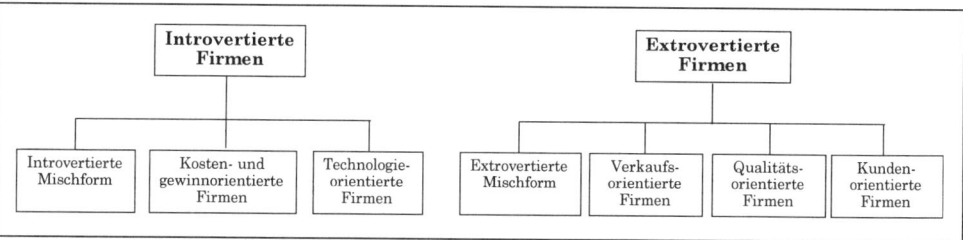

Abb. 16.2: Erfolgspositionstypen[1]

Betrachtet man die Erfolge (Rentabilität, Cash-flow, Umsatzentwicklung ...) einzelner Unternehmenstypen der vergangenen Jahre, können folgende Erkenntnisse gewonnen werden:[2]

- Ein Unternehmen ist umso erfolgreicher, je mehr es auf die Kundenorientierung der strategischen Erfolgspositionen setzt.

- Unternehmen ohne klare Linie – mit einem hohen Grad an Introvertiertheit – schneiden am schlechtesten ab.

- Grundsätzlich sind extrovertierte Unternehmen erfolgreicher als introvertierte.

- Die Kostenorientierung der strategischen Erfolgspositionen ist im Vergleich zu den anderen angegebenen Orientierungsmöglichkeiten dominant, weil die Basis für eine Marktorientierung in der Regel am Personalengpaß scheitert.

Phasen des Aufbaus strategischer Erfolgspositionen[3]

Der Aufbau strategischer Erfolgspositionen im Rahmen des strategischen Managements umfaßt vier Phasen:[4]

Abb. 16.3: Hauptphasen des Konzepts strategischer Erfolgspositionen

---

[1] vgl. Pümpin (Management), S. 144

[2] vgl. Pümpin (Management), S. 145

[3] vgl. Pümpin, Geilinger (Führung), S. 16 ff.

[4] vgl. Pümpin, Geilinger (Führung), S. 8

Die Informationsanalyse[1]

Die Informationsanalyse erstreckt sich auf das Unternehmen und sein Umfeld:

Unternehmensanalyse	
Tätigkeits-gebiete	Nutzen, Kunden und Technologie sämtlicher Produkte sind zu erfassen. Darauf aufbauend muß geklärt werden, ob das Tätigkeitsgebiet beibehalten, vertikal oder horizontal erweitert wird, ob es zur Konzentration der Tätigkeiten oder zur Diversifikation kommen soll.
Fähigkeiten	Jene Fähigkeiten sind ausfindig zu machen, bei denen das Unternehmen den Wettbewerbern überlegen ist.
Kostenstruktur	Die Kostenstruktur läßt sich am besten anhand der Wertschöpfungskette analysieren.
Bisherige Strategie	Eine neue strategische Positionierung kann nur unter Berücksichtigung der bisherigen Unternehmensstrategie erfolgen.
Unternehmens-kultur	Zwischen Kultur und Strategie besteht eine enge Beziehung. Der gesamte Strategieentwicklungsprozeß wird durch die Unternehmenskultur nachhaltig beeinflußt. Daher ist das Erfassen der Kultur ein wesentlicher Bestandteil.
Umfeldanalyse	
Allgemeines Umfeld	Die Analyse des allgemeinen Umfelds erstreckt sich auf das gesamte ökonomische, technologische, soziale und politische Umfeld des Unternehmens.
Konkurrenz	Bestehende und potentielle Wettbewerber werden auf ihre Strategie und Wettbewerbsstärke hin untersucht.
Markt/Kunden	Quantitative und qualitative Marktdaten müssen erhoben werden. Dabei sollte auch eine Analyse aus der Sicht eines Unternehmensexternen vorgenommen werden.
Branche	Die Branchenanalyse entspricht der Analyse des allgemeinen Umfelds auf Branchenebene.

Abb. 16.4: Informationsanalyse

---

[1] vgl. Pümpin, Geilinger (Führung), S. 16 ff.

Strategieentwicklung[1]

Aufbauend auf der Informationsanalyse, erfolgt die Strategieentwicklung in mehreren Schritten:

- Erarbeitung von Strategiealternativen.

  Breite Aufarbeitung möglicher strategischer Alternativen stellt sicher, daß nicht bereits bei der Strategiefindung unbewußt Wertungen einfließen.

- Bewertung der Strategievarianten.

  Nach der Erarbeitung der Alternativen werden diese möglichst objektiv bewertet. In der Praxis bieten sich dazu Nutzwertmodelle an.

- Ausarbeitung der Strategie.

  Die ausgewählte Strategie muß unter Berücksichtigung folgender Punkte verfeinert und ausgestaltet werden:

  Leitidee,

  Strategische Erfolgspositionen,

  Produkte und Märkte,

  Funktionalstrategien,

  Meilensteine.

Strategieumsetzung[2]

Die Strategieumsetzung erfordert zwei Arten von Vorbereitungsmaßnahmen: Maßnahmen und Projektplanung sowie Organisation, denen sich indirekte und direkte Maßnahmen der Umsetzung anschließen.

- **Vorbereitungsschritte**

  Maßnahmen- und Projektplanung: Bevor die tatsächliche Umsetzung einer Strategie eingeleitet werden kann, müssen die einzelnen Projektphasen eingehend geplant werden.

  Organisation: Mit Hilfe von Strategieausschüssen, Projektteams etc. müssen die organisatorischen Grundlagen für die Umsetzung geschaffen werden.

- **Maßnahmen der Umsetzung**

  Direkte Maßnahmen: Die wichtigsten direkten Maßnahmen betreffen Budgets, Anreiz-, Informationssysteme etc.

  Indirekte Maßnahmen: Indirekte Maßnahmen flankieren und fördern die eingesetzten Instrumente. Es handelt sich dabei in erster Linie um Information der Mitarbeiter, Schaffen von Corporate Identity sowie Schulung und Festigung der Unternehmenskultur.

---

[1] vgl. Pümpin, Geilinger (Führung), S. 27 ff.

[2] vgl. Pümpin, Geilinger (Führung), S. 40 ff.

Strategieüberprüfung[1]

Pümpin unterscheidet zwei Arten strategischer Überprüfung:

- Überprüfung der Prämissen (Prämissenkontrolle).

  Die in die Strategieentwicklung eingegangenen Annahmen und Trends müssen laufend auf Veränderungen hin untersucht werden, da sie die Grundlage der strategischen Entscheidung waren.

- Fortschrittskontrolle der Umsetzung.

  Das Erreichen der angestrebten Meilensteine und strategischen Ziele muß überwacht werden.

Die nächsten Schritte sind die Erstellung einer Abweichungsanalyse, Einleitung von Maßnahmen und Neuformulierung der Strategie.

16.3.2 Das Dynamikprinzip

16.3.2.1 Grundlagen des Dynamikprinzips

Im Dynamikprinzip vertieft und erweitert Pümpin das Erfolgspositionenkonzept. Er bezeichnet jene Unternehmen als dynamisch, denen es gelingt, den Nutzen für ihre Bezugsgruppen (z. B. Aktionäre, Kunden, Mitarbeiter etc.) innerhalb einer relativ kurzen Zeit um ein Mehrfaches zu erhöhen.[2]

Das Konzept wird im wesentlichen von drei Eckpfeilern getragen:[3]

- Konzentration auf attraktive **Nutzenpotentiale:** In der Umwelt, im Markt oder im Unternehmen sind verschiedene Konstellationen latent oder effektiv vorhanden, die durch Aktivitäten des Unternehmens zum Vorteil der Bezugsgruppen erschlossen werden. Es gibt externe und interne Nutzenpotentiale, die alle einem Lebenszyklus unterliegen. Deshalb müssen laufend neue, vom Wettbewerb noch unentdeckte Nutzenpotentiale gesucht werden.

- **Multiplikatorwirkung:** Eine einmalige Erschließung neuer Nutzenpotentiale verliert sich im Zeitablauf, daher muß die Erschließung bewußt auf Wiederholbarkeit erfolgreicher Aktivitäten ausgelegt sein. Nur so können Effekte von Prozeß- oder Systemmultiplikation genutzt werden.

- **Promotoren:** Dabei handelt es sich um Unternehmer/Manager, die stark zukunftsorientiert sind und es verstehen, geeignete Impulse zu setzen.

---

[1]   vgl. Pümpin, Geilinger (Führung), S. 55 ff.

[2]   vgl. Pümpin (Unternehmungs-Dynamik), S. 11

[3]   vgl. Pümpin (Dynamik), S. 38 ff.

16.3.2.2 Methoden der Dynamisierung des Unternehmens[1]

Drei Schritte führen zu einer Dynamisierung des Unternehmens:

Beurteilung der bisherigen Dynamik

Dieser Schritt mündet in einem Rechenschaftsbericht über die bisherige Unternehmens-dynamik, in dem der Nutzenzuwachs der Interessengruppen des Unternehmens in den vergangenen Jahren beurteilt wird. Als Instrumente lassen sich Dynamik-, Nutzen-, Multiplikator- und Kulturprofile einsetzen.

Identifikation von Dynamisierungspotentialen

In dieser Phase werden unausgeschöpfte Dynamisierungspotentiale aufgedeckt, um sie einer Nutzung zuzuführen. Dabei ist zu beachten, daß durch Umfeldveränderungen immer neue Dynamisierungspotentiale entstehen und daß diese Potentiale in der Folge einem Lebenszyklus unterliegen.

In einem ersten Schritt werden sämtliche möglichen Potentialbereiche aufgelistet. Im nächsten Schritt werden für jeden Potentialbereich externe Trends (Szenarien), interne Stärken und Instrumente für seine Ausschöpfung erarbeitet. Anschließend werden die Multiplikationsmöglichkeiten beurteilt. Kurzfristige Sofortmaßnahmen sollen möglichst rasch Dynamik induzieren.

Erstellen eines Dynamisierungskonzepts

Vier Schritte führen zur Festlegung eines Dynamisierungskonzepts:

* Beurteilung der identifizierten Potentiale

  Für die Beurteilung der Nutzenpotentiale lassen sich Größe, Alter, Homogenität, Abschirmbarkeit und Mittelbedarf als Kriterien heranziehen. Bei der Auswahl ist insbesondere auf die Verbundwirkung zwischen den Nutzenpotentialen zu achten, da diese zu einer positiven Verstärkung führen können.

* Erarbeitung eines Konzepts zur Nutzung der am meisten Erfolg versprechenden Potentiale

  Nutzenpotentiale können nur dann nachhaltig gegenüber dem Wettbewerb aufgebaut werden, wenn sie im Einklang mit den strategischen Erfolgspositionen des Unternehmens stehen. Daher müssen die Wechselwirkungen zwischen strategischen Erfolgspositionen und Nutzenpotentialen untersucht und jene strategischen Erfolgspositionen bestimmt werden, die für den Aufbau von Nutzenpotentialen notwendig sind.

* Erstellung eines Multiplikatorkonzepts

  Form, Ausmaß und Wirkungsweise von Multiplikatoren sind notwendig, um diese in eine Rangfolge bringen zu können.

---

[1] vgl. Pümpin (Unternehmungs-Dynamik), S. 27 ff.

- Formulierung des Dynamisierungskonzepts

  Das abschließende Dynamikkonzept sollte folgende Punkte beinhalten:

  Vision,

  Nutzenpotentiale,

  Strategische Erfolgspositionen,

  Multiplikatoren,

  Produkte und Märkte,

  Funktionale Grundsätze,

  Maßnahmen.

16.4 Stärken des Konzepts

- Pümpin gelingt es, seiner Forderung nach hohem Praxisbezug und den Bedürfnissen der Praxis gerecht zu werden: insbesondere durch Erstellung von strategischen Grundsätzen, Aufstellung von Leitsätzen zum Aufbau von strategischen Erfolgspositionen und durch Führungsregeln. Er spricht Praktiker an, die komprimierte Lösungsvorschläge erwarten, und bietet seinen Lesern ein sprachlich leichtverständliches Konzept im Rahmen der strategischen Unternehmensführung.

- Pümpin erarbeitet seine Konzeption beispielorientiert und dokumentiert sämtliche Verfahrensschritte an einer Vielzahl von Fällen. Diese Beispiele dienen dem Leser und Anwender der Konzeption als Handlungsanleitung.

- Das Fundament der Konzeption bildet eine empirische Erhebung, die hohen Grad an Praxisbezug, Rücksichtnahme auf aktuelle Probleme der Führungspraxis und Überprüfung der Leitsätze ermöglicht.

- Pümpin bietet eine Reihe von Checklisten als wesentliche Orientierungshilfe im Rahmen der Konzepterarbeitung und -anwendung. Die damit abgedeckten Bereiche sind die Unternehmensanalyse, die Analyse des allgemeinen Umfelds, die Absatz- und Beschaffungsmarktanalyse sowie die Branchen- und Konkurrenzanalyse. Die Checklisten sind einfach strukturiert und bewußt knapp gehalten, um dem Praktiker ihre Anwendung zu erleichtern.

- Pümpin beschäftigt sich außerordentlich intensiv mit den Problemen bei der Durch- und Umsetzung seiner Konzeption. Es genügt nicht, eine Strategie zu haben, sie muß auch durchgesetzt werden.

16.5 Schwächen des Konzepts

- Pümpin bringt in seiner Konzeption wenig neue Fakten. Der Begriff „Strategische Erfolgs-positionen" ist mit den „Erfolgspotentialen" von Gälweiler und den „Competitive Advan-tages" von Porter durchaus vergleichbar. Pümpin definiert strategische Erfolgspositionen als „Fähigkeiten, die es der Unternehmung erlauben, im Vergleich zur Konkurrenz auch längerfristig überdurchschnittliche Ergebnisse zu erzielen".[1] Dafür sind Produkte und Dienstleistungen ebenso geeignet wie Märkte oder Funktionen innerhalb des Unter-nehmens.

- Der Autor geht zwar zu Beginn seiner Konzeption auf die Umweltturbulenzen ein, auf die das Unternehmen reagieren muß beziehungsweise wo es sich pro-aktiv verhalten kann, der Stellenwert innerhalb des Ansatzes bleibt aber auf einen sehr schmalen Ausschnitt be-schränkt. Im Rahmen der Informationsanalyse werden das eigene Unternehmen und sein Umfeld knapp analysiert. Nachdem die Ergebnisse aus diesem Schritt die Basis für das weitere Vorgehen bilden, erscheint der Raum, der dieser Aufgabe gewidmet wird, zu ge-ring bemessen.

- Der Autor fordert zur effektiven Durch- und Umsetzung seiner Konzeption einen ganz bestimmten Unternehmertyp, der folgende Charakteristika aufweisen sollte: innovativ, kreativ, stark änderungsbereit und entscheidungsfreudig, mitarbeiterorientiert, Vertreter ei-nes partizipativen Führungsstils. Mit diesen doch sehr idealtypischen Forderungen, die teilweise konstruktivistischen Ursprungs sind, schließt er zumindest Unternehmen für die Anwendung des Konzepts implizit aus, die ein hohes Maß an Tradition und festgefahrenen Strukturen haben.

16.6 Bedeutung für die Unternehmensführung

Das Konzept der strategischen Erfolgspositionen hat in vielen Publikationen Beachtung ge-funden. Zahlreiche Beispiele in Zeitschriftenbeiträgen und in seinem Buch zeigen die vielfäl-tigen Anwendungen in der Unternehmenspraxis.

16.7 Empfohlene Literatur

Pümpin, C.: Das Dynamik-Prinzip, Düsseldorf 1992, 336 Seiten. Taschenbuch für Manager, leicht zu lesen und mit Beispielen bekannter Unternehmen.

Pümpin, C.: Management Strategischer Erfolgspositionen, Bern, Stuttgart 1986, 215 Seiten. Leicht lesbare Darstellung des Konzepts mit einer Reihe von Beispielen. Plakati-ve Darstellung von Leitsätzen und Führungsregeln.

Pümpin, C., Geilinger, U.: Strategische Führung, In: Die Orientierung, 1980, 68 Seiten. An-schauliche Kurzeinführung in das Konzept der Erfolgspositionen Viele Abbil-dungen, graphisch gut aufbereitet.

---

[1] Pümpin, Geilinger (Führung), S. 11

Georg Turnheim

„Die Schnelligkeit unseres Wirtschaftslebens bewirkt, daß sich auch unsere Strukturen wesentlich
schneller dem Umfeld anpassen und damit auch unsere Strategien einer fast kontinuierlichen Veränderung unterliegen. Das heißt, es gibt genau besehen
heute keine strategische Planung mehr, wohl aber
eine strategische Vision und damit eine Zieldyna-
mik."

Inhaltsverzeichnis

17 Georg Turnheim

17.1 Zur Person des Autors

Georg Turnheim (geboren 1936) studierte Maschinenbau und Landwirtschaft. Er war fünfzehn Jahre in unterschiedlichen Unternehmen in der Forschung und Entwicklung tätig und arbeitet seit Beginn der achtziger Jahre auf dem Gebiet der strategischen Unternehmensplanung.

17.2 Grundlagen[1]

Turnheim geht bei der Entwicklung seines Konzepts von Systemtheorie und Chaosforschung aus. Dynamik und Turbulenzen des Umfelds führen zu chaotischen Strukturen im Vorfeld des Übergangs zur neuen Ordnung der Dienstleistungsgesellschaft. Das Unternehmen muß sich auf diese veränderten Umfeldbedingungen einstellen und lernen, mit ihnen umzugehen. Neue Fähigkeiten und Systeme müssen entwickelt werden, um die Überlebensfähigkeit zu sichern.

Turnheim hat vor diesem Hintergrund ein Konzept des strategischen Managements entwickelt, dessen wesentlicher Bestandteil die strategische Planung ist. Er überwindet jedoch die klassische strategische Planung und nimmt in der Folge im Rahmen des Chaosmanagements eine durchaus kritische Stellung zur Planungspraxis ein. Zuletzt wird die Planbarkeit der Zukunft in Frage gestellt.[2]

17.3 Inhalt des Konzepts

17.3.1 Strategisches Management

Strategisches Management umfaßt drei Schwerpunkte:[3]

- Analyse des Ist-Zustands („Wo stehen wir jetzt?"),
- Formulieren der Strategie („Wohin wollen wir gehen?"),
- Durchsetzen der neuen Strategie („Wie gelangen wir dorthin?").

---

1 vgl. Turnheim (Chaos), S. 6 ff.; Turnheim (Sanierungsstrategien), S. 33 f.

2 vgl. Turnheim (Chaos), S. 25

3 vgl. Streicher, Turnheim (Unternehmensführung), S. 117

Ist-Zustandsanalyse[1]

Eine Entscheidung über die zukünftige strategische Positionierung des Unternehmens setzt genaue Kenntnis der bestehenden Wettbewerbsposition voraus. Die Erfassung von Daten über Stärken und Schwächen des eigenen Unternehmens (interne Analyse) und über Kundenbedürfnisse, Marktentwicklung sowie Mitbewerber (externe Analyse) dient der Aufarbeitung der gegenwärtig verfolgten Strategie.

Zur Durchführung der Analyse auf der Ebene der strategischen Geschäftseinheiten werden insbesondere die Portfoliotechnik in ihren verschiedensten Varianten und die Lebenszyklusanalyse herangezogen, wobei schwerpunktmäßiges Vorgehen wichtig ist. In der Regel entfällt ein Großteil des Unternehmensumsatzes beziehungsweise der Deckungsbeiträge auf eine vergleichsweise geringe Anzahl von strategischen Geschäftseinheiten, so daß es ausreicht, diese zu untersuchen. Das gleiche gilt für Märkte und Konkurrenten.

Strategieformulierung[2]

Erster Schritt der Strategieformulierung ist die Erstellung von Szenarien. Dabei geht es um die Abschätzung von zukünftigen Entwicklungen, die aus gegenwärtiger Sicht bereits erkennbar sind, wobei mehrere Szenariovarianten zur Diskussion gestellt werden. Das Topmanagement entscheidet sich für ein Basisszenario als Planungsgrundlage.

Im Anschluß daran erfolgt die Formulierung von mehreren Strategiealternativen, aus denen das Management eine auswählt. Damit wird die Strategie zur Willensäußerung des Managements und in einem Top-down-Prozeß im Unternehmen artikuliert und erläutert. Aufbauend auf dieser Unternehmensstrategie, werden Teilstrategien für Unternehmensteile oder Funktionsbereiche ausgearbeitet.

Aus den Strategien werden schließlich konkrete Unternehmensziele abgeleitet, wobei hier eine Überlappung zwischen strategischer und operativer Planung stattfindet. Diese Überlappung ist im Interesse eines nahtlosen Übergangs von der strategischen zur operativen Ebene zu fördern.

Strategieumsetzung[3]

Effiziente Umsetzung einer neuen Strategie erfordert einen klaren Maßnahmenkatalog, der am besten durch Projektmanagement zu realisieren ist. Es empfiehlt sich, bei der Umsetzung kurzfristig und langfristig wirkende Maßnahmen zu unterscheiden. Die Sofortmaßnahmen sollen ein Klima der Erneuerung schaffen und betreffen in erster Linie Rationalisierung, Gemeinkostensenkung etc. Die langfristigen Maßnahmen schaffen Leitlinien für Forschung und Entwicklung, Diversifikation, Investitionen und Organisation.

---

[1]   vgl. Streicher, Turnheim (Unternehmensführung), S. 17 ff.

[2]   vgl. Streicher, Turnheim (Unternehmensführung), S. 51 ff.

[3]   vgl. Streicher, Turnheim (Unternehmensführung), S. 79 ff.

Strategische Vor- und Rückkopplung[1]

Im Rahmen der strategischen Vor- und Rückkopplung sollen auftretende Abweichungen und Abweichungsursachen frühzeitig erkannt und in den Strategieplanungsprozeß eingebracht werden. Man muß dabei erkennen, daß Abweichungen nicht ausgeschlossen, sondern nur optimiert werden können, dazu sind Management by Deviation, Ist-Wird-Vergleiche (Szenarien) und strategische Informationssysteme notwendig. Als Instrumente lassen sich einsetzen:

- Strategischer Radar (Umfeldradar – aktuell, Umfeldradar – Trends, Mitbewerberradar, Interner Radar)
- Strategische Spiele (Strategienachempfindung, Kunden-, Risikospiel)
- Strategische Kommunikation (Kommunikationsnetzwerk, Ad-hoc-Kommunikation).

Die strategische Planungsstelle

Der ständige Wandel im Unternehmen wird durch die Installierung einer eigens auf die Umfeldanpassung ausgerichteten Stabsstelle des Managements sichergestellt. Diese strategische Planungsstelle hat im Rahmen des strategischen Managements folgende Aufgaben:[2]

- Das externe und interne Umfeld zu analysieren,
- Methoden der strategischen Planung zu implementieren,
- An der Zielvereinbarung des Managements mitzuwirken,
- Strategisches Controlling zu betreiben.

17.3.2 Sanierungsmanagement

Der Prozeß der Unternehmenssanierung beziehungsweise Sanierungsstrategiefindung entspricht zwar jenem des strategischen Managements, dennoch unterliegt das Sanierungsmanagement eigenen Gesetzmäßigkeiten. Bei der Sanierung eines Unternehmens sind folgende Besonderheiten zu beachten:[3]

- Die Krisensituation ist durch extremen Zeitmangel gekennzeichnet.
- Das Management, das das Unternehmen in die Krise geführt hat, ist durch ein Sanierungsmanagement zu ersetzen.
- Die Top-down-Komponente ist im Rahmen des Sanierungsprozesses wichtiger als die Bottom-up-Komponente, da mit eingefahrenen Gewohnheiten rasch gebrochen werden muß.
- Es gilt vor allem, die noch vorhandenen Stärken des Unternehmens herauszuarbeiten.

---

[1] vgl. Turnheim (Rückkopplung), S. 310 ff.

[2] vgl. Streicher, Turnheim (Unternehmensführung), S. 15

[3] vgl. Sekyra (Geleitwort), S. 5

Analysewerkzeuge[1]

Turnheim unterscheidet vier Werkzeuge, mit deren Hilfe eine schnelle Analyse von Art und Ausmaß der Bedrohungen möglich ist:

- Befragung, Gespräche: Ähnlich wie bei der Delphi-Methode werden einem ausgewählten Personenkreis die gleichen Fragen gestellt, um anhand der Mehrfachnennungen Trends erkennen zu können.

- Portfolio-und Lebenszyklusanalyse: Anhand des Portfolios sollen die in der gegebenen Situation „üblichen" Strategien erkennbar werden. Die Lebenszyklusanalyse ist für die Abschätzung des zeitlichen Aspekts der Sanierung von Bedeutung.

- PIMS: Im Sanierungsmanagement ist es wichtig zu wissen, wie sich Unternehmen mit ähnlicher Struktur und ähnlichem Umfeld verhalten, dazu gibt die PIMS-Datenbank Informationen.

- Externe Berater: Informationen von Beratern sind als Informationen von unbefangenen Externen im Sanierungsprozeß von hoher Bedeutung. Die Sanierung darf aber nie zur Gänze externen Beratern überlassen werden.

In weiterer Folge werden interne und externe Befunde erstellt, die folgende Bereiche umfassen:[2]

interne Befunde	externe Befunde
Marktstellung/-anteil	
Investitions-/Innovationssituation	Branchenportfolio
Kapitalsituation	
Erfolgspotentialanalyse	Branchenressourcenprofil
PIMS-Potentialanalyse	
Humanressourcenanalyse	

Abb. 17.1:   Interne und externe Befunde

Sanierungsstrategien[3]

Ausgangspunkt für die Wahl einer Sanierungsstrategie ist die Bestimmung des Bedrohungsausmaßes und des eigenen Abwehrpotentials. Verbindet man beide Dimensionen zu einem Portfolio, ergeben sich vier mögliche Sanierungsstrategien.

---

[1]   vgl. Turnheim (Sanierungsstrategien), S. 39 ff.

[2]   vgl. Turnheim (Sanierungsstrategien), S. 47 ff.

[3]   vgl. Turnheim (Sanierungsstrategien), S. 96 ff.

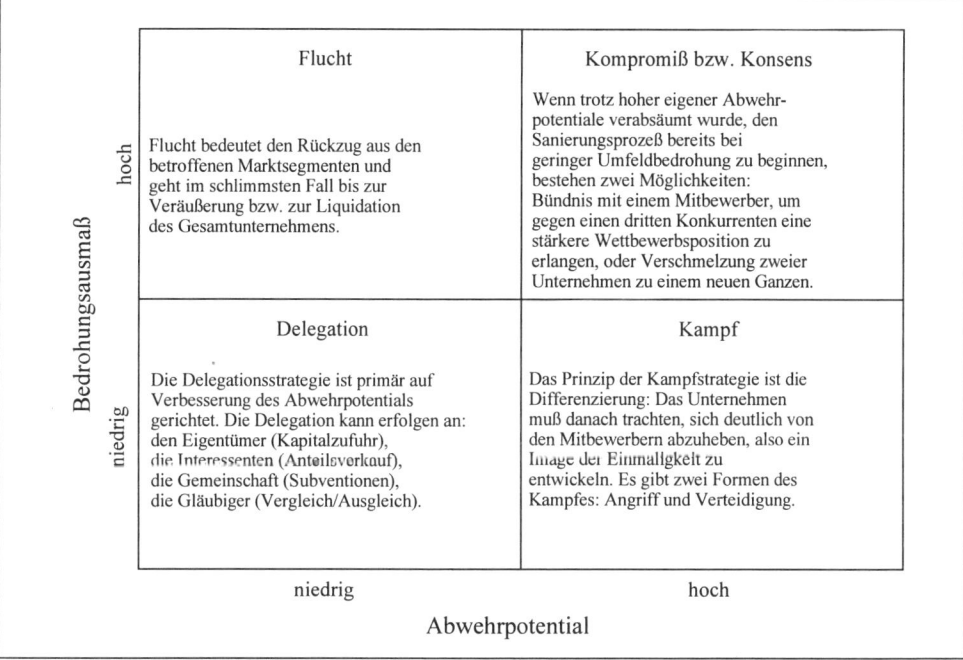

Abb. 17.2: Sanierungsstrategien

Die Umsetzung der Sanierungsstrategie erfordert einen umfassend geplanten Sanierungsprozeß, der von einem neuen Management – unterstützt durch Stäbe – getragen wird. Dieses Management erarbeitet einen inhaltlich und zeitlich präzisen Maßnahmenkatalog für das Sanierungsprojekt. Erst wenn dieser vorgelegt werden kann, ist eine breite Konzeptdiskussion anzustreben, insbesondere mit den Arbeitnehmervertretern. Erfolgsfaktor für die Vermittlung des Konzepts ist die Fähigkeit des Sanierungsmanagers, Überzeugung und Vision auszustrahlen.[1]

17.3.3 Chaosmanagement

Die Veränderungen des wirtschaftlichen, sozialen und politischen Umfelds lassen neue Anforderungen an das Management entstehen. Produktlebenszyklen werden ständig kürzer, Planungsprämissen verändern sich in unvorhersehbarer Weise schon wenige Monate nach der Planerstellung, und das Paradigma einer linearen Ursache-Wirkungs-Beziehung kann nicht länger aufrechterhalten werden. Das Konzept des Chaosmanagements ist darauf ausgerichtet, zum alternativen und kreativen Denken anzuregen.[2]

---

[1] vgl. Turnheim (Sanierungsstrategien), S. 125 ff.

[2] vgl. Turnheim (Chaos), S. 10 ff.

Turnheim gliedert sein Konzept in sieben Teilbereiche:

- Visionsfähigkeit,
- Synergiefähigkeit,
- Managementfähigkeit,
- Wettbewerbsfähigkeit,
- Erfolgsfähigkeit,
- Kommunikationsfähigkeit,
- Organisation und Struktur.

Visionsfähigkeit[1]

Planung ist im heutigen Unternehmensumfeld nicht als Instrument der Zukunftsgestaltung geeignet. An ihre Stelle tritt die Vision des Unternehmens. Wichtigster Bestandteil der Visionsfindung ist das Spiel, die freudige, träumerisch-spielerische Annäherung an gewünschte Zustände unter Berücksichtigung der im Spiel artikulierten bewußten und unterbewußten Erfahrungen.[2]

Ein weiterer zentraler Bestandteil der Visionsfähigkeit ist offene Unternehmenskultur. Nur eine offene Kultur ermöglicht eine allgemein bekannte, anerkannte und akzeptierte, sich ständig wandelnde Vision. Dabei ist zu beachten, daß es im Unternehmen nicht „eine" Vision gibt, sondern viele überlappende Einzelvisionen. Ziel ist die Konsensbildung zur möglichst weitreichenden Überlappung der Visionen.[3]

Synergiefähigkeit[4]

Bei der Nutzung von Synergiepotentialen im Unternehmen werden die Stärken der einzelnen Subsysteme gesucht und mit Blickrichtung auf die Ziele des Gesamtsystems gekoppelt, um eine gegenseitige Verstärkung zu erzielen. Zentrale Erfolgsfaktoren sind Fähigkeit zum Wandel und Innovationsfähigkeit. Unternehmensspiele sind geeignete Mittel, die Aufgeschlossenheit gegenüber diesen Fähigkeiten zu fördern.

Von besonderer Bedeutung sind Kreativitäts-, Technologie- und F&E-Synergien. In diesen Bereichen hilft die „Netzwerkphilosophie" bei der Nutzung der Synergiepotentiale. Netzwerke helfen dabei, auch Informationen zu bekommen, die nicht direkt mit den bearbeiteten Problemen in Zusammenhang stehen, sondern von außerhalb der Marktsegmente stammen. Das führt in der Praxis zu immer komplexeren Strukturen von Technologiekooperationen. Ziel dabei ist, Synergien zu nützen und dadurch Kosten und Zeit zu sparen.

Bei der neuen Form der strategischen Planung geht es darum, die Nutzung von Synergiepotentialen zu planen. Die Instrumente sind die gleichen, die Schwerpunkte verschieben sich allerdings in Richtung einer Prozeßplanung. Betrachtungseinheit ist nicht mehr die strategische Geschäftseinheit, sondern das Netzwerk und dessen Strukturen. Bei der Synergieplanung

---

1   vgl. Turnheim (Chaos), S. 64 ff.

2   vgl. Turnheim (Chaos), S. 67 ff.; Turnheim (Unternehmensspiele), S. 5 ff.

3   vgl. Turnheim (Chaos), S. 74 f.

4   vgl. Turnheim (Chaos), S. 90 ff.

ist zu bedenken, daß eindimensionale „Normstrategien" der klassischen strategischen Planung überwunden werden müssen. Statt dessen sind ein „sowohl als auch"-Denken und eine Form der offenen Planung anzustreben, die eine jederzeitige Neuplanung erlaubt,[1] da nur diese die notwendige Flexibilität besitzt.

Managementfähigkeit[2]

Neue Strukturen und Aufgaben bedürfen auch neuer Managementfähigkeiten. Eine zentrale Fähigkeit, die ein Management in einem dynamischen, „hektischen" Umfeld besitzen muß, ist die Fähigkeit zu Ruhe und Gleichmäßigkeit, ohne dabei ständigen Wandel zu verhindern.

Eine zweite, ebenso zentrale Fähigkeit des Managements ist die Führung zur Selbstorganisation in Netzwerken. Unternehmen sehen sich ständiger Reorganisation gegenüber, bei der – entsprechend dem Evolutionsgedanken – alles das verändert wird, was sich nicht bewährt hat. In diesem Zusammenhang ist der Irrtum als zentrales Element des Lernens anzuerkennen und positiv zu beurteilen. Der gesamte Prozeß orientiert sich an der Vision des Unternehmens und wird stark von informellen Führern geprägt, wodurch der Manager zum „Netzwerk-Server" wird.[3]

Ein weiteres zentrales Moment der Managementfähigkeit ist die Abkehr vom Einzelkämpfer und „Macher". Der Manager ist eher ein „Katalysator", der ausgleichende und integrierende Funktionen im Prozeß der Selbstorganisation erfüllt. Logische Konsequenz ist ein strenges Subsidiaritätsprinzip:

- Das Subsystem hat Vorrang gegenüber dem Gesamtunternehmen.
- Das Gesamtunternehmen fördert die Subsysteme bei ihrer Aufgabenerfüllung.
- Das Gesamtunternehmen beschränkt sich auf Aufgaben, die vom Subsystem nicht erbracht werden können.
- Alle Subsysteme haben die Pflicht, eigenständig alles zu leisten, was sie besser können als das Gesamtunternehmen.

Wettbewerbsfähigkeit[4]

Das Marktpotential ist auch bei turbulentem Umfeld die zentrale Größe des strategischen Managements. Es steht in direktem Zusammenhang mit der langfristigen Ertragskraft. Viele Unternehmen ziehen die Konsequenz in Form von Allianzen, wodurch sich der Wettbewerb vom Marktanteilskampf zu einer stärkeren Differenzierung verlagert. Die mit der Bildung von Allianzen internalisierten Konflikte müssen im Gegensatz zum Marktwettbewerb im Konsens gelöst werden.

Die zweite zentrale Größe der Wettbewerbsfähigkeit ist Schnelligkeit. Auch sie steht in Zusammenhang mit Allianzen und ist nicht mehr ein Privileg der Klein- und Mittelbetriebe. Durch gezielte Nutzung von Synergiepotentialen und kompromißlose Verankerung der Subsidiarität können

---

[1]   vgl. Turnheim (Chaos), S. 224 ff.

[2]   vgl. Turnheim (Chaos), S. 119 ff.

[3]   vgl. Turnheim (Chaos), S. 129

[4]   vgl. Turnheim (Chaos), S. 151 ff.

auch Großunternehmen zu Schnelligkeit gelangen und sogar kleine, auf dem Kapitalmarkt nicht vertretene und daher bei der Kapitalbeschaffung langsamere Unternehmen verdrängen.

Schließlich benötigt man zum Aufbau und zum Halten von Wettbewerbsfähigkeit ein strategisches Informationssystem, einen Wettbewerbsradar, der Informationen über Branche und Wettbewerber liefert. Auch in diesem Bereich gibt es immer häufiger Informationsallianzen. Aufbauend auf den zur Verfügung stehenden Daten, erfolgt eine ständige Rückkopplung mit dem Branchenführer (Benchmarking).

Erfolgsfähigkeit[1]

Trotz aller Relativierungen klassischen Managementwissens durch das Chaosmanagement müssen Unternehmen auch in turbulenten Zeiten Gewinne erwirtschaften. Eindeutige Erfolgsfaktoren des operativen Managements besitzen aber keine Gültigkeit mehr. Sogar Instrumente der operativen Planung können in der Einjahresplanung Umfeldveränderungen nicht ausreichend berücksichtigen. Daher muß das Management das „Experiment, Management ohne feste Regeln zu betreiben"[2] wagen. Folgende Adaptionen des bisherigen Managementwissens sind in diesem Zusammenhang notwendig:

- Relativierung des Profit-Center-Gedankens durch vermehrte Rückkopplung mit dem Gesamtsystem und auf den Gesamtunternehmenserfolg (und nicht auf den Profit-Center-Erfolg) ausgerichtete Anreizsysteme.
- Ist Instabilität die Regel, so unterliegt auch der Ertrag größerer Turbulenz und kann nur mehr in Schwankungsbreiten geplant werden. Darüber hinaus muß erkannt werden, daß kleine Ursachen in turbulenten Systemen große, chaotische Auswirkungen haben können (Schmetterlingseffekt).
- Steuerungseinheiten müssen dort angesiedelt werden, wo sie die Komplexität bewältigen können. Das führt zu dezentraler Steuerung und Subsidiarität.
- Annäherung an die Realität kann statt durch Einsatz rationaler Managementinstrumente durch Spiel erfolgen, wodurch Visionen aufgebaut werden.
- Konsens im Unternehmen und mit dem Wettbewerb ist besser, als Macht- und Marktanteilskämpfe auszutragen. Dabei werden Verwirklichung von Individualität, Produktivität und gemeinsame Nutzung von Ressourcen möglich.
- Konzentration auf das Kerngeschäft ist gegenüber einer Strategie des divisionalen Wachstums zu bevorzugen. Unternehmenswachstum schützt in Zeiten stagnierender und schrumpfender Märkte nicht vor Krisen, sondern Überkapazitäten können sogar Krisen auslösen.
- Im Mittelpunkt der Innovation steht das Prinzip des Recyclings.

---

[1] vgl. Turnheim (Chaos), S. 187 ff.

[2] Turnheim (Chaos), S. 189

Kommunikationsfähigkeit[1]

Bei der betrieblichen Kommunikation muß zwischen operativen und strategischen Systemen unterschieden werden. Die unterschiedlichen Aufgaben führen auch zu unterschiedlicher Systemgestaltung. Operative Systeme orientieren sich an der Unternehmenshierarchie und sind stark zweckorientiert angelegt. Strategische Systeme werden netzwerkartig aufgebaut und richten sich nicht an einen spezifischen Adressaten.

Als weitere Anforderungen an Informationssysteme sind zu nennen:

- Informationshierarchie: Je höher in der Hierarchie, desto weniger und verdichtetere Informationen gibt es. Das Management muß nicht über Einzelheiten, sondern über die globale Entwicklung informiert werden, um die globale Steuerung durchführen zu können.

- Expertensysteme verdrängen die klassischen „Experten". Im Management ist Kreativität von Bedeutung, Wissenszentralisation wird in Frage gestellt.

- Die Zeit als Erfolgsfaktor bringt neue Anforderungen für die Informationsverarbeitung: weniger, schneller, einfacher.

- Überwindung der Dominanz operativer Systeme, die keinerlei Rückkopplungsmöglichkeiten zulassen.

Organisation und Struktur[2]

Turnheim unterscheidet zwischen Struktur und Organisation. Organisation stellt die konstitutiven Beziehungen eines Systems dar und äußert sich in dessen externer Lebensfähigkeit. Struktur ist kein Faktor der Lebensfähigkeit, sondern lediglich der Aufbau der inneren Beziehungen des Systems. Verändert sich das Unternehmensumfeld, muß die Organisation interne Strukturveränderungen durchführen, um extern als Organisation lebensfähig zu bleiben und ihre Identität zu erhalten. Lebensfähigkeit wird durch Komplexität, Flexibilität, Wertewandel, Integration und Lernfähigkeit erreicht.[3]

Turnheim überträgt die Erkenntnisse der fraktalen Geometrie Mandelbrots auf die Unternehmensführung und stellt Prinzipien einer fraktalen Unternehmensstruktur auf. Solche Strukturen müssen Heterogenität und Flexibilität besitzen und sollten durch „Zellteilung" statt durch Funktionsteilung entstehen. Damit ist gemeint, daß bei der Entstehung von Subsystemen die wichtigsten Funktionen und Erkenntnisse der übrigen Systemteile übernommen werden. Fraktale Struktur fordert auch eine möglichst große „Oberfläche" gegenüber dem Umfeld, um ein Höchstmaß an Umfeldinformationen aufnehmen zu können.[4]

In enger Abhängigkeit von der Struktur ist die Strategie zu sehen (strategy follows structure), wobei die Strategie nicht wie im klassischen strategischen Management von der strategischen Planung dominiert wird. Das Schwergewicht liegt auf der Vision als „nichtlineares Gebilde, in dem eine Reihe von Möglichkeiten, Annahmen, Gefühlen, Vorstellungen usw. enthalten ist".[5]

---

[1] vgl. Turnheim (Chaos), S. 217 ff.

[2] vgl. Turnheim (Chaos), S. 24 ff.

[3] vgl. Turnheim (Chaos), S. 49

[4] vgl. Turnheim (Chaos), S. 29 ff.

[5] Turnheim (Chaos), S. 25

Ein weiteres Element der organisatorischen und strategischen Gestaltung ist das zyklische Denken, dem die Erkenntnis von Lebenszyklus und von der Reproduktion evolutionärer Prozesse zugrunde liegen. Die bewußte Gestaltung des Unternehmenszyklus durch Kombination von Geschäftseinheiten ähnlicher oder gänzlich unterschiedlicher Stellung im Lebenszyklus bietet die Möglichkeit der Gestaltung von Synergiepotentialen. Überlebensfähigkeit wird damit zu einem der zentralen Bestandteile strategischer Ausrichtung.[1]

17.3.4 Chaotische Unternehmensstrategie[2]

Im Zentrum einer chaotischen Unternehmensstrategie stehen Selbstorganisation, Selbstähnlichkeit und Ausgewogenheit zwischen Stabilität und Instabilität im Zentrum. Chaotische Unternehmensstrategien müssen zum Wandel beitragen, der durch folgende Maßnahmen entsteht:

- Zulassen von Abweichungen und Selbstorganisation,

- Fördern von Synergien,

- Erkennen kleiner Abweichungen als Ursache großer Wirkungen,

- Selbsterneuerung.

Turnheim wendet sich in diesem Zusammenhang gegen derzeitigen Trend der Konzentration auf Kernkompetenzen, wenn er sagt: „Bei turbulenten und dynamischen Marktzuständen sollte man Randbereiche stärken und Kernbereiche flexibilisieren. Denn nichts ist heute schädlicher als ein narzißtischer Kernbereich, der selbstherrlich auf seine vergangenen Erfolge pocht."[3]

17.3.5 Unternehmensspiele

„Wir wissen aus unserer Erfahrung, daß im Spiel die wesentlichsten Elemente der Erkenntnis, der Erfahrung, der Kreativität und des Lernens von Verhaltensweisen begründet sind. Wir haben, beginnend mit unserem Sein im Mutterleib, durch Spielen alle möglichen Lebenssituationen zu begreifen gelernt und das sehr effizient in einer sehr kurzen Zeit im Verhältnis zu unserem gesamten Sein auf dieser Welt."[4]

Für Turnheim liegt es daher nahe, organisationales Lernen und Begreifen der Wettbewerbssituation eines Unternehmens ebenfalls mit Hilfe von Spielen zu unterstützen. Im Rahmen von Spielen gelingt es Managern, ihre bewußt und unterbewußt gespeicherten Informationen über das Unternehmensumfeld zu artikulieren und damit nutzbar zu machen. Durch spielerische Verknüpfung von Gefühl und Verstand entsteht darüber hinaus die notwendige Effizienz und Effektivität der Zielerreichung, die das Spiel anstrebt. Konkret erstreckt sich der An-

---

[1]   vgl. Turnheim (Chaos), S. 40 ff.

[2]   vgl. Turnheim (Unternehmensstrategien), S. 503 ff.

[3]   Turnheim (Unternehmensstrategien), S. 507

[4]   Turnheim (Unternehmensspiele), S. 6

wendungsbereich von der Visionsfindung und Strategieplanung bis zur Erarbeitung von operativen Maßnahmenplänen.[1]

Spielvorbereitung[2]

Unternehmensspiele finden in der Regel – unterstützt durch einen (externen) Spielleiter (Berater) – an einem Seminarort außerhalb des Unternehmens statt. Um die Spiele vorzubereiten, sind inhaltliche und organisatorische Maßnahmen nötig.

Mittels eines Fragebogens werden beispielsweise die formellen und informellen Führer im Unternehmen gesucht und die Ist-Situation beziehungsweise Einstellung des Unternehmens über folgende Themenkreise erhoben:

- Organisation und Struktur,
- Produkte und Technologien,
- Markt und Wettbewerb,
- Wirtschaftliche und finanzielle Situation,
- Kommunikation und Information,
- Vision und Management.

Spieldurchführung[3]

Grundsätzlich können zwei Arten von Spielen unterschieden werden, die im Rahmen einer Klausur abwechselnd eingesetzt werden:

- Plenumsspiele

  Sie dienen zum Kennenlernen, Abstimmen und gegenseitigen Informieren der Spielteilnehmer. Weiters werden in den Plenumsspielen die Ergebnisse der Gruppenspiele weiterverarbeitet.

- Gruppenspiele

  Für die Gruppenspiele wird das Plenum in Untergruppen zerteilt. Unter Zeitdruck sind Einzelaufgaben zu lösen, deren Ergebnisse ins Plenum getragen werden. Die Einzelaufgaben werden so gewählt, daß sich im Plenum eine Situation höherer Komplexität ergibt.

---

1   vgl. Turnheim (Unternehmensspiele), S. 7 f.

2   vgl. Turnheim (Unternehmensspiele), S. 9 ff.

3   vgl. Turnheim (Unternehmensspiele), S. 22

Plenumsspiele	**Gruppenspiele**
Problemhaufen	**Ideen-ABC**
Einleitungsspiel, um die Problemsichtweise der Teilnehmer aufzudecken. Auf Kärtchen werden von den Teilnehmern die wichtigsten Probleme angeführt.	Ideen zur Bewältigung der im Plenum aufgezeigten Probleme sollen entwickelt werden (Brainstorming).
Gruppenbildung	**Wunsch-ABC**
Die Gruppenbildung für die Gruppenspiele kann entweder zufällig oder durch ausgewählte Gruppenführer erfolgen. Jedenfalls sollten nicht zu homogene Gruppen entstehen.	„Weihnachtswünsche" zu den im Plenum erarbeiteten Problemen werden artikuliert.
Gefühle schreiben	**Markt**
Charakterisierung der Ergebnisse vorangegangener Spiele (Gruppenspiele) mit Eigenschaftswörtern.	Jede Gruppe spielt vor dem Plenum einen Wettbewerber, der Maßnahmen entwickelt, dem eigenen Unternehmen Marktanteile abzuringen.
Nichtproblem	**Szenario**
Suche nach den Stärken des Unternehmens, also den Nichtproblemen.	Ein pessimistisches und ein optimistisches Szenario sollen erarbeitet werden. Hier wird das Plenum nur in zwei Untergruppen geteilt.
Rollenspiel	**Bild**
Das Verstehen anderer wird im Spiel geübt. Gespielt werden beispielsweise Aufsichtsräte, Wettbewerber usw.	Die Vorstellungen über ein bestimmtes Thema (etwa das Unternehmen im Jahr 2000) werden von der Gruppe in einem Bild festgehalten.
Bilddeutung	**Allianz**
Die in der Gruppe gefertigten Bilder werden gedeutet. Dadurch sollen die Visionen konkretisiert werden, die im Bild enthalten sind.	Externe und interne Allianzen werden erspielt, um die Konsensbereitschaft unter den Teilnehmern und gegenüber Marktpartnern zu erhöhen.
Individualität	**Vorstellung**
Am Schluß der Klausur soll jeder Spieler die Probleme oder Maßnahmen darstellen, die er für sich abgeleitet hat.	In Form von Szenen oder Geschichten werden zukünftige Situationen erspielt. Dabei werden unterbewußt verstandene Verhaltensformen artikuliert.

Abb. 17.3: Unternehmensspiele[1]

---

[1]   vgl. Turnheim (Unternehmensspiele), S. 22 ff.

17.4 Stärken des Konzepts

- Stärker als andere Autoren betont Turnheim die Bedeutung eines strategischen Informationssystems. Er gibt Hinweise für die Gestaltung, über die Unterschiede zu einem operativen Informationssystem und für eine EDV-technische Realisierung.

- Turnheim weist auf die Besonderheiten der Strategiefindung in Sanierungsfällen hin, bietet konkrete Hilfestellungen und betont die Bedeutung des Lebenszyklus auch für Unternehmen. Er gehört damit zu den wenigen Autoren, für die nicht nur die Art der Strategie, sondern auch die Methode der Strategiefindung und -durchsetzung vom Unternehmenskontext abhängt.

- Die strategische Planung ist mit zunehmender Unsicherheit behaftet, so daß jederzeit Neuplanungen und Planrevisionen in Betracht gezogen werden müssen. Turnheim begründet damit seine kritische Stellung gegenüber der Planung. Die Hauptaufgabe des Managements verlagert sich zur strategischen Steuerung und Visionsfindung. Strategische Pläne sind immer nur eine Auswahl aus einer Vielzahl möglicher Pläne, wobei zwar eine Entscheidung getroffen werden muß, dem ausgewählten Plan aber nicht der Anspruch der Allgemeingültigkeit zuerkannt wird.

- Turnheim ist einer der ersten Autoren, der praxisorientiert auf die Erkenntnisse der Chaostheorie Bezug nimmt. Er verbindet das Gedankengut dieser neuen Strömung der Naturwissenschaften verständlich und kreativ mit der Betriebswirtschaftslehre.

- Besondere Bedeutung nimmt in Turnheims Konzept die Nutzung von Synergiepotentialen ein. In diesem Zusammenhang kritisiert er die klassische, auf strategische Geschäftseinheiten konzentrierte strategische Planung, die Synergiepotentiale außer acht läßt, und geht auch auf die in den letzten Jahren verstärkt auftretenden Allianzen, Zusammenschlüsse und Kooperationen ein. Er sieht darin eine positive Entwicklung, die zu einer Steigerung der Aktionsgeschwindigkeit der Unternehmen beiträgt. Turnheims Konzept berücksichtigt somit vergleichsweise stark gegenwärtige wirtschaftliche Trends.

- Turnheim gibt konkrete Hilfestellung bei der „chaosorientierten" organisatorischen Gestaltung des Unternehmens, wobei er klar von einer Dominanz der Struktur über die Strategie ausgeht.

- Turnheim entwickelt mit der Konzeption von Unternehmensspielen ein neues Instrument der Strategieplanung, mit dem er Vorstellungsvermögen, Kreativität und Abbau von Bewußtseinsbarrieren sowie normenorientiertem Verhalten erreichen will.

17.5 Schwächen des Konzepts

- Turnheims Konzept orientiert sich stark an den Erfordernissen von Großunternehmen. Eine Reihe von Basisvoraussetzungen betrifft im wesentlichen die Organisation und das EDV-gestützte strategische Informationssystem. In Klein- und Mittelbetrieben können diese Voraussetzungen in der Regel nicht erfüllt werden.

- Turnheim trifft, vom Krisenfall abgesehen, keine Aussage über die konkrete Form strategischer Handlungsalternativen. Er beschränkt sich auf die Darstellung der Fähigkeiten, die ein Unternehmen im Wettbewerb besitzen muß, Hilfestellung bei der strategischen Wahl und bei der Umsetzung gibt er nicht.

- Turnheim mißt der Einrichtung einer strategischen Planungsstelle große Bedeutung bei. Er weist in diesem Zusammenhang nicht auf die in der betriebswirtschaftlichen und strategischen Literatur breit dargestellten Probleme hin, die in der Regel mit derartigen Stabsstellen verbunden sind.[1] Er berücksichtigt auch nicht, daß die für seine Planungsstelle vorgesehenen Aufgaben zum Controlling gehören[2].

- Turnheim nimmt starken Bezug auf nichtbetriebswirtschaftliche Literatur der System- und Chaosforschung. Die für das Management abgeleiteten Schlüsse wirken zum Teil simplifizierend und normativ. Die alleinige Begründung bestimmter Forderungen mit turbulentem Umfeldverhalten erscheint nicht immer ausreichend und nachvollziehbar.

- Turnheim gliedert sein Buch über Chaosmanagement in sieben Kapitel mit jeweils sieben Unterkapiteln. Da die einzelnen Kapitel und Unterkapitel nicht immer klar voneinander getrennt werden können, wirkt diese Form der Gliederung eher ästhetisch und symbolisch als aus systematischen Gründen erforderlich.

- Bei der Durchführung von Unternehmensspielen bedarf es hoher Aufgeschlossenheit der mitspielenden Manager, kritische Unternehmenssituationen und harte Fakten in eine spielerische Situation einzubringen. Es bleibt auch unklar, wieweit derartige Formen der Planung herkömmlichen Methoden in Hinblick auf die Strategiedurchsetzung tatsächlich überlegen sind.

17.6 Bedeutung für die Unternehmensführung

Turnheims Konzept hat bisher leider wenig Widerhall in der Fachliteratur gefunden.

Das Konzept wurde in der Praxis der österreichischen Industrie entwickelt und im Rahmen staatlicher Großbetriebe sowie in der Beratungstätigkeit Turnheims eingesetzt.

17.7 Empfohlene Literatur

Turnheim G.: Chaos und Management, Wien 1993, 233 Seiten. Extravagante, leicht lesbare und sehr anschauliche Zusammenführung von Chaosforschung und Managementlehre. Aufgelockert durch Cartoons.

Turnheim G.: Sanierungsstrategien, Wien 1988, 220 Seiten. Anschaulich aufbereiteter, gut lesbarer Praxisleitfaden mit vielen Abbildungen. Stellt die wichtigsten strategischen Instrumente einfach und anwendungsorientiert dar.

---

[1]   vgl. Mann (Unternehmen), S. 71 f.

[2]   vgl. Hoffmann (Aufgabenfelder), S. 171

Hans Ulrich

„Es scheint mir notwendig, wenn man die Welt des Managements verstehen will, eine umfassende Perspektive zu wählen, um die eigene Teilfunktion in einem größeren Zusammenhang zu sehen, und auch eine abstraktere Denkweise anzuwenden, die erst das konkret nicht Sichtbare, Geistige an dieser gesellschaftlichen Funktion hervortreten läßt."

Inhaltsverzeichnis

18 Hans Ulrich

18.1 Zur Person des Autors

Hans Ulrich wurde am 12. November 1919 in Brig, Schweiz, geboren. Er studierte von 1938 bis 1947 an der ETH Zürich und an der Universität Bern Wirtschaftswissenschaften, wo er 1944 „summa cum laude" promovierte. 1947 wurde ihm die Venia legendi an der Universität Bern erteilt. Seine Habilitationsschrift behandelte das Thema „Grundlagen der betriebswirtschaftlichen Organisationslehre". Ulrich war von 1954 bis 1985 als ordentlicher Professor für Betriebswirtschaftslehre an der Hochschule St. Gallen tätig. 1971 erhielt er die Friedrich Schär-Medaille. Von den Universitäten Zürich (1977), Augsburg (1980) und Mannheim (1985) wurde er mit der Ehrendoktorwürde ausgezeichnet.[1]

18.2 Grundlagen

Der von Ulrich dargestellte Systemansatz legt durch die Charakterisierung des Unternehmens den Grundstein zur Entwicklung von Führungssystemen. Das im folgenden dargestellte Managementmodell basiert auf dem Systemansatz und versucht die verschiedenen Aspekte der in einem Unternehmen zu bewältigenden Tätigkeiten und zu lösenden Aufgaben zu erfassen, um den Führungskräften durch die modellhafte Beschreibung von Sachverhalten, Problemen und Instrumenten Interdependenzen im Unternehmensgeschehen aufzuzeigen. Ferner sollen Führungskräfte durch das Managementmodell die Denkweise und das Instrumentarium des Systemansatzes beherrschen lernen, um Gegensätze und Mißverständnisse zwischen Theorie und Praxis zu vermeiden.

Zentrales Element des Ansatzes ist der Systembegriff. Ein System ist ein Ordnungskonzept, das aus einer geordneten Gesamtheit von Elementen besteht, zwischen denen Beziehungen hergestellt werden können.[2]

Die Arbeiten Norbert Wieners aus dem Jahr 1928 sind der Ausgangspunkt, aus dem sich insbesondere in den sechziger Jahren die Kybernetik als Wissenschaft von der dynamischen, selbstregulierenden Steuerung und Regelung von Systemen entwickelte. Im Laufe der Entwicklungsgeschichte veränderten sich die Schwerpunkte: Anfänglich stand die Beschreibung gleichgewichthaltender Prozesse im Vordergrund (Kybernetik 1). In der Folge traten jedoch Probleme der Instabilität, Flexibilität, Evolution und Selbstreferenz ins Zentrum der Betrachtung (Kybernetik 2).[3]

---

[1] vgl Probst, Siegwart (Management), S. 639 f.; Ulrich (Unternehmungspolitik), Klappentext

[2] vgl. Ulrich (Die Unternehmung), S. 105

[3] vgl. Ulrich (Die Unternehmung), S. 100 ff.; Staehle (Management), S. 40 ff.

Auch Ulrich hat diese Entwicklung vollzogen und kann heute als Vertreter der Kybernetik 2 angesehen werden.[1] Er versteht die Systemtheorie als spezifische (systemische, das heißt praktisch anwendbare, ganzheitliche[2]) Denkweise zur Lösung komplexer Probleme, die im Gegensatz zum klassisch reduktionistischen Denken steht.

Folgende Charakteristika sind für systemisches Denken typisch:[3]

Interdisziplinäre Denkweise

Unter interdisziplinärer Denkweise versteht man ein speziell problemorientiertes Vorgehen, bei dem Lösungswissen verschiedenartiger Wissensdisziplinen auf ein Entscheidungsproblem angewendet wird, um eine differenzierte Problemanalyse zu ermöglichen.

Ganzheitliche Denkweise

Zur Vermeidung der Betrachtung von Teilaspekten wird eine integrierte und umfassende Problemsicht angestrebt, die der Komplexität von Situationen und Problemen gerecht wird. Das ganzheitliche Denken spielt bei Ulrich eine zentrale Rolle. Die ganzheitliche Problemlösungsmethodik vollzieht sich in sechs Schritten:[4]

1.   Erstellung der Zielaspekte und der Problemsituation,

2.   Untersuchung und Interpretation der Wirkungsbeziehungen,

3.   Analyse der zukünftigen situativen Veränderungsmöglichkeiten,

4.   Definition der Lenkungsalternativen,

5.   Strategie- und Maßnahmenplanung,

6.   Realisierung der Problemlösung.

Analytische und synthetische Denkweise

Um das Wesentliche vom Unwesentlichen zu trennen, ohne den Bezug zum Gesamtzusammenhang beziehungsweise zur Detailerarbeitung zu verlieren, ist das Vorgehen auf unterschiedlichen Abstraktionsebenen notwendig.

Pragmatische Denkweise

Zur Bewältigung komplexer Situationen wird der Zustand unvollkommener Information bewußt akzeptiert, aber keine vollständige Erklärung angestrebt. Innerhalb dieser Denkart sind die rückgekoppelten Lenkungs- und Lernprozesse von Bedeutung.

Prozeßorientierte Denkweise

Um die Verhaltensweisen, Strukturen und Informationsbeziehungen dynamischer Systeme zu verstehen, muß man auf das Zusammenwirken der Subsysteme sowie auf deren Beeinflus-

---

[1]   vgl. Staehle (Management), S. 42

[2]   vgl. Ulrich, Probst (Anleitung), S. 20

[3]   vgl. Guntram (Systemtheorie), S. 297

[4]   vgl. Ulrich, Probst (Anleitung), S. 114 ff.

sungs- und Lernprozesse achten. Das Erfassen statischer Zustände ist dagegen von geringer Relevanz.

18.3 Inhalt des Konzepts

18.3.1 Das Unternehmen aus systemorientierter Sicht

Verfolgt man eine systemtheoretische Sichtweise, die den oben dargestellten Denkweisen entspricht, ist das Unternehmen als dynamisches, zielorientiertes, soziales, offenes und komplexes System zu charakterisieren, das in einem sich ändernden Umfeld produktive Funktionen erfüllt.[1]

Die einzelnen Bestandteile dieser Charakterisierung umfassen folgendes:

Das Unternehmen als offenes soziales System[2]

Primäre Aufgabe eines Unternehmens ist die Versorgung seines Umfelds durch die Produktion von Output. Diese Versorgungsfunktion unterstreicht die enge Beziehung zwischen Unternehmen und Umfeld, so daß es als unzweckmäßig erscheinen muß, Unternehmen als isolierbare Wirtschaftsgebilde zu verstehen. Wichtiger ist das Betrachten der Vernetzung des Unternehmens mit Gesellschaft, staatlicher Ordnung und allen übrigen Umfeldbereichen.

Das Unternehmen als zielorientiertes System[3]

Im Rahmen einer systemorientierten Betrachtung ist die unternehmerische Zielformulierung als Anpassungsprozeß anzusehen, bei dem die Anforderungen des Umfelds an das Unternehmen, aber auch der Versuch der Veränderung des Umfelds durch das Unternehmen zu berücksichtigen sind. Der Prozeß der Zielbestimmung ist dabei nicht isoliert zu betrachten und setzt sich aus Teilen umfassender Vorgänge der Willensbildung und -durchsetzung im Unternehmen zusammen. Angestrebt wird, die einzelnen Phasen des Unternehmensgeschehens miteinander zu verknüpfen, um eine Ausrichtung der Tätigkeiten aller unternehmerischen Subsysteme zur Realisierung der Unternehmensziele zu erreichen.

Das Unternehmen als strukturiertes System[4]

Die Unternehmensstruktur beziehungsweise -organisation muß in einer Form angelegt werden, die auch bei wechselnden Bedingungen zielgerichtete Durchführung der Aktivitäten ermöglicht. Generell besteht durch die sich im Zeitablauf ändernden Ziele, Umfeldansprüche und -bedingungen ständig die latente Notwendigkeit einer Organisationsrevision.[5]

---

[1]   vgl. Ulrich (Die Unternehmung), S. 158 ff.

[2]   vgl. Ulrich (Die Unternehmung), S. 166 ff.

[3]   vgl. Ulrich (Die Unternehmung), S. 161 und S. 186 ff.; Ulrich, Probst (Anleitung), S. 115 ff.

[4]   vgl. Ulrich (Die Unternehmung), S. 212 ff.

[5]   vgl. Ulrich, Probst (Anleitung), S. 66 ff.

„Organisationsprinzipien" sind daher nur als formale oder methodische Hilfestellungen, nicht aber im Sinn inhaltlicher „Gesetze" zu verstehen.[1]

Durch die Anforderung zielorientierten, rationellen Handelns wird in der Regel eine hierarchische Ordnung der Elemente für notwendig erachtet. Aufgrund der begrenzten Anzahl von Elementen, die eine Vielzahl unterschiedlicher Prozesse zu bewältigen haben, wird die Aufgliederung in Subsysteme höherer und niederer Ordnung vorgenommen. Daraus ergibt sich für die Planung die generelle Aufgabe, auf der Basis des Unternehmensleitbilds eine Zielhierarchie zu entwickeln. Anschließend sind die für die einzelnen Aufgaben entworfenen Prozeßstrukturen zu einem hierarchisch strukturierten Prozeßkomplex zusammenzufügen, um diesen dann in eine Beziehungsstruktur zu übersetzen.

18.3.2 Dimensionen des Unternehmensgeschehens

Die materielle Dimension[2]

Das Unternehmen hat als produktives soziales System die Funktion, Marktleistungen zu erstellen und diese an die Umwelt abzugeben: Input in Output zu transformieren. Das Unternehmensgeschehen stellt somit einen Transformationsprozeß dar. Zur Bestimmung operationaler Ziele ist die Fixierung anzustrebender Outputleistung in der materiellen Dimension nach technologischer Qualität, Menge, Zeit und Raum notwendig. Bei der Outputbestimmung – in der Sortimentsplanung oder in den Absatzprogrammen – sind als Einflußfaktoren die Absatz- und Beschaffungsmärkte sowie das eigene Zielsystem und Leistungspotential zu berücksichtigen. Innerhalb der einzelnen Subsysteme und Elemente des Unternehmens werden die Teilleistungen des allgemeinen Marktleistungsprozesses vom Marktleistungsziel her determiniert.

Die soziale Dimension[3]

Der Mensch ist die kleinste Einheit des interpersonellen Systems. Zusammen mit den technischen Anlagen bildet der Mensch die dauerhaft nutzbaren, produktiv tätigen Elemente des Unternehmenssystems. Der Mensch ist jedoch mehr als nur Betriebsmittel: Eigenständiger Wille, Verwirklichung persönlicher Bedürfnisse sowie individuelle und kollektive Wertvorstellungen gehören untrennbar dazu. Für Unternehmen ergibt sich durch diese soziale Dimension eine weit höhere Komplexität gegenüber technischen Systemen.

Die kommunikative Dimension[4]

Das Unternehmen als Kommunikationssystem bezieht sich auf die Nachrichtenübermittlung zwischen den Elementen und zwischen Unternehmen und Umfeld, ohne die zielorientiertes Handeln nicht möglich wäre. Im Kommunikationssystem eines Unternehmens besteht das kleinste Subsystem aus zwei Elementen, die durch einen Informationskanal miteinander verbunden sind. Das entspricht dem Grundmodell des Kommunikationsvorgangs.

---

[1] vgl. Ulrich (Die Unternehmung), S. 213

[2] vgl. Ulrich (Die Unternehmung), S. 227 ff.

[3] vgl. Ulrich (Die Unternehmung), S. 246 ff.

[4] vgl. Ulrich (Die Unternehmung), S. 257 ff.

Die wertmäßige Dimension[1]

Im Gegensatz zur materiellen Dimension, in der das Unternehmensgeschehen in seiner physikalischen Erscheinung erfaßt und gestaltet wird, soll die wertmäßige Dimension den Sinn für Menschen beurteilen. Das Wertsystem entspricht einem Nutzen, der als Tausch-, Gebrauchs- oder Ertragswert verstanden werden kann. Somit kann das Unternehmensgeschehen als Wertekreislauf betrachtet werden, in dem mit gewisser zeitlicher Verschiebung den meisten materiellen Inputs und Outputs Geldströme in Form von Zahlungen entgegenlaufen. Die wertmäßige Erfassung des Unternehmensgeschehens kann sowohl durch eine sogenannte „Momentaufnahme" erfolgen als auch durch laufende Bewegungsrechnung der wertmäßigen Zu- und Abgänge.

18.3.3 Das Managementmodell

Ulrich formuliert eine Reihe von Richtlinien, denen unternehmenspolitische Entscheidungen genügen sollten: Allgemeingültigkeit, Wesentlichkeit, langfristige Gültigkeit, Vollständigkeit, Wahrheit, Realisierbarkeit, Konsistenz, Klarheit. Vor dem Hintergrund dieser Anforderungen entwickelt Ulrich ein Ordnungsgerüst, das dem Management helfen soll, diese allgemeinen Anforderungen im Rahmen unternehmenspolitischer Entscheidungen weitgehend zu berücksichtigen. Das so entstehende Managementmodell umfaßt drei Bestandteile:

- Unternehmensleitbild,

- Unternehmenskonzept,

- Führungskonzept.[2]

18.3.4 Das Leitbild[3]

Das Leitbild faßt den gewollten zukünftigen Charakter eines Unternehmens zusammen. Dabei müssen die wesentlichsten Merkmale herausgegriffen und zu einem Idealbild geformt werden. Für die Entwicklung des Leitbilds ist es zweckmäßig, „die Unternehmung gewissermaßen von außen zu betrachten und sie in erster Linie in ihrer Funktion in der Umwelt zu charakterisieren".[4]

Bestandteile eines Leitbilds sind:

- Marktleistungen, Befriedigung von Kundenbedürfnissen (Qualität, Preisniveau, Service etc.),

- Marktstellung (Marktanteil, geographische Reichweite etc.),

- Verhaltensweise gegenüber Kunden, Konkurrenten und Lieferanten,

---

[1] vgl. Ulrich (Die Unternehmung), S. 269 ff.

[2] vgl. Ulrich (Unternehmungspolitik), S. 29 ff.

[3] vgl. Ulrich (Unternehmungspolitik), S. 91 ff.

[4] Ulrich (Unternehmungspolitik), S. 91

- Funktionen des Unternehmens in der Gesellschaft (soziale, ökologische und politische Verantwortung).

Zur Unterstützung bei der Erstellung des Leitbilds bietet Ulrich eine zwölf Punkte umfassende Checkliste an, die durch eine Unternehmensanalyse und eine Prognose der Umfeldeinflüsse in Form von Szenarien ergänzt werden muß.

18.3.5 Das Unternehmenskonzept[1]

Das Unternehmenskonzept baut auf dem Unternehmensleitbild auf. Die im Leitbild gemachten Aussagen müssen konkretisiert werden, damit den ausführenden Führungskräften, vor allem der mittleren Managementebene, greifbare, operationalisierte Vereinbarungen vorliegen. Im Rahmen des Unternehmenskonzepts werden Ziele vereinbart, Aussagen über die Mittel (das Leistungspotential) getroffen, die dem Unternehmen zur Verfügung stehen sollen, und grundsätzliche Verfahrensweisen (Strategien) beim Mitteleinsatz zur Zielerreichung festgelegt.

	Leistungswirtschaftliches Konzept	Finanzwirtschaftliches Konzept	Soziales Konzept
Ziele	Produkt-/Markt-Konzept Marktziele • Bedürfnisse • Märkte • Umsatzvolumen Produktziele • Art & Qualität • Sortiment • Produktmengen	Zahlungsbereitschaftsziele • Liqiditätsreserve • Liquiditätskennzahlen Ertragsziele • Absolut • Rentabilität	Gesellschaftliche Ziele • Restriktive Ziele • Zusatzziele Mitarbeiterbezogene Ziele • Ziele des Personalwesens
Leistungspotentiale	Personelles Potential Räumliches Potential Technisches Potential Verbrauchsgüter	Kapitalvolumen Kapitalstruktur • Finanzierungsgrad • Deckungsgrad	Gesellschaftliches Potential • Finanziell • Personell • Materiell Mitarbeiterbezogenes Potential
Strategien	Strategie der Marktleistungsentwicklung • Leistungserstellung • Leistungsverwertung • Leistungsbeschaffung	Wirtschaftlichkeitsstrategien Finanzierungsstrategien	Gesellschaftsbezogene Verhaltensnormen Mitarbeiterbezogene Verhaltensnormen

Abb. 18.1: Überblick über das Unternehmenskonzept[2]

---

[1]   vgl. Ulrich (Unternehmungspolitik), S. 99 ff.

[2]   vgl. Ulrich (Unternehmungspolitik), S. 171

Ulrich gliedert das Unternehmenskonzept in drei Teilkonzepte (leistungswirtschaftliches, finanzwirtschaftliches, soziales Konzept), für die jeweils Strategien, Leistungspotentiale und Ziele zu vereinbaren sind.

Die Ziele charakterisieren einen „Vorzugszustand", der als erstrebenswert gilt. Die Gesamtheit aller Ziele bildet das System der obersten Unternehmensziele. Aufgabe des Topmanagements ist es, weitgehende Harmonie der obersten Unternehmensziele zu erreichen und miteinander vereinbarte Anspruchsniveaus festzulegen.[1]

Das Leistungspotential ist als Gesamtheit aller materiellen und immateriellen Ressourcen definiert, die dem Unternehmen zur Verfügung stehen. Es ist in Übereinstimmung mit den Unternehmenszielen festzulegen, wobei der ein integriertes Leistungspotential sicherstellende Harmonisierungsprozeß klar im Vordergrund steht.[2]

Ulrich vertritt einen sehr engen Strategiebegriff: Strategie ist die Bestimmung der grundsätzlichen Vorgehensweise zur Erreichung unternehmenspolitischer Ziele. Der Zielbildungsprozeß und die unternehmenspolitischen Ziele sind damit keine Bestandteile der Strategie. Die Strategie ist ein weiterer Schritt in der Konkretisierung der Unternehmensziele, wobei das verfügbare Leistungspotential berücksichtigt werden muß.[3]

Das leistungswirtschaftliche Konzept[4]

Das leistungswirtschaftliche Konzept umfaßt die wesentliche zukünftige Charakteristik des Unternehmens. Bezeichnendes Merkmal des Konzepts ist seine Dualität, da es einerseits nach außen gerichtet ist, sich also mit der Stellung des Unternehmens auf den Märkten befaßt, andererseits aber darauf abzielt, Absatz-, Produktions- und Forschungspolitik als ganzheitliches Konzept zu betrachten, um rivalisierendes Denken und Handeln in diesen Bereichen zu vermeiden.

Die leistungswirtschaftlichen Ziele lassen sich in Markt- und Produktziele unterscheiden. Marktziele haben im wesentlichen die Bestimmung der Märkte und Marktsegmente, der Marktstellung in den einzelnen Segmenten und die Bestimmung des angestrebten Umsatzvolumens zum Inhalt. Produktziele legen Art, Menge und Qualität der erzeugten oder bereitgestellten Güter fest.

Die enge Verflechtung dieser Zielbereiche erfordert simultane Berücksichtigung, die sich im Produkt-Markt-Konzept niederschlägt. Zur Umsetzung dieses Produkt-Markt-Konzepts müssen personelle und materielle Kapazitäten (Leistungspotentiale) vorhanden sein, unter Berücksichtigung der Anforderungen, die die Ziele an Leistungspotentiale stellen.

Das Leistungspotential ist so zu gestalten, daß die angestrebten Produkt- und Marktziele erreicht werden können. Notwendige Änderungen der personellen und sachlichen Kapazitäten wirken sich vor allem in der Investitionspolitik aus. Daraus können sich auch Anpassungen der bereits verfolgten Ziele ergeben.

---

[1] vgl. Ulrich (Unternehmungspolitik), S. 100 ff.

[2] vgl. Ulrich (Unternehmungspolitik), S. 105 f.

[3] vgl. Ulrich (Unternehmungspolitik), S. 106 f.

[4] vgl. Ulrich (Unternehmungspolitik), S. 108 ff.

In der leistungswirtschaftlichen Strategie wird die grundsätzliche Vorgangsweise zur Zielerreichung festgelegt, wobei man von bisherigen Produkt-Markt-Kombinationen ausgeht. Als Methodik zur Entwicklung eines Produkt-Markt-Konzepts bedient sich Ulrich der Portfolioanalyse.

Das finanzwirtschaftliche Konzept[1]

Im Mittelpunkt des finanzwirtschaftlichen Konzepts stehen die monetären Aspekte des Unternehmensgeschehens.

Die finanzwirtschaftlichen Unternehmensziele werden in drei Bereiche unterteilt:

- Zahlungsbereitschaftsziele betreffen vor allem die jederzeitige Liquidität, ein Basisziel und darüber hinaus eine legistisch vorgeschriebene Existenzbedingung des Unternehmens.

- Ertragsziele orientieren sich an den Geldmitteln, die ein Unternehmen durch seine laufende Tätigkeit auf den Märkten zu generieren imstande ist.

- Wirtschaftlichkeitsziele messen die Effizienz der Unternehmenstätigkeit.

Das finanzwirtschaftliche Potential ist durch die Finanzkraft des Unternehmens gekennzeichnet, die wiederum durch das in bestimmtem Volumen und bestimmter Struktur zur Verfügung stehende Kapital gegeben ist.

Finanzwirtschaftliche Strategien sind Richtlinien für das Finanz- und Rechnungswesen des Unternehmens. Liquiditätsstrategien orientieren sich an Liquiditätskennzahlen und beinhalten unter anderem die Planung der Liquiditätsreserve, die unvorhersehbare Liquiditätsbeanspruchungen abfangen soll. Ertragsstrategien beschäftigen sich mit Gewinnerzielung und -verwendung, wobei die unterschiedlichen Erwartungen verschiedener Interessengruppen berücksichtigt werden müssen.

Das soziale Konzept[2]

Ulrich hebt das in der klassischen Betriebswirtschaftslehre vernachlässigte soziale Konzept besonders hervor. Dabei bilden die Beziehungen des Unternehmens als Ganzes zu seinem Umfeld das „externe soziale Konzept", während im „internen sozialen Konzept" die Ansprüche der Mitarbeiter im Vordergrund stehen.

Alle Ziele, die das Unternehmen in seinem sozialen Umfeld anstrebt, können als gesellschaftspolitische Ziele bezeichnet werden. Man kann davon ausgehen, daß das Unternehmen allgemeines Interesse daran hat, ein soziales, wirtschaftliches und rechtsstaatlich orientiertes Umfeld vorzufinden, das ihm beste Entfaltungsmöglichkeiten bietet. Das Unternehmen muß aber auch seinen Teil an der gesellschaftlichen Verantwortung übernehmen und durch seine Aktivitäten insbesondere dafür sorgen, daß es wirtschaftliche Funktionen ohne Schädigung des Umfelds erfüllt.

Das externe soziale Konzept wird durch mitarbeiterbezogene Ziele des Unternehmens ergänzt. Aus der Betrachtung des Unternehmens als Institution des Zusammenlebens und -wirkens von Menschen und aus den daraus resultierenden gruppendynamischen Eigenheiten ergibt sich die

---

1   vgl. Ulrich (Unternehmungspolitik), S. 123 ff.

2   vgl. Ulrich (Unternehmungspolitik), S. 146 ff.

Frage nach sozialen Gesetzmäßigkeiten, wobei Arbeitszufriedenheit als wesentlichste Komponente hoher Arbeitsproduktivität gilt. Zu rational erfaßbaren Elementen stoßen emotionale Faktoren, die der Mensch zur Selbstentfaltung und -verwirklichung benötigt. Ganz allgemein soll das Unternehmen daher trachten, das Selbstwertgefühl der Mitarbeiter zu respektieren und zu fördern.

18.3.6 Das Führungskonzept[1]

Neben dem Vollzug der von der Unternehmensführung vorgegebenen Ziele müssen auch die Führungstätigkeiten selbst in einem System arbeitsteiliger Zusammenarbeit erfolgen. Die Unternehmensführung ist Teilsystems des Unternehmens. Das Führungskonzept verfolgt den Zweck, Grundsatzentscheidungen der „Führung der Führung"[2] festzulegen.

Um Verständnis für die Führungsprobleme der Zukunft zu wecken, faßt Ulrich die Anforderungen an ein Führungskonzept in zehn Thesen zusammen:[3]

a) **„Unternehmensführung besteht nicht nur aus dem Topmanagement, sondern aus dem ganzen Kader."** Ulrich bestreitet nicht, daß es Unternehmerpersönlichkeiten gibt, die Unternehmen prägen, doch erweist es sich immer wieder, daß solche individuellen Ausnahmeleistungen nur zusammen mit einer Anzahl von unbekannten Führungskräften möglich gemacht wurden.

b) **„Es gibt keine Führung an sich, sondern nur eine Führung verbunden mit zu lösenden Sachaufgaben."** Nur wenn die Probleme erkannt werden, die ein Unternehmen in Zukunft lösen muß, läßt sich ein zweckmäßiges Führungskonzept entwickeln.

c) **„Unternehmensführung ist nicht nur Menschenführung, sondern Gestaltung und Lenkung eines sozialen, wirtschaftlichen und technischen Systems."** Menschenführung ist ein wichtiger Teil der Gesamtaufgabe der Unternehmensführung, reicht allerdings nicht aus, um das komplexe System des Unternehmens erfolgreich zu lenken.

d) **„Unternehmensführung kann nicht mit Organisation gleichgesetzt werden."** Organisation ist Strukturierung des Systems mit Blick auf die in Zukunft zu bewältigenden Aufgaben. Sie versteht sich daher als Bestandteil des Führungssystems.

e) **„Die konkreten Führungsaufgaben sind von Chef zu Chef verschieden."** So wie das Unternehmen ist auch die Führung ein arbeitsteiliges System, bei dem die Führungskräfte die unterschiedlichsten Aufgaben in den zugewiesenen Kompetenzbereichen zu erfüllen haben.

f) **„Führungspositionen erfordern ein breites, aber nicht allgemein definierbares Spektrum von persönlichen Fähigkeiten und Wissen."** Erfolgreiches Führen erfordert Fähigkeiten, über die nicht alle Menschen verfügen. Um langfristig geeignete Führungskräfte zu haben, muß im Rahmen des Führungskonzepts auf deren Ausbildung extremes Augenmerk gelegt werden.

---

[1] vgl. Ulrich (Unternehmungspolitik), S. 181 ff.

[2] vgl. Ulrich (Unternehmungspolitik), S. 181

[3] vgl. Ulrich (Unternehmungspolitik), S. 183 ff.

g) **„Das Wissen um Führungstechniken, -instrumente und -konzepte ist lernbar und für alle Führungspositionen von zunehmender Bedeutung, veraltet aber relativ rasch.“** Für einen Chef sind nicht nur persönliche Eigenschaften von Bedeutung, sondern auch Wissen über Sachbereiche und Führungsinstrumentarien. Die rasche Entwicklung erfordert ständige Erneuerung des Wissensstands. Das Führungsmodell muß auch sicherstellen, daß der Wissensstand auf aktuellem Niveau gehalten werden kann.

h) **„Führungskräfte sollen möglichst selbständig denken und handeln, Führungsinstrumente und -methoden sollen sie dabei unterstützen und nicht hindern.“** Die Art der Führung kann nicht in ein bestimmtes Schema gepreßt werden, sondern muß Spielraum lassen. Nur so kann auf sich verändernde Umfeldbedingungen rasch (und) entsprechend reagiert werden.

i) **„Aus der Vielfalt angebotener Führungsmittel und -methoden muß eine sinnvolle Auswahl getroffen werden, wobei der gegenseitigen Abstimmung der einzelnen Instrumente und ihrer Integration zu einem Gesamtkonzept hohe Bedeutung zukommt.“** Was für ein Unternehmen gut ist, muß für ein anderes noch lange nicht passen. Ein entscheidender Erfolgsfaktor ist die situationsgerechte Auswahl.

j) **„Führen bedeutet Lösen schwieriger Probleme für ein komplexes System im Zustand der Unsicherheit.“** Aufgabe des Führungsmodells ist es, Voraussetzungen für die Anwendung von geeigneten Lösungsaufgaben zu schaffen.

Das Führungssystem[1]

In der Praxis gibt es eine Vielzahl von Führungsinstrumenten, die aber kaum koordiniert werden. Zielsetzung ist, ein abgestimmtes System von Führungsinstrumenten zu entwickeln. Ein so integriertes Führungssystem macht einen konzeptionellen Rahmen notwendig. Dabei geht man davon aus, daß das Unternehmen aus ausführenden beziehungsweise operativen Teilsystemen besteht, die von einem dreistufigen Führungssystem überlagert sind:

- **Dispositionssystem**

  Die unterste Stufe des Führungssystems sind die Dispositionssysteme. Sie sind die direkte Verbindungsstelle zu den operativen Einheiten. Ihre Aufgabe ist es, ein Arbeitsvorbereitungssystem zu entwickeln, das die wirtschaftlichste Bearbeitung von Aufträgen gewährleistet. Danach wird der Arbeitsvorgang in Gang gesetzt und – wenn notwendig – durch Korrekturmaßnahmen gesteuert.

  Alle Aufgabenbereiche müssen mit einem Kontrollsystem gekoppelt sein, das die Arbeit des Dispositionssystems unterstützt und den höheren Führungssystemen als Informationsquelle dient.

- **Planungssystem**

  Die nächsthöhere Führungsstufe ist das Planungssystem, in dem das zukünftige Handeln des Unternehmens langfristig und vorgreifend entworfen wird. Ergebnis sind Pläne, die später durch die dispositiven beziehungsweise operativen Systeme realisiert werden. Das

---

[1]   vgl. Ulrich (Unternehmungspolitik), S. 192 ff.

Planungssystem sollte daher als ein alle Unternehmensaktivitäten umfassendes System gestaltet werden.

- **Politiksystem**

  Das oberste Teilsystem wird als Politiksystem bezeichnet. Hier werden unternehmenspolitische Grundsatzentscheidungen getroffen und allgemeine Richtlinien, Ziel-
  setzungen und Verhaltensnormen als Führungsanweisung für die übrigen Führungs- und
  Ausführungssysteme erarbeitet.

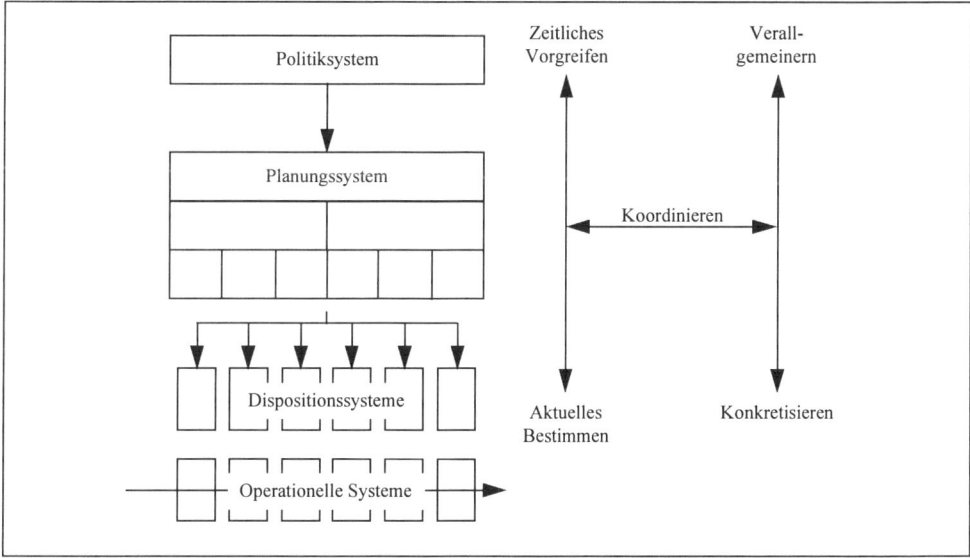

Abb. 18.2: Stufen der Führung[1]

Die dreistufige Hierarchie funktioniert nur, wenn ein ausreichendes, integriertes Kommunikations-
und Informationssystem besteht, das die jeweilige Führungsstufe mit den tatsächlich benötigten
Informationen, sowohl externer als auch interner Natur, versorgt. Damit kann auch vermieden
werden, daß viele Informationen doppelt bearbeitet werden oder unnötig bei den einzelnen Stellen
einlangen.

Der elektronischen Datenverarbeitung kommt speziell in diesem Bereich große Bedeutung zu.
Sie muß für problemgerechte Aufarbeitung und Verteilung von Basis- und Kontrollinformationen sorgen und zur Bewältigung zahlreicher logischer Operationen im Entscheidungsprozeß herangezogen werden. Die Konzeption der elektronischen Datenverarbeitung ist daher ein
wesentlicher Faktor, um ein maximal effizientes Mensch-Maschinen-System zu erreichen.

---

[1]   vgl. Ulrich (Unternehmungspolitik), S. 192

Das integrierte Organisationskonzept[1]

Die Organisation des Unternehmens ist jenes Element, das die innere Stabilität eines Systems sicherstellt. Um jedoch den Bedürfnissen strategischer Einheiten gerecht zu werden und größtmögliche Flexibilität (zum Zweck der Anpassung an Umfeldveränderungen) zu erzielen, muß statt einer einfachen, eindimensionalen Denkweise eine mehrdimensionale Betrachtungsweise verfolgt werden. Daraus entstehen Organisationsstrukturen höherer Ordnung, die die notwendige Varietät gewährleisten.

Die primäre Struktur errichtet im Unternehmen eine einfache hierarchische Ordnung. Von Bedeutung ist die Aufteilung des Unternehmens in relativ kleine selbständige Einheiten. Gemäß diesem Dezentralisationsprinzip müssen operative Einheiten, zentrale Dienste und eine zentrale Unternehmensleitung gebildet werden.

Die sekundäre Struktur ist im Gegensatz zur primären Struktur nicht permanent, sondern wird nur in speziellen Fällen zur Unterstützung herangezogen. Ein Beispiel ist die Einführung einer neuen Produkt-Markt-Orientierung: Dabei ist Zusammenarbeit über die Grenzen der primären Organisationsbereiche notwendig.

Die tertiäre Struktur dient der Projektorganisation und ist ebenfalls eine temporäre Struktur. Dabei geht es nicht nur um Forschungsprojekte und spezielle Marketingaktivitäten, sondern um jede Art von Problemsituationen, die in einem Unternehmen auftreten können und mit Hilfe von Projektgruppen gelöst werden sollen. Wichtige Teilaspekte der tertiären Struktur sind das sogenannte Krisenmanagement und Vorbereitung des Unternehmens auf Ausnahmesituationen.

---

[1] vgl. Ulrich (Unternehmungspolitik), S. 197 ff.

	Organisatorische Dimension	Konzeptionelle Frage
Permanente Struktur	1. Primärstruktur	Nach welchen Kriterien ist das Unternehmen in dezentrale operative Einheiten gegliedert? • Produktbereiche • Marktbereiche } Produkt-/Markt-Bereiche • Funktionsbereiche Welche zentralen Dienststellen sind nötig? Wie ist die zentrale Unternehmensleitung aufgebaut? • Aufsichtsfunktion • Leistungsinstanzen • Hilfsstellen
Temporäre Struktur	2. Sekundärstruktur	Für welche periodisch wiederkehrende Aufgaben ist die Primärstruktur nicht geeignet? Nach welchen Kriterien soll zu deren Lösung eine zusätzliche Sekundärstruktur aufgebaut werden? • Produktbereiche • Marktbereiche } Produkt-/Markt-Bereiche • Funktionsbereiche
	3. Tertiärstruktur	Für welche zukünftigen Projekte sind Primär- und Sekundärstruktur nicht geeignet? Nach welchen Kriterien soll zu deren Lösung eine zusätzliche Tärtiärstruktur aufgebaut werden? Z.B.: • Krisenmanagement • Firmenübernahmen • wesentliche Bauvorhaben • Umfassende Rationalisierungsprogramme
	4. Quartärstruktur	Nach welchen regeln soll die Zusammenarbeit aller organisatorischer Einheiten im Rahmen eines umfassenden Planungs- und Kontrollsystems erfolgen?

Abb. 18.3: Mehrdimensionale Organisationsstrukturen

Die quartäre Struktur beschreibt die Regeln, nach denen Zusammenarbeit aller organisatorischen Bereiche erfolgen soll, um eine funktionierende Gesamtheit und Integration der verschiedenen Organisationselemente zu erreichen. Die Verwirklichung der strategischen Zielsetzung hängt sehr vom strukturierten und koordinierten Wirken der einzelnen Organisationsebenen ab, da sie untereinander abhängig sind.

Weitere Bestandteile des Führungskonzepts sind Führungsmethodik und -potential. Die Führungsmethodik betrachtet die Instrumente beziehungsweise Konzepte, die sich auf den Prozeß der Führung beziehen, das Führungspotential stellt die Anforderungen an die Führungskräfte in den Mittelpunkt der Betrachtung.[1]

---

[1]   vgl. Ulrich (Unternehmungspolitik), S. 192 und 213 ff.

18.4 Stärken des Konzepts

- Ulrich bedient sich beim Aufbau seines Managementmodells der Weiterentwicklung aner-
kannter, interdisziplinärer Wissenschaftsbereiche wie der Kybernetik und des Systemansatzes. Basis des Konzepts sind theoretisch fundierte Modelle.

- Ulrich gelingt es in seinem Managementmodell, sämtliche Bereiche des Unternehmens und
des Unternehmensgeschehens einzubeziehen und liefert damit eine allgemeine Grundlage
einer Betriebswirtschaftslehre des Unternehmens, die auch anderen strategischen Konzep-
ten als Grundlage dient. Dazu kommt universelle Anwendbarkeit auf Unternehmen jeder
Größenordnung und Branche. Durch modellhafte Beschreibung des Unternehmens als
Ganzes wird es den Führungskräften ermöglicht, die sich immer rascher verändernden
Umweltbedingungen in ihrer Komplexität und Vernetztheit mit den Teilbereichen und den
Dimensionen des Unternehmens zu erfassen.

- Der Systemansatz und die ganzheitlichen Denkweisen bilden die Elemente einer ganzheitlichen Unternehmensführung, durch die sich verändernde Einflußfaktoren in unterschiedlichen Konstellationen unter Kontrolle gehalten werden können. Die ganzheitliche Betrachtungsweise bezieht bewußt nicht meßbare, nicht quantifizierbare und nicht mathematisch
formulierbare Phänomene in ihr Denkmodell mit ein. Dadurch können unterschiedlichste
Sachverhalte nach einheitlichen Gesichtspunkten analysiert und gestaltet werden.

- Die Berücksichtigung der sozialen Dimension des Unternehmensgeschehens ist eine wesentliche Bereicherung der betriebswirtschaftlichen Unternehmensbetrachtung und damit
ein umfassendes Abbild der Realität. Die klassische Betriebswirtschaftslehre beschränkte
sich in vielen Fällen auf die Ebene der wertmäßigen Betrachtung.

18.5 Schwächen des Konzepts

- Die Schwierigkeit des ganzheitlichen Denkens beziehungsweise der ganzheitlichen Unternehmensführung in der Praxis besteht vorwiegend darin, daß es keine allgemeingültige
Anleitung zur Umsetzung gibt. Ulrich schenkt auch dem Aspekt der Schulung ganzheitlichen Denkens sowie der Berücksichtigung der individuell verschiedenen intellektuellen
Aufnahmefähigkeit der Menschen nicht genügend Beachtung.

- Ulrich beschränkt sich in seinen Ausführungen auf die Forderung nach mehr Flexibilität
und Anpassungsfähigkeit des Unternehmens, ohne näher auf die Arten der Veränderung im
Unternehmensumfeld und auf deren Ursachen einzugehen. Er bietet weder Maßnahmen zur
Früherkennung von Veränderungen noch Anpassungsalternativen an.

- Das Unternehmen als gesellschaftliche Institution ist ein System, dessen Elemente Menschen sind. Daraus ergibt sich zwangsläufig eine Dynamik des Unternehmensgeschehens,
die nicht immer rational begründbar ist, sondern Resultat sozialer, zwischenmenschlicher
Vorgänge und Konstellationen. Diese Eigendynamik des Unternehmens läßt sich in der
Regel weder berechnen und quantifizieren noch in ihren Auswirkungen vorhersagen und
findet im Systemansatz kaum Berücksichtigung.

- Ulrich beschreibt zwar den Aufbau von Zielsystemen als Grundlage zur Strategieentwicklung, gibt aber keine konkreten strategischen Handlungsanweisungen für die

einzelnen funktionalen Unternehmensbereiche. Fragen der Strategieimplementierung und der strategischen Kontrolle werden ebenfalls nicht behandelt.

18.6 Bedeutung für die Unternehmensführung

Der systemorientierte Ansatz kann als Basiskonzept der Betriebswirtschaftslehre angesehen werden. Das breite Spektrum, das dieser Ansatz abdeckt, und seine formale Gestaltung ermöglichten es zahlreichen Autoren, ihre strategischen Konzepte darauf aufzubauen oder davon ausgehend weiterzuentwickeln. Ulrich ist Begründer des St. Gallener Managementmodells und damit einer – zumindest in der deutschsprachigen Betriebswirtschaftslehre – sehr verbreiteten Denkschule.

Das Managementmodell ermöglicht den Führungskräften die Verknüpfung theoretisch-wissenschaftlicher Grundlagen mit praktischer Unternehmensführung und fördert die über die rein wertmäßige Betrachtung hinausgehende soziale Komponente des Unternehmensgeschehens.

Ulrichs Systemansatz ist aufgrund seines formalen Charakters und der systemtheoretischen und kybernetischen Terminologie eher von theoretischer Bedeutung.

18.7 Empfohlene Literatur

Ulrich, H.: Die Unternehmung als produktives soziales System, St. Gallen 1970, 353 Seiten. Basiswerk zum betriebswirtschaftlichen Systemansatz. Das Buch ist Ausgangspunkt vieler weiterer wissenschaftlicher Arbeiten, insbesondere für den wissenschaftlich interessierten Leser geeignet. Viele Literaturverweise.

Ulrich, H.: Unternehmungspolitik, Bern, Stuttgart 1987, 246 Seiten. Darstellung einer ganzheitlichen Sichtweise des Unternehmensgeschehens auf der Basis des Systemansatzes, insbesondere für den wissenschaftlich interessierten Leser geeignet.

Ulrich, H.; Probst, G.: Anleitung zum ganzheitlichen Denken und Handeln, Bern, Stuttgart 1988, 300 Seiten. Praxisorientierte, leichtverständliche Aufbereitung des Systemdenkens und Grundlage der Arbeiten von Probst und Gomez. Viele Abbildungen und Beispiele.

Exkurs: Das PIMS-Programm

Inhaltsverzeichnis

19 Das PIMS-Programm

19.1 Entstehung des PIMS-Programms[1]

Die Anfänge von PIMS (Profit Impact of Market Strategies) reichen bis in die sechziger Jahre zurück. General Electrics versuchte damals, eigene strategische Geschäftsfelder zu analysieren. 1972 wurde das PIMS-Programm durch das Marketing Science Institute der Harvard Business School institutionalisiert. PIMS baute auf ein von Sidney Schoeffler entwickeltes statistisches Modell auf. Im Bereich der strategischen Unternehmensplanung sollten Wirkungszusammenhänge empirisch belegt und quantifiziert werden. Heute ist der Träger des PIMS-Programms das gemeinnützige Strategic Planning Institute (SPI) in Cambridge, Massachusetts, das 1975 aus der Harvard Business School ausgegliedert wurde. "Durch eine Mitgliedschaft erwirbt ein Unternehmen das Recht, das PIMS-Programm und damit sein Datenbanksystem, sei es durch PIMS-Mitarbeiter oder durch eigene Mitarbeiter in Form eines unternehmenseigenen Datenbankanschlusses, für seine spezifischen Fragestellungen und Probleme zu nutzen." 1978 wurde ein eigener Beratungsdienst für die Mitgliedsunternehmen aufgebaut; und seit den achtziger Jahren ist das SPI mit Niederlassungen in Europa vertreten.

19.2 Arbeitsweise des PIMS-Programms[2]

Die PIMS-Datenbank besteht aus mehreren Datenbanken, wovon die wichtigste die Forschungsdatenbank ist. Daneben ist die Start-up-Datenbank von besonderer Bedeutung, in der Daten von Geschäftseinheiten in den ersten zwölf Jahren ihres Bestehens erfaßt werden. Daraus sollen Erkenntnisse über den erfolgreichen Aufbau von Geschäftseinheiten gewonnen werden, die eine strategische Planung für den Aufbau einer Geschäftseinheit mittels PIMS ermöglichen sollen.

Die PIMS-Datenbank enthält Daten von mehreren tausend strategischen Geschäftseinheiten. „Eine Geschäftseinheit ist nach der PIMS-Definition eine Division, eine Produktlinie oder ein anderes Profit Center eines Unternehmens, das:

- eine genau definierte Menge von verwandten Produkten und/oder Dienstleistungen herstellt und vermarktet,

- einen klar definierten Kreis von Kunden innerhalb eines abgegrenzten geographischen Bereichs bedient und

- mit einem genau definierten Kreis von Konkurrenten in Wettbewerb steht."[3]

Rund ein Drittel dieser Geschäftseinheiten sind europäischer Herkunft, wobei früher ein deutlicher Überhang von Daten aus Großbritannien bestand, da die Niederlassung in London die

---

1 vgl. Buzzell, Gale (PIMS-Programm), S. V f. und 29 ff.; Barilits (PIMS-Erkenntnisse), S. 34

2 vgl. Buzzell, Gale (PIMS-Programm), S. 28 ff.; Luchs, Müller (Strategien), S. 80 ff.

3 Buzzell, Gale (PIMS-Programm), S. 30

erste in Europa war. Ein Großteil der Daten stammt nach wie vor aus Nordamerika, die übrigen Kontinente sind schwach vertreten. Signifikante Abweichungen zwischen nordamerikanischen und europäischen Daten können nicht festgestellt werden. Das gilt auch für die Gegenüberstellung von Daten aus Perioden mit niedrigen Inflationsraten mit Daten aus Perioden mit hohen Inflationsraten, ein ebenfalls oft genannter, aber unberechtigter Kritikpunkt.[1]

Die strategischen Geschäftseinheiten teilen sich auf einzelne Bereiche der Wirtschaft folgendermaßen auf:

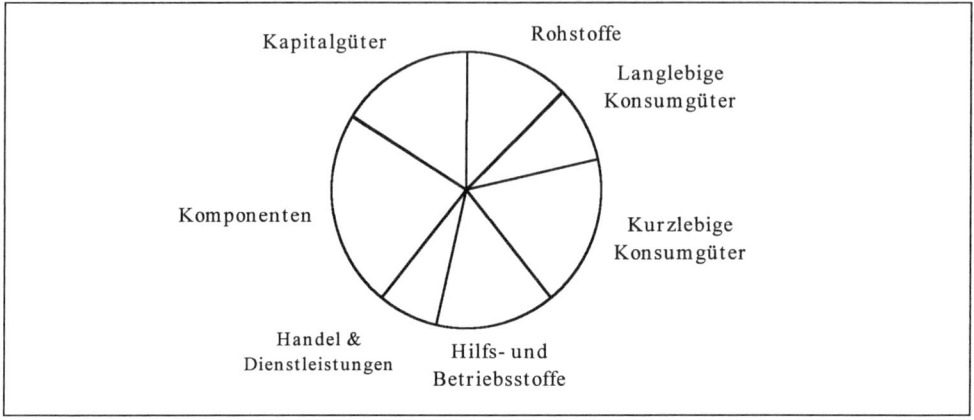

Abb. 19.1: Aufteilung der Geschäftseinheiten nach Branchen[2]

Ein jährliches Up-dating erfüllt die Forderung nach Aktualität; die benötigten Daten werden von den Mitgliedsunternehmen bereitgestellt.

Pro Geschäftseinheit werden rund 200 Daten erhoben, zusätzlich werden etwa 300 relevante Verhältniszahlen gebildet, damit ergeben sich ungefähr 500 Daten je Geschäftseinheit.

Grundannahmen[3]

- Es existieren Marktgesetze (Gesetze, wie sie in der Naturwissenschaft bestehen), die bestimmen, wie stark sich der Output verändert, wenn der Input um eine bestimmte Einheit verändert wird. Gesetze sind unabhängig von Ort und Zeit, also steckt hinter Marktgesetzen die Grundannahme, daß die ermittelten Wirkungszusammenhänge (unter gleichen Rahmenbedingungen) immer und überall gelten.

- Man geht davon aus, daß diese Marktgesetze (durch PIMS) erfaßbar, also auch erlernbar sind. Erlernen heißt in diesem Zusammenhang, daß man aus den Erfolgen und Fehlern der anderen Geschäftseinheiten Prämissen für das eigene Handeln ableiten kann.

- Weiters wird unterstellt, daß die aufgedeckten Gesetzmäßigkeiten für alle Unternehmen gelten, unabhängig von deren Unterschieden.

---

[1]   vgl. Luchs, Müller (Strategien), S. 89 ff.

[2]   vgl. Buzzell, Gale (PIMS-Programm), S. 33

[3]   vgl. Buzzell, Gale (PIMS-Programm), S. 1 ff.

19.3 Modelle[1]

Das PIMS-Programm arbeitet mit mehreren Modellen und Reports. Die wichtigsten sind:

Par-ROI-Modell

Der empirische Zusammenhang zwischen der abhängigen Variablen ROI und etwa drei Dutzend unabhängigen Erfolgsdeterminanten (siehe Schlüsselfaktoren) wird durch eine multiple Regressionsanalyse quantifiziert. Das Ergebnis liefert den zu erwartenden ROI, den eine Geschäftseinheit aufgrund ihres strategischen Profils erwirtschaften müßte. Etwa 70 % der ROI-Varianz werden durch die unabhängigen Variablen bestimmt.

Die Frage, warum eine Geschäftseinheit einen höheren oder niedrigeren Ist-ROI hat, läßt sich durch eine Stärken-Schwächen-Analyse untersuchen. Dabei werden Größe und Richtung des Einflusses auf den Par-ROI mit der durchschnittlichen Ausprägung des Merkmals in der Grundgesamtheit verglichen. Weiters können auch Sensitivitätsanalysen durchgeführt werden, bei denen man eine Variable ändert und die Auswirkungen auf den Par-ROI feststellt.

Limited Information-Modell

Bei diesem Modell handelt es sich um eine vereinfachte Form des Par-ROI-Modells. Aufgrund der geringen Anzahl von Eingabedaten eignet es sich vor allem für Situationen, in denen nur wenige Informationen vorhanden sind: beispielsweise für die Beurteilung von Mitbewerbern oder die Analyse von Akquisitions- oder Fusionskandidaten.

Report on "Look Alikes"[2]

Der Bericht "über strategisch ähnliche Geschäftseinheiten" unterteilt sich in drei Schritte. In der ersten Phase wird eine Stichprobe aus strategisch ähnlich positionierten Geschäftseinheiten gesucht. Die Auswahl erfolgt aufgrund frei bestimmbarer Kriterien ("matching criterias"). Das können gleiche Merkmale in der Wettbewerbsposition, in der Kosten- und Produktionsstruktur oder im Markt-, Kunden- und Produktbereich sein. Im zweiten Schritt wird die Stichprobe nach einem frei bestimmbaren Kriterium in zwei Gruppen aufgeteilt, in eine "Verlierer"- und in eine "Gewinner"-Gruppe. In der dritten Phase werden die signifikanten Unterschiede zwischen den beiden Gruppen festgestellt. Man erhofft sich dadurch Hinweise auf erfolgreiche taktische Maßnahmen.

Strategie-Simulationsmodell

Es handelt sich um ein komplexes Simulationsmodell, mit dem einerseits die Auswirkungen bestimmter Strategien auf die Erfolgskennzahlen ROI beziehungsweise Cash-flow analysiert werden, andererseits können damit auch "optimale" Strategien zur Erreichung bestimmter Ziele ermittelt werden.

---

[1]   vgl. Staehle (Management), S. 603; Hopfenbeck (Managementlehre), S. 570 ff.; Luchs, Müller (Strategien), S. 94 ff.

[2]   vgl. Buzzell, Gale (PIMS-Programm), S. 110

Qualitätsreport

Das Qualitätsprogramm von PIMS ermöglicht durch systematische und kostengünstige Vorgangsweise die sichere Berechnung der relativen Produktqualität aus Kundensicht. In einem ersten Schritt werden Führungskräfte aus verschiedenen Funktionsbereichen des Unternehmens in sogenannten "Quality workshops" aufgefordert, Kriterien zu bestimmen, die den Kunden bei seiner Kaufentscheidung beeinflussen. Im weiteren Verlauf soll die Gewichtung dieser Kriterien (aus Kundensicht!) festgestellt werden. In einer nächsten Phase werden die eigene Geschäftseinheit und die wichtigsten Konkurrenten auf einer ordinalen Skala eingestuft. Befragungen bei den Mitarbeitern der Vertriebs- und Serviceniederlassungen und bei den wichtigsten Kunden ergänzen die Ergebnisse. Das Programm verarbeitet diese so, daß jedem Anbieter und jedem Produkt-/Marktsegment eine einzige Qualitätskennziffer zugeordnet wird. Die Preis-Leistungs-Matrix wird graphisch dargestellt und dient zur Entwicklung strategischer Vorgangsweisen gegen den Konkurrenten.[1]

19.4 Ergebnis

Erfolgsmaßstäbe[2]

Erfolg wird beim PIMS-Programm durch die Rentabilität und den Cash-flow einer Geschäftseinheit quantifiziert. Dabei werden zwei Kenngrößen für die Rentabilität verwendet:

- Der "Return on Investment" (ROI), definiert als Nettobetriebsgewinn (vor Steuern und Zinsen auf das Fremdkapital) in Prozent des investierten Kapitals (= Anlagevermogen zu Buchwerten plus Working Capital), und

- der "Return on Sales" (ROS), definiert als Nettobetriebsgewinn (vor Steuern und Zinsen) in Prozent des Umsatzes.

---

[1]   vgl. Becker, Müller (Erfahrungen), S. 256 ff.; Hildebrandt, Strasser (Controllingsystem), S. 131 f.

[2]   vgl. Buzzell, Gale (PIMS-Programm), S. 32 ff.

Schlüsselfaktoren

Die wichtigsten durch das PIMS-Programm aufgedeckten Schlüsselfaktoren sind:

Marktwachs-tumsrate[1]	Die Marktwachstumsrate hat positiven Einfluß auf die Rentabilität (also auf ROI und ROS). Bei einer Wachstumsrate über 10 % liegen die ROI-Werte um durchschnittlich 4% höher als bei einer negativen Wachstumsrate von 5 %. Die Rentabilität wird aber auch tendenziell durch die Lebenszyklusphase beinflußt. Der ROI sinkt ab, je weiter sich das Produkt im Lebenszyklus weiterentwickelt.
Auftrags-größe[2]	Die Höhe der Auftragsgröße (definiert als Größe der einzelnen Transaktion) hat negativen Einfluß auf den ROI. Diese Wirkung läßt sich dadurch erklären, daß der Kunde bei Einkäufen mit hohen Beträgen aggressiver verhandelt und verschiedene Angebote einholt. Wenn man auch die Bedeutung der Produkte/Dienstleistungen für den Kunden quantifiziert (definiert als Prozentsatz der Gesamteinkäufe eines Kunden), kann man dabei ebenfalls negativen Einfluß auf die Rentabilität feststellen.
Marktanteil[3]	Ein hoher Marktanteil trägt wesentlich zur Rentabilität bei. Dabei unterscheidet man zwischen absolutem, relativem und effektivem Marktanteil. Der Marktanteil wird immer im Verhältnis zum bedienten Markt gesehen, der als Teil oder Segment einer Branche (bezogen auf Produkte, Kundengruppen, geographische Lage) definiert wird, in dem eine Geschäftseinheit tatsächlich mit anderen Anbietern konkurriert. Gründe für positive Korrelation zwischen ROI und Marktanteil können in den Größenvorteilen (economies of scale), in der Risikoaversion der Kunden, in der Marktmacht oder in der Qualität des Managements liegen.
Produkt-qualität[4]	Produktqualität wird als relative, wahrgenommene Qualität definiert: das heißt, nicht die interne, produktionsorientierte Sicht, sondern der Blickwinkel des Kunden steht im Vordergrund. Die Beziehung zwischen Produktqualität und ROI ist (stark) positiv, da bessere Qualität zu stärkerer Kundentreue, zur Durchsetzung höherer Preise und zu Marktanteilserhöhungen führt. Dabei ist hervorzuheben, daß die relative Produktqualität den relativen Preis (definiert als Preis einer Geschäftseinheit im Vergleich zu ihren wichtigsten Konkurrenten) positiv beeinflußt. Mit zunehmendem Marktanteil sinken die relativen Kosten (definiert als Kosten einer Geschäftseinheit im Vergleich zu ihren wichtigsten Konkurrenten). Sowohl höhere Preise als auch niedrigere Kosten führen zu einem höheren ROI.

---

[1] vgl. Buzzell, Gale (PIMS-Programm), S. 48 ff.

[2] vgl. Buzzell, Gale (PIMS-Programm), S. 56

[3] vgl. Buzzell, Gale (PIMS-Programm), S. 65 ff.

[4] vgl. Buzzell, Gale (PIMS-Programm), S. 91 ff.

Investment-intensität[5]	Die Investmentintensität ist definiert als Investment im Verhältnis zum Umsatz. Dieser Schlüsselfaktor wirkt sich negativ auf den ROI aus. Gründe dafür sind Preiskämpfe aufgrund hoher Investmentintensität, der erschwerte Austritt aus unwirtschaftlichen Geschäften oder die geringere Effizienz bei Nutzung des Anlagevermögens oder des Working Capital. Eine andere Begründung liegt im Fehler, daß sich die Gewinnvorgaben nicht an den Investitionen orientieren. So erreicht der durchschnittliche ROS nur ein Drittel der erforderlichen Höhe, um einen ROI von 20 % zu erwirtschaften.
Vertikale Integration[6]	Die vertikale Integration als Kombination mehrerer Produktions- oder Vertriebsstufen, die in der Regel getrennt sind, kann einerseits als absolute Größe (= Wertschöpfung zu Umsatz) oder als relative Größe (= vertikale Integration hinsichtlich ihrer wichtigsten Konkurrenten) ermittelt werden. Der Zusammenhang zwischen vertikaler Integration und ROI läßt sich als V-förmige Beziehung darstellen. Der ROI ist sowohl am linken als auch am rechten Ende der Kurve am höchsten, was sich mit der positiven Korrelation zwischen Integration und Investmentintensität erklären läßt. Die Zunahme des ROI ab etwa 60 % hängt mit dem langsameren Ansteigen der Investmentintensität zusammen.
Produktivität[7]	Produktivität, definiert als das Verhältnis "Wertschöpfung pro Mitarbeiter", hat positive Wirkung auf den ROI. Die Auswirkung ist jedoch nicht so stark wie vermutet, denn obwohl das investierte Kapital pro Mitarbeiter die Produktivität steigert, vermindert die dadurch gestiegene Investmentintensität den ROI. Höhere Produktivität bei gleichbleibendem investiertem Kapital pro Mitarbeiter führen zur Erhöhung des ROI, dagegen entsteht durch Erhöhung des investierten Kapitals pro Mitarbeiter bei gleichbleibender Produktivität ein niedrigerer ROI.

Abb. 19.2: Schlüsselfaktoren

Nutzung der Erkenntnisse im strategischen Management

- Die Marktumwelt ist einer jener Bereiche, die von der Geschäftseinheit kaum oder nicht beeinflußt werden können. Die Geschäftseinheit muß die relevanten Faktoren des Umfelds weitgehend als gegeben betrachten.

- Die Frage der Marktselektion gewinnt an Bedeutung. Marktselektion bedeutet Auswahl erfolgversprechender Märkte. Gehört der eigene, bediente Markt nicht zu diesen, kann unter langfristigen Gesichtspunkten der Marktaustritt diskutiert werden. Gibt es andererseits einen lukrativen Markt, der vom Unternehmen noch nicht bearbeitet wird, so ist (wieder unter langfristigen Gesichtspunkten) der Markteintritt zu überlegen.

---

[5]   vgl. Buzzell, Gale (PIMS-Programm), S. 118 ff.

[6]   vgl. Buzzell, Gale (PIMS-Programm), S. 137 ff.

[7]   vgl. Buzzell, Gale (PIMS-Programm), S. 128 ff.

- „Auf lange Sicht ist der wichtigste Einzelfaktor, der den Erfolg einer Geschäftseinheit bestimmt, die Qualität ihrer Produkte und Dienstleistungen im Vergleich zu ihren Konkurrenten."[1]

- „Ein Qualitätsvorteil kurbelt den Erfolg in zweierlei Hinsicht an: Kurzfristig führt überlegene Qualität zur Gewinnsteigerung über Premiumpreise. Längerfristig ist überlegene und/oder steigende Qualität der wirksamste Weg für ein Unternehmen, um zu wachsen. Qualität führt sowohl zur Marktausdehnung als auch zum Gewinn von Marktanteilen. Das daraus resultierende Mengenwachstum bedeutet, daß ein Wettbewerber, der höhere Qualität bietet, gegenüber der Konkurrenz Größenvorteile erzielt. Somit werden in der Regel die erhöhten Kosten, die kurzfristig mit Qualitätsverbesserung verbunden sind, nach einer Weile durch Economies of Scale ausgeglichen. Dies wird durch die Tatsache bewiesen, daß Unternehmen mit qualitativ höherwertigen Produkten im Durchschnitt die gleichen Kosten zu verzeichnen haben wie ihre Konkurrenten in führender Marktposition. Sofern ihre Preise nicht überzogen sind, werden solche Unternehmen weiterhin wachsen und gleichzeitig höhere Gewinnspannen erzielen."[2]

- Der Zusammenhang zwischen relativem Marktanteil und ROI wurde nicht erst durch PIMS aufgezeigt. Die Boston Consulting Group (BCG) erkannte diesen Zusammenhang – gestützt auf die Argumentation des Erfahrungskurvenkonzepts –schon früher und baute ihre Marktwachstums-Marktanteils-Matrix darauf auf. Der Zusammenhang wurde aber in seiner Intensität überschätzt und konnte erst durch PIMS realistisch quantifiziert werden. Die Propagierung der Growth-Share-Matrix führte zu simplizierter Betrachtung des Zusammenhangs Marktanteil-Rentabilität, wobei andere wichtige Faktoren teilweise bis völlig vernachlässigt wurden. Dadurch kam es oftmals zu schwerwiegenden strategischen Fehlentscheidungen.[3]

- Problematisch ist auch die Vierteilung der Wirtschaftswelt durch die Marktwachstums-Marktanteils-Matrix in Cash Cows, Stars, Question Marks und Dogs. Empirische Untersuchungen zeigen, daß viele der Unternehmensbereiche, die als Dogs oder Question Marks bezeichnet werden, produzieren Cash, vielen Cash Cows gelingt dies dagegen nicht. [4]

- Die Investmentintensität ist weitgehend von der Branche abhängig, in der man tätig ist. Es ist dabei zu bedenken, daß die Investmentintensität in der Geschäftseinheit durch eine Reihe von Maßnahmen erhöht wird: Erhöhung der Anlagenkapazität, Automatisation der Fertigungsprozesse und Liberalisierung von Kreditlaufzeiten oder Bestandslimits in der Hoffnung auf Umsatzausweitung.

- „Die Tatsache, daß Marktanteil mit Rentabilität einhergeht, bedeutet nicht, daß jede Geschäftseinheit eine Erhöhung ihres Marktanteils anstreben kann oder sollte. Die Kosten, die bei einer solchen Maßnahme zur Anteilserhöhung anfallen, können sich als unerschwing-

---

[1]   vgl. Buzzell, Gale (PIMS-Programm), S. 7

[2]   vgl. Buzzell, Gale (PIMS-Programm), S. 7

[3]   vgl. Buzzell, Gale (PIMS-Programm), S. 65 ff. und S. 8 f.

[4]   vgl. Buzzell, Gale (PIMS-Programm), S. 11

lich herausstellen, besonders, wenn die dabei vorrangig eingesetzte Waffe „Preissenkung" heißt."[1]

- Die Frage, ob sich Strategien der vertikalen Integration auszahlen, ist differenziert zu beantworten. Das PIMS-Programm liefert in Verbindung mit anderen Daten einige Anhaltspunkte für die Bewertung möglicher Vorteile und Risken vertikaler Integration:

  - Vorsicht vor erhöhtem Investitionsbedarf (Erhöhung der Investmentintensität),

  - Berücksichtigung von Alternativen zum Kauf (z. B. langfristige Lieferverträge),

  - keine „halbherzigen" Integrationen,

  - die einzelnen Stufen der Produktion und des Absatzes darauf untersuchen, ob die Losgrößen nicht zu klein sind, um mit unabhängigen Zulieferern oder Kunden zu konkurrieren,

  - Skepsis gegenüber der Behauptung, daß Integration die Rohstoffkosten senke.[2]

19.5 Stellenwert im strategischen Management

- PIMS bietet die Möglichkeit, die Auswirkungen von Erfolgspotentialen auf den operativen Bereich durch Vergleich mit Fällen aus der Datenbank zu quantifizieren. PIMS geht aber nicht bis zu den Ursachen des Erfolgs; Aufbau und Erhaltung von Erfolgspotentialen als zentrale Aufgabe des strategischen Managements und Controlling liegen auf einer übergeordneten Ebene, wo PIMS keine Hilfestellung gibt. Erst wenn es darum geht, die „Ergebnisse" dieser übergeordneten Ebene auf den operativen Bereich umzuwälzen – um durch Quantifizierung zu Ergebnissen zu gelangen –, ist PIMS einsetzbar. PIMS kann Vorsteuergrößen empirisch fundiert quantifizieren, aber nicht aufbauen oder erhalten.

- Um mit der PIMS-Datenbank sinnvoll arbeiten zu können, ist es erforderlich, daß man die strategischen Geschäftseinheiten so abgrenzt, wie es die PIMS-Definition vorsieht. Problematisch ist, daß für die PIMS-Datenbank viele Größen des betrieblichen Rechnungswesens nicht ohne Erhebungsaufwand übernommen werden können.

- Bei der Suche nach Stärken und Schwächen beziehungsweise Schlüsselfaktoren des Markts ist man üblicherweise auf die eigene Einschätzung (oder die der dazu befragten Personen) angewiesen, beim PIMS-Programm kann man die Zusammenhänge mittels Sensitivitätsanalyse (Feststellung des Einflusses einzelner Faktoren auf den ROI) bestimmen. Damit läßt sich sicherstellen, daß die strategische Planung nicht unbedeutende oder gar falsche Ansatzpunkte wählt.

- Erkenntnisse des PIMS-Programms können auch bei der Portfolioplanung genutzt werden. Bei der Portfoliomethode taucht fast immer das Problem auf, daß der Anwender vor allem bei Grenzfällen nicht weiß, auf welchem Niveau die Trennlinien zwischen den Portfoliofeldern positioniert werden sollen. Bei PIMS läßt sich eine solche Trennlinie aufgrund der fundierten Datenbasis weitgehend exakt bestimmen.

---

[1]   Buzzell, Gale (PIMS-Programm), S. 9

[2]   vgl. Buzzell, Gale (PIMS-Programm), S. 148 f.

- Das "Look-Alikes-Modell" kann eingesetzt werden, um das Verhalten anderer Unternehmen in einer der eigenen Lage ähnlichen Situation sowie die erfolgsmäßigen Folgen des jeweiligen Verhaltens zu zeigen. Das gibt einer Diskussion über mögliche Alternativen des eigenen Handelns entsprechende quantitative Untermauerung.

- Wenn eine Strategie beschlossen wurde, kann diese mittels eines "Simulationsmodells" auf ihren Erfolg untersucht werden. Damit könnten auch "ideale" Strategien generiert werden. Das Simulationsmodell wird aber in der Praxis nicht so häufig eingesetzt wie die vorher genannten Anwendungen.

- Die PIMS-Erkenntnisse gelten für strategische Geschäftseinheiten von Unternehmen aller Größenklassen. Neuere Untersuchungen[1] der SGE von Unternehmen, deren Gesamtumsatz weniger als 100 Millionen Dollar im Jahr beträgt, bestätigen die PIMS-Erkenntnisse ausdrücklich auch für SGE mittelständischer Unternehmen in folgender Weise:

  - Starke Marktposition ist auch bei Klein- und Mittelbetrieben mit besserer Rentabilität verbunden.

  - Die relative Qualität kann als positiver Einflußfaktor der Rentabilität für Klein- und Mittelbetriebe identifiziert werden.

  - Eine hohe Innovationsrate wirkt sich auch bei kleinen und mittleren Unternehmen negativ auf die gegenwärtige Rentabilität aus.

  - Die Marketingausgaben korrelieren bei kleinen und mittleren Unternehmen negativ mit der Rentabilität.

  - Die F&E-Ausgaben korrelieren auch bei kleinen und mittleren Unternehmen negativ mit der Rentabilität.

  - Eine hohe Investmentintensität hat starken negativen Einfluß auf die Rentabilität bei kleinen und mittleren Unternehmen.

  - Die vertikale Integration weist auch bei kleinen und mittleren Unternehmen einen V-förmigen Zusammenhang mit der Rentabilität auf.

  - Die Produktivität korreliert stark positiv mit der Rentabilität bei kleinen und mittleren Unternehmen.

  - Mit zunehmender Kapazitätsauslastung steigt auch bei kleinen und mittleren Unternehmen im Durchschnitt die Rentabilität.

  - Die Marktwachstumsrate korreliert positiv mit der Rentabilität.

  - Die Marktkonzentration hat schwachen positiven Einfluß auf die Rentabilität.

  - Die Anzahl der Kunden, mit denen 50 % des Umsatzes erzielt werden, korreliert auch bei kleinen und mittleren Unternehmen negativ mit der Rentabilität.

  - Mit zunehmender durchschnittlicher Auftragsgröße sinkt bei kleinen und mittleren Unternehmen die durchschnittlich erzielte Rentabilität.

---

[1]   vgl. Barilits (PIMS-Erkenntnisse), S. 199

19.6 Empfohlene Literatur

Barilits, M.: Die Gültigkeit der PIMS-Erkenntnisse für Klein- und Mittelbetriebe – Eine empirische Überprüfung, Wiesbaden, in Vorbereitung. 215 Seiten. Umfassende empirische Analyse kleinerer und mittlerer Unternehmen auf der Grundlage der PIMS-Datenbank. Für den wissenschaftlich interessierten Leser besonders geeignet, viele Literaturhinweise.

Buzzell, R.; Gale, B.T.: Das PIMS-Programm, Wiesbaden 1989, 255 Seiten. Umfassende, leichtverständliche und anschauliche Aufbereitung des PIMS-Programms. Viele Grafiken und Tabellen und eine Reihe von Literaturhinweisen.

Abkürzungsverzeichnis zum Quellenverzeichnis

CMR .... California Management Review

cm .... controller magazin

DA .... Diplomarbeit

DBW..................... Die Betriebswirtschaft

DO .... Die Orientierung

DU .... Die Unternehmung

HM........................ Harvard Manager

PR .... Public Relations

SP........................... Strategische Planung

WiSt...................... Wirtschaftswissenschaftliches Studium

ZOE .... Zeitschrift für Organisationsentwicklung

ZfB........................ Zeitschrift für Betriebswirtschaft

zfbf .... Zeitschrift für betriebswirtschaftliche Forschung

zfo........................ Zeitschrift für Organisation

ZKB .... Zeitschrift für kaufmännisches Bildungswesen

Quellenverzeichnis

Ansoff, I.: (strategy) The new corporate strategy, New York 1988

Ansoff, I.: (Bewältigung) Die Bewältigung von Überraschungen und Diskontinuitäten durch Unternehmensführung – Strategische Reaktion auf schwache Signale. In: Steinmann, H. (Hrsg.): Planung und Kontrolle, München 1981, S. 233-264

Ansoff, H.: (concept) The concept of corporate strategy. In: Mintzberg, H.; Quinn, J.; Ghoshal, S.: The strategy prozess, Hertfordshire 1995, S. 55-64

Ansoff, I.: (Implanting) Implanting Strategic Management, London 1991

Ansoff, I.: (Management) Strategic Management, London 1981

Ansoff, I.: (Managementstrategie) Managementstrategie, München 1966

Ansoff, I.: (Managing Surprise) Managing Surprise and Discontinuity – Strategic Response to Weak Signals. In: zfbf 28/1976, S.129-152

Ansoff, I.: (Surprise) Managing Surprise by Response to Weak Signals. In: CMR 2/1975

Arnold, U.: (Unternehmensführung) Strategische Unternehmensführung und das Konzept der Schwachen Signale. In: WiSt 6/1981

Barilits, M.: (Gültigkeit) Die Gültigkeit der PIMS-Erkenntnisse für Klein- und Mittelbetriebe – Eine empirische Überprüfung, Wiesbaden, in Vorbereitung

Bartlett, Ch.; Ghoshal, S.: (People) Changing the Role of Top Management: Beyond Systems to People. In: HBR 3/1995, S. 132-142

Bartlett, Ch.; Ghoshal, S.: (Processes) Changing the Role of Top Management: Beyond Structures to Processes. In: HBR 1/1995, S. 86-96

Bartlett, Ch.; Ghoshal, S.: (Purpose) Changing the Role of Top Management: Beyond Strategy to Purpose. In: HBR 6/1994, S. 79-88

Barzen, D.; Wahle, P.: (PIMS) Das PIMS-Programm – was es wirklich wert ist. In: HM, 1/1990, S. 100-109

Becker, M.; Müller, R.: (Erfahrungen) Erfahrungen mit PIMS aus der Sicht eines Anwenders. In: SP, Band 2, 1986

Berger, R.; Kalthoff. O.: (Kernkompetenzen) Kernkompetenzen – Schlüssel zum Unternehmenserfolg. In: Siegwart, H.; Malik, F.; Mahari, J.: Unternehmenspolitik und Unternehmensstrategie, Stuttgart, Zürich, Wien 1995, S. 158-174

Braun, W.: (Betriebswirtschaftslehre) Konstruktive Betriebswirtschaftslehre, Wiesbaden 1985

Buzzell, R.; Gale, B. T.: (PIMS-Programm) Das PIMS-Programm, Wiesbaden 1989

D'Aveni, R.: (Hyperwettbewerb) Hyperwettbewerb, Frankfurt 1995

Davenport, Th.: (Reengineering) Process Innovation: Reengineering Work Through Information Technology, Boston 1993

Dörner, D.: (Schwierigkeiten) Über die Schwierigkeiten menschlichen Umgangs mit Komplexität. In: PR 7/1981, S. 163-179

Drucker, P.: (Foundation) The Peter Drucker Foundation – Mission Statement, o.J.

Drucker, P.: (Innovation) Innovation and Entrepreneurship – Practice and Principles, New York 1986

Drucker, P.: (Self-Assessment Tool) Drucker Foundation Self-Assessment Tool, San Francisco 1993

Drucker, P.: (Theory) The Theory of the Business. In: HBR 5/1994, S. 95-104

Drucker, P.: (Managing) Managing for results, New York 1993

Drucker, P.: (Praxis) Praxis des Managements, Düsseldorf 1970

Dunst, K.: (Portfolio-Management) Portfolio-Management, Berlin, New York 1983

Eschenbach, R.; Horak, Ch.; Plasonig, G. (Hrsg.): Der Büroarbeitsplatz – Lebensraum und Produktivitätsfaktor, Wien 1989

Gälweiler, A.: (Divisionalisierung) Grundlagen der Divisionalisierung. In: zfo, 40. Jg., 2/1971, S. 55-66

Gälweiler, A.: (Kontrolle) ... zur Kontrolle strategischer Pläne. In: Deyhle (Hrsg.), cm 5/1979, S. 209-217

Gälweiler, A.: (Unternehmensführung) Strategische Unternehmensführung, Frankfurt/ Main 1990

Gälweiler, A.: (Unternehmensplanung) Unternehmensplanung – Grundlagen und Praxis, Frankfurt/Main 1974

Gälweiler, A.: (Zeithorizont) Determinanten des Zeithorizontes in der Unternehmensplanung. In: Hahn, D.; Taylor, B. (Hrsg.): Strategische Unternehmungsplanung – Strategische Unternehmungsführung, Heidelberg 1990, S. 203-220

Ghemawat P.: (Wettbewerbsvorteile) Dauerhafte Wettbewerbsvorteile aufbauen. In: HM 2/1987, S. 104-108

Gomez, P.: (Modelle) Modelle und Methoden des systemorientierten Managements – Eine Einführung, Bern 1981

Gomez, P.: (Wertmanagement) Wertmanagement, Düsseldorf 1994

Gomez, P.; Probst, G.: (Praxis) Die Praxis des ganzheitlichen Denkens, Bern 1995

Guntram, U.: (Systemtheorie) Die Allgemeine Systemtheorie. In: ZfB 3/1985, S. 296-323

Hahn, D.: (Führungskräfteplanung) Integrierte Organisations- und Führungskräfteplanung im Rahmen der strategischen Unternehmungsplanung. In: Hahn, D.; Taylor, B.: Strategische Unternehmungsplanung – Strategische Unternehmungsführung, Heidelberg 1990, S.401-423

Hahn, D.: (Kontrolle) Strategische Kontrolle. In: Hahn, D.; Taylor, B.: Strategische Unternehmensplanung – Strategische Unternehmensführung, Heidelberg 1990, S. 651-664

Hahn, D.: (PuK) Planung und Kontrolle, Wiesbaden 1994

Hahn, D.: (Stand) Stand und Entwicklungstendenzen der strategischen Planung. In: Hahn, D.; Taylor, B.: Strategische Unternehmensplanung – Strategische Unternehmensführung, Heidelberg 1990, S. 3-30

Hahn, D.: (Unternehmensführung) Strategische Unternehmensführung: Stand und Entwicklungstendenzen. In: zfo, Heft 5, 1989, S. 326 ff.

Hahn, D.: (Unternehmungsführung) Strategische Unternehmungsführrng. In: Hahn, D.; Taylor, B.: Strategische Unternehmensplanung – Strategische Unternehmensführung, Heidelberg 1990, S. 31-51

Hahn, D.: (Zweck) Zweck und Entwicklung der Portfolio-Konzepte in der strategischen Unternehmensplanung. In: Hahn, D.,; Taylor, B.: Strategische Unternehmensplanung – Strategische Unternehmensführung, Heidelberg 1990, S. 221-253

Hahn, D.; Willers, G.: (Unternehmungsplanung) Unternehmungsplanung und Führungskräfteentwicklung. In: Strategische Unternehmungsplanung – Strategische Unternehmungsführung, Heidelberg 1990, S. 494-503

Hamel, G.; Prahalad C.: (Kernkompetenzen) Nur Kernkompetenzen sichern das Überleben. In: HM 2/1991, S. 66-78

Hamel, G.; Prahalad C.: (Zukunft) Wettlauf um die Zukunft, Wien 1995

Hammer, M.; Champy, J.: (Reengineering) Business Reengineering: die Radikalkur für das Unternehmen, Frankfurt/Main 1995

Hax, A.: (Interview) Interview mit Prof. Hax am 22. Mai 1989

Hax, A.; Majluf, N.: (concept) The strategy concept and process, Englewood Cliffs 1991

Hax, A.; Majluf, N.: (Strategisches Management) Strategisches Management: Ein integratives Konzept aus dem M.I.T., Frankfurt, New York 1988

Heinen E.: (Grundlagen) Grundlagen betriebswirtschaftlicher Entscheidungen, Wiesbaden 1976

Hildebrandt, L.; Strasser, H.: (Controllingsystem) PIMS in der Praxis – ein Controllingsystem. In: HM 4/1990, S. 127-132

Hillmer, H. J.: (Unternehmensflexibilität) Planung der Unternehmensflexibilität, Frankfurt/Main, 1987

Hinterhuber, H.: (Unternehmungsführung) Strategische Unternehmungsführung, Bd. 1 + 2, Berlin, New York 1992

Hinterhuber, H.: (Wettbewerbsstrategie 1. Aufl.) Wettbewerbsstrategie, 1. Auflage Berlin, New York 1982

Hinterhuber, H.: (Wettbewerbsstrategie) Wettbewerbsstrategie, 2. Auflage Berlin – New York 1990

Hoffmann, W.; Klien, W.; Unger, M.: (Strategieplanung) Strategieplanung. In: Eschenbach, R. (Hrsg.): Controlling, Stuttgart 1994, S. 205-308

Hoffmann, W.: (Aufgabenfelder) Die Aufgabenfelder im Überblick. In: Eschenbach R. (Hrsg.) Controlling, Stuttgart 1994, S. 171 – 173

Hopfenbeck, W.: (Managementlehre) Allgemeine Betriebswirtschafts- und Managementlehre, Landsberg/Lech 1991

Horak, Ch.: (Controlling) Controlling in Nonprofit-Organisationen – Erfolgsfaktoren und Instrumente, Wiesbaden 1993

Itami, H.: (assets) Mobilizing Invisible Assets, Cambridge, Mass., 1987

Jersabek, G.: (Interview) Interview am 14. November 1989, Bereich Konzernstrategie, ÖIAG, Wien 1989

Klinger, Ch.: (Umweltanalyse) Die strategische Umweltanalyse im System der strategischen Unternehmensführung mit besonderer Berücksichtigung der Branchenstrukturanalyse nach Porter und deren Grundlagen, DA, Wien 1990

Knyphausen, D. zu: (Firms) Why are Firms different? In: DBW 6/1993, S. 771-791

Kreilkamp, E.: (Management) Strategisches Marketing und Management, Berlin, 1987

Leimer, H. W.: (Bankverein) Vernetztes Denken im Schweizerischen Bankverein. In: Probst, G.; Gomez, P. (Hrsg.): Vernetztes Denken, Wiesbaden 1989 S. 63-88

Luchs, R. H.; Müller, R.: (Strategien) Das PIMS-Programm – Strategien empirisch fundieren. In: SP, 2/1985, S. 79-98

Malik, F.: (Management) Systemisches Management, Evolution, Selbstorganisation, Bern 1994

Malik, F.: (Systeme) Controlling und Strategie des Managements komplexer Systeme. In: Eschenbach, R. (Hrsg.): Schwerpunkte der Unternehmensführung von Morgen, Wien 1987

Malik, F.: (Management-Systeme) Management-Systeme, DO, Bern 1981

Malik, F.: (Planungsmanagement) Planungsmanagement. In: Hofmann, M. et al. (Hrsg.): Funktionale Managementlehre, Berlin, New York 1988

Malik, F.: (Strategie) Strategie des Managements komplexer Systeme, Bern 1992

Malik, F.; Probst, G.: (Management) Evolutionäres Management. In: DU 2/1981, S. 121-140

Mann, R.: (Controlling) Praxis strategisches Controlling mit Checklists und Arbeitsformularen, Landsberg/Lech 1989

Mann, R.: (Dimension) Die Fünfte Dimension in der Führung, Düsseldorf 1993

Mann, R.: (Führungsstil) Wir brauchen einen offenen Führungsstil. In: Blick durch die Wirtschaft, 30. November 1984, S. 3

Mann, R.: (Praxis) Die Praxis des strategischen Controlling. In: Blick durch die Wirtschaft, 1. Juli 1985, S. 3

Mann, R.: (Unternehmen v.) Das visionäre Unternehmen, Wiesbaden 1990

Mann, R.: (Unternehmen) Das ganzheitliche Unternehmen, München 1988

Mann, R.: (Unternehmensführung) Strategisches Controlling und strategische Unternehmensführung. In: Mayer, v. Landsberg, Thiede (Hrsg.): Controlling-Konzepte im internationalen Vergleich, 1986, S. 77-84

Mann, R.: (Verzahnung) Die Verzahnung zwischen operativem und strategischem Controlling. In: cm, 5/1979, S. 218-220

Mann, R.: (Wachstum) Führen bei qualitativem Wachstum. In: Eschenbach, R. (Hrsg.): Neue Tendenzen und Werkzeuge im Controlling, Wien 1985, S. 7-18

Mauthe, K. D.: (Analyse) Darstellung und kritische Würdigung bestehender Ansätze zur strategischen Unternehmens- und Umweltanalyse, München 1984

Mintzberg, H.: (strategy) Five P´s for strategy. In: Mintzberg, H.; Quinn, J.; Ghoshal, S.: The strategy prozess, Hertfordshire 1995, S. 12-19

Mintzberg, H.: (strategies) Generic business strategies. In: Mintzberg, H.; Quinn, J.; Ghoshal, S.: The strategy prozess, Hertfordshire 1995, 73-83

Mintzberg, H.: (Planung) Die Strategische Planung, München 1995

Neubauer, F. : (Portfolio) Das PIMS-Programm und Portfolio-Management. In: Hahn, D.; Taylor, B. (Hrsg.): Strategische Unternehmensplanung – Strategische Unternehmungsführung, Heidelberg 1990, 283-310

Osterloh, M.: (Reengineering) Business Reengineering: neuer Wein in alten Schläuchen? In: io Management Zeitschrift 9/1994, S. 27-28

Porter, M.: (Diversifikation) Diversifikation – Konzerne ohne Konzept. In HM 4/1987, S. 30-49

Porter, M.: (Globaler Wettbewerb) Globaler Wettbewerb – Strategien der neuen Internationalisierung, Wiesbaden 1989

Porter, M.: (Nationale Wettbewerbsvorteile) Nationale Wettbewerbsvorteile, Wien 1993

Porter, M.: (Viewers Guide) Viewers Guide zu Michael Porter on Competitive Strategy, Harvard Business School Video Series, Harvard 1988

Porter, M.: (Wettbewerbskraft) Nationale Wettbewerbskraft – woher kommt sie? In: HM 4/1990, S. 103-118

Porter, M.: (Wettbewerbsstrategie) Wettbewerbsstrategie: Methoden und Analyse von Branchen und Konkurrenten, Frankfurt/Main, New York 1992

Porter, M.: (Wettbewerbsvorteile) Wettbewerbsvorteile: Spitzenleistungen erreichen und behaupten, Frankfurt/Main, New York 1992

Probst G., Büchel: (Lernen) Organisationales Lernen, Wiesbaden 1995

Probst, G.: (Organisation) Organisation, Landsberg/Lech 1992

Probst, G.: (Selbst-Organisation) Selbst-Organisation, Berlin 1987

Probst, G.; Gomez, P.: (Management) Vernetztes Denken im Management. In: Die Orientierung, Bern 1987

Probst, G.; Gomez, P.: (Systemdenken) Systemdenken im Management. In: ZKB 12/1984, S. 179-193

Probst, G.; Gomez, P. (Hrsg.): (Denken) Vernetztes Denken, Wiesbaden 1989

Probst, G.; Siegwart, H.: (Management) Integriertes Management, Bern 1987

Pümpin, C.: (Dynamik) Das Dynamik-Prinzip, Düsseldorf 1992

Pümpin, C.: (Management) Management strategischer Erfolgspositionen, Berlin, Stuttgart 1986

Pümpin, C.: (Unternehmungs-Dynamik) Unternehmungs-Dynamik, DO, Bern 1991

Pümpin, C.; Geilinger, U.: (Führung) Strategische Führung, DO, Bern 1988

Raffée, H.: (Grundprobleme) Grundprobleme der Betriebswirtschaftslehre, Göttingen 1974

Rappaport A.: (Value) Shareholder Value, Stuttgart 1994

Rasche, Ch.; Wolfrum, B.: (Unternehmensführung) Ressourcenorientierte Unternehmensführung. In: DBW 4/1994, S. 501-517

Reibnitz, U. v.: (Szenarien) Szenarien – Optionen für die Zukunft, Hamburg 1987

Roventa, P.: (Portfolio-Analyse) Portfolio-Analyse und strategisches Managenent, München 1981

Schmidt, S. (Hrsg.): (Diskurs) Der Diskurs des radikalen Konstruktivismus, Frankfurt 1987

Scholz, C.: (Management) Strategisches Management – Auf zu neuen Ufern? In: DBW, 46/1986, S. 625-637

Schreyögg, G.: (Unternehmensstrategie) Unternehmensstrategie, Berlin 1984

Sekyra, H.: (Geleitwort) Geleitwort. In: Turnheim, G.: Sanierungsstrategien, Wien 1988, S. 5-6

Siller, H.: (Grundsätze) Grundsätze des ordnungsmäßigen strategischen Controlling, Wien 1984

Simon, D.: (Signale) Schwache Signale, Wien 1986

Simon, H.: (Wettbewerbsvorteile) Wettbewerbsvorteile und Wettbewerbsfähigkeit, Stuttgart 1988

Staehle, W.: (Management) Management – Eine verhaltenswissenschaftliche Perspektive, München 1991

Stalk, G.; Hout, Th.: (Zeitwettbewerb) Zeitwettbewerb, Frankfurt/Main 1992

Streicher, R.; Turnheim, G.: (Unternehmensführung) Strategisch planen, managen – ein Handbuch für praktische Unternehmensführung, Wien 1987

Töpfer, A.; Afheldt, H. (Hrsg.): (Unternehmensplanung) Praxis der strategischen Unternehmensplanung, Frankfurt 1986

Turnheim, G.: (Rückkopplung) Strategische Vor- und Rückkopplung. In: Eschenbach, R. (Hrsg.) Controlling, Stuttgart 1994, S. 309-328

Turnheim, G.: (Unternehmensstrategien) Chaotische Unternehmensstrategien. In: Siegwart H.; Malik F., Mahari J.: Unternehmenspolitik und Unternehmensstrategie, Stuttgart, Zürich, Wien 1995

Turnheim, G.: (Chaos) Chaos und Management, Wien 1993

Turnheim, G.: (Sanierungsstrategien) Sanierungsstrategien: Mit strategischer Planung aus der Unternehmenskrise, Wien 1988

Turnheim, G.: (Unternehmensspiele) Intuitive Unternehmensspiele. In: Turnheim, G.: Chaos und Management, Wien 1993

Ulman, M.: (Strategieentwicklung) Strategieentwicklung und -implementierung in mittelständischen Unternehmen: Kritische Erfolgsfaktoren im Prozeßverlauf, DA, Wien 1994

Ulrich, H.: (Die Unternehmung) Die Unternehmung als produktives soziales System, St. Gallen 1970

Ulrich, H.: (Unternehmungspolitik) Unternehmungspolitik; Bern, Stuttgart 1990

Ulrich, H.; Probst, G.: (Anleitung) Anleitung zum ganzheitlichen Denken und Handeln, Bern, Stuttgart 1988

Vancl, R.; Lorange, P.: (Planning) Strategic Planning in Diversified Companies. In: Lorange, P.: Strategic Planning and Control, Cambridge, MA 1993, S. 6-20

Vester, F.: (Neuland) Neuland des Denkens, München 1984

Vogel, H. C.: (Organisationsentwicklung) Organisationsentwicklung als Begleitung selbstorganisierter Lernprozesse. In: ZOE, 7/1988, S. 23-38

Watzlawick, P.: (Management) Management oder Konstruktion von Wirklichkeiten. In: Probst, G., Siegwart, H. (Hrsg.): Integriertes Management, Bern 1985

Wittenzellner, C.: (Expedition) Expedition ins Innere der Systeme. In: Management Wissen, 6/1989, S. 99-111

Womack, J.; Jones, D.; Roos, D.: (Revolution) Die zweite Revolution in der Autoindustrie, Frankfurt/Main 1992

Schlagwortverzeichnis

Der Verlag Schäffer-Poeschel sieht die Berücksichtigung von Umweltgesichtspunkten als Teil seiner Unternehmenskultur und bezieht sie in besonderer Weise in seine Entscheidungen mit ein.

Bei der Produktion unserer Bücher verwenden wir ausschließlich aus chlorfrei gebleichtem Zellstoff hergestelltes und im pH-Wert neutrales Papier.

Die zur Verpackung und zum Schutz der Umschläge eingesetzten Folien sind aus recyclefähigem Polyethylen und schneiden gegenüber anderen Verpackungsmaterialien in der Umweltbilanz positiv ab.

Zusammen mit unserem Produktions-Partner - der Franz Spiegel Buch GmbH in Ulm - haben wir ein Verfahren entwickelt (Spiegel-ProPrint), das eine besonders umweltschonende Herstellung unserer Bücher ermöglicht:

⇨ Durch filmlosen Druck (computer-to-plate) werden Ressourcen gespart und kann auf umweltbelastende Chemikalien verzichtet werden.
⇨ Durch Standardisierung der Formate und gemeinsame Fertigung gleichartiger Titel wird das zum Einrichten der Maschinen erforderliche Material minimiert und Abfall reduziert.
⇨ Durch bedarfsgerechte Produktion (Printing-on-demand) werden Überdrucke und ihre Entsorgung vermieden.

»Serious Creativity ...

will become the bible

of creativity for business«

Ron D. Barbaro, President,
The Prudential Insurance Company of America

Das neue Buch vom Meister
des lateralen Denkens
Edward de Bono

Edward de Bono
SERIOUS CREATIVITY
Die Entwicklung neuer
Ideen durch die Kraft
lateralen Denkens
1996. 328 Seiten. Geb.,
DM 68,–/öS 497,–/sFr 65,–
ISBN 3-7910-1065-4
In diesem Buch dokumen-
tieren sich 25 Jahre praktische Erfahrung des Autors
bei der Umsetzung seines
bedeutenden Konzeptes des
lateralen Denkens in ange-
wandter Kreativität. Mit
diesem Werk wird das
Konzept auf ein handfestes,
anwendbares Instrument
fokussiert, das – wie zahl-
lose Erfahrungen aus weltweit operierenden Unter-
nehmen wie Du Pont, IBM,
Merck, Nestle, British Air-
ways oder General Foods
zeigen – erstaunliche Erfolge
in der praktischen Anwen-
dung erzielt.

▶ Schritt-für-Schritt-Rat-
geber zur Kreativität
»on demand«!
▶ Das fundamentale Buch
zur Entfesselung kreati-
ven Denkens!
▶ Dieses Buch enthält bislang unveröffentlichtes
Material zur Anwen-
dung des lateralen
Denkens!

Schäffer-Poeschel Verlag
Postfach 103241
70028 Stuttgart
Tel. (0711) 2194-0
Fax (0711) 2194-111
http://www.schaeffer-
poeschel.de

SCHÄFFER
POESCHEL